Viola Harnach
Auftrag Teilhabe

Viola Harnach

Auftrag Teilhabe

Die Hilfen des Jugendamtes für psychisch kranke Kinder und Jugendliche

Die Autorin

Viola Harnach, Dr. phil., Diplom-Psychologin, lehrte und forschte als Professorin für Psychologie an der Hochschule Mannheim mit den Schwerpunkten Kinder- und Jugendpsychologie, Psychosoziale Diagnostik, Erziehungsberatung und Klinische Psychologie. Ihr besonderes Interesse gilt der Frage, wie sich die rechtlichen und die verhaltenswissenschaftlichen Grundlagen der Sozialen Arbeit am besten verbinden lassen.

Dieses Buch ist erhältlich als:
ISBN 978-3-7799-6428-5 Print
ISBN 978-3-7799-5740-9 E-Book (PDF)
ISBN 978-3-7799-6671-5 E-Book (ePub)

1. Auflage 2021

Herstellung: Myriam Frericks
Satz: Datagrafix, Berlin
Druck und Bindung: Beltz Grafische Betriebe, Bad Langensalza
Printed in Germany

Weitere Informationen zu unseren Autor_innen und Titeln finden Sie unter: www.beltz.de

Für meine Enkel Lilly und Julius

Inhalt

Vorwort

Jeder junge Mensch besitzt das Recht auf Förderung seiner Entwicklung und auf Erziehung zu einer eigenverantwortlichen und gemeinschaftsfähigen Persönlichkeit (§ 1 SGB VIII) unabhängig davon, ob er in seinem körperlichen, geistigen oder psychischen Entwicklungsstand, seinem Verhalten und Erleben allgemeinen Erwartungen entspricht oder Eigenheiten aufweist. Eine Behinderung darf nicht – so verbürgt es unser Grundgesetz in Artikel 3 – zu seiner Benachteiligung führen; ihm steht die umfassende Inklusion in alle Lebensbereiche zu.

Die Grundrechte aller Menschen mit Behinderungen, zu deren Wahrung sich die Mitgliedsstaaten verpflichten, sind in der UN-Behindertenrechtskonvention (UN-BRK) von 2006 kodifiziert, diejenigen von Kindern und Jugendlichen mit Behinderungen dort speziell in Art. 7, außerdem in der Kinderrechtskonvention. Wie deren Anspruch auf Unterstützung und Förderung von staatlicher Seite Genüge getan werden kann, regeln in Deutschland verschiedene Leistungsgesetze, die miteinander verschränkt sind, insbesondere das Sozialgesetzbuch Neuntes Buch (SGB IX, Art. 1 Bundesteilhabegesetz, BTHG) und für Kinder das Sozialgesetzbuch Achtes Buch (SGB VIII, Kinder- und Jugendhilfegesetz), sowie die Schulgesetze der Länder. Die in den Sozialgesetzbüchern beschriebenen „Leistungen zur Teilhabe" bzw. „Eingliederungshilfen" werden von verschiedenen Leistungsträgern erbracht, z. B. den Trägern der Eingliederungshilfe, den gesetzlichen Krankenkassen oder der Bundesagentur für Arbeit. Für Leistungen an Kinder und Jugendliche, die infolge einer Beeinträchtigung ihrer seelischen Gesundheit an der altersgemäßen umfassenden Teilhabe am Leben in der Gemeinschaft gehindert sind oder denen eine solche Behinderung droht, sind die Träger der öffentlichen Jugendhilfe zuständig.

Wie die Fachkraft der Sozialen Arbeit in der Kinder- und Jugendhilfe diese in § 35a SGB VIII geregelten Eingliederungshilfen planen und auf den Weg bringen kann, soll in diesem Studienbuch dargelegt werden. Es sollen die zur Erfüllung dieser komplexen Aufgabe erforderlichen Methoden der Sozialen Arbeit dargestellt, Rechtskenntnisse vermittelt, einschlägige Forschungsergebnisse der Psychologie und Psychiatrie – z. B. über reguläre und abweichende Entwicklungsverläufe und über psychische Störungen und ihre Folgen für die Teilhabe – herangezogen und das Spektrum der Hilfsangebote aufgezeigt werden. Dies alles gehört zum sozialarbeiterischen/sozialpädagogischen Handlungswissen, ebenso wie die professionelle Haltung der Achtung der Kompetenzen der Adressaten, ihrer Selbstbestimmungsrechte und ihrer Eigenverantwortlichkeit. Dieses Wissen ermöglicht der Fachkraft, junge Menschen mit seelischer Behinderung bei der Durchsetzung ihrer Rechte bestmöglich zu unterstützen.

I Das Jugendamt als Ansprechpartner für Kinder und Jugendliche mit seelischer Behinderung

Einem psychisch beeinträchtigten jungen Menschen können vom Jugendamt zahlreiche Hilfen zur Verfügung gestellt werden, die seine Teilhabe in allen ihm wichtigen Lebensbereichen zu erleichtern vermögen. Die gesetzlichen Bestimmungen für derartige Hilfen sind im Laufe der Jahre kontinuierlich verbessert worden. Deren Entwicklung wird zunächst dargestellt. Danach wird erläutert, welche Voraussetzungen erfüllt sein müssen, damit ein Antragsteller[1] eine Teilhabeleistung nach § 35a SGB VIII erhalten kann.

---

1 Auf die weibliche Form verzichte ich aus Gründen der Lesbarkeit meistens, wenn auch nicht durchgehend. Ich weiß, dass der größte Teil der im Folgenden beschriebenen Arbeit von Frauen verrichtet wird. Die männliche Form ist selbstverständlich grammatikalisch (genus), nicht biologisch (sexus) zu verstehen. Gemeint sind alle Geschlechter. Im Übrigen wird auch in den hier zugrunde gelegten Gesetzestexten ausschließlich das generische Maskulinum verwandt.

1 Eine Familie sucht Hilfe

Paul, der Zappelphilipp

Der achtjährige Paul kommt in Begleitung seiner Eltern ins Jugendamt. Herr und Frau Selb berichten, dass Paul in der Schule große Probleme habe. Es falle ihm äußerst schwer, während des Unterrichts auch nur zehn Minuten sitzen zu bleiben. Er zappele auf seinem Stuhl herum, renne ständig in der Klasse umher, unterbreche die anderen Kinder bei ihren Tätigkeiten, nehme deren Sachen in die Hand und zerstöre sie häufig, nicht aus bösem Willen, sondern aus Ungeschicklichkeit. Ständig müsse er reden und dazwischenrufen, wenn die Lehrerin spreche. Auf eine Aufgabe könne er sich nur sehr kurzzeitig konzentrieren, sodass er selten etwas zu Ende bringen könne. Er sei zwar schon immer ein sehr lebhaftes Kind gewesen, aber bis zum Schulbeginn sei es eigentlich gegangen, auch wenn es zu Hause wegen seiner Unruhe und „Schussligkeit" immer häufiger Ärger gegeben habe. Er reagiere dann oft mit Trotz, aber auch mit Tränen. Hingegen zeige er ziemlich große Ausdauer, wenn er draußen mit seinem Hund spiele. Der Hund sei auch sein einziger Freund. Zu einem Kindergeburtstag sei Paul noch nie eingeladen gewesen, wisse auch niemanden, den er einladen könne. Die Eltern meinen, dass es in der Klasse einfach zu laut zugehe und ihr Junge sich deshalb nicht konzentrieren könne.

Paul selbst sagt dazu: „Ich strenge mich in der Schule immer so an. Aber immer mache ich es falsch. Ich schaffe das nicht, was die von mir verlangen. Ich will nicht mehr in diese Schule gehen. Die Lehrer sind so gemein zu mir, und die anderen Kinder auch. Keiner kann mich leiden. Ich kann auch nicht mehr richtig schlafen. Eigentlich ist das ganze Leben blöd."

Die Klassenlehrerin besprach mit den Eltern, dass Pauls Verhalten in der Klasse nicht tragbar sei. Sie sollten ihn einem Arzt vorstellen. Dieser habe von „ADHS" gesprochen und Tabletten verschreiben wollen. Die möchte man Paul aber, solange es geht, ersparen. Außerdem habe er sie auf Hilfen vom Jugendamt hingewiesen, sie sollten sich um einen Inklusionshelfer bemühen, der Paul im Unterricht begleiten und unterstützen könne. Dies sei im Rahmen einer Eingliederungshilfe für seelisch behinderte Kinder und Jugendliche möglich. Die Eltern waren zunächst verdutzt. Sie hätten doch alles für ihr Kind getan. Von einer solchen „Eingliederungshilfe" hätten sie noch nie gehört. Und soll ihr Kind „behindert" sein? Dazu auch noch „seelisch", wie kann das sein? Er müsste sich doch einfach einmal zusammennehmen, und die Lehrer müssten für mehr Ruhe in der Klasse sorgen.

Hier stehen wir schon vor der ersten Hürde: Ist die Bezeichnung eines Kindes oder Jugendlichen als „behindert" nicht diskriminierend? Verstellt sie ihm womöglich mehr Möglichkeiten, als sie ihm eröffnet? In der Tat erscheint es als höchst problematisch, dass ein junger Mensch als psychisch krank oder behindert bezeichnet werden muss, damit ihm eine Hilfe zuteilwird. Dadurch werden möglicherweise Stigmatisierungsprozesse in Gang gesetzt, die nie wieder ganz rückgängig gemacht werden können. Die Stigmatisierung psychisch kranker Menschen wird ja nicht zu Unrecht als deren „zweite Krankheit" bezeichnet, die häufig das Leben schwerer beeinträchtigt als die ursprüngliche. Insbesondere junge Menschen haben zu befürchten, dass das Etikett „psychisch gestört" über viele Jahre an ihnen kleben und ihre Teilhabechancen erst recht vermindern wird, zum Beispiel bei der Berufs- oder Wohnungssuche, dem Abschluss einer privaten Krankenversicherung oder sogar der Aufnahme in eine Einrichtung der Jugendhilfe. Menschen mit psychischen Erkrankungen oder Behinderungen werden viel häufiger Opfer von Mobbing (was schon in der Schule beginnt) und von Straftaten wie sexuellem Missbrauch oder Körperverletzungen. Grundlegende gesellschaftliche Veränderungen sind noch erforderlich, insbesondere die Anerkennung und Wertschätzung von Diversität, wie sie die UN-BRK fordert, um dieses Risiko zu minimieren.

2 Was heißt „Behinderung“?

Eine maßgebliche Definition des Begriffs findet sich im *Bundesteilhabegesetz (BTHG), nämlich in § 2 SGB IX:*

> „Menschen mit Behinderungen sind Menschen, die körperliche, seelische, geistige oder Sinnesbeeinträchtigungen haben, die sie in Wechselwirkung mit einstellungs- und umweltbedingten Barrieren an der gleichberechtigten Teilhabe an der Gesellschaft mit hoher Wahrscheinlichkeit länger als sechs Monate hindern können. Eine Beeinträchtigung nach Satz 1 liegt vor, wenn der Körper- und Gesundheitszustand von dem für das Lebensalter typischen Zustand abweicht. Menschen sind von Behinderung bedroht, wenn eine Beeinträchtigung nach Satz 1 zu erwarten ist.“

Diese Begriffsbestimmung basiert auf ähnlich lautenden Definitionen der *Internationalen Klassifikation der Funktionsfähigkeit, Behinderung und Gesundheit – ICF der WHO* (2001) (s. Kapitel I/4.5.2) und der *UN-Behindertenrechtskonvention (UN-BRK)*[2] und wird auch in § 7 Abs. 2 SGB VIII n. F. aufgegriffen. Zwar hat sie keine unmittelbare Gültigkeit für die Bestimmung der Leistungsvoraussetzungen in der Jugendhilfe, denn hier gilt gemäß § 7 Abs. 1 SGB IX die Definition nach § 35a Abs. 1 SGB VIII. Diese geht noch von der veralteten Defizitorientierung aus – die Teilhabe ist (allein) wegen der psychischen Störung beeinträchtigt („daher“ in § 35a Abs. 1 Nr. 2 SGB VIII). Die durch das BTHG um den Gesichtspunkt der Interaktion zwischen Person und Umwelt erweiterte neue Fassung des § 2 SGB IX kann jedoch als Interpretationshilfe dienen, denn sie zeigt das neuere Verständnis von „Behinderung“.

Deutlich wird daran:

1. *Das bio-psycho-soziale Modell von Gesundheit, Krankheit und Behinderung:* Eine Behinderung entsteht nicht aus einer körperlichen, geistigen, psychischen oder Sinnesbeeinträchtigung allein. Sie ergibt sich nämlich nicht, wenn dem Betroffenen alle Kompensationsmöglichkeiten zur Verfügung stehen. Stattdessen trifft dieser aber in der Regel auf Hürden, die ihn daran hindern, genauso aktiv zu sein und sich genauso zugehörig zu fühlen wie andere Menschen. Solche „Barrieren“ können sich aus Abwertungen,

2 Sie lautet: „Zu den Menschen mit Behinderungen zählen Menschen, die langfristige körperliche, seelische, geistige oder Sinnesbeeinträchtigungen haben, welche sie in Wechselwirkung mit verschiedenen Barrieren an der vollen, wirksamen und gleichberechtigten Teilhabe an der Gesellschaft hindern können.“

Distanzierungen, Stigmatisierungen ergeben, die kulturell/gesellschaftlich gegenüber Merkmalen, die als „abweichend" betrachtet werden, erzeugt werden, aus mangelnder Anerkennung von Ansprüchen oder purer Gleichgültigkeit gegenüber einem besonderen Bedarf, aber auch durch nicht passende Technik (der fehlende Fahrstuhl), finanzielle Defizite (zu große Klassen, kein Geld für Schulassistenz), Gesetze oder institutionelle Gegebenheiten (langjähriges „bewährtes" Bestehen von Sondereinrichtungen). Die Interaktion von Merkmalen der Person mit solchen der Umwelt bestimmt, ob eine Behinderung auftritt, sich abmildert oder nicht existiert.
2. Die *Zweigliedrigkeit des Behinderungsbegriffs:* Die Kombination von Krankheit *plus* Einschränkung der Partizipationsmöglichkeiten spielt in der Gesetzesformulierung von § 35a SGB VIII und von § 2 SGB IX eine entscheidende Rolle. Nur wenn beide Tatbestandsvoraussetzungen erfüllt sind, ist ein Leistungsanspruch gegeben.
3. Die Wandlung des *gesellschaftlichen Verständnisses von „Behinderung"* macht sich auch sprachlich bemerkbar, wenn nicht, wie noch bis 2021 in § 35a SGB VIII, von „behinderten Kindern und Jugendlichen" gesprochen wird, sondern von „Kindern mit Behinderungen", wie im BTHG[3]. Die Behinderung ist dann kein Persönlichkeitsmerkmal (man „ist" behindert) oder etwas, das einem zukommt (das man „hat"), sondern ein Vorgang (man „wird behindert").[4]
4. Die ICF stellt einen weiteren Gesichtspunkt heraus: Jeder Mensch besitzt mehr gesunde Anteile als beeinträchtigte und kann nicht nur mit seinen Schwächen („der Blinde", „der Schizophrene") beschrieben werden. Zum vollständigen Bild von ihm gehören genauso seine „normalen" Seiten, seine besonderen Stärken, Ressourcen und Entfaltungsperspektiven. Deshalb werden mit dieser Klassifikation nicht nur die Einbußen dargestellt, sondern auch die *Fähigkeiten, Entwicklungspotenziale und Ressourcen* eines Menschen.

Für Paul heißt dies: Die Reaktionen der Mitschüler und Lehrer – Ablehnung – verschärfen seine Probleme. Die Organisation des Unterrichts (Klassengröße, Art der Lehre usw.) scheint für ein Kind mit seinen Eigenheiten nicht zu passen. Selbst außerhalb des Unterrichts wird er nicht in die Aktivitäten der gleichaltrigen Kinder einbezogen. Nicht genügend gesehen wird, dass er sich große Mühe gibt, es „allen recht zu machen" und „ein guter Freund" zu werden, und dabei nur ungeschickt vorgeht. Seine Entwicklungsmöglichkeiten und damit seine Teilhabechancen sind also gefährdet.

3 und auch im „Kinder- und Jugendstärkungsgesetz KJSG" vom 9.6.2021
4 So schon Specht 1995

Problematisch ist auch der *Begriff „Eingliederung"*. Er suggeriert, dass ein Mensch – passiv – in etwas eingefügt werden müsse, während sich die Strukturen nicht zu verändern brauchen. Er soll sich aber nicht an eine Norm anpassen müssen, sondern gleichberechtigt seinen Platz einnehmen können in einer Gesellschaft, die Unterschiedlichkeiten als Leitbild akzeptiert und die anerkennt, dass Menschen mit Behinderung einen beutenden gesellschaftlichen Beitrag leisten. Heterogenität dient allen Menschen im Gemeinwesen und ist deshalb wünschenswert („Diversity-Ansatz") (s. auch Kap. I/3.2). Hinderliche Strukturen müssen verändert und den Bedürfnissen und Möglichkeiten der Menschen mit Einschränkungen angepasst werden. Der passendere Begriff, der in der UN-BRK und seit 2016 auch im BTHG verwendet wird, lautet „Inklusion". Die Begriffe „Leistungen zur Teilhabe" oder „Besondere Leistungen zur selbstbestimmten Lebensführung für Menschen mit Behinderungen" (SGB IX, Teil 2) treffen das Gemeinte besser.

3 Gesetzgebung zur Verbesserung der Teilhabe von Kindern und Jugendlichen mit Behinderungen

3.1 Geschichte

Die Eingliederungshilfe für Kinder, Jugendliche und junge Volljährige mit seelischer Behinderung wurde mit dem SGB VIII (KJHG) von 1990 in die Verantwortung der (örtlichen) Jugendhilfe gestellt. Bis dahin war sie als Teil der Sozialhilfe im BSHG von 1962 verankert, wurde also vom (überörtlichen/ örtlichen) Sozialhilfeträger bereitgestellt. Vorangegangen war ein jahrelanger Diskussionsprozess über ihre „richtige" Platzierung; schon 1973 empfahl die Sachverständigenkommission beim Bundesfamilienministerium, alle Hilfen für Kinder und Jugendliche von der Jugendhilfe erbringen zu lassen (sogenannte „Große Lösung").

Die bis heute bestehende Forderung nach Zuständigkeit der Jugendhilfe für alle Kinder – auch diejenigen mit körperlichen und geistigen Behinderungen – geht von der Erkenntnis aus, dass die Zugehörigkeit zu der Gruppe der „jungen Menschen" weit bedeutsamer ist als die zur Gruppe der „behinderten Menschen" („disability mainstreaming"). „Kinder sind Kinder" lautet der Grundsatz, und sie sollen vor allem als solche behandelt werden. D.h. Erziehung und Bildung stehen im Vordergrund, nicht Therapie und Rehabilitation. Junge Menschen mit Behinderungen brauchen, wie alle anderen, in erster Linie Lebensbedingungen, die ihre Entwicklung fördern. Soweit es geht, muss ihre Ausgrenzung und Benachteiligung vermieden oder vermindert werden. Hinzu kommt, dass geistige und seelische Behinderungen sowie Verhaltensauffälligkeiten oft nur schwer oder gar nicht voneinander zu unterscheiden sind, also die Trennung von Rehabilitationsbedarf und erzieherischem Bedarf schwierig ist. Häufig stehen die beiden in Wechselwirkung. Die Jugendhilfe richtet den Blick vor allem auf die Familie als Ganzes und auf ihren Umgang mit der Behinderung des Kindes, sieht die Belastungen der Eltern und Geschwister ebenso wie deren Ressourcen. Nicht zuletzt ist das gemeinsame Aufwachsen von Kindern mit und ohne gesundheitliche Einschränkungen ebenso im Interesse der Letzteren, denn sie profitieren davon gleichermaßen.

Gegen die *Verlagerung der Eingliederungshilfe in die Jugendhilfe* wurden vor der Schaffung des SGB VIII vor allem organisatorische und finanzielle Gründe ins Feld geführt: personeller Ausbau und wesentliche Erweiterung der Fachkompetenz in den Jugendämtern für ein gänzlich neues Klientel, erhöhte

Anforderungen an die Kooperation mit Fachkräften anderen Professionen, z. B. mit Ärzten, Umstellung auf eine teilweise andere Elternschaft, die die Rechte ihrer Kinder selbstbewusster und kompetenter zu vertreten weiß. Die größte Gegenwehr bestand aber, und das gilt noch immer, gegen die veränderte Finanzierung, die die örtlichen Träger, d. h. die Kommunen, erheblich belastet. Aus diesem Grund schlug die Bundesregierung sogar 1993 die Rückkehr zum alten Zustand vor, konnte sich damit aber nicht gegen den Bundesrat durchsetzen. Auch etliche Elternverbände erhoben Einspruch, weil durch die Verlagerung wesentlich höhere Kostenbeiträge auf sie zukamen (was später geändert wurde).

Wegen der organisatorischen Schwierigkeiten wurde für die Umstellung ein Zeitraum von fünf Jahren ab Inkrafttreten des SGB VIII veranschlagt, wobei die Länder über den Zeitpunkt der tatsächlichen Übergabe entscheiden konnten (Landesvorbehalt).

Mit der neuen gesetzlichen Regelung sind die Träger der öffentlichen Jugendhilfe 1990 *Teil des gegliederten Hilfesystems für behinderte Menschen* geworden, also nicht nur Sozialleistungsträger (§§ 12 und 27 SGB I), sondern faktisch bereits Rehabilitationsträger, soweit sie Leistungen zur Teilhabe erbringen. Mit § 29 Abs. 2 SGB I wurden sie 1996 auch rechtlich ausdrücklich in den Kreis der Rehabilitationsträger einbezogen.

In der ursprünglichen Fassung war die Eingliederungshilfe Teil der Hilfe zu Erziehung (§ 27 Abs. 4 SGB VIII). Damit galten die Eltern seelisch behinderter Kinder als diejenigen, die Unterstützung bei der Erziehung ihrer Kinder brauchten. Dies ist aber oft nicht der Fall. Deshalb wurde mit dem Ersten Änderungsgesetz 1993 die Eingliederungshilfe von der Erziehungshilfe abgetrennt und in einer eigenen Vorschrift – § 35a SGB VIII – selbständig geregelt. Für junge Volljährige gilt § 41 SGB VIII entsprechend.

Auf diese Weise wurde der Anspruch auf Eingliederungshilfe, der nach dem Sozialhilferecht (damals BSHG, jetzt Teilhaberecht nach SGB IX) dem Menschen mit Behinderung selbst zusteht, auch dem behinderten Kind oder Jugendlichen zugesprochen. In § 35a SGB VIII werden also zwei Rechtspositionen zusammengeführt: das Recht eines jeden jungen Menschen auf Förderung seiner Entwicklung und auf Erziehung zu einer eigenverantwortlichen und gemeinschaftsfähigen Persönlichkeit gemäß § 1 SGB VIII und das in § 10 SGB I und § 1 SGB IX kodifizierte Recht eines jeden behinderten Menschen auf die Sozialleistungen, die die gleichberechtigte Teilhabe ermöglichen. Ein Anspruch der Eltern auf Hilfe zur Erziehung ist für die Bewilligung der Eingliederungshilfe nicht mehr erforderlich; beide Hilfen können aber miteinander kombiniert werden.

Da in der Praxis von Anfang an erhebliche Auslegungsschwierigkeiten bestanden (die auch jetzt noch nicht ganz ausgeräumt sind), wurde der Gesetzeslaut von § 35a SGB VIII über die Jahre zunehmend präzisiert, teilweise auch redaktionell veränderten anderen Gesetzen angepasst. Änderungen des § 35a SGB VIII erfolgten 1996 (redaktionelle Anpassung an Änderungen der §§ 40, 41 BSHG, Bestimmung der Geltung von § 41 BSHG, Hilfe zur Beschäftigung in einer Werkstatt); 2001 (u. a. Neuformulierung des Leistungsanspruchs, Änderung der Arbeitsabläufe durch SGB IX); 2003 (redaktionelle Anpassung an SGB XII, die aber erst 2005 vollzogen wurde); 2005 (Einfügung von Abs. 1a durch das KICK); 2016 (erhebliche Veränderung der zugrundeliegenden Philosophie, weitere Verfahrensänderungen durch das BTHG), 2017 (Verschiebung der ursprünglich versehentlich für 2018 beschlossenen – ins Leere laufenden – Änderung von Abs. 3 auf das Jahr 2020[5]) und 2021 durch das KJSG.

Die 2017 im Bundestag verabschiedete, aber im Bundesrat gescheiterte *Neufassung des SGB VIII* sah trotz des von der Bundesregierung formulierten Anspruchs, „die Kinder- und Jugendhilfe zu einem inklusiven (…) Leistungssystem weiterzuentwickeln" (RegBegr. zum KJSG, BT-Drucks. 18/12330, 1), wiederum nicht die große Lösung vor[6]. 2021 gelang ein erneuter Versuch der SGB VIII-Reform. Danach sollen die Kinder mit geistiger und/oder körperlicher Behinderung im Jahr 2028 endlich unter die Fittiche der Jugendhilfe genommen werden[7]. Einige Kommunen praktizieren diese Organisationsform schon jetzt modellhaft. Dem Inklusionsgedanken wird in dem Gesetz durchgehend etwas stärkere Aufmerksamkeit gewidmet.

Mit dem *Tagesbetreuungsausbaugesetz* (TAG 2004) wurde die gemeinsame Förderung von Kindern mit und ohne Behinderung in Tageseinrichtungen gesetzlich festgelegt (§ 22a SGB VIII). Damit wurde eine strukturelle Barriere abgebaut, die zuvor durch die getrennte Zuständigkeit der Jugendhilfe- und der Sozialhilfeträger für die Einrichtungen errichtet worden war.[8]

5 durch Art. 27 des Gesetzes zur Änderung des Bundesversorgungsgesetzes und anderer Vorschriften vom 17.7.2017 i. V. m. einer entsprechenden Änderung des BTHG, BGBl. v. 24.7.2017. Einen ausführlichen Überblick über Geschichte und Wesen des Kinder- und Jugendhilferechts geben Happe/Saurbier (2006), über die Geschichte der Leistungen für Menschen mit Behinderungen Lachwitz/Schellhorn/Welti (2001).

6 Vgl. die – kontroversen – Stellungnahmen zur „Großen Lösung" zur 6. Sitzung der AG BTHG, www.bmas.de, zuletzt abger. 1.4.2017.

7 Gesetz zur Stärkung von Kindern und Jugendlichen (Kinder- und Jugendstärkungsgesetz) v. 3.6.2021, verkündet BGBl v. 9.6.2021

8 BGBl. 2004, Nr. 76, 3852 – 3854

3.2 Die UN-Behindertenrechtskonvention als Motor für Bemühungen um Inklusion

Das „Übereinkommen über die Rechte von Menschen mit Behinderungen" („UN-Behindertenrechtskonvention – BRK")[9] wurde im Jahr 2006 von der UN-Vollversammlung verabschiedet, in Deutschland 2008 ratifiziert und trat am 26.03.2009 im Rang eines Bundesgesetzes in Kraft. Damit verpflichten sich die Mitgliedstaaten zum Schutz, zur Förderung und zur vollständigen Gewährleistung aller Menschenrechte und Grundfreiheiten von Menschen mit Behinderung und zur Förderung der Achtung der ihnen innewohnenden Würde (Art. 1). Der wertvolle Beitrag behinderter Menschen zur sozialen, wirtschaftlichen und menschlichen Entwicklung und zur Vielfalt ihrer Gemeinschaft ist uneingeschränkt anzuerkennen. Heterogenität einer Gesellschaft ist positiv zu bewerten, denn sie dient allen Menschen im Gemeinwesen – „Diversity-Ansatz" (Präambel).

Es müssen alle Maßnahmen, die zur Verwirklichung der vollen Gleichberechtigung erforderlich sind (einschließlich entsprechender Gesetzgebung und Verwaltungsorganisation), getroffen werden (Art. 4). Ein besonderes Augenmerk ist dabei auf den Schutz von Frauen und Mädchen vor zusätzlicher Diskriminierung zu richten (Art. 6.) Ebenso ist von den Vertragsstaaten dafür zu sorgen, dass Kindern mit Behinderung in gleicher Weise wie anderen Kindern alle Menschenrechte und Grundfreiheiten zukommen. Bei allen sie betreffenden Maßnahmen ist ihr Wohl vorrangig zu berücksichtigen. Ihnen sollen die Meinungsäußerung und die – altersgemäße – Mitbestimmung in allen sie betreffenden Angelegenheiten in voller Gleichberechtigung mit anderen Kindern ermöglicht werden; hierzu sollen sie die benötigte behindertengerechte und altersangemessene Hilfe erhalten.

In der gesamten Gesellschaft muss das Bewusstsein für die Gleichberechtigung und Selbstbestimmung von Menschen mit Behinderung geschärft werden (Art. 8). Und damit jene tatsächlich umfassend partizipieren können, müssen die materiellen und immateriellen Barrieren beseitigt und die erforderlichen Unterstützungsmöglichkeiten geschaffen werden. Dieses Konzept der vollständigen Barrierefreiheit wird als „*Inklusion*" bezeichnet. Der Begriff ersetzt den früher verwandten Terminus „Integration", der beinhaltet, dass die zu integrierende Person sich an vorhandene Strukturen anzupassen hat. Jetzt geht es darum, die Strukturen auf die Bedürfnisse und Möglichkeiten von behinderten Menschen einzurichten. Mit dem BTHG wird der Begriff „Inklusion" in die Gesetzessprache aufgenommen. Es ist deutlich geworden, dass diese Inklusion nicht ohne umfassende Veränderungen in allen gesellschaftlichen Bereichen zu bewerkstelligen ist.

9 Vgl. BGBl 2008 v. 31.12.2008.

Bildung, Arbeit, Wohnen, Verkehr, Sozialwesen, Kultur und Freizeit, Beteiligung und Mitsprache sind entsprechend neu auszurichten. Soweit es geht, ist auf *Sondereinrichtungen* zu verzichten, ohne dass dabei die spezielle Förderung und Kompensation vernachlässigt werden, auf die ein großer Teil der Kinder und Jugendlichen auch in inklusiven Einrichtungen angewiesen ist.

Für den Bereich der Eingliederungshilfen für Kinder und Jugendliche mit Behinderung hat das Inklusionskonzept der UN-BRK die seit den frühen 1970er Jahren geführte Diskussion um die *„große Lösung"* (s. Kap. I3.1) neu belebt.

3.3 Das Bundesteilhabegesetz – Artikel 1 – SGB IX

3.3.1 Zielsetzungen

Schon seit Beginn der 1970er Jahre forderten Betroffenenverbände, Fachwelt und Politik die Weiterentwicklung des Rehabilitationsrechts. Dabei sollten vor allem die Nachteile des gegliederten Systems der sozialen Sicherung beseitigt werden, gleichzeitig aber das System erhalten bleiben. Die Rehabilitationsleistungen sollten final ausgestaltet werden, d. h. sich nach dem individuellen Bedarf und nicht nach der Ursache der Behinderung richten. Die Menschen mit Behinderungen, die bis dato nicht sozialversicherungspflichtig waren, sollten Rehabilitationsleistungen als Versicherungsleistungen erhalten.

Ein erster Schritt zur Bündelung und Harmonisierung der Rechtsgrundlagen wurde mit dem *Rehabilitations-Angleichungsgesetz (RehaAnglG)* von 1974 getan (wobei die Eingliederungshilfe für Behinderte nach dem damaligen BSHG und die Jugendhilfe nicht einbezogen wurden).

Da diese Änderung als bei weitem nicht ausreichend kritisiert wurde, erfolgte mit dem *SGB IX von 2001* ein erneuter Anlauf, mit dem die Verwirklichung des im Jahr 1994 ins Grundgesetz Art. 3 Abs. 3 Satz 2 eingefügten *Benachteiligungsverbots* im Bereich der Sozialpolitik vorangebracht werden sollte[10]. Das neue Gesetz sollte das veränderte Selbstverständnis von Menschen mit Behinderung und die entsprechend reformierten sozialpolitischen Leitvorstellungen widerspiegeln.

So heißt es in der Entschließung des Deutschen Bundestags vom 19. Mai 2000[11]:

10 Vgl. Vierter Bericht der Bundesregierung über die Lage der Behinderten und die Entwicklung der Rehabilitation 1998, BT-Drucks. 13/9514, 144; Bundesregierung in BT-Drucks. 14/2447/2000, 2.

11 BT-Drucks. 14/2913/2000.

> „Im Mittelpunkt der politischen Anstrengung stehen nicht mehr die Fürsorge und die Versorgung von behinderten Menschen, sondern ihre selbstbestimmte Teilhabe am gesellschaftlichen Leben und die Beseitigung der Hindernisse, die ihrer Chancengleichheit entgegenstehen." Als Voraussetzung dafür sah der Bundestag „eine Gesetzgebung, die den Anspruch von Menschen mit Behinderung auf Unterstützung und Solidarität als Teil selbstverständlicher und universeller Bürgerrechte erfüllt".[12]

Als *Grundsätze* der neuen Gesetzgebung wurden die folgenden „Eckpunkte" vereinbart:[13]

- Die Förderung eines autonomen Lebens bei voller gesellschaftlicher Partizipation durch *erweiterte und verbesserte Hilfen*, die jetzt „Leistungen zur Teilhabe" genannt werden, insbesondere auch zur verstärkten Teilhabe am Arbeitsleben
- die *Vereinheitlichung* des Rehabilitationsrechts, so dass dank erhöhter Transparenz der Zugang zur Leistung erleichtert wird
- die Optimierung der *Kooperation* und *Koordination* zwischen Leistungsträgern, -erbringern und -berechtigten, so dass ein umfassendes Gesamtkonzept mit ineinandergreifenden Leistungen die zuvor schlecht abgestimmten Teillösungen ersetzt (Abschaffung der „Verschiebebahnhöfe")
- die Verbesserung und Vereinheitlichung der *Qualitätssicherung* und die Steigerung der *Effizienz* durch verbesserte Arbeitsabläufe.

Der integrationshemmenden Zersplitterung und Unübersichtlichkeit des früheren Rehabilitationsrechts ist vor allem dadurch entgegenzuwirken, dass

- Regelungen, die für *mehrere Sozialleistungsbereiche einheitlich* sein können, nur an einer Stelle getroffen
- Vorschriften, die unterschiedlich sein müssen, von *denselben Kriterien* bestimmt und
- *Begriffe und Abgrenzungskriterien* aller einschlägigen Regelungen *vereinheitlicht* werden, so dass sie nicht mehr von Vorschrift zu Vorschrift variieren.

Im Unterschied zum RehaAnglG sind die Vorschriften des SGB IX nicht nur als Grundsätze geregelt, sondern *unmittelbar anzuwenden*, soweit die einzelnen

---

12 Vgl. dazu auch das Behindertengleichstellungsgesetz (BGG 2002) und das Allgemeine Gleichbehandlungsgesetz (AGG 2006).

13 Vgl. Koalitionsarbeitsgruppe Behindertenpolitik, Eckpunkte zum Sozialgesetzbuch IX vom 28.10.1999; RegBegr. zu SBG IX, BT-Drucks. 14/5074/2001, 92 und 100; Lachwitz/Schellhorn/Welti, 2001, 23 ff.

Leistungsgesetze nichts Abweichendes besagen. Das SGB IX ist deshalb insoweit für alle Rehabilitationsträger verbindlich. Allerdings wird das gegliederte System beibehalten, d.h. es bleibt bei der Bestimmung der Zuständigkeiten und der Anspruchsvoraussetzungen durch die speziellen Leistungsgesetze der jeweiligen Rehabilitationsträger.

Die *Schwerpunkte* des SGB IX von 2001 lassen sich auf diese Weise skizzieren:

- Einbeziehung der Träger der Sozialhilfe und der Jugendhilfe in den Kreis der Rehabilitationsträger
- Vorrang der Prävention
- erweitertes Wunsch- und Wahlrecht der Leistungsberechtigten, Ermöglichung von Geld- statt Sachleistungen, Persönliches Budget
- Beschleunigung des Verfahrens zur Zuständigkeitsklärung und zur Entscheidung über einen Antrag
- Verbesserung der Auskunft und Beratung
- Ermöglichung der Verbandsklage
- Vorrang ambulanter Leistungen
- Berücksichtigung der besonderen Bedürfnisse von Frauen und Kindern
- Erleichterung der Abstimmung zwischen den Rehabilitationsträgern durch Gemeinsame Empfehlungen
- Vorkehrungen zur Qualitätssicherung
- Förderung von Rehabilitationsdiensten und -einrichtungen
- erweiterte Pflichten von Fachkräften zur Informierung der Leistungsberechtigten

Mit der *Neuformulierung von SGB IX* als Artikel 1 des „Gesetzes zur Stärkung der Teilhabe und Selbstbestimmung von Menschen mit Behinderungen" (*„Bundesteilhabegesetz – BTHG"* v. 23.12.2016[14]) wurden die gesetzlichen Grundlagen so weiterentwickelt, dass sie den Ansprüchen der Leistungsberechtigten besser (wenn auch nicht voll befriedigend) entsprechen. Die Eingliederungshilfe wurde aus der Sozialhilfe herausgelöst und in Teil 2 des SGB IX transferiert (Trennung von existenzsichernden Leistungen und Fachleistungen). Es sollte „ein modernes Teilhaberecht" geschaffen werden.

Insbesondere werden die folgenden *Ziele* verfolgt[15]:

1. *Stärkung der gesellschaftlichen Stellung* der Menschen mit Behinderung und ihrer Position gegenüber den Rehabilitationsträgern und Leistungserbringern durch

14 BGBl Teil 1 Nr. 66 v. 29.12.2016.

15 RegBegr. BTHG, BT-Drucks. 18/9522, 191/192.

- Neufassung der Definition von Behinderung
- Personenzentrierung von Leistungen anstelle der früheren Einrichtungszentrierung (d. h. Abschaffung der Leistungsbewilligung nach Maßgabe der Wohnform)
- Verbesserung der Information über die persönlichen Rechte und die Wege ihrer Durchsetzung durch eine neue unabhängige Teilhabeberatung, insbesondere durch „peer consulting"
- erhöhte Durchschaubarkeit der Hilfeplanung durch verbindliches transparenteres partizipatives Teilhabeplanverfahren und Teilhabeverfahrensbericht

2. *Verbreiterung und präzisere Beschreibung des Leistungsangebots* durch
   - Konkretisierung der Leistungskataloge zur Teilhabe an Bildung, am Arbeitsleben, zur Medizinischen Rehabilitation und zur Sozialen Teilhabe; Stärkung der Rolle der Pflegeversicherung
   - Neudefinition der Assistenzleistungen als Hilfe zur Alltagsbewältigung und Tagesstrukturierung für einen erweiterten Kreis von Berechtigten
   - genauere Bestimmung der präventiven Bemühungen, insbesondere für den Erhalt der Erwerbsfähigkeit
   - erhöhte Beachtung der besonderen Bedürfnisse von Kindern, wie z. B. Anweisung zur Vermeidung der Fremdunterbringung, inklusive Erziehung und Bildung; dennoch bleibt SGB IX vorrangig Erwachsenenrecht

3. *Verbesserung der Arbeitsprozesse bei den Leistungsträgern* durch
   - detailliertere Vorgaben zur Zusammenarbeit und Abstimmung zwischen den Rehabilitationsträgern (Leistungen „wie aus einer Hand")
   - Verpflichtung aller Träger auf neu gefasste allgemeine Grundsätze
   - geschärfte Regelungen für die Zuständigkeitsklärung, Steuerung des Verfahrens, funktionsbezogene, am bio-psycho-sozialen Modell orientierte Bedarfsermittlung
   - verbesserte Regelung der Erstattungsverfahren untereinander
   - gleichzeitig aber auch verbesserte Steuerung zur Vermeidung einer neuen Ausgabendynamik und Bremsung der bestehenden Kostensteigerungen.

3.3.2 Aufbau des SGB IX

In seinem ersten Teil (§§ 1–89) enthält SGB IX n. F. den allgemeinen Teil des sozialrechtlichen Rehabilitations- und Teilhaberechts, der früher im Gesetz zur Angleichung der Leistungen der Rehabilitation (RehaAnglG) von 1974 enthalten war. Dieses wurde durch Art. 63 SGB IX a. F. im Jahr 2001 aufgehoben. Hier wird Gemeinsames für das über zahlreiche Einzelgesetze verteilte Recht der Rehabilitation und Teilhabe nur einmal und einheitlich geregelt und definiert und damit vereinfacht und harmonisiert.

Während die Eingliederungshilfe nach BSHG und SGB VIII im RehaAnglG nicht erfasst war, ist sie in den Geltungsbereich des SGB IX einbezogen worden. Der reformierte Teil 1 SGB IX trat größtenteils zum 1.1.2018 in Kraft und war ab diesem Tag auch schon für § 35a SGB VIII zu beachten.

Im zweiten Teil (§§ 90–150 SGB IX) wird die aus dem SGB XII herausgelöste und reformierte Eingliederungshilfe als „Besondere Leistungen zur selbstbestimmten Lebensführung für Menschen mit Behinderungen („Eingliederungshilferecht)“ normiert. „Das SGB IX wird insoweit zu einem Leistungsgesetz aufgewertet“ (RegBegr. BTHG 2016, 191[16]). Dieser Teil[17] trat gem. Art. 26 BTHG zum 1.1.2020 in Kraft; gleichzeitig trat die bisherige Eingliederungshilfe-Verordnung außer Kraft. Die Neufassung von § 35a Abs. 3 SGB VIII gilt ebenfalls seit 1.1.2020. Das bis dahin im zweiten Teil geregelte Schwerbehindertenrecht wurde weiterentwickelt und findet sich jetzt im Teil 3 „Besondere Regelungen zur Teilhabe schwerbehinderter Menschen (Schwerbehindertenrecht)“, §§ 151–241 SGB IX. Des Weiteren wurden andere Gesetze, darunter nahezu sämtliche anderen Teile des Sozialgesetzbuchs, begrifflich und inhaltlich an das neue SGB IX angepasst (Art. 2–26), mit unterschiedlichen Terminen des Inkrafttretens.

3.3.3 Gesamteinschätzung und Ausblick

Schon das SGB IX von 2001 wurde von den Menschen mit Behinderung und ihren Verbänden als ein erster Schritt in die richtige Richtung beurteilt. Sie fühlten sich nun eher in ihrer Subjektstellung wahrgenommen – „es atmet den Perspektivwechsel“ (Beauftragte der Bundesregierung für die Belange behinderter Menschen, 2009[18]). Auch die *Stärkung der rechtlichen und inhaltlichen Ordnungsfunktion des allgemeinen Rehabilitationsrechts* wurde anerkannt.

Selbstverständlich gab es aber auch *Kritik*, weil wesentliche Forderungen nicht erfüllt waren: Wegfall des Merkmals „Wesentlichkeit“ von Behinderungen, Streichung des Vorbehalts abweichender Regelungen in anderen Gesetzen und Implantierung stärkerer Sanktionsmöglichkeiten. Auch haperte es in der Folge teilweise mit der *Umsetzung*: Leistungen wurden verzögert oder unzureichend bewilligt oder zu Unrecht abgelehnt, weil die Zuständigkeitsstreitigkeiten nicht aufgehört hatten; Leistungsberechtigte fühlten sich nicht genau genug

16 BT-Drucks. 18/9522.

17 d.h. Art. 1 Teil 2 Kap. 1–7 sowie 9–11 mit Ausnahme von § 94 Abs. 1 SGB IX.

18 www.behindertenbeauftragte.de, abger. 3.4.2017.

informiert; die Frühförderung schien nicht angemessen finanziert zu werden; regionale Unterschiede schränkten die Freizügigkeit ein und auf kommunaler Ebene fehlte häufig eine durchgängige Teilhabeplanung (Schütte 2012/2013).

Das lange diskutierte BTHG bringt, wie aus Stellungnahmen hervorgeht, einige *Verbesserungen*, wie z. B. die Änderungen bei der Anrechnung von Einkommen und Vermögen (wobei einkommensunabhängige Leistungen weiterhin angestrebt werden), die unabhängige Teilhabeberatung, die Stärkung der Rechte in der Arbeitswelt (Budget für Arbeit, Frauenbeauftragte in den Werkstätten), die klareren Verfahrensregeln, die auf eine exakter koordinierte Leistungserbringung hoffen lassen, die erweiterten Leistungen zur sozialen Partizipation und zur Teilhabe an Bildung (vgl. z. B. Bentele, Beauftragte der Bundesregierung für die Belange von Menschen mit Behinderungen, 2016[19]; Bundesvereinigung Lebenshilfe e. V., 2017).

Das Gesetz führt damit weiter in die von der UN-BRK vorgegebene Richtung, wenn auch aus der Sicht der betroffenen Menschen und ihrer Vertretungen längst nicht weit genug. Sie sehen noch viele *Probleme* als unbefriedigend gelöst, wie z. B. die Gefahr, dass ihr Wunsch- und Wahlrecht nicht genügend beachtet wird, insbes. beim Poolen[20] von Leistungen und bei den Assistenzleistungen, den zu weiten Ermessensspielraum bei der Zumutbarkeits- und Angemessenheitsprüfung in Bezug auf die Wohnform und den zu großen Spielraum für (ungünstigere) Regelungen durch Landesrecht (Bundesverband für körper- und mehrfachbehinderte Menschen 2016[21]). Beklagt wird auch der *hohe bürokratische Aufwand*, der sich insbesondere für Angehörigen-Betreuer und ehrenamtliche Betreuungspersonen infolge der Aufteilung von Leistungen in existenzsichernde nach SGB XII und Fachleistungen nach SGB IX ergeben hat. Dies gilt besonders für Menschen, die in sogenannten „besonderen Wohnformen“ (vormals „stationären Einrichtungen“) leben. Für sie ist eine Vielzahl von Anträgen neu zu stellen (z. B. Hilfe zum Lebensunterhalt, Eingliederungshilfe, Wohngeld), Verträge sind abzuschließen (z. B. Bankverbindungen, Miet- oder Wohn- und Betreuungsverträge) und es wird eine verstärkte Mitwirkung am Gesamt- und Teilhabeplan erwartet.

Die *Kostenträger* bemängeln wiederum, dass Kostenfragen ungeklärt bleiben, insbes. hinsichtlich der Entlastung der Kommunen, und dass die vorgelagerten inklusiv ausgerichteten Regelsysteme zu wenig gestärkt werden (vgl. Deutscher Verein, 2016[22]; Deutscher Städtetag, 2016[23]). Da die Auswirkungen der Neuerungen nicht sicher beurteilt werden können, werden weitere

19 www.behindertenbeauftragter.de; www.lebenshilfe.de, Rechtsdienst 1/2017, abger. 10.4.2017.

20 Erbringung einer Leistung für mehrere Leistungsberechtigte gemeinsam.

21 Stellungnahme der Fachverbände zum Referentenentwurf BTHG, www.bvkm.de

22 Stellungnahme zum Gesetzentwurf BTHG, NDV 2016, 481–484 und 544–552.

23 www.staedtetag.de, abger. 10.4.1017.

Erkenntnisse von der „modellhaften Erprobung" relevanter Teile (Art. 25 Abs. 3 BTHG) erwartet. Das BTHG stelle aber immerhin „eine Basis für die weitere Arbeit" dar, die sogleich beginnen müsse (Beauftragte für Menschen mit Behinderungen, a. a. O.).

In den Diskussionen zur *Fortentwicklung der Jugendhilfe* wird weiterhin eine verstärkt inklusive Ausrichtung aller ihrer Leistungen und anderen Aufgaben gefordert (z. B. BMFSFJ 2019). Die AGJ (2019) weist allerdings auf die ungewollt diskriminierende Wirkung einer gesonderten Nennung behinderter Kinder und Jugendlicher im SGB VIII bei unbeabsichtigter Marginalisierung anderer Gruppen wie z. B. Migranten, hin. Die Arbeits- und Sozialministerkonferenz (ASMK 2017) spricht sehr vorsichtig von einem „grundsätzlich weiterhin zu verfolgendem Ziel", dem aber eine Erprobungsphase durch interessierte Träger „auf freiwilliger Basis" vorangehen müsse[24].

Das neue *Kinder- und Jugendstärkungsgesetz – KJSG* (2021) sieht nun, wie oben berichtet, die Zusammenführung der Zuständigkeiten für alle Kinder und Jugendlichen mit Behinderung unter dem Dach der Kinder- und Jugendhilfe vor. Der Prozess der Umsetzung soll sich über sieben Jahre erstrecken und in zwei Phasen oder drei Stufen (plus einer Zwischenstufe) erfolgen. Auf der ersten Stufe geht es mehr um konzeptionelle Arbeit (Verankerung des Leitgedankens einer inklusiven Kinder- und Jugendhilfe, Bereinigung von Schnittstellen usw.). Auf der zweiten Stufe (2024) soll ein „Verfahrenslotse" beim Jugendamt die Begleitung durch das gesamte Verfahren übernehmen (§ 10b SGB VIII). Bis 2027 soll ein Bundesgesetz verkündet werden, das Näheres zur Leistungsberechtigung, zu Art und Umfang der Leistungen und zur Kostenbeteiligung enthält, bis schließlich im Jahr 2028 die dritte Stufe erreicht sein wird, auf der dann die Kinder- und Jugendhilfe für alle jungen Menschen zuständig ist (BGBl 19 v. 9.6.2021).

Im Jahr 2021 wurden mit dem „*Teilhabestärkungsgesetz*"[25] weitere Änderungen auf den Weg gebracht. Danach wird

1. eine Regelung zum Gewaltschutz für Menschen mit Behinderungen, insbesondere für Frauen und Mädchen, wie sie Art. 16 UN-BRK fordert, ins SGB IX aufgenommen. Mit § 37a SGB IX werden die Leistungserbringer verpflichtet, die dafür geeigneten Maßnahmen zu treffen, wobei die Rehabilitationsträger und die Integrationsämter auf die Umsetzung des Schutzauftrages hinwirken sollen.
2. Die zum Jahr 2023 anstehende neue Bestimmung zum leistungsberechtigten Personenkreis für die Eingliederungshilfe (§ 99 SGB IX) soll sich an

24 www.agj.de; asmkintern.rip.de, abger. 8.1.2020.
25 BGBl 19 v. 9.6.2021.

der UN-BRK und der ICF orientieren und damit „in einer modernen und diskriminierungsfreien Sprache“ erfolgen.

3. Das Budget für Ausbildung steht künftig auch Menschen, die schon im Arbeitsbereich einer Werkstatt für behinderte Menschen oder eines anderen Anbieters arbeiten, zur Verfügung (§ 61a SGB IX).
4. Digitale Gesundheitsanwendungen nach § 42 SGB IX werden in den Katalog der Leistungen zur medizinischen Rehabilitation aufgenommen (§ 47a SGB IX).
5. Behinderte Menschen können ihre Assistenzhunde[26] in alle allgemein zugänglichen Anlagen und Einrichtungen mitnehmen (§ 12e BGG),
6. und schließlich können Leistungen der Arbeitsförderung neben einem Rehabilitationsverfahren erbracht werden d. h. Jobcenter können Rehabilitandinnen und Rehabilitanden ebenfalls fördern (§ 16 SGB II, § 22 SGB III).

26 die z. B. auch als emotionale Unterstützung für Menschen mit Autismus-Spektrum-Störungen oder andere psychische oder psychiatrische Erkrankungen dienen können.

4 Rechtliche Vorgaben für die Leistungsbewilligung

4.1 Was sagt das Kinder- und Jugendhilfegesetz (SGB VIII)?

Der Text von § 35a SGB VIII gibt vor, was zu klären ist:

§ 35a Eingliederungshilfe für Kinder und Jugendliche mit seelischer Behinderung oder drohender seelischer Behinderung

(1) „Kinder oder Jugendliche haben Anspruch auf Eingliederungshilfe, wenn

1. ihre seelische Gesundheit mit hoher Wahrscheinlichkeit länger als sechs Monate von dem für ihr Lebensalter typischen Zustand abweicht und
2. daher ihre Teilhabe am Leben in der Gesellschaft beeinträchtigt ist oder eine solche Beeinträchtigung zu erwarten ist.

Von einer seelischen Behinderung bedroht im Sinne dieser Vorschrift sind Kinder oder Jugendliche, bei denen eine Beeinträchtigung ihrer Teilhabe am Leben in der Gesellschaft nach fachlicher Erkenntnis mit hoher Wahrscheinlichkeit zu erwarten ist. § 27 Abs. 4 gilt entsprechend.

(1a) Hinsichtlich der Abweichung der seelischen Gesundheit nach Absatz 1 Satz 1 Nr. 1 hat der Träger der öffentlichen Jugendhilfe die Stellungnahme

1. eines Arztes für Kinder- und Jugendpsychiatrie und -psychotherapie,
2. eines Kinder- und Jugendpsychotherapeuten, eines Psychotherapeuten mit einer Weiterbildung für die Behandlung von Kindern und Jugendlichen oder
3. eines Arztes oder eines psychologischen Psychotherapeuten, der über besondere Erfahrungen auf dem Gebiet seelischer Störungen bei Kindern und Jugendlichen verfügt,

einzuholen. Die Stellungnahme ist auf der Grundlage der Internationalen Klassifikation der Krankheiten in der vom Deutschen Institut für medizinische Dokumentation und Information herausgegebenen deutschen Fassung zu erstellen. Dabei ist auch darzulegen, ob die Abweichung Krankheitswert hat oder auf einer Krankheit beruht. Enthält die Stellungnahme auch Ausführungen zu Absatz 1 Nummer 2, so sollen diese vom Träger der öffentlichen Jugendhilfe im Rahmen seiner Entscheidung angemessen berücksichtigt werden. Die Hilfe soll nicht von der Person oder dem Dienst oder der Einrichtung, der die Person angehört, die die Stellungnahme abgibt, erbracht werden.

(2) Die Hilfe wird nach dem Bedarf im Einzelfall

1. in ambulanter Form,
2. in Tageseinrichtungen für Kinder oder in anderen teilstationären Einrichtungen,

> 3. durch geeignete Pflegepersonen und
> 4. in Einrichtungen über Tag und Nacht sowie sonstigen Wohnformen geleistet.
>
> (3) Aufgabe und Ziel der Hilfe, die Bestimmung des Personenkreises sowie die Art der Leistungen richten sich nach Kapitel 6 des Teils 1 des Neunten Buches sowie nach § 90 und den Kapiteln 3 bis 6 des Teils 2 des Neunten Buches, soweit diese Bestimmungen auch auf seelisch behinderte oder von einer solchen Behinderung bedrohte Personen Anwendung finden.
>
> (4) Ist gleichzeitig Hilfe zur Erziehung zu leisten, so sollen Einrichtungen, Dienste und Personen in Anspruch genommen werden, die geeignet sind, sowohl die Aufgaben der Eingliederungshilfe zu erfüllen als auch den erzieherischen Bedarf zu decken. Sind heilpädagogische Maßnahmen für Kinder, die noch nicht im schulpflichtigen Alter sind, in Tageseinrichtungen für Kinder zu gewähren und lässt der Hilfebedarf es zu, so sollen Einrichtungen in Anspruch genommen werden, in denen behinderte und nichtbehinderte Kinder gemeinsam betreut werden."

§ 35a steht als Leistungsnorm im 4. Abschnitt des SGB VIII in systematischem Zusammenhang mit der Hilfe zur Erziehung (§ 27 ff. SGB VIII) und der Hilfe für junge Volljährige (§ 41 SGB VIII). Wie wir sehen, bestimmt

Abs. 1 den Rechtsanspruch auf Eingliederungshilfe mit

- der Bezeichnung des Personenkreises
- den Voraussetzungen des Anspruchs

Abs. 1a die Vorgaben zur Qualifikation des Gutachters und zur Diagnostik der psychischen Störung

Abs. 2 die Formen der Eingliederungshilfe mit

- dem Grundsatz der Individualisierung nach dem individuellen Eingliederungshilfebedarf
- der Differenzierung nach möglichen Orten der Hilfe

Abs. 3 die Ausgestaltung der Hilfe unter Verweis auf die näheren Bestimmungen des SGB IX zu

- Leistungsarten
- Erbringung im Ausland
- Beratungsangeboten und -pflichten
- dem Persönlichen Budget

- den Aufgaben der Teilhabeleistungen
- den Besonderen Leistungen zur selbstbestimmten Lebensführung für Menschen mit Behinderungen

Abs. 4 die Einrichtungsauswahl

- zur Koordination von Eingliederungshilfe mit gegebenenfalls erforderlicher Hilfe zur Erziehung
- zur Nutzung inklusiver Tageseinrichtungen für Kinder vor dem Schulalter mit heilpädagogischem Bedarf, soweit diese darin ausreichend gefördert werden.

4.2 Wer besitzt einen Anspruch auf Leistungen?

Der Anspruch auf Eingliederungshilfe steht, wenn seine Voraussetzungen erfüllt sind, dem *Kind oder Jugendlichen mit bereits eingetretener oder drohender seelischer Behinderung* zu, wie es der Systematik des Behindertenrechts entspricht. Anders als bei der Hilfe zur Erziehung besitzen also die Personensorgeberechtigten diesen Anspruch nicht; sie können ihn lediglich in Vertretung ihres Kindes geltend machen.

Einem *jungen Volljährigen soll* bei Vorliegen der Voraussetzungen die Hilfe bewilligt werden, falls und solange er sie für seine Persönlichkeitsentwicklung und zu einer eigenverantwortlichen Lebensführung braucht[27]. Dies gilt in der Regel bis zur Vollendung des 21. Lebensjahres, in begründeten Einzelfällen für eine begrenzte Zeit darüber hinaus, maximal bis zur Vollendung des 27. Lebensjahres (§ 41 SGB VIII). Plausible Gründe für die Verlängerung nach Überschreiten der Volljährigkeitsgrenze, die das Jugendamt anerkennen muss, sind z. B. eine begonnene Therapie, eine nachgeholte mehrstufige Schul- und Berufsausbildung oder eine vertretbare Verzögerung wie die Wiederaufnahme einer wegen Krankheit abgebrochenen Ausbildung (Happe/Saurbier 2006b, Rn. 11c). Wird der Hilfebedarf erstmalig nach Vollendung des 18. Lebensjahres angemeldet, so ist in der Regel der Träger der Eingliederungshilfe zuständig und es muss § 99 SGB IX zugrunde gelegt werden. Dies ist insbesondere dann zu beachten, wenn zu Beginn der Hilfe für einen jungen Volljährigen abzusehen ist, dass diese deutlich über den 21. Geburtstag hinaus oder sogar dauerhaft erforderlich sein wird. Die Gesetzesformulierung „für einen begrenzten Zeitraum" in § 41 Abs. 1 SGB VIII soll – so die Rechtsprechung – eng ausgelegt werden[28].

---

27 OVG NRW, Beschl. v. 11.3.2014 – 12 A 2751/13, JAmt 2014, 214; OVG NRW, Beschl. v. 29.9.2014 – 12 E 774, juris.

28 LSG NW v. 21.5.2012 – L 20 SO 50 608/10; ähnlich Happe/Saurbier 2006b, die davon sprechen, dass damit „offenbar eine vernünftige Zeitspanne" gewollt ist.

Zusätzlich kann die *Verantwortung für ein kleines Kind* den Anspruch auf Eingliederungshilfe nach § 35a SGB VIII über das 21. Lebensjahr hinaus verlängern. Seelisch behinderte junge Mütter und Väter, die allein für ein Kind unter sechs Jahren zu sorgen haben, können von der Jugendhilfe in einer geeigneten Wohnform betreut werden, wenn und solange sie aufgrund ihrer verzögerten Persönlichkeitsentwicklung Beratung und Unterstützung für die Bewältigung der Schwangerschaft und für die Versorgung und Erziehung des Kindes (und gegebenenfalls von dessen älteren Geschwistern) benötigen (§ 41 Abs. 2 i. V. m. § 35a Abs. 1 Satz 3, § 27 Abs. 4 und § 19 SGB VIII).

Diese mit dem KICK (2005) eingefügte Erweiterung des Leistungsanspruches ist sinnvoll, denn so kann der Überforderung eines seelisch behinderten jungen Elternteils vorgebeugt und damit auch das Kind geschützt werden. Gleichzeitig wird deutlich, dass auch einem psychisch kranken Elternteil das verfassungsmäßig garantierte Elternrecht zusteht und vor einem Eingriff in dieses Recht die Unterstützungsmöglichkeiten der Jugendhilfe auszuschöpfen sind.

Ausländische Kinder und Jugendliche können Leistungen beanspruchen, wenn sie ihren gewöhnlichen Aufenthalt rechtmäßig oder aufgrund einer ausländerrechtlichen Duldung in Deutschland haben (§ 6 Abs. 2 SGB VIII).

Am 31.12.2019 erhielten 92.483 Kinder und Jugendliche Eingliederungshilfe durch den Jugendhilfeträger. Dabei waren die männlichen mit 72 % stark in der Überzahl. Jungen bilden bis zum Alter von 18 Jahren durchgehend mehr als 2/3 der Gruppe; erst bei jungen Menschen ab 18 Jahren gleicht sich das Geschlechterverhältnis etwas stärker an: 58 % : 42 %. Die größte Zahl der Leistungsempfänger findet sich bei den neun- bis zwölfjährigen Kindern (= 31.253) (Statistisches Bundesamt 2020[29]).

4.3 An wen richtet sich der Anspruch? – Träger der Eingliederungshilfe

Benötigt ein Kind oder Jugendlicher Eingliederungshilfe nach § 35a SGB VIII, dann besteht der Anspruch gegenüber dem *örtlichen Träger der Jugendhilfe* (sachliche Zuständigkeit nach § 85 SGB VIII). Für Deutsche im Ausland ist der überörtliche Träger zuständig, sofern es nicht um die Fortsetzung einer bereits im Inland bewilligten Eingliederungshilfe geht.

Dagegen ist für die Erfüllung des Anspruchs auf Teilhabeleistungen für Kinder oder Jugendliche mit *körperlicher oder geistiger Behinderung* grundsätzlich der *Träger der Eingliederungshilfe* vorrangig zuständig, der Jugendhilfeträger nur nachrangig (§ 10 Abs. 4 Satz 2 SGB VIII).

---

29 Statistiken der Kinder- und Jugendhilfe 2019, www.destatis.de, abger. 18.3.2021.

Maßnahmen der *Früherkennung und Frühförderung* für Kinder vor dem Schulalter (§ 46 SGB IX, s. Kap. IV/1) können vorrangig von anderen Leistungsträgern zu gewähren sein, wenn das Landesrecht dieses entsprechend regelt (§ 10 Abs. 4 Satz 3 SGB VIII). § 42 Abs. 2 Nr. 2 SGB IX weist sie den Leistungen zur medizinischen Rehabilitation zu, die vorrangig von den gesetzlichen Krankenkassen zu erbringen sind.

Liegt eine *Mehrfachbehinderung* vor, also ein Zusammentreffen von seelischer mit körperlicher oder geistiger Beeinträchtigung, ist die Beantwortung der Frage, ob der Träger der Jugendhilfe oder der Träger der Eingliederungshilfe zuständig ist, häufig schwierig. In der Vergangenheit gab es darüber oft Zuständigkeitsstreitigkeiten zwischen den Trägern. Inzwischen hat die verwaltungs- und sozialgerichtliche Rechtsprechung größere Klarheit geschaffen. Besteht ein Eingliederungshilfebedarf für eine körperliche oder geistige Behinderung und kommt ein erzieherischer Bedarf hinzu, so gehen die Leistungen nach SGB IX vor, wenn *beide Leistungen gleich, gleichartig, einander entsprechend oder deckungsgleich sind.* Erhält z. B. ein geistig behindertes Kind, dessen ebenfalls behinderte Mutter mit seiner Erziehung nicht zurechtkommt, mit der Unterbringung in einem spezialisierten Heim eine Leistung zur Teilhabe, kann der Träger der Eingliederungshilfe nicht argumentieren, der erzieherische Bedarf der Mutter sei für die Heimunterbringung von größerer Bedeutung als die Behinderung des Kindes, und deshalb müsse der Jugendhilfeträger die Kosten übernehmen. Auf den *Schwerpunkt des Bedarfs* (sogenannte *Schwerpunkttheorie*) soll nicht abgestellt werden, zumal diese Theorie die Rechtsunsicherheit vergrößert. Dabei spielt es auch keine Rolle, dass es zwei unterschiedliche Anspruchsinhaber – Kind auf der einen Seite, Personensorgeberechtigte auf der anderen – gibt. Für die Vorrang-Nachrang-Regelung des § 10 Abs. 4 Satz 2 SGB VIII genügt es, dass die miteinander konkurrierenden, deckungsgleichen Leistungen gegenüber demselben jungen Menschen als Leistungsempfänger zu erbringen sind (so BVerwG 2011[30]). Das Gericht bevorzugt die finale Betrachtungsweise – Ziel der Leistung – gegenüber der kausalen – Ursache des Bedarfs. (Außerdem argumentiert es, dass der Gesetzgeber die kommunalen Gebietskörperschaften von den hohen Kosten entlasten wollte, die wegen der erforderlichen Spezialisierung mit der Eingliederungshilfe für Menschen mit körperlicher oder geistiger Behinderung verbunden sind; deshalb habe er diese den finanzstärkeren regionalen oder landesweiten Körperschaften zugeordnet).[31]

Vertreter der „Schwerpunkttheorie“ stellen dagegen den Inklusionsgedanken in den Vordergrund: Bei erkennbarem erzieherischem Bedarf liegt der

30 v. 19.10.2011 – 5 C 6. 11.

31 Weitere entsprechende Urteile: BVerwG ZfJ 2000, 191; BayVGH, Beschl. v. 5.6.2007 – 12 BV05.218, JAmt 2007, 433–435; SG Hildesheim v. 12.3.2012 – S 34 SO 88/08, JAmt 2012, 537–540.

Vorrang eher bei der Jugendhilfe. Wann immer möglich und sinnvoll, sollen auch Kinder und Jugendliche mit geistiger oder körperlicher Behinderung Rehabilitationsleistungen von der Jugendhilfe erhalten, um gemeinsam mit nichtbehinderten Kindern betreut werden zu können.

Für *nicht miteinander konkurrierende Leistungen* kann bei Mehrfachbehinderung u. U. eine Doppelzuständigkeit gerechtfertigt sein (VG Gelsenkirchen 2007[32]).

Die vorrangige Verpflichtung des Eingliederungshilfeträgers gilt aber *nur für die Rehabilitationsleistungen.* Alle anderen Leistungen der Jugendhilfe nach SGB VIII stehen selbstverständlich auch jungen Menschen mit geistigen oder körperlichen Behinderungen und deren Personensorgeberechtigten zu, ebenso wie das Jugendamt seine „anderen Aufgaben" nach SGB VIII (z. B. im Kinderschutz oder in der Mitwirkung im familiengerichtlichen Verfahren) auch für sie erfüllen muss.

Für die *Koordination von Leistungen* verschiedener Rehabilitationsträger ist § 19 Abs. 1 Satz 1 SGB IX zu beachten. Danach ist der gemäß § 14 SGB IX zuständige Träger (s. Kap. III/1.2) dafür verantwortlich, dass die nach § 15 SGB IX beteiligten Rehabilitationsträger in Absprache untereinander und mit dem Leistungsberechtigten die notwendigen Hilfen nahtlos aufeinander abgestimmt erbringen. Fragen der Abgrenzung sind einvernehmlich zu klären (§ 25 SGB IX). Der *Kostenausgleich* zwischen den Rehabilitationsträgern wird gemäß § 16 SGB IX geregelt (s. Kap. III/1.3).

Ansprüche an die *gesetzlichen Krankenkassen* gehen Ansprüchen an die Jugendhilfe vor (§ 10 SGB Abs. 1 SGB VIII). Da die meisten psychischen Störungen zunächst psychotherapeutisch, häufig zusätzlich auch somatotherapeutisch (vor allem medikamentös) behandelt werden, ist in der Regel eine kombinierte Finanzierung der Hilfen angezeigt. Die Modalitäten orientieren sich an den Gemeinsamen Empfehlungen nach § 26 SGB IX. Der Anspruch auf Eingliederungshilfe ist ein *Sozialleistungsanspruch gem. § 40 SGB I.* Er entsteht, sobald seine im Gesetz – in diesem Fall in § 35a Abs. 1 SGB VIII – genannten Voraussetzungen erfüllt sind.

Die *örtliche Zuständigkeit* richtet sich nach §§ 86 ff. SGB VIII, d. h. in der Regel nach dem gewöhnlichen Aufenthalt des Antragstellers beziehungsweise seines gesetzlichen Vertreters.

4.4 Wie erfolgt die Antragstellung? – Formale Erfordernisse

Eine Eingliederungshilfe kann nur bewilligt werden, wenn sie zuvor beantragt worden ist. Pauls Eltern stellen also einen Antrag beim Jugendamt, obwohl es

32 19 K 4403/04 – v. 27.2.2007.

der Junge ist, dem im Falle einer Bewilligung die Leistung zusteht. Sie tun dies als seine gesetzlichen Vertreter, denn Kinder und Jugendliche unter 15 Jahren können die Leistung noch nicht eigenständig beantragen. (Lebt ein Kind in Familienpflege, sind – in der Regel – auch die Pflegepersonen dazu berechtigt, § 1688 Abs. 1 Satz 2 BGB). Ein Jugendlicher, der das 15. Lebensjahr vollendet hat, kann den Antrag selbst stellen und verfolgen sowie die Leistungen entgegennehmen und Rechtsbehelfe wahrnehmen (sozialrechtliche Handlungsfähigkeit nach § 36 Abs. 1 Satz 1 SGB I). Allerdings darf das Personensorgerecht nicht durch die Hilfegewährung eingeschränkt werden: Der Jugendhilfeträger soll den gesetzlichen Vertreter über die Antragstellung und die erbrachten Sozialleistungen unterrichten (§ 36 Abs. 1 Satz 2 SGB I). Der gesetzliche Vertreter kann die Handlungsfähigkeit des jungen Menschen durch schriftliche Erklärung gegenüber dem Leistungsträger einschränken. Will der Jugendliche Anträge zurücknehmen, auf Sozialleistungen verzichten (oder Darlehen entgegennehmen), so ist die Zustimmung des gesetzlichen Vertreters immer erforderlich (§ 36 Abs. 2 SGB I). Die Einschränkung der Handlungsfähigkeit des Minderjährigen kann bei bestimmten psychischen Störungen, insbes. bei psychotischen Erkrankungen, erforderlich werden, weil diese die Einsichts-, Urteils- und Handlungsfähigkeit stark beeinträchtigen können.

Verfahrensrechtlich ist der Minderjährige selbst *Beteiligter* des Verwaltungsverfahrens, weil er als Leistungsberechtigter Adressat des Verwaltungsaktes ist (§ 12 Abs. 1 Nr. 2 SGB X).

Eine besondere *Form* des Antrags ist nicht erforderlich. Die *schriftliche* Antragstellung ist üblich und zweckdienlich, wenn auch nicht gesetzlich vorgeschrieben. Auch ein *mündlich* gestellter Antrag ist wirksam. Gegebenenfalls reicht es sogar aus, dass er aus einem schlüssigen Verhalten ableitbar ist, d. h. dass der Leistungswunsch des Betroffenen für das Amt eindeutig zu erkennen ist, sodass dieses seine Zuständigkeit beurteilen kann. Der Begriff „Antrag" muss nicht notwendigerweise verwandt werden. Andererseits reicht eine allgemeine Problembeschreibung des Betroffenen mit der Bitte um Hilfe nicht aus[33]. Der Antrag ist beim zuständigen Leistungsträger zu stellen, also beim Jugendamt. Er wird aber auch von allen anderen Leistungsträgern, von allen Gemeinden und auch von den amtlichen Vertretungen der Bundesrepublik Deutschland im Ausland (falls eine Person sich im Ausland aufhält) entgegengenommen (§ 16 Abs. 1 SGB I). Ein unzuständiger Empfänger muss ihn unverzüglich an den zuständigen Leistungsträger weiterleiten (§ 16 Abs. 2 SGB I; s. auch Kap. IV/1.3). Diese Regelung soll sicherstellen, dass der Zugang zu den

33 BVerwG, Urteil v. 28.9.2000, ZfJ 2001, 310 ff.; BVerwG, Urteil v. 17.2.2011 – 5 B 43.10, JAmt 2011, 274; Stähr 2019, § 35a SGB VIII, Rn. 92; Lachwitz/Schellhorn/Welti 2002, HK SGB IX, § 14 Rn. 13; Mischewski, SGB IX, § 14, Rn. 5.

Sozialleistungen nicht an Zuständigkeitsabgrenzungen innerhalb der gegliederten Sozialverwaltung scheitert.

Der Antrag gilt zu dem Zeitpunkt als gestellt, zu dem er bei einer der genannten Stellen eingegangen ist. Die gesetzlich bestimmten Bearbeitungsfristen gelten ab diesem Datum.

Da der Antragsteller wissen muss, *dass mit seinem Antrag ein Verwaltungsverfahren eingeleitet* wird, ist er vor Antragstellung durch den Leistungsträger über seine Rechte und Pflichten *zu beraten* (§ 14 SGB I; ausführlich dazu Maas 1998). Es ist dessen Aufgabe, den Hilfesuchenden darin zu unterstützen, dass er Anträge sachdienlich, vollständig und klar einreichen kann (§ 16 Abs. 3 SGB I). Der Träger ist verpflichtet, den Zugang zu den Sozialleistungen möglichst einfach zu gestalten (insbesondere durch Verwendung allgemein verständlicher Antragsvordrucke), seine Verwaltungs- und Dienstgebäude frei von Zugangsbarrieren zu halten sowie nötigenfalls die Verwendung von Kommunikationshilfen (z. B. Deutsche Gebärdensprache, lautsprachbegleitende Gebärden) zu gewährleisten.

Daneben hat die Antragstellung eine weitere Bedeutung: Sie ist Voraussetzung für die Entstehung des Leistungsanspruchs im Sinne von § 40 Abs. 1 SGB I, der besagt, dass Ansprüche auf Sozialleistungen entstehen, sobald ihre im Gesetz oder aufgrund eines Gesetzes bestimmten materiell-rechtlichen Voraussetzungen vorliegen[34]. Diese Rechtswirkung ist von Bedeutung, wenn ein Betroffener sich die Leistung bei einem freien Träger selbst beschafft, ehe das Jugendamt eine Zusage gegeben hat (z. B. auf eigene Faust einen Therapievertrag abschließt). Der Träger der öffentlichen Jugendhilfe muss die dort entstehenden Kosten (Entgelt) nur dann übernehmen, wenn der Leistungsberechtigte seinen Anspruch rechtzeitig vor der Leistungserbringung beim Jugendamt geltend gemacht hat und der Leistungsbeginn unaufschiebbar ist (s. Kap. V/1). Nachträglich können die Kosten gemäß § 36a Abs. 3 SGB VIII allenfalls in Ausnahmefällen übernommen werden.

4.5 Welche Voraussetzungen müssen vorliegen?

4.5.1 Chronische oder langanhaltende psychische Krankheit gemäß ICD-10

Der Anspruch auf Eingliederungshilfe besteht nach § 35a Abs. 1 SGB VIII dann, wenn ein Kind oder Jugendlicher unter einer seelischen Behinderung leidet. Zugrunde gelegt wird hier der schon dargestellte zweigliedrige Begriff von Behinderung:

34 Vgl. BVerwG, Urt. v. 28.9.2000 – 5 C 29.99, juris; BSG Urt. v. 3.7.2020 – B 8 SO 15/19 R.

1. Vorliegen einer Abweichung der seelischen Gesundheit vom alterstypischen Zustand; diese Abweichung muss für eine längere Zeitspanne (länger als sechs Monate) bestehen
2. die bereits eingetretene oder zu erwartende Einschränkung der Teilhabe am Leben in der Gesellschaft.

Bei der Formulierung „Zustand" wird man das Wort „Normal-" hinzudenken. Nach dieser Vorstellung gibt es in jedem Alter einen „regelrechten" körperlichen, emotionalen und kognitiven Entwicklungsstand. Dabei kann man entweder davon ausgehen, dass zwischen den Polen der „normalen" und „abnormen" Funktionen ein Kontinuum liegt. Dieses ist die *„Kontinuitätsannahme"*, der die dimensionale Klassifikation psychischer Störungen folgt. Ein Kind mit einer Angststörung hätte demnach nicht eine „andere" Angst als seine Mitschüler, sondern lediglich „mehr davon", einen anderen Ausprägungsgrad[35]. Oder man vermutet einen qualitativen Sprung zwischen „gesund" und „krank" – eine Zwangsstörung ist von anderer Qualität als eine starke Pedanterie. Diese *„Diskontinuitätsannahme"* liegt der kategorialen Klassifikation zugrunde, wie sie in ICD-10 und DSM-5 verwendet wird.

Wie aber bestimmt man, was in der kindlichen Entwicklung „normal" ist? Wir können die *statistische Norm* heranziehen, zum Beispiel den Mittel- oder Medianwert für die Körpergröße in einem bestimmten Alter, die Körperkraft oder die Fähigkeit zum Lösen von Aufgaben in einem Entwicklungs- oder Intelligenztest. Entwicklungstabellen können ungefähre Hinweise darauf geben, was ein Kind in einem bestimmten Alter „können muss" (vgl. z. B. Beller/Glienke 2016[36]). Hinsichtlich der psychischen Entwicklung eines Kindes fehlen bisher aber gesicherte statistische Normen (Petermann et al. 2000).

In der Annahme einer kindlichen Normalentwicklung stecken jedoch noch weitere Normvorstellungen: die einer „funktionellen Norm" – das Kind ist normal entwickelt, wenn es die Entwicklungsaufgaben[37] seiner Altersgruppe (wie Spracherwerb, Selbstkontrolle, Ablösung von den Eltern) erfüllen kann; einer sozialen oder kulturellen Normen („Wertnorm") – das Kind befolgt die Verhaltenserwartungen, die in seiner Gesellschaft gelten, z. B. dass es in der Klasse still sitzt und seinem Lehrer zuhört, ohne immer wieder dazwischenzureden; und einer idealen Norm, die sich auf ein optimales Maß bezieht. Diese

35 Die Dimensionen wie z. B. „internale" oder „externale Störung" werden auf der Grundlage empirisch gewonnener Daten mittels statistischer Verfahren (insbesondere Faktorenanalysen) extrahiert.

36 auch https://www.stiftungnetz.ch

37 Entwicklungsaufgaben sind Anforderungen, die in einer bestimmten Lebensphase üblicherweise auftreten und deren erfolgreiche Bewältigung Voraussetzung für subjektives Wohlbefinden und soziale Anerkennung ist. Diese begleiten den Menschen von der Geburt bis zum Tod (Havighurst 1972, 2); vgl. auch Harnach 2020a, § 35a SGB VIII, Rn. 43

ideale Norm wird zum Beispiel in der Gesundheitsdefinition der WHO (2001) gesetzt: „Psychische Gesundheit ist ein Status des Wohlbefindens, in dem eine Person ihr eigenes Potenzial realisieren, den normalen Stress des Lebens bewältigen, produktiv arbeiten und einen Beitrag zur Gemeinschaft leisten kann."

Um § 35a SGB VIII richtig verstehen und umsetzen zu können, brauchen wir verschiedene Normen: Vorrangig statistische Normen zur Erfassung des Entwicklungsstandes der in Frage stehenden Funktionen, funktionelle Normen zur Bewertung der Folgen für die Alltagsbewältigung, soziale Normen zur Beurteilung der Teilhabechancen sowie ideale Normen zur Bestimmung von Zielen für Interventionen.

Bei der Setzung von Altersnormen ist zu beachten, dass Entwicklungsverläufe stark variieren. Dies ist sowohl interindividuell der Fall – verschiedene Kinder entwickeln sich unterschiedlich schnell – als auch intraindividuell – ein Kind kann in verschiedenen Funktionsbereichen unterschiedliche Niveaus erreicht haben, z. B. Akzeleration der motorischen Entwicklung bei Retardierung der sprachlichen Fähigkeiten.

Diese Überlegungen erfolgen auf der Basis der Kontinuitätsannahme. Dimensionale Diagnosesysteme eignen sich gut zur Beschreibung der Persönlichkeit eines Menschen. Für die Eingliederungshilfe wird aber verlangt, dass eine Krankheit nach den Kriterien der jeweils gültigen ICD-Fassung diagnostiziert wird, also als klar abgrenzbare, von anderen unterscheidbare Einheit charakterisiert wird. Demnach muss einer kategorialen Klassifikation gefolgt werden.

Die Beeinträchtigung der seelischen Gesundheit muss auf einer solchen Krankheit beruhen oder selbst Krankheitswert haben. Sie muss sich über einen längeren Zeitraum erstrecken, wobei auch schon die sichere Erwartung dieser Zeitspanne genügt. Die verwaltungsgerichtliche Rechtsprechung verlangt, dass die Abweichung von dem alterstypischen Regelzustand „nach Breite, Tiefe und Dauer" so ausgeprägt ist, dass daraus eine Teilhabebeeinträchtigung erfolgt ist oder droht[38].

Die Diagnose und Prognose gestalten sich allerdings im Kindesalter nicht einfach. Unter dem Gesichtspunkt der Diagnostik und Therapie ist es wichtig, dass eine Abweichung von der normalen Entwicklung möglichst früh erkannt wird. Je früher heilpädagogische und therapeutische Maßnahmen beginnen, desto größer sind die Chancen für die Verhütung oder die Minderung bleibender Schädigungen, die insbesondere dann eintreten können, wenn eine spätere Entwicklungsstufe nicht auf einer adäquat durchlaufenen vorangegangenen Stufe aufbauen kann (siehe Kap. IV/1 zur Früherkennung und Frühförderung). Andererseits kommen emotionale Schwierigkeiten und Verhaltensprobleme im frühen Kindesalter häufig vor, verschwinden aber bald wieder. Eltern und

38 Z. B. BVerwG v. 26.11.1998 – 5 C 38/97; v. 11.8.2005 – 5 C 18.04; OVG NRW v. 15.7.2011 – 12 A 1168/11; OVG Berlin- Brandenburg v. 28.1.2015 – OVG 6 N 32.14

Erzieher können dies besonders oft in Übergangszeiten beobachten, in denen das Kind erhöhte Anpassungsleistungen erbringen muss, z. B. beim Eintritt in die Kita oder Schule, bei der Geburt eines Geschwisterkindes oder in der Pubertät. In der Regel überwindet das Kind diese Ausnahmereaktionen ohne professionelle Hilfe. Hier mit institutionellen Maßnahmen zu antworten, wäre dann überflüssig und möglicherweise sogar nachteilig, weil es das Problem verfestigen könnte. So schwierig die Unterscheidung zwischen einer passageren Störung und einer Krankheit ist, so bedeutsam ist sie andererseits für das Erkennen der Anspruchsberechtigung. Deshalb verlangt § 35a Abs. 1a SGB VIII, dass die Diagnose der psychischen Krankheit durch einen Angehörigen der dort genannten medizinischen/therapeutischen Fachdisziplinen gestellt wird, was die beschriebenen Unsicherheiten verringern, wenn auch nicht gänzlich aufheben kann (siehe dazu Kap. I/4.6).

4.5.2 Teilhabebeeinträchtigung gemäß ICF

Für die Bestimmung der *Teilhabebeeinträchtigung* wird zukünftig wahrscheinlich die ICF (2001) bzw. für Kinder und Jugendliche die „Internationale Klassifikation der Funktionsfähigkeit, Behinderung und Gesundheit von Kindern und Jugendlichen (ICF-CY)“ (WHO 2011) zu beachten sein[39].

ICF-CY ist die für den Einsatz bei Kindern und Jugendlichen modifizierte und erweiterte Fassung („CY“ steht für „children and youth“). Damit soll den Besonderheiten der Funktionen, die sich noch in der Entwicklung befinden, den besonderen Lebenswelten dieser Altersgruppe und der Altersabhängigkeit der Auswirkungen von Störungen Rechnung getragen werden. Z. B. ist im frühen Kindesalter häufig noch nicht genau zu erkennen, ob es sich bei einer Beeinträchtigung der Funktionsfähigkeit um eine Entwicklungsverzögerung, eine Schädigung oder lediglich um einen ungewöhnlichen Entwicklungsweg handelt. Da die in diesem Alter auftretenden Störungen sich besonders nachhaltig auf die späteren Teilhabemöglichkeiten auswirken, ist es wichtig, sie so früh wie möglich wahrzunehmen. Deshalb wurden die Beschreibungen, die die Basis für die Kodifizierung bilden, abgewandelt und erweitert, neue Inhalte eingeführt, die Kriterien für Inklusion und Exklusion verändert und das Beurteilungsmerkmal so formuliert, dass entwicklungsbedingte Aspekte einbezogen werden können.

ICF und ICF-CY erlauben die mehrachsige alphanumerische Kodifizierung der Aktivitäten in allen Lebensbereichen und auf allen Entwicklungsstufen

---

39 Für die Feststellung einer „erheblichen“ Einschränkung der Teilhabe nach § 99 SGB IX muss dieses wahrscheinlich ab 2023 geschehen (Art. 25a, 26 BTHG); für § 35 a SGB VIII ist dieses noch nicht festgelegt.

sowie der Kontextfaktoren und der Körperfunktionen und -strukturen. Es wird keine Diagnose des Menschen erstellt, sondern ein „Profil seiner Funktionsfähigkeit". Ziel ist, Art und Ausmaß der Einschränkung der Funktionsfähigkeit darlegen und die Umweltfaktoren erkennen zu können, die die Funktionsfähigkeit positiv oder negativ beeinflussen. Die Anwendung der Systeme ermöglicht eine standardisierte Beurteilung der Teilhabebeeinträchtigung. Allerdings sind sie sehr umfangreich und komplex, setzen eine gründliche Schulung voraus und erfordern die Erhebung von Primärdaten z. B. durch direkte Evaluation, Beobachtung, Interview und/oder durch sachverständige Beurteilung. Für den Gebrauch in der sozialarbeiterischen Praxis ist noch ein handlicheres Instrument zu entwickeln. Als „Ideengeber" dafür, welche Bereiche beachtet werden müssen, sind sie schon jetzt nützlich.

Hier soll die ICF (bzw. die ICF-CY) in ihren Grundzügen skizziert werden. Sie untergliedert sich in zwei Teile mit je zwei Komponenten:

- Teil 1: *Funktionsfähigkeit und Behinderung* mit den *Komponenten*
  (a) Körperfunktionen und -strukturen
  (b) Aktivitäten und Partizipation (Teilhabe)

- Teil 2: *Kontextfaktoren* mit den *Komponenten*
  (a) Umweltfaktoren
  (b) Personbezogene Faktoren.

Die Komponenten können positiv oder negativ zu beschreiben sein. Jede Komponente besteht aus verschiedenen *Domänen*, jede Domäne wiederum aus *Kategorien*, die die Einheiten der Klassifikation bilden.

Der Begriff *Funktionsfähigkeit* „bezeichnet die positiven Aspekte der Interaktion zwischen einer Person (mit einem Gesundheitsproblem) und ihren Kontextfaktoren („Umwelt- und personbezogenen Faktoren", WHO 2019, 247). Gemeint ist die Weise, wie nicht nur ein gesunder Mensch, sondern auch jemand mit einer gesundheitlichen Beeinträchtigung sein Leben meistert und in den Bereichen, die ihm wichtig sind, Aufgaben zu seiner Zufriedenheit bewältigt (Konzept der Partizipation). Das ist z. B. der Fall, wenn es einem Schüler mit einem Stotterproblem gelingt, eine Präsentation vor seiner Klasse vorzutragen, er sich über das Erreichte freut und die Anerkennung seiner Lehrerin und seiner Mitschüler erhält.

Partizipation wird definiert als „Einbezogensein in eine Lebenssituation". Der Begriff repräsentiert „die soziale Perspektive der Funktionsfähigkeit". Entsprechend ist eine Beeinträchtigung der Teilhabe „ein Problem, das ein Mensch im Hinblick auf sein Einbezogensein in Lebenssituationen erleben kann."

Mit dem Begriff *Behinderung* werden im Gegenzug die negativen Seiten der Wechselwirkung zwischen einem Gesundheitsproblem und den umwelt- und personbezogenen Faktoren benannt. Ein Mensch wird behindert, wenn die Kontextfaktoren seine gesundheitliche Beeinträchtigung nicht ausgleichen, sondern so verstärken, dass seine Aktivitäts- und Partizipationsmöglichkeiten eingeschränkt sind.

Schädigungen können eine Körperstruktur (einen anatomischen Teil des Körpers) oder eine Körperfunktion (physiologische, geistige oder seelische Tätigkeit als Funktion des Gehirns) betreffen. Sie können vorübergehend oder dauerhaft, fortschreitend, zurückgehend oder statisch sein, außerdem intermittierend oder kontinuierlich auftretend. Außerdem können sie sich nach ihrem Schweregrad unterscheiden, der von einem geringfügigen über ein mittleres bis zu einem schwerwiegenden Ausmaß variieren kann. Der Ausprägungsgrad kann zeitlichen Schwankungen unterworfen sein. Der Begriff „Schädigung" ist weiter gefasst als der der „Krankheit". Eine Schädigung bedeutet nicht notwendigerweise, dass eine Krankheit vorliegt oder dass die betroffene Person als krank angesehen werden sollte. Andererseits kann ein Teilhabeproblem auch ohne Schädigung auftreten, z. B. als Folge einer sozialen Stigmatisierung. Vorhandene Schädigungen können weitere Schädigungen nach sich ziehen (z. B. Alkoholabhängigkeit als Folge einer depressiven Erkrankung).

„Aktivität" wird in ICF definiert als „die Durchführung einer Aufgabe oder Handlung (Aktion) durch einen Menschen". Beeinträchtigungen der Aktivität sind dementsprechend Probleme eines Menschen, bestimmte Handlungen auszuführen (z. B. zu lernen).

Die Beeinträchtigungen der Aktivität und Teilhabe sind *vor dem Hintergrund allgemein akzeptierter Bevölkerungsstandards* zu beurteilen. Die Norm, mit der die Leistungsfähigkeit (Kapazität, höchstmögliches Niveau der Funktionsfähigkeit) und die tatsächliche Leistung verglichen werden, ist die eines Menschen ohne ein vergleichbares Gesundheitsproblem. Aus der Differenz zwischen tatsächlicher Leistung und Leistungsfähigkeit lässt sich ableiten, was in der Umwelt des Menschen getan werden kann, um dessen Leistung zu verbessern.

Leistung und Leistungsfähigkeit werden für *„Domänen"*, (d.h. Gruppen miteinander in Zusammenhang stehender physiologischer Funktionen, Handlungen, Aufgaben und Lebensbereiche) beurteilt. *Domänen* sind:

1. *Lernen und Wissensanwendung:* z. B. bewusste sinnliche Wahrnehmung, elementares Lernen, (Sprache erwerben, Konzepte aneignen), Wissensanwendung (lesen, schreiben, Probleme lösen)
2. *Allgemeine Aufgaben und Anforderungen:* z. B. Aufgaben übernehmen, tägliche Routine durchführen, mit Stress umgehen, sein Verhalten steuern
3. *Kommunikation:* z. B. Kommunizieren als Sender und Empfänger (Verstehen und/oder Produzieren von Gestik, Mimik, Symbolen und Sprache)

4. *Mobilität:* z.B. eine Körperposition ändern und aufrechterhalten, sich fortbewegen, Gegenstände tragen, bewegen, handhaben, feinmotorischer Handgebrauch
5. *Selbstversorgung:* z.B. altersgemäße Körperhygiene beherrschen, sich kleiden, Nahrung angemessen aufnehmen, für die eigene Gesundheit sorgen
6. *Häusliches Leben:* Die Fähigkeit zur Haushaltsführung und Nahrungsbeschaffung spielt frühestens ab der Adoleszenz eine Rolle; bei Kindern ist an altersentsprechende Mithilfe zu denken
7. *Interpersonelle Interaktionen und Beziehungen:* elementare interpersonelle Aktivitäten (z.B. Respekt und Wärme, Anerkennung und Toleranz zeigen), komplexe interpersonelle Interaktionen (Beziehungen eingehen und beenden, gemäß sozialen Regeln interagieren, sozialen Abstand wahren), besondere interpersonelle Beziehungen (mit Freunden umgehen, formelle und informellen Beziehungen gestalten, Familienbeziehungen und intime Beziehungen aufbauen und aufrechterhalten)
8. *Bedeutsame Lebensbereiche:* Erziehung und Bildung (Lernen in Vorschule, Schule, Ausbildung, Studium), Arbeit und Beschäftigung (vorbereiten und ausführen), wirtschaftliches Leben (Geldangelegenheiten altersangemessen bewältigen, wirtschaftliche Eigenständigkeit)
9. *Gemeinschafts-, soziales und staatsbürgerliches Leben:* Gemeinschaftsleben (Beteiligung an gemeinschaftlichen informellen und formellen Aktivitäten), Erholung und Freizeit (Sport, Spiel, kulturelle Veranstaltungen), Religion und Spiritualität, politisches und bürgerschaftlichen Engagement, Wahrnehmung der eigenen Rechte (WHO, ICF-CY, 2017, 149–204).

Kontextfaktoren – verstanden als der gesamte Lebenshintergrund eines Menschen – sind von wesentlichem Einfluss auf seine Funktionsfähigkeit. Sie werden in ICF untergliedert in „Umwelt-“ und „personbezogene Faktoren“.

Umweltfaktoren können als Barriere oder Förderbedingung wirken und jeweils in unterschiedlicher Weise ausgebildet sein, variierend von „nicht vorhanden“ bis „voll ausgeprägt“. Die Faktoren sollen ebenfalls für zahlreiche Domänen kodiert werden:

Diese lassen sich unterteilen in

1. *Produkte und Technologien für verschiedene Anwendungsbereiche* (persönlicher Verbrauch wie Lebensmittel, persönlicher täglicher Gebrauch wie Kleidung und Spielzeuge), für persönliche Mobilität, Kommunikation (Fernsehen, Telefon, Brille), für Bildung und Ausbildung (Bücher, Computertechnologie), für Erwerbstätigkeit (Ausrüstungsgegenstände), für Kultur, Freizeit und Sport (Spielzeug, Musikinstrumente), zur Ausübung von Religion und Spiritualität
2. *Natürliche und von Menschen veränderte Umwelt* (z.B. Geographie, Bevölkerung, Klima)

3. *Unterstützung und Beziehungen* (engster und erweiterter Familienkreis, Freunde, Bekannte, Autoritätspersonen, persönliche Hilfs- und Pflegepersonen, Fachleute)
4. *Einstellungen* (Sitten, Gebräuche, Weltanschauungen, Werte, Normen, tatsächliche oder religiöse Überzeugungen im engeren und weiteren Umfeld)
5. *Dienste, Systeme und Handlungsgrundsätze* (Dienstleistungen, administrative Steuerungs- und Organisationsmechanismen, Handlungsgrundsätze wie Regeln, Vorschriften, Konventionen, Politik).

Personbezogene Faktoren sind „innere Einflüsse" auf die Funktionsfähigkeit und Behinderung wie Alter, Geschlecht, genetische Ausstattung, soziale Lerngeschichte, Persönlichkeitsmerkmale.

Materielle, individuelle und gesellschaftliche Umweltfaktoren und personbezogene Faktoren bilden wichtige Ansatzpunkte für Interventionen, insbesondere dann, wenn das Gesundheitsproblem nicht vollständig behoben werden kann.

Die folgende Abbildung soll das beschriebene Modell zusammengefasst verdeutlich:

Abbildung 1: Das bio-psycho-soziale Modell der ICF (WHO 2005, ergänzt um Beispiele)

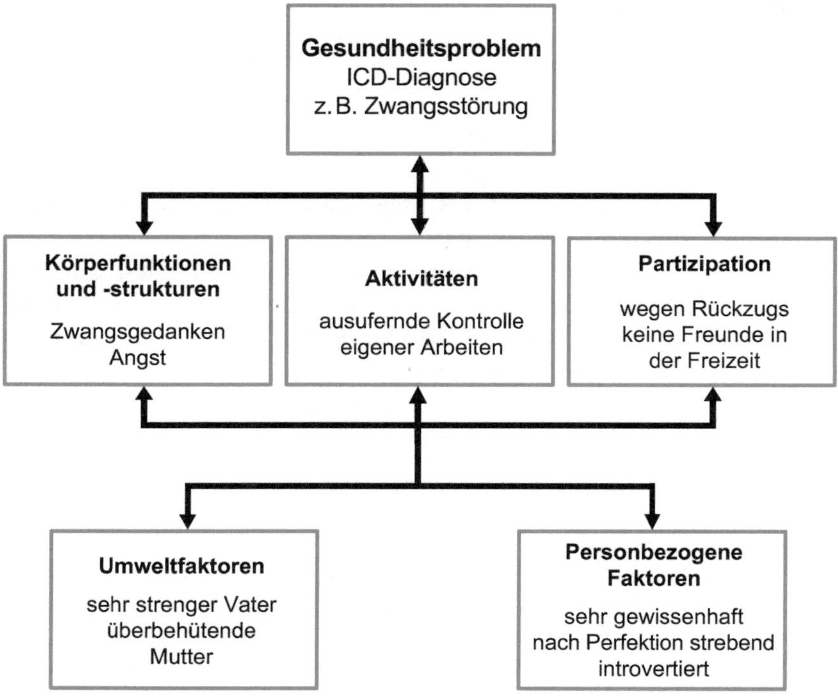

Die ICF-Klassifikation betont stark die sozialen Aspekte von Behinderung. Ob aus abweichenden Verhaltens- oder Erlebensweisen oder körperlichen Besonderheiten eine Behinderung resultiert, hängt wesentlich davon ab, mit welchen Umweltbedingungen ein Mensch zurechtkommen muss. Erst die *Wechselwirkung* von personellen Einschränkungen mit Kontextfaktoren – erleichternden („Förderfaktoren") oder erschwerenden Umfeldvariablen („Barrieren") – formt das Ausmaß einer Behinderung. *„Behinderung"* ist somit ein *relationaler* Begriff in einem *sozialen* Verhältnis (WHO 2005; BAR 2015).

Eine Jugendhilfemaßnahme ist also dann erforderlich, wenn Elternhaus, Kindergarten, Schule, Ausbildungs- oder Arbeitsplatz *allein* nicht die notwendige Förderung des psychisch kranken Kindes oder Jugendlichen leisten können, um diesem die volle gesellschaftliche Teilhabe zu ermöglichen. Dabei genügt es, wenn ein Lebensbereich betroffen ist (so RegBegr. zu SGB IX a. F. 1998[40])

Die Einschätzung, ob eine Behinderung droht oder bereits eingetreten ist, obliegt der Fachkraft des Jugendhilfeträgers, also nicht dem Arzt/Psychotherapeuten, der die Stellungnahme abgegeben hat. Allerdings wird mit dem KJSG (§ 35a Abs. 1a Satz 4 SGB VIII) der ärztlichen Beurteilung ein größeres Gewicht verliehen. Äußert sich der Gutachter in seiner Stellungnahme zu einer (drohenden) Teilhabebeeinträchtigung, dann soll zukünftig der Jugendhilfeträger dieses im Rahmen seiner Entscheidung angemessen berücksichtigen.

4.5.3 Drohende Behinderung

Ob eine Behinderung zu erwarten ist, muss auf der Grundlage möglichst gut gesicherter fachlicher Kriterien eingeschätzt werden. Die „fachliche Erkenntnis" nach § 35a Abs. 1 Satz 2 SGB VIII muss zum einen genügend sichere Hinweise auf das längere Fortbestehen der psychischen Störung geben, zum anderen darauf, dass die Störung behinderungsträchtig ist. Gefordert wird eine hohe Wahrscheinlichkeit des Eintretens einer Teilhabebeeinträchtigung[41]. Als

40 BT-Drucks. 14/5074/98

41 Diese Einschränkung der Zugangsmöglichkeiten wurde mit dem KICK von 2005 eingeführt, um den Kostenanstieg zu dämpfen. Begründet wurde sie mit „inflationärer Inanspruchnahme", der „Schranken" gesetzt werden sollen, „Mitnahmeeffekten" und „bislang ausuferndem Tatbestand" (u. a. BT-Drucks. 15/3676). Die Ausgaben für Hilfen nach § 35a SGB VIII betrugen im Jahr 2019 mehr als 1,9 Milliarden Euro, das Zehnfache von 1997, „www.destatis.de", abger. 18.3.2021.

„hoch“ gilt in der einschlägigen Rechtsprechung eine Wahrscheinlichkeit von mehr als 50 %[42].

Selbstverständlich ist eine Prognose immer mit Unsicherheit behaftet. Sie lässt sich fundieren, wenn man typische Verlaufsbilder psychischer Störungen kennt. Das Risiko einer Behinderung ist erhöht, wenn sich die Krankheit im Laufe der Entwicklung typischerweise verstärkt. Auf ähnliche Weise kann ein chronischer Verlauf Ausgrenzungsprozesse verfestigen. Auch das gleichzeitige Auftreten mehrerer psychischer Störungen (Komorbidität) kann, weil es sowohl für die erkrankte Person als auch für ihr Umfeld eine vermehrte Belastung darstellt, zu einer Erhöhung des Risikos führen. Und schließlich gibt es psychische Erkrankungen, die in besonderem Maße statt auf Verständnis und Mitgefühl auf ablehnende Reaktionen anderer Menschen stoßen und so dem Betroffenen die Teilhabe erschweren, wie z. B. ein Abhängigkeitssyndrom (Harnach 2021, 167 f.).

Eine sinnvolle Unterscheidung zur Eingliederungshilfe nach dem SGB IX (§ 99) besteht darin, dass die seelische Behinderung *nicht als „wesentlich“ oder „erheblich“ ausgewiesen* sein muss. Wie schon ausgeführt, sind im Kindes- und Jugendalter u. U. auch leichtere Störungen ernst zu nehmen, weil oft nicht von vornherein auszuschließen ist, dass sie die weitere Entwicklung ungünstig beeinflussen, und weil die rechtzeitige Intervention, wie dargestellt, entscheidend sein kann. Es darf nicht erst die Herausbildung einer gravierenden Störung abgewartet werden. Allerdings darf diese Erweiterung der Anspruchsgrundlage nicht dazu verleiten, verhaltensauffällige Kinder vorschnell als „behindert“ zu bezeichnen.

Zu beachten ist: *Nicht jede psychische Störung birgt das Risiko einer Behinderung.* Gerade im Kindes- und Jugendalter sind die meisten Störungen einer Therapie gut zugänglich; nicht selten verschwinden sie sogar ohne professionelle Behandlung, zumeist durch Änderung von Kontextbedingungen. Aber auch bei Fortbestehen einer Störung ist eine Behinderung nicht notwendige Folge. *Protektive* oder *Schutzfaktoren* (s. Kap. II/1.3) entscheiden mit darüber, ob eine funktionale Einschränkung soweit ausgeglichen werden kann, dass die Teilhabe am Leben in der Gesellschaft nicht maßgeblich eingeschränkt ist.

Umgekehrt kann ein Mensch noch behindert sein, wenn die ursprüngliche Störung längst abgeklungen ist. Diese Gefahr besteht besonders dann, wenn das Umfeld ungünstige Reaktionen wie übermäßige Schonung, Einengung, Abwehr, Herabsetzung und dergleichen beibehält. Auch die Erinnerung an die eigene Schwäche, die mit der Erkrankung verbunden war, und die daraus entstandene Selbststigmatisierung können zur Verlängerung der Behinderungssituation beitragen.

42 BVerwG v. 26.11.1998 – 5 C 38/97; das VG Stuttgart (v. 26.7.2011 – 7 K 4112/09 in JAmt 2012, 406–411) verlangt eine Wahrscheinlichkeit von „*wesentlich* mehr als 50 %“.

4.6 Die Stellungnahme des Psychiaters/Psychotherapeuten

Nach Inkrafttreten des Kinder- und Jugendhilfegesetzes (1990/91) war für längere Zeit unklar, wer darüber entscheiden sollte, ob ein Anspruch auf Eingliederungshilfe besteht. Psychiater befanden in ihren Stellungnahmen über den Anspruch, Jugendämter setzen sich über die psychiatrische Diagnose hinweg. Um Klarheit zu schaffen, wurde mit dem KICK von 2005 Abs. 1a in § 35a SGB VIII eingefügt, der durch Artikel 7 des Gesetzes zur Reform der Psychotherapeutenausbildung vom 15.11.2019 erneut geändert wurde. Er besagt, dass der Träger der öffentlichen Jugendhilfe zur Feststellung einer psychischen Erkrankung die Stellungnahme[43] eines für die Diagnostik derartiger Störungen qualifizierten Gutachters einzuholen hat.

Der Gesetzestext zählt abschließend drei in Frage kommende Gruppen auf:

1. Ärzte für Kinder- und Jugendpsychiatrie und -psychotherapie
2. Kinder und Jugendpsychotherapeuten, seit 2019 auch Therapeuten mit einer Weiterbildung für die Behandlung von Kindern und Jugendlichen und
3. Ärzte oder psychologische Psychotherapeuten, die über besondere Erfahrungen auf dem Gebiet der seelischen Störungen bei Kindern und Jugendlichen verfügen.

Kinder- und Jugendtherapeuten und psychologische Therapeuten müssen nach den Vorschriften des Psychotherapeutengesetzes (PsychThG) ausgebildet und approbiert sein, d. h. gem. § 7 eine Hochschulausbildung entsprechend dem allgemein anerkannten Stand psychotherapiewissenschaftlicher, psychologischer, pädagogischer, medizinischer und weiterer bezugswissenschaftlicher Erkenntnisse absolviert haben[44]. Auf die Berücksichtigung der Belange von Menschen mit Behinderungen weist die Vorschrift ausdrücklich hin. Die Qualifikation als Diplom-Psychologin allein erfüllt die Voraussetzungen nicht (VG Frankfurt/Oder 2012[45]).

Diese Regelung ist sinnvoll, denn die Diagnostik einer psychischen Krankheit erfordert eine besondere Sachkunde, und wenn es um Kinder und

43 Im SGB IX wird der Begriff „Gutachten“ verwendet, im SGB VIII davon abweichend der der „Stellungnahme“. Mit Letzterem soll die gleichberechtigte Kooperation der Fachdisziplinen hervorgehoben werden. Für die im SGB IX genannten Fristen hat dies keine Bedeutung (so Wiesner 2015, Vor § 35a, Rn. 18).

44 Vermittelt werden müssen darin die grundlegenden personalen, fachlich-methodischen, sozialen und umsetzungsorientierten Kompetenzen, die für die eigenverantwortliche Behandlung von Patienten aller Altersstufen mittels der wissenschaftlich anerkannten Verfahren und Methoden erforderlich sind. (Neufassung v. 15. November 2019, BGBl. 2019, Nr. 40, 1604 ff.).

45 v. 25.1.2012 – VG 6K 83/09.

Jugendliche geht, ist die Spezialkenntnis der bei ihnen auftretenden psychischen Störungen unverzichtbar.

Der Arzt/Psychotherapeut entscheidet jedoch nicht über den Eingliederungshilfebedarf und die zu gewährende Leistung; dies ist Sache des Jugendamtes (VG Ansbach 2013[46]). Es ist dabei nicht an das Ergebnis des Fachgutachtens gebunden, denn es trifft seine Entscheidung als selbstständige Fachbehörde mit eigenständigem institutionellem Auftrag. Der Untersuchungsgrundsatz (§ 20 f SGB X) verpflichtet es sogar, die Voraussetzungen und Ergebnisse einer Begutachtung in eigener Verantwortung zu überprüfen bzw. nachzuvollziehen und das Gutachten nicht einfach zu übernehmen[47]. Eine Verlagerung seiner Entscheidungskompetenzen auf Privatpersonen wäre rechtswidrig. Hinweise des Gutachters auf einen Eingliederungshilfebedarf darf das Jugendamt aber auch nicht einfach ignorieren[48]. Eine Entscheidung, die von der ärztlichen Beurteilung abweicht, sollte differenziert begründet werden, dies insbesondere im Hinblick auf eine eventuell notwendig werdende gerichtliche Überprüfung[49].

Außerdem kann der Gutachter als Beteiligter an der Hilfeplanung nach § 36 SGB VIII selbstverständlich auf aus seiner Sicht geeignete und notwendige Hilfen hinweisen. Eigentlich bedarf es keiner besonderen Betonung, dass Gutachter und Fachkraft des Jugendamtes eng zusammenarbeiten müssen, denn nur durch die Verbindung von psychiatrischem/psychologischem/psychotherapeutischem mit sozialarbeiterischem/sozialpädagogischem Wissen kann die gestellte Aufgabe gelöst werden. Damit versteht es sich auch, dass ein Gutachter die Stellungnahme nicht schematisch oder ohne Beantwortung der wesentlichen Fragen abgeben darf. Er muss sie so formulieren, dass sie von einer Fachkraft der Sozialen Arbeit (die im Rahmen ihres Studiums auch Kenntnisse in der Kinder- und Jugendpsychiatrie und -psychotherapie erworben hat), aber auch von den Eltern und gegebenenfalls von Richtern und Anwälten verstanden werden kann. Auf der anderen Seite liegt es in der Verantwortung des Jugendamtes, eine Stellungnahme, die es nicht nachvollziehen kann, zurückzuweisen bzw. weitere Auskünfte einzuholen (Untersuchungsgrundsatz). Tut es dies nicht und bleibt dadurch seine Beurteilungs- und Entscheidungsgrundlage

---

46 v. 26.9.2013 – AN 6 K 13.0044.

47 BVerfG v. 21.11.2012 – BvR 1711/09, JAmt 2012, 664–667, Amtshaftung wegen Nichterkennens eines Begutachtungsfehlers.

48 § 35a Abs. 1a Satz 4 SGB VIII; Fischer 2017, Rn. 16.

49 VGH München v. 18.2.2013 – 12 CE 12.2104. Bei divergierender Einschätzung der (drohenden) Behinderung räumte der VGH BW der fachärztlichen Begutachtung den Vorrang vor der Beurteilung des Jugendamtes ein – Beschl. v. 12.12.2005 – 7 S 1887/05, JAmt 2006, 202 f.

zum Nachteil des Betroffenen unvollständig oder falsch, kann es zu Schadensersatz verurteilt werden (Amtshaftung)[50].

Eine zusätzliche *amtsärztliche Begutachtung* ist vom Gesetz *nicht* vorgesehen. Es ist auch nicht zu erkennen, dass eine solche Untersuchung einen weiteren Erkenntnisgewinn bringen würde.

Um die *Beauftragung des Gutachters* kümmert sich in der Regel das Jugendamt. Es schlägt den Leistungsberechtigten drei geeignete Sachverständige vor, die möglichst wohnortnah praktizieren und keine Zugangs- und Kommunikationsbarrieren aufweisen (§ 17 SGB IX). Verlangt wird von ihnen, dass sie die Stellungnahme *in der vorgegebenen Zeit* anfertigen können (zu den Fristen und der damit verbundenen Problematik s. Kap. III/1.2). Wählt der Berechtigte einen davon aus, so wird seinem Wunsch entsprochen und der Gutachter unverzüglich (möglichst am darauffolgenden Arbeitstag) beauftragt. Ein Leistungsberechtigter kann auch einen alternativen Gutachter vorschlagen, hat aber keinen Anspruch darauf, dass das Jugendamt dem Vorschlag folgt, denn die Beauftragung steht in dessen Ermessen[51]. (Ob dies dem Recht auf freie Arztwahl widerspricht, ist umstritten.) Es ist jedoch sinnvoll, sich mit dem Klienten über den Gutachter zu einigen, denn sonst könnte dessen Mitwirkung schwierig werden, (obwohl ihm ohne diese die Leistung verweigert werden kann, § 62 SGB I). Sein Wunsch- und Wahlrecht nach § 5 SGB VIII erstreckt sich nur auf die Art und Form der Hilfegewährung, nicht auf die Auswahl des Sachverständigen.

Dasselbe gilt, wenn der Klient das Gutachten eines anderen Arztes einbringt: Das Jugendamt muss es entgegennehmen, kann aber nach eigenem Ermessen bestimmen, ob es dieses in seine Entscheidung einbezieht (Grundsatz der freien Beweiswürdigung, Maas 1996, 88).

Wird keine Stellungnahme eingeholt oder diese von einem nicht den gesetzlichen Vorschriften entsprechend qualifizierten Gutachter geliefert, liegt ein Verfahrensfehler vor. Dieser berührt zwar nicht die Wirksamkeit des Bewilligungsbescheids (Nichtigkeit des Verwaltungsaktes nach § 40 Abs. 3 SGB X), macht ihn aber rechtswidrig. Er kann vom Betroffenen gerichtlich angefochten werden, wenn zu vermuten ist, dass der Verfahrensmangel die Entscheidung wesentlich beeinflusst hat. Das Fehlen einer qualifizierten Diagnosestellung ist in aller Regel von erheblicher Bedeutung, denn dann ist der Sachverhalt nicht gründlich und vollständig aufgeklärt, und das Jugendamt hat den Untersuchungsgrundsatz (§ 20 SGB X) verletzt.

50 Vgl. BVerfG, Beschl. v. 21.11.2012 – 1 BvR 1711/09, JAmt 2012, 664 ff.; Stähr 2019, § 35a SGB VIII, Rn. 96.

51 DIJuF, JAmt 2017, 70; v. Boetticher/Meysen 2019, § 35a SGB VIII, Rn. 51.

Die Frage, ob die Nichteinholung der erforderlichen Stellungnahme des Arztes/Psychotherapeuten ein Verfahrensfehler ist, der durch Nachholung heilbar ist (§ 41 Abs. 1 SGB X), wird unterschiedlich beantwortet. Maas (2003b, Rn. 4) verneint dies, weil bei mangelhafter Sachverhaltsaufklärung nicht nur ein Verfahrensfehler, sondern ein materiell-rechtlicher Fehler vorliegt, der nicht nach dieser Vorschrift geheilt werden kann. Der Verwaltungsakt wäre demnach nichtig (§ 40 SGB X). Stähr (2019, § 35a SGB VIII, Rn. 36g) und Kepert/Dexheimer (2018, § 35a SGB VIII, Rn. 17) halten eine nachträgliche Fehlerkorrektur nach § 41 SGB X für möglich.

Die Begutachtung und die Übermittlung der Ergebnisse an das Jugendamt setzen die *Einwilligung des Betroffenen und/oder seines gesetzlichen Vertreters* voraus. Diese besitzen ein Recht auf Einsicht in den Arztbericht. Die seltene Ausnahme des „therapeutischen Privilegs" (Verweigerung der Einsichtnahme wegen einer möglichen Gefahr für den Patienten durch Kenntnis seiner Diagnose) gilt nicht für den gesetzlichen Vertreter[52].

Der Gutachter hat diejenigen Untersuchungen durchzuführen und in seiner Stellungnahme zu dokumentieren, die für die Erfüllung der Aufgabe nach § 35a SGB VIII benötigt werden (Grundsatz der Erforderlichkeit). Sie sollen gleichzeitig auch so vorgenommen und dargestellt werden, dass sie *von anderen Sozialleistungsträgern verwendet werden können*, wenn weitere Sozialleistungen in Frage kommen (§ 96 Abs. 1 SGB X). Andernfalls besteht die Gefahr von nicht notwendigen Doppeluntersuchungen, die den Klienten erspart werden sollen, und die auch unnötige Kosten verursachen würden. Wenn bereits verwertbare Untersuchungsergebnisse vorhanden sind, müssen weitere Untersuchungen unterbleiben. Zu diesem Zweck sollen die Leistungsträger sich auf *„Gemeinsame Empfehlungen"* für diese einigen (§ 26 SGB IX, wozu der Jugendhilfeträger aber nicht verpflichtet ist.) Dieses bringt aber u. U. einen erweiterten Untersuchungsumfang mit sich, zu dessen Durchführung es im Einzelfall der Zustimmung des Betroffenen bedarf (§ 96 Abs. 2 SGB X). Nicht zulässig ist die Bildung einer Zentraldatei für Daten der ärztlich untersuchten Leistungsempfänger (§ 96 Abs. 3 SGB X).

In den *„Gemeinsamen Empfehlungen zur Begutachtung"* der BAR (2016) finden sich die folgenden Vorgaben, die auch im hiesigen Zusammenhang herangezogen werden sollten:

> „Grundsätzlich lässt sich die Erstellung eines Gutachtens (…) als die Anwendung medizinischer Erkenntnisse und Erfahrungen in den auf einen Einzelfall bezogenen sozialrechtlichen Kontext definieren. Dabei ist das Gutachten so abzufassen, dass es wissenschaftlich begründbare Schlussfolgerungen enthält und somit überprüft und nachvollzogen werden kann" (§ 2).

52 Vgl. DIJuF 2010

Hält der Gutachter weitere Untersuchungen (z. B. durch einen Psychologen oder Lehrer) für erforderlich, soll er dieses mitteilen. In aller Regel soll er den Antragsteller möglichst persönlich befragen und untersuchen; dabei kann er auch (schriftliche) Selbstauskünfte des Betroffenen (z. B. Fragebögen) mit einbeziehen. Eine Untersuchung nach Aktenlage ist nur im Ausnahmefall zulässig, d. h. wenn alle für die Schlussfolgerungen erforderlichen Angaben und Befunde vorliegen oder ermittelt werden können.

Als *Qualitätskriterien*, die unabhängig von der gewählten Vorgehensweise erfüllt sein müssen, werden von der BAR genannt:

- Adäquate formale Gestaltung
- Plausibilität
- Verständlichkeit
- Nachvollziehbarkeit
- Transparenz
- Vollständigkeit
- korrekte Anwendung medizinisch-wissenschaftlicher Grundlagen und
- die Berücksichtigung der Wirtschaftlichkeit.

Der ärztliche Gutachter hat die Funktion eines fachlich weisungsfreien, unparteiischen und objektiven Sachverständigen zu erfüllen. Er hat die jeweils maßgeblichen Vorgaben zum *Sozialdatenschutz* und zur *ärztlichen Schweigepflicht* zu beachten.

Die Stellungnahme muss sich auf den *aktuellen Stand* beziehen (vgl. OVG Sachsen 2015[53], das ein Gutachten ablehnte, das älter als ein Jahr war).

Wer die *Kosten* der Stellungnahme trägt, ist umstritten. Da die Begutachtung Teil des Verwaltungsverfahrens ist, können dafür vom Leistungsberechtigten keine Gebühren und Auslagen erhoben werden (§ 64 Abs. 1 SGB X), es sei denn, Landesrecht träfe eine andere Regelung. Demnach müsste sie der Träger der öffentlichen Jugendhilfe übernehmen[54]. Auf der anderen Seite wird argumentiert, dass die Diagnostik einer psychischen Störung in der Regel von der Krankenkasse bezahlt wird. Nur wenn der Träger der öffentlichen Jugendhilfe zusätzliche Wünsche an den Gutachter (z. B. bestimmte Form der Stellungnahme, Beantwortung spezieller Fragen) hat, kann ihm dieser den Mehraufwand in Rechnung stellen[55].

---

53 Beschl. v. 24.3.2015 – 4 B 171/14, www.justiz.sachsen.de

54 So Stähr 2019, § 35a SGB VIII, Rn. 35; Mrozynski 2004, § 35a SGB VIII, Rn. 35; VG München, Urt. v. 28.3.2012 – M 18 K 11.1681, juris.

55 Vgl. Fegert et al. 2008, 177–186, die hierfür die Orientierung an den Honoraren für Sachverständige im Gerichtsverfahren vorschlagen; so auch Wiesner 2015, § 35a SGB VIII, Rn. 11b; v. Boetticher/Meysen 2019, § 35a SGB VIII, Rn. 56; differenzierter Kepert/Dexheimer 2018, § 35a SGB VIII, Rn. 16, die eine Abwälzung der Diagnosekosten im

Zum Inhalt der Stellungnahme

Zur Feststellung des leistungserheblichen Sachverhalts benötigt das Jugendamt vom Gutachter die folgenden Informationen, die auf der Grundlage der ICD erhoben werden sollen:

1. *Weicht die seelische Gesundheit des Kindes/Jugendlichen vom für sein Lebensalter typischen Zustand ab?*
   - Diagnose des Störungsbilds (mit ICD-10 Ziffer). Bei Mehrfachdiagnosen Hauptdiagnose
   - Ausprägungsgrad der Störung. Hat sie Krankheitswert?
   - Häufigkeit des Auftretens
   - objektive und subjektive Belastung des Betroffenen (Leidensdruck)
   - äußere und/oder innere Bedingungen des Auftretens oder der Minderung/Verstärkung der Störung (Provokations- und Verminderungsökologie)
   - Beginn bzw. Dauer der Störung
   - Verlauf
   - Einfluss auf weitere Schädigungen, falls gegeben
   - bisherige Behandlung, Behandlungserfolg (Beeinflussbarkeit)

2. *Wie ist die Funktionsfähigkeit einzuschätzen?*
   - Lebensbereiche, in denen keine Beeinträchtigung der Teilhabe zu erkennen ist
   - Bewältigungsmotivation und -fähigkeit

(Die Darlegung dient der Auswahl der passenden Hilfe und der Verbesserung der Prognose und verringert die Gefahr der Etikettierung.)

3. *Wie lautet die Prognose?*
   - Mögliche Dauer von mehr als 6 Monaten (behandelt/unbehandelt)
   - Mögliche Auswirkungen auf die weitere Persönlichkeitsentwicklung des Kindes oder Jugendlichen (Gefahrenpotenzial)
   - Bei jungen Volljährigen: Ist die Krankheit chronifiziert und wird voraussichtlich auch im Erwachsenenalter dauerhaft Eingliederungshilfe erfordern?

(Sie ist für die Entscheidung über den Hilfebedarf notwendig.)

Rahmen von § 35a SGB VIII auf die Krankenversicherung für nicht vertretbar halten, es sei denn, diese habe als Träger der medizinischen Rehabilitation bereits ein Gutachten bestellt, auf das sich das JAmt dann stützen kann.

4. *Welche Entstehungsbedingungen sind erkennbar?*
   - Faktoren, die (im Rahmen des Vulnerabilitätsmodells, s. Kap. II/1.3) ursächlich mitgewirkt haben können, wie z. B. Schwangerschafts- oder Geburtskomplikationen, frühe Erkrankungen mit Auswirkungen auf das ZNS, genetische Anteile, Misshandlungen oder dauerhaft beeinträchtigende Lebensbedingungen (Harnach 2020a, § 35a SGB VIII, Rn. 60; 2016, § 8a SGB VIII, Rn. 8–14). Die Klärung der Ursache ist jedoch *nicht Bedingung der Leistungsbewilligung.* Ist ein Kind oder Jugendlicher seelisch behindert, so wird die Hilfe ohne Rücksicht auf die Ursache erbracht (Finalprinzip).

5. *Liegt eine geistige Behinderung und/oder körperlichen Störung vor?*
   - Angabe des Intelligenzquotienten (IQ), mit einem standardisierten Intelligenztest gemessen. Liegt er unterhalb des Wertes von 70, wird von einer geistigen Behinderung ausgegangen.
   - Angabe, ob eine Schädigung von Körperfunktionen oder -strukturen den Eingliederungshilfebedarf auslöst.

(Bei geistiger, körperlicher oder Mehrfachbehinderung ist der Träger der Eingliederungshilfe vorrangig zuständig.)

Der Gutachter kann auch Vorschläge zur Umsetzung der Hilfen oder zu Maßnahmen, Therapien oder Heilmitteln, die von anderen Trägern finanziert werden, einbringen, die das Jugendamt zur Ergänzung seiner eigenen Feststellungen nutzen kann (vgl. Fegert u. a. 2008).

Bei Paul diagnostiziert der vom Jugendamt beauftragte Kinder- und Jugendpsychotherapeut eine Hyperkinetische Störung nach ICD-10, F90, mit beeinträchtigter Aufmerksamkeit, Überaktivität und Impulsivität. Die Störung tritt bei ihm situationsübergreifend, vermehrt aber in Situationen, in denen von ihm eine starke Selbstbeherrschung verlangt wird, auf, d. h. insbesondere in der Schule, aber auch in der Untersuchungssituation. Sie besteht seit der frühen Kindheit, wobei besonders belastende Lebensbedingungen als Ursache nicht zu erkennen sind. Es zeigen sich bereits negative Auswirkungen, nämlich erste Anzeichen einer depressiven Verstimmung. Pauls Intelligenz ist – bei einem IQ von 105 – durchschnittlich ausgeprägt. Eine körperliche Erkrankung besteht nicht.
Der Arzt stellt die Prognose, dass die Störung unbehandelt voraussichtlich mindestens bis ins Jugendalter fortbestehen wird (möglicherweise mit veränderter Symptomatik) und zu negativen Konsequenzen für die Persönlichkeitsentwicklung führen kann. Eine multimodal ansetzende Therapie mit Schwerpunkt Verhaltenstherapie kann die Störung mildern und sollte unbedingt begonnen werden. Darin soll auch die beginnende depressive Störung einbezogen werden. Maßnahmen zur Verbesserung der schulischen Situation sollten ebenfalls in das Behandlungskonzept integriert werden.

Die Abgabe der Stellungnahme soll personell und institutionell von der Erbringung der Hilfe getrennt werden[56]. Damit lässt sich vermeiden, dass eine Person, ein Dienst oder eine Einrichtung ein Gutachten so formuliert, dass ihm oder ihr die Leistungserbringung „zugeschanzt" wird und auch die Kostenfolge nicht mehr durch das Jugendamt gesteuert werden kann[57]. Es geht also um die Verhinderung einer Interessenkollision. Eine solche besteht allerdings nicht, wenn die Leistung vom Jugendamt selbst bereitgestellt wird. Dann darf der eigene diagnostische Dienst die Stellungnahme abgeben (Stähr 2019, § 35a SGB VIII, Rn. 36f; skeptisch, wenn auch nicht verneinend dagegen Kepert/Dexheimer 2018, § 35a SGB VIII, Rn. 15).

56 „Soll" bedeutet, dass die Vorschrift im Regelfall angewendet werden muss, begründete Ausnahmen aber möglich sind (vgl. BVerwG, NJW 1986, 1629f.).

57 Eine solche Verflechtung kann den Bewilligungsbescheid anfechtbar machen, wenn die unerlaubte Mitwirkung erkennbar die Entscheidung über die Hilfe bestimmt hat; in der Regel wird jedoch der Bescheid durch sie nicht ungültig (vgl. Stähr 2019, § 35a SGB VIII, Rn. 36e).

II Psychische Störungen von Kindern und Jugendlichen

Auch wenn die Fachkraft der Sozialen Arbeit nicht eine psychische Krankheit diagnostizieren kann und darf, benötigt sie doch ein Grundwissen über deren Symptomatik, Epidemiologie, mögliche Verlaufsformen, Diagnostik, Entstehungsbedingungen, Auslöser, Therapien und über Gesichtspunkte für die Bewilligung einer Eingliederungshilfe, um die ärztliche Diagnose entsprechend einordnen und Wege der Abhilfe finden zu können. Die erforderlichen Basisinformationen werden im Folgenden knapp skizziert.

1 Grundlagen

1.1 Was heißt „psychische Störung“/ „psychische Krankheit“?

Fast alle Eltern können berichten, dass ihr Kind Zeiten erlebt, in denen es sich nicht ganz wohl fühlt – übermäßige Ängste erleidet, aggressiver als sonst ist, sich abgelehnt oder nicht geliebt fühlt, Probleme mit dem Essen hat, schlecht schläft, gewisse zwanghafte Verhaltensweisen zeigt oder Ähnliches. Besonders Umbrüche im Entwicklungsgang stellen es, wie schon dargestellt, vor Herausforderungen, die nicht immer leicht zu bewältigen sind. In aller Regel verlieren sich diese Verhaltensauffälligkeiten nach wenigen Wochen oder Monaten und bedürfen keiner professionellen Behandlung. Wird jedoch eine Hilfe des Jugendamtes oder eines anderen Rehabilitationsträgers gesucht, ist eine Benennung der Störung nicht zu umgehen.

Wenn wir davon sprechen, dass ein Kind eine „psychische Krankheit“ oder eine „psychische Störung“ hat, meinen wir eine Abweichung, die nach Dauer, Schwere und Auswirkung auf das Leben sich deutlich davon unterscheidet. Dabei ist es gar nicht so einfach, Begriffsbestimmungen zu finden, die auf allgemeine Akzeptanz treffen, wie die Vielzahl von Definitionsversuchen zeigt.

Die Begriffe können weiter oder enger gefasst werden, je nachdem, ob der Gedanke der Hilfe und Unterstützung für den betroffenen Menschen im Vordergrund steht oder der der Einschränkung seiner Handlungsmöglichkeiten (z. B. durch Zwangseinweisung in eine psychiatrische Klinik). Vergleicht man, wie die WHO, die Definitionen in verschiedenen Gesellschaften, so sieht man, dass sie auch von sozialen, kulturellen, wirtschaftlichen und rechtlichen Gegebenheiten abhängen und überdies auch zeitlich gebunden sind.

Viele Betroffenenverbände wehren sich gegen die Begriffe „psychische Krankheit“ („mental illness“) und „psychisch gestörter Patient“ („mental patient“) mit der Begründung, dass sich darin dass medizinische Modell zu stark abbilde[58]. Dementsprechend wurde in der ICD-10 dieser zuvor (in der ICD-9) gebrauchte Begriff zugunsten des Begriffs „psychische Störung“ („mental disorder“) aufgegeben. Die *ICD-10-Definition* lautet:

> „‚Störung‘ ist kein exakter Begriff; seine Verwendung in dieser Klassifikation soll einen klinisch erkennbaren Komplex von Symptomen oder Verhaltensauffälligkeiten

58 WHO, Materialsammlung zu psychischer Gesundheit, Menschenrechten und Gesetzgebung, Solidarität statt Ausgrenzung, 2006, www.who.int., 20, abger. 2.12.2019.

anzeigen, der immer auf der individuellen und oft auch auf der Gruppen- oder sozialen Ebene mit Belastung und mit Beeinträchtigung von Funktionen verbunden ist, sich aber nicht auf der sozialen Ebene allein darstellt. Soziale Abweichungen oder soziale Konflikte allein, ohne persönliche Beeinträchtigung, sollten nicht als psychische Störungen im hier definierten Sinne angesehen werden" (WHO 1991).

Im *DSM-5* heißt es:

„Eine *psychische Störung* ist definiert als Syndrom, welches durch klinisch signifikante Störungen in den Kognitionen, in der Emotionsregulation und im Verhalten einer Person charakterisiert ist.
Diese Störungen sind Ausdruck von dysfunktionalen psychologischen, biologischen oder entwicklungsbezogenen Prozessen, die psychischen und seelischen Funktionen zugrunde liegen.
Psychische Störungen sind typischerweise verbunden mit bedeutsamem Leiden oder Behinderung hinsichtlich sozialer oder berufs-/ausbildungsbezogener und anderer wichtiger Aktivitäten." (APA 2013, 20; deutsche Ausgabe 2015).

In der Definition wird außerdem darauf hingewiesen, dass eine erwartbare oder kulturell akzeptierte Antwort auf einen Stressor oder Verlust, der jeden betreffen kann, wie z. B. der Tod eines geliebten Menschen, keine psychische Störung ist. Ebenso gelten sozial abweichendes Verhalten (z. B. in politischer, religiöser oder sexueller Hinsicht) und Konflikte, die vor allem zwischen dem Individuum und der Gesellschaft bestehen, nicht als eine solche, es sei denn, die Abweichung oder der Konflikt resultierten aus einer Funktionsstörung, wie sie in der zitierten Definition beschrieben wird.

Der Vorteil einer eher weit gefassten Definition besteht in der Möglichkeit, ungünstige Veränderungen schon in einem frühen Stadium zu erkennen und möglichst frühzeitig Hilfe anbieten zu können, ihr Nachteil, dass die Spannbreite zwischen harmlosen und extremen Erscheinungsformen einer Störung sehr groß ist; dies kann im Einzelfall die Bestimmung des „Krankheitswerts" einer Auffälligkeit erschweren.

In der *Psychotherapie-Richtlinie des Gemeinsamen Bundesausschusses* über die Durchführung der Psychotherapie (2020) lautet die Bestimmung:

§ 2 Seelische Krankheit

(1) „In dieser Richtlinie wird seelische Krankheit verstanden als krankhafte Störung der Wahrnehmung, des Verhaltens, der Erlebnisverarbeitung, der sozialen Beziehungen und der Körperfunktionen. Es gehört zum Wesen dieser Störungen, dass sie der willentlichen Steuerung durch die Patientin oder den Patienten nicht mehr oder nur zum Teil zugänglich sind.
(2) Krankhafte Störungen können durch seelische, körperliche oder soziale Faktoren verursacht werden; sie werden in seelischen und körperlichen

Symptomen und in krankhaften Verhaltensweisen erkennbar, denen aktuelle Krisen seelischen Geschehens, aber auch pathologische Veränderungen seelischer Strukturen zugrundeliegen können.

(3) Seelische Strukturen werden in dieser Richtlinie verstanden als die anlagemäßig disponierenden und lebensgeschichtlich erworbenen Grundlagen seelischen Geschehens, das direkt beobachtbar oder indirekt erschließbar ist.

(4) Auch Beziehungsstörungen können Ausdruck von Krankheit sein; sie sind für sich allein nicht schon Krankheit im Sinne dieser Richtlinie, sondern können nur dann als seelische Krankheit gelten, wenn ihre ursächliche Verknüpfung mit einer krankhaften Veränderung des seelischen oder körperlichen Zustandes eines Menschen nachgewiesen wurde"[59].

Die *Sozialgerichte* definieren Krankheit im Sinne der GKV als einen „regelwidrigen Körper- oder Geisteszustand, der Behandlungsbedürftigkeit und/oder Arbeitsunfähigkeit zur Folge hat"[60].

1.2 Klassifikation

Gegenwärtig werden zwei Hauptklassifikationssysteme verwandt, wenn es um die Diagnostik psychischer Störungen geht: die *„Internationale statistische Klassifikation der Krankheiten und verwandter Gesundheitsprobleme" (ICD-10) der WHO (Version 2021*[61]*)* und das *„Diagnostische und Statistische Manual psychischer Störungen" – DSM-5* der *American Psychiatric Association (APA 2015).*

Ergänzend kommen das *„Multiaxiale Klassifikationsschema für psychische Störungen des Kindes- und Jugendalters nach ICD-10 der WHO (MAS)"* (Remschmidt/Schmidt/Poustka 2017) hinzu sowie für Kinder unter vier Jahren die *„Diagnostische Klassifikation: 0–3. Seelische Gesundheit und entwicklungsbedingte Störungen bei Säuglingen und Kleinkindern – Zero to three, ZTT-DC:03"* (National Center for Infants, Toddlers and Families 1999).

Auf die Begutachtung *gemäß der jeweils gültigen deutschen ICD-Fassung* verpflichtet § 35a Abs. 1a Satz 2 SGB VIII, wie schon dargelegt, den Psychiater/Psychotherapeuten, der die Stellungnahme abgibt. Mit dieser Präzisierung wird die Übereinstimmung mit SGB V, also den Vorschriften für die gesetzliche Krankenversicherung, hergestellt, die bereits in der Begründung zum Regierungsentwurf zu SGB IX im Jahr 2000[62] für erforderlich erachtet worden war.

59 www.g-ba.de, abger. 11.11.2020.

60 Spitzenverband Bund der Krankenkassen, Gesundheitsberichterstattung des Bundes; auch www.aok-bc.de, Lexikon abger. 19.10.2019.

61 dimdi.de, zuletzt abger. 19.3.2021.

62 BT-Drucksache 14/5074.

In *ICD-10* werden sowohl Symptome körperlicher als auch psychischer Störungen zu Krankheitseinheiten zusammengestellt und in einem „Glossar" genauer beschrieben. Dabei wird ein alphanumerisches Kodierungsschema verwandt. Sogenannte „Diagnostische Leitlinien", die die Anzahl und Gewichtung der Symptome nennen, die zur Stellung einer sicheren Diagnose benötigt werden, sollen eine zuverlässige Aussage ermöglichen, gleichzeitig aber auch eine gewisse Flexibilität („vorläufige" oder „Verdachtsdiagnose") bewahren. Teilweise sind Abstufungen nach der Schwere der Störung angegeben, (z. B. „leichte", „mittelgradige" und „schwere depressive Episode"), qualitative Unterschiede (wie „ohne" und „mit psychotischen Symptomen") oder Unterscheidungen nach dem Verlauf („vorübergehend", „langanhaltend") oder dem Beginn („früh", „spät"). Auf diese Weise lässt sich der Grad der Funktionsbeeinträchtigung erkennen.

Mit diesem deskriptiven System, auf das sich Fachleute aus aller Welt geeinigt haben, wird ein evidenz-basierter, national und international vergleichbarer Diagnosestandard angestrebt, auf dessen Grundlage weltweit allen Gesundheitssystemen die erforderlichen Daten zur Verfügung gestellt werden können[63]. Psychische Störungen werden in Kapitel V (F) unter der Bezeichnung *„Psychische und Verhaltensstörungen"* dargestellt und kodiert (DIMDI 2019).

Eine *weitere Revision – ICD-11 –* wurde am 18.6.2018 offiziell der WHO in Genf vorgestellt und im Mai 2019 von der Weltgesundheitsversammlung (WHA) verabschiedet. Sie soll am 1.1.2022 in Kraft treten. Bis die deutsche Fassung (Übersetzung und Anpassung an deutsche Anforderungen) erscheinen wird, werden noch mehrere Jahre vergehen; ein konkreter Zeitpunkt kann noch nicht genannt werden (dimdi.de, 2020[64]).

ICD-10 und ICF bzw. ICF-CY ergänzen einander und sollen gemeinsam angewandt werden.

Das *Multiaxiale Klassifikationsschema für psychische Störungen des Kindes- und Jugendalters nach ICD-10 der WHO (MAS)* (Remschmidt/Schmidt/Poustka 2017) stellt verschiedene Kapitel der ICD-10 für die spezielle Diagnostik in dieser Gruppe zusammen. Es enthält *6 Achsen*, die bei der psychiatrischen Begutachtung eines Kindes oder Jugendlichen zu berücksichtigen sind:

1. Klinisch-psychiatrisches Syndrom
2. Umschriebene Entwicklungsrückstände
3. Intelligenzniveau

63 Für wissenschaftliche Untersuchungen sind die „Forschungskriterien" (DCR) besonders geeignet.

64 abger. 13.3.2021.

4. Krankheiten aus anderen Kapiteln der ICD-10 (anderen als psychiatrischen Erkrankungen)
5. Assoziierte aktuelle abnorme psychosoziale Umstände
6. Globale Beurteilung des psychosozialen Funktionsniveaus (Adaptation/Beeinträchtigung).

DSM-5 wird wegen seiner Zusatzinformationen in Deutschland häufig ergänzend zu ICD-10 verwendet. In seiner Begrifflichkeit und Untergliederung weicht es etwas von dem WHO-System ab, ist aber besser als die Vorgängerversion DSM-IV damit vergleichbar. Es enthält ebenfalls diagnostische Kriterien und sehr genaue Beschreibungen der einzelnen Störungen sowie außerdem u. a. Angaben zu Nebenmerkmalen, Verlauf, Ausmaß der möglichen Beeinträchtigung, Komplikationen, prädisponierenden Faktoren, Häufigkeiten, kultur- und geschlechtsspezifischen Besonderheiten, Differentialdiagnosen und Komorbidität. Es versteht sich als Weiterentwicklung von DSM-IV durch den Einbezug neuerer Forschungsergebnisse und bessere Anpassung an die Erfordernisse der Praxis. Abweichend von ICD-10 werden auch leichtere Störungen beschrieben, weil Risiken bereits in frühen Stadien einer Erkrankung erkannt werden sollen (z. B. Suizidgefahr). Dies brachte ihm allerdings die Kritik ein, dazu zu verleiten, normale Reaktionen und leichte Auffälligkeiten als Krankheiten einzustufen; außerdem wurde moniert, dass es zu stark an Pharmakotherapie orientiert sei (Frances 2013).

Mit *Zero-to-three* können körperliche, emotionale und Verhaltensauffälligkeiten im frühesten Kindesalter sowie ungünstige Lebensbedingungen in Kategorien gefasst werden. Neben Störungen, die auch in anderen Altersgruppen auftreten, werden spezielle Probleme dieses Altersabschnitts erfasst. Dies geschieht auf den folgenden fünf Achsen:

I. Primäre Diagnosen (klinische Auffälligkeit, z. B. Stimmungsstörung, Regulationsstörungen, Schlafverhaltensstörung)
II. Beziehungsstörungen (z. B. überinvolviert, zornig-feindselig, körperlich missbrauchend)
III. medizinische Probleme, Entwicklungsstörungen und Krankheiten
IV. Psychosoziale Belastungssituation
V. Funktionell-emotionales Entwicklungsniveau
Appendix 1: Globale Einschätzungsskala der Eltern-Kind-Interaktion
Appendix 2: Die multisystematische Entwicklungsstörung.

1.3 Entstehungsbedingungen

Warum ein Kind seelisch erkrankt ist, lässt sich im Einzelfall nicht immer genau bestimmen. In der Regel sind mehrere Faktoren – körperliche, psychische, soziale – in

Interaktion miteinander an der Entstehung, Auslösung und Aufrechterhaltung beteiligt. Risiko- und Vulnerabilitätsfaktoren auf der einen Seite und kompensatorische und Schutzfaktoren auf der anderen stehen im Wechselspiel miteinander und mit auslösenden Bedingungen. In ein multifaktorielles bio-psycho-soziales Erklärungsmodell lassen sich die bisherigen wissenschaftlichen Erkenntnisse am besten einordnen. Zu den *Risikofaktoren* zählen *Biologische Bedingungen* wie

- Genetische Faktoren (z. B. als Anteile bei frühkindlichem Autismus, Schizophrenie, bipolaren Störungen, wobei die Ergebnisse der epigenetischen Forschung – Genaktivierung durch Erfahrungsprozesse – besonders interessant sind)
- konstitutionelle Anteile (z. B. Temperament, „Knabenwendigkeit", d. h. erhöhte Anfälligkeit von Jungen für psychische und körperliche Erkrankungen)
- Schädigungen des zentralen Nervensystems (ZNS) pränatal z. B. durch Alkohol und andere Drogen, Medikamente; perinatal, z. B. durch Sauerstoffmangel; oder postnatal, z. B. durch Infektionen oder Hirnverletzungen. Neben der Art der Schädigung spielt insbesondere der Zeitpunkt ihres Eintretens eine Rolle. Er bestimmt wesentlich das Ausmaß der Beeinträchtigung und das psychopathologische Bild.
- Körperliche Erkrankungen ohne Beteiligung des ZNS, die vom Kind besonders hohe Anpassungsleistungen verlangen oder zu starken negativen Umfeldreaktionen führen
- Biochemische Störungen, chromosomale oder hormonelle Fehlsteuerungen.

(Vgl. Steinhausen 2016, 37–52)

Diese Faktoren können zu einer besonderen *Vulnerabilität* des Kindes führen. Die Verletzlichkeit kann durch ungünstige Sozialisationsbedingungen verstärkt, durch günstige (teilweise) kompensiert werden. Zu den *psychosozialen Risikofaktoren* zählen

- *Familiäre Bedingungen* wie z. B. elterliche Erziehungsstile (Misshandlung, Vernachlässigung, Missbrauch, Überprotektion, unangemessene Rollenerwartungen), Trennungs- und Verlusterfahrungen, Krankheit (z. B. Sucht oder Psychose), Behinderung oder abweichendes Verhalten von Eltern und Geschwistern, familiäre Disharmonie, körperliche oder psychische Gewalt zwischen den Eltern, Grenzenstörungen innerhalb des Familiensystems (zu starre oder zu schwache Grenzen zwischen den Subsystemen), gestörte Kommunikation, Armut, Verfolgungs-, Flucht-, Migrationserfahrungen, Diskriminierung
- *außerfamiliäre Bedingungen* wie z. B. Isolierung oder Diskriminierung, mangelnde soziale Unterstützung, Konflikte mit dem Umfeld, Außenseiterposition des Kindes/Jugendlichen in seiner Gruppe, Mängel im

Schulsystem, falsche Beurteilungen durch Lehrer oder Fachkräfte Sozialer Arbeit, fehlerhafte ärztliche Diagnosen

(Harnach 2021, 73–90; einen guten Überblick gibt auch die Achse V des MAS, Remschmidt/Schmidt/Poustka 2017).

Wenn auch die *Kumulierung ungünstiger sozialer Faktoren* das Risiko für eine psychische Störung erhöht, so muss andererseits doch gesehen werden, dass eine solche Störung *auch bei günstigsten familiären und außerfamiliären Bedingungen* entstehen kann. Dies ist wichtig, um Erziehende nicht fälschlich dem Verdacht auszusetzen, die Erkrankung verursacht zu haben. Ein in seiner Bewältigungsfähigkeit geschwächter junger Mensch kann mitunter lange Zeit recht gut mit seinem Leben zurechtkommen. Tritt aber eine schwierige Lebensanforderung hinzu (wie z. B. die Ablösung aus elterlicher Fürsorge bei Schuleintritt oder -ende oder bei der Verselbstständigung im Jugendalter) oder hat er einer starken psychischen Belastung, einer gravierenden körperlichen Erkrankung oder einer Reihe kritischer Lebensereignisse (sogen. „life events") zu begegnen, so kann es zu einer Überforderung seiner Kräfte und zur Manifestation einer psychischen Störung kommen.

Auf der anderen Seite können *protektive Faktoren* die Kompensationsfähigkeit erhöhen. Dazu zählen personale Ressourcen des Kindes wie hohe Intelligenz, Selbstwertgefühl, Erwartung von Selbstwirksamkeit, günstiges Sozialverhalten mit sozialer Attraktivität, außerdem familiäre oder außerfamiliäre Ressourcen wie verlässliche emotionale Beziehungen zu (mindestens) einer Bezugsperson, Unterstützung bei Selbstständigkeitsbemühungen und ermutigende Schulerfahrungen.

Ein solches *Vulnerabilitätsmodell* (oder auch: Diathese-Stress-Modell) macht interindividuelle Reaktionsdifferenzen ebenso verständlich wie intraindividuelle Schwankungen. Es zeigt zugleich auch, dass eine schematische Ursache-Wirkungs-Erklärung nicht möglich ist.

Wenn mit SGB IX wie mit ICF und UN-BRK ein Perspektivenwechsel kodifiziert wird, nämlich die Fokussierung auf Möglichkeiten der Partizipation statt auf Defizite sowie die vorrangige Orientierung an Gesundheit und Funktionsfähigkeit statt an Störung, so ist damit die Frage danach, was eine Person trotz schwieriger Bedingungen gesund erhält, in den Vordergrund gerückt, also die Frage nach den Bedingungsfaktoren der *Salutogenese*.

Wie die Forschung gezeigt hat, können Menschen u. U. auch extreme Lebensbelastungen dann bei relativ guter psychischer und physischer Gesundheit überstehen, wenn sie über die Grundorientierung des „Kohärenzgefühls" verfügen. Dieses ist ein Maß für ein tief verankertes Vertrauen darin, dass

- auch belastende Ereignisse im Leben strukturiert, verstehbar und erklärbar sind
- Ressourcen genutzt werden können, um den anstehenden Anforderungen gerecht zu werden

- die Anforderungen als Herausforderungen gesehen werden können, für deren Bewältigung sich Anstrengung und Engagement lohnen, weil man persönliche Werte kennt, nach denen man leben möchte (Antonovsky 1997).

Ähnlich nimmt das Konzept der *Resilienz* (Widerstandsvermögen) die Fähigkeit eines Menschen, Belastungen zu bewältigen, in den Blick (Masten/Powell 2003). Dazu gehören kognitive, emotionale und Handlungskompetenzen, die alters-, situations- und lebensbereichsspezifisch, also dynamisch, wirksam werden können. Die „Grundbausteine" der Resilienz sind eine sichere Basis (Gewissheit der Zugehörigkeit und Sicherheit), ein gutes Selbstbild (Selbstvertrauen, Vorstellung, etwas wert zu sein) und ein Gefühl der Selbstwirksamkeit (Überzeugung, dass man Gegebenheiten und Ereignisse positiv beeinflussen kann) (Steinhausen 2016, Petermann/Resch 2013).

1.4 Epidemiologie

Wie bei Erwachsenen, so hat sich auch bei Kindern und Jugendlichen im Laufe des letzten Jahrhunderts das Krankheitsspektrum verändert. Mit dem Begriff „neue Morbidität" werden zwei Phänomene bezeichnet:

1. Die Verschiebung von den somatischen Störungen hin zu den psychischen und
2. die Abnahme der akuten Erkrankungen bei Zunahme chronischer gesundheitlicher Beeinträchtigungen.

Die Zahlen für psychische Erkrankungen im Kindes- und Jugendalter schwanken je nach Studie, d.h. untersuchter Stichprobe, Informationsquelle, Störungsdefinition, Untersuchungsinstrument, definiertem Zeitraum usw.:

- 12–18 % (Döpfner 2013)
- 21,9 % (davon 9,7 % „wahrscheinlich" psychisch auffällig, 12,2 % Hinweise auf psychische Auffälligkeiten, BELLA-Studie, Ravens-Sieberer et al. 2007, Befragung von Eltern und Kindern). Jungen erscheinen dort etwas häufiger beeinträchtigt als Mädchen. Ein leichter Anstieg ergibt sich mit zunehmendem Alter
- 17,2 % (Barkmann/Schulte-Markwort 2004, systematischer Literaturüberblick über deutsche Prävalenzstudien)
- 18 % (Ihle/Esser 2002, Median der Prävalenzen in internationalen epidemiologischen Untersuchungen).

Prävalenzraten der verschiedenen Störungen werden bei deren Darstellung angegeben.

2 Die Störungsgruppen

2.1 Überblick

Da die Diagnose nach der ICD erstellt werden muss, folgt die für diesen Abschnitt gewählte Gliederung der Einteilung von *Kapitel V „Psychische und Verhaltensstörungen (F00–F99)" der ICD-10.*

Dieses Kapitel gliedert sich in die folgenden Gruppen:

- F00–F09 Organische, einschließlich symptomatischer psychischer Störungen
- F10–F19 Psychische und Verhaltensstörungen durch psychotrope Substanzen
- F20–F29 Schizophrenie, schizotype und wahnhafte Störungen
- F30–F39 Affektive Störungen
- F40–F48 Neurotische, Belastungs- und somatoforme Störungen
- F50–F59 Verhaltensauffälligkeiten mit körperlichen Störungen und Faktoren
- F60–F69 Persönlichkeits- und Verhaltensstörungen
- F70–F79 Intelligenzstörung
- F80–F89 Entwicklungsstörungen
- F90–F98 Verhaltens- und emotionale Störungen mit Beginn in der Kindheit und Jugend
- F99 Nicht näher bezeichnete psychische Störungen

Nicht alle dort aufgeführten Störungen sind für das Kindes- und Jugendalter bedeutsam. Da aber auch keine von ihnen ganz ausgeschlossen werden kann, werden alle Gruppen hier kurz betrachtet. Die Beschreibung der Symptomatik erfolgt auf der Grundlage der ICD-10. Soweit vorhanden, werden die Leitlinien der jeweiligen ärztlichen Fachgesellschaften einbezogen. Im Folgenden wird neben der Terminologie dieses Systems auch die dort aufgeführte Nummerierung der Kapitel angegeben. Dies erleichtert das Auffinden der jeweiligen Kategorie und die fachliche Verständigung. Zu beachten ist ferner, dass die Störungen oft nicht allein, sondern mit anderen verbunden auftreten. So ist z. B. Hyperaktivität häufig mit Aggressivität gepaart oder die Zwangsstörung mit Angst und Depression.

2.2 Organische, einschließlich symptomatischer psychischer Störungen (F00–F09)

In diesem Kapitel werden psychische Störungen beschrieben, die als Folge von Hirnerkrankungen, Hirnverletzungen, körperlich begründeten Hirnfunktionsstörungen oder von anderen organischen Erkrankungen oder Beeinträchtigungen auftreten. „*Symptomatisch*“ sind Erkrankungen, bei denen die Gehirnfunktionen nicht primär, d. h. direkt, sondern *sekundär* (mittelbar) von einer körperlichen Erkrankung betroffen sind, z. B. bei Systemerkrankungen oder Störungen, bei denen neben mehreren anderen Organen oder Körpersystemen auch das Gehirn tangiert ist, wie Krebs- oder Stoffwechselerkrankungen.

Die große Breite möglicher Symptome lässt sich nach ICD-10 in die folgenden Hauptgruppen unterteilen, die bei den verschiedenen Syndromen auf unterschiedliche Weise dominieren, nämlich Störungen

1. *der kognitiven Funktionen.* Hierbei können zahlreiche höhere kortikale Funktionen beeinträchtigt sein, z. B. das Gedächtnis, das Denken, die Orientierung nach Zeit, Raum und Person, die Auffassungsgabe, die Sprache und das Urteilsvermögen. Oft leiden auch die Kontrolle der Emotionen, das Sozialverhalten oder die Motivation. Oder die Schädigung betrifft das Bewusstsein und die Aufmerksamkeit.
2. *der Wahrnehmung,* z. B. Halluzinationen
3. *der Denkinhalte,* wie Wahnvorstellungen
4. *der Stimmung und der Gefühle,* z. B. Depression, gehobene Stimmung und Angst
5. oder *Veränderungen der gesamten Persönlichkeit,* wie bei der organischen Persönlichkeitsstörung.

Störungen der Gruppen 2–5 sind für diesen Abschnitt weniger spezifisch als die der ersten, denn ähnliche Veränderungen können auch ohne deutlich erkennbare Hirnschäden oder Funktionsstörungen des Gehirns auftreten (vgl. die Kategorien F2–F4 und F6).

Die Art der Störungen ist u. a. abhängig vom *Zeitpunkt, der Lokalisation und dem Ausmaß* der organischen Schädigung. Einige Störungsbilder dieser Kategorie sind für das Kindes- und Jugendalter weniger relevant. Dies gilt insbesondere für die Demenzerkrankungen (F00–F04), die normalerweise erst im höheren Alter zu beobachten sind, einige wenige von ihnen im mittleren Lebensalter.

Die meisten Störungen dieses Kapitels beginnen im Erwachsenenalter. Jedoch können manche von ihnen auch Kinder und Jugendliche betreffen, wie das akute *Delir (F05).* Es ist durch unterschiedlich schwere Störungen von

Bewusstsein, Aufmerksamkeit, Wahrnehmung, Denken, Gedächtnis, Psychomotorik, Emotionalität und des Schlaf-Wach-Rhythmus gekennzeichnet und kann z. B. bei Fieber, nach einer schwerwiegenden Infektionskrankheit, einer Vergiftung oder einer Operation auftreten. Es ist definitionsgemäß von kurzer Dauer (meistens unter vier Wochen, maximal sechs Monate) und zieht in der Regel keine bleibenden Störungen und keine seelische Behinderung nach sich.

Eingliederungshilfebedarf kann sich hingegen als Folge einer Erkrankung aus der Gruppe *„Persönlichkeits- und Verhaltensstörungen aufgrund einer Erkrankung, Schädigung oder Funktionsstörung des Gehirns“ (F07)* ergeben. Bei Kindern und Jugendlichen sind hier u. a. bakteriell oder viral verursachte Hirnentzündungen *(Postenzephalitisches Syndrom F07.1)* relevant. Sie bergen ein erhöhtes Risiko für bleibende Verhaltensänderungen und psychische Störungen unterschiedlicher Art und Ausprägung in sich, beispielsweise allgemeines Unwohlsein, Apathie, Reizbarkeit, Lernstörungen, Verminderung der sozialen Urteilsfähigkeit, veränderte Essgewohnheiten oder Änderungen im Sexualverhalten. Das Syndrom ist i. A. reversibel, aber neurologische Funktionsstörungen, wie z. B. Lähmungen, Taubheit oder Sprachstörungen können gelegentlich zurückbleiben.

Auch das *Organische Psychosyndrom nach Schädel-Hirn-Trauma (F07.2)* als Folge von Unfällen oder Misshandlungen, die zu Bewusstlosigkeit geführt haben, kann langdauernde psychische Folgen nach sich ziehen wie schnelle Erschöpfung, Reizbarkeit, Konzentrationsstörungen, verringerte Leistungsfähigkeit, Gedächtnisschwächen, Schlafstörungen, verminderte Stresstoleranz und beeinträchtigte emotionale Belastbarkeit. Depressivität, Angst und Besorgnis können hinzukommen. Dass dies zu Problemen der gesellschaftlichen Teilhabe führen kann, ist evident.

Bei organischen Erkrankungen ist sowohl für die Therapie als auch für Maßnahmen der Rehabilitation zunächst der Träger der Krankenversicherung oder bei fehlender Krankenversicherung der Träger der Eingliederungshilfe zuständig. Eine ergänzende Beteiligung des Jugendhilfeträgers ist aber ebenfalls denkbar, insbesondere dann, wenn Jugendhilfeangebote erforderlich sind, die von der Krankenkasse nicht übernommen werden.

Chronische Erkrankungen und körperliche Beeinträchtigungen ohne Hirnbeteiligung als (Mit-)Ursache psychischer Störungen (4. Achse des MAS)

Diese Gruppe bezieht sich auf die nicht-psychiatrischen Krankheitsbilder, die an anderen Stellen der ICD-10 kodifiziert sind. Da sie aber ebenfalls eine seelische Behinderung hervorrufen können, soll auf sie in diesem Zusammenhang eingegangen werden.

Die Krankheiten können nach *charakteristischen Verlaufsformen* geordnet werden, die jeweils mit spezifischen psychosozialen Belastungen verbunden sind:

- *Chronisch-episodisch verlaufende Erkrankungen*, bei denen relativ symptomarme Phasen mit krisenhaft zugespitzten, akuten Verschlimmerungen abwechseln. Dieses sind z. B. Diabetes mellitus Typ I, Asthma bronchiale, Epilepsie oder Neurodermitis. Das Kind und seine Familie müssen zum einen lernen, einer akuten Krise vorzubeugen (z. B. durch zuverlässige Medikamenteneinnahme oder Diät), zum anderen, sich bei Auftreten einer solchen Krise angemessen zu verhalten (z. B. ein Inhalationsgerät richtig zu bedienen).
- *Progredient oder lebensbedrohlich verlaufende Erkrankungen* wie z. B. Mukoviszidose oder onkologische Erkrankungen. Die Gewissheit der Lebensbedrohung und die zeitaufwändigen und anstrengenden Therapiemaßnahmen stellen das Kind und seine Eltern vor extreme Herausforderungen.
- *Erkrankungen mit überdauernden Funktionseinbußen und Behinderungen*, wie z. B. Beeinträchtigungen nach Unfällen oder Frühgeburt, bei Fehlbildungen oder Sinnesschädigungen. Das Kind hat neben den Schwierigkeiten der Alltagsbewältigung häufig auch ständige Schmerzen, Zukunftssorgen, häufige Krankenhausaufenthalte mit Trennung von Verwandten und Freunden und Unterbrechung des Schulbesuchs zu erleiden und muss eine Reihe von Verhaltensregeln beachten, die u. U. seinem Alter nicht angemessen sind (Noeker/Petermann 2013).

Neben den direkten Einschränkungen durch die Krankheit erleben chronisch kranke Kinder und Jugendliche häufig ungünstige Reaktionen aus dem Umfeld wie Überbehütung, Unterforderung, Ablehnung und Diskriminierung. Daraus können psychische Störungen resultieren, was auch als „sekundäre Neurotisierung“ (Lempp 2006) bezeichnet worden ist. Körperliche Erkrankung und psychische Störung können dabei in Wechselwirkung zueinander stehen. Häufige Folgen sind sozialer Rückzug, Inaktivität, Resignation, Angststörungen, Depressionen, Essstörungen, Panikstörungen, Posttraumatische Belastungsstörungen und Aggressivität. Diese Schwierigkeiten treten bei ca.10 % der chronisch kranken jungen Menschen auf. Der größte Teil von ihnen entfaltet jedoch bewundernswerte Bewältigungskräfte (Remschmidt 1992).

Die *Diagnostik* nach ICD-10 muss sowohl die organische als auch die psychische Krankheit erfassen. Beide sind getrennt zu kodieren.

Die *Prävalenz* chronischer körperliche Erkrankungen von Kindern wird auf 10–15 % geschätzt. Die Häufigkeit psychischer Störungen ist bei derart erkrankten Kindern im Vergleich zu gesunden um das Zwei- bis Dreifache erhöht. Körperliche und psychische Störung können eine gemeinsame Ursache aufweisen (z.B. eine Hirnschädigung) oder unterschiedliche Entstehungsbedingungen haben. Die psychische Störung kann außerdem die Folge einer nicht geglückten Bewältigung der Krankheitsauswirkungen sein.

In die *Therapie* muss neben der körperlichen Erkrankung auch die psychische Begleit- oder Folgesymptomatik einbezogen werden. Das Kind und seine Familie benötigen ein genaues Wissen über die Krankheit, ihre Folgen und den adäquaten Umgang damit (Psychoedukation, strukturierte Patientenschulung, häufig in Gruppen durchgeführt). Eine *behavioral-systemische Familienberatung* erfolgt zur Verbesserung der emotionalen Verarbeitung einer u. U. sehr bedrohlichen Diagnose, zur Verhütung von Schuldgefühlen, zur Stärkung der innerfamiliären Kommunikation und Bewältigungsmotivation, des Zusammenhalts der Familie sowie zum Schutz vor Überforderung und reaktiver Erkrankung der Eltern und Geschwister. Eine *(kognitive) Verhaltenstherapie des Kindes/Jugendlichen* kann bei komorbiden psychischen Störungen erforderlich sein. Sie sollte die Interaktion von körperlicher und psychischer Symptomatik beachten (Noeker/Petermann 2013).

Die erhebliche psychische Belastung der Kinder mit den beschriebenen Erkrankungen ist offensichtlich. Funktionelle Beeinträchtigungen, wiederholte lange Ausfallzeiten, falsche Verhaltens- und Leistungsbeurteilung können den Schulerfolg erheblich beeinträchtigen. Die Gefahr der sozialen Ausgrenzung ist erhöht. Einige, vor allem kleinere, Kinder sind auf Schulbegleitung angewiesen, die ihre medikamentöse Behandlung (z. B. Insulinspritze) und körperliche Versorgung (z. B. Toilettengang) gewährleisten. Krankheitsbedingte Leistungseinbußen (z. B. Müdigkeit, rasche Erschöpfung, Reizüberempfindlichkeit) müssen bei der Unterrichtsgestaltung berücksichtigt werden. In 1. Linie werden *Leistungen zur medizinischen Rehabilitation* erforderlich sein, die vom Träger der Krankenversicherung zu finanzieren sind. Spezielle schulische Maßnahmen und sozialpädagogische *Eingliederungshilfen* müssen oftmals hinzukommen, um dem betroffenen Kind/Jugendlichen die umfassende Teilhabe in allen Bereichen seines Lebens zu erleichtern. Die gesetzlich geforderte (§ 19 SGB IX) zügige und nahtlose *Koordinierung aller Maßnahmen* durch den leistenden Rehabilitationsträger ist hier besonders wichtig.

2.3 Psychische und Verhaltensstörungen durch psychotrope Substanzen (F10–F19)

Als „psychotrop" oder „psychoaktiv" wird ein Stoff bezeichnet, der die psychischen Prozesse beeinflusst, wie z. B. die Klarheit des Bewusstseins, die Art der Wahrnehmung oder die Emotionen. ICD-10 listet die folgenden Substanzklassen auf: Alkohol, Opioide, Cannabinoide, Sedativa oder Hypnotika, Kokain, andere Stimulanzien einschließlich Koffein, Halluzinogene, Tabak und flüchtige Lösungsmittel, außerdem „Partydrogen" (Ecstasy u. Ä.). Sehr häufig werden verschiedene Stoffe auch in Kombination miteinander benutzt („polyvalenter Konsum"). Die dadurch verursachten Störungen variieren je nach Menge und Dauer des Konsums von „akuter Intoxikation" (mit Symptomen wie pathologischer Rausch, Koma u. a.) über „schädlichen Gebrauch" (Missbrauch) bis zum „Abhängigkeitssyndrom" (z. B. ständiger Substanzgebrauch oder gegenwärtige Abstinenz). Bei Absetzen der Substanz kann es zum Entzugssyndrom (z. B. mit Krampfanfällen, Delir) kommen, bei langfristigem Missbrauch zu psychotischen Störungen (z. B. schizophreniform, halluzinatorisch), amnestischem Syndrom (Gedächtnisstörungen, Konfabulationen) sowie verschiedenen weiteren Störungen.

Im Kindes- und Jugendalter spielen insbesondere die akute Intoxikation („Komasaufen") und das Abhängigkeitssyndrom eine Rolle.

Bei Jugendlichen stehen die „legalen" Drogen Alkohol und Tabak an vorderster Stelle. Zwar geht der *Alkoholkonsum* bei den 12- bis 17-Jährigen seit Jahren kontinuierlich zurück, stellt aber nach wie vor ein Risiko dar. Bei stationären Behandlungen steht er an 1. Stelle. Das Rauschtrinken („binge-drinking") praktizierten im Jahr 2019 immerhin ca. 14 % dieser Gruppe, wobei ab dem 14. Lebensjahr erheblich mehr männliche als weibliche Jugendliche exzessiv trinken. Über regelmäßigen Alkoholkonsum (mindestens einmal pro Woche) berichteten 9 % der befragten Kinder und Jugendlichen.

Der *Tabakkonsum* Jugendlicher geht seit vielen Jahren zurück. Ca. 7 % aller 12- bis 17-Jährigen rauchen regelmäßig, verglichen mit 27,5 % im Jahr 2001. Männliche Jugendliche rauchen häufiger als weibliche, Gymnasiasten seltener als Jugendliche mit niedrigeren Schulabschlüssen. E-Zigaretten fördern bei Jugendlichen häufig den Einstieg ins Rauchen (Bundeszentrale für gesundheitliche Aufklärung 2020; Drogenbeauftragte der Bundesregierung 2019 und 2020[65].)

Auch mit *illegalen Drogen* wird experimentiert: ca. 10 % der 12- bis 17-Jährigen haben Erfahrungen damit, hauptsächlich mit Cannabis, dessen Konsum seit 2011 ansteigt. Die Zahl für andere Drogen liegt unter 1 %.

Als deutlich erhöht erweist sich der Substanzenkonsum bei Kindern und Jugendlichen in Heimerziehung (Fegert 2015, § 35a SGB VIII, Rn. 48) und im Jugendstrafvollzug (Drogenbeauftragte 2019).

Das *Abhängigkeitssyndrom* ist gekennzeichnet durch ein Bündel von emotionalen und Verhaltensstörungen, kognitiven Einbußen (Gedächtnis, Lernen, Aufmerksamkeit, räumliches Vorstellungsvermögen) und körperlichen Veränderungen als Folge längerfristigen wiederholten Gebrauchs der genannten Substanzen. Merkmale der Abhängigkeit sind ein starker Wunsch, das Mittel zu sich zu nehmen, eine herabgesetzte Fähigkeit zur Kontrolle über seinen

65 www.bzga.de; www.drogenbeauftragte.de, abger. 17.11.2020 bzw. 4.12.2020.

Konsum und anhaltender Substanzgebrauch trotz der schädlichen Folgen. Der Konsum erfährt Vorrang vor anderen Aktivitäten und Verpflichtungen. Es kommt zu einer Toleranzerhöhung und manchmal zu einem körperlichen Entzugssyndrom.

Die besondere *Gefahr* für junge Menschen ergibt sich daraus, dass sich bei ihnen eine Abhängigkeit erheblich schneller einstellt als bei Erwachsenen, weil der Substanzenkonsum bei ihnen die Reifungsprozesse im Gehirn beeinträchtigt. So entwickeln z. B. Jugendliche unter 15 Jahren bereits nach fünf bis sechs Monaten des Alkoholmissbrauchs eine Sucht, während dieses bei Erwachsenen erst nach zehn bis zwölf Jahren des übermäßigen Konsums geschieht. Beginnt der Cannabis-Gebrauch bereits im Jugendalter, beträgt die Wahrscheinlichkeit für eine Abhängigkeit 17 %, verglichen mit 10 % bei späterem Beginn (Drogenbeauftragte 2020).

Oft sehen Jugendliche sich zum Konsum veranlasst, um Zugehörigkeit und Anerkennung in einer Gruppe Gleichaltriger zu finden. Stress- und Spannungsreduktion, Stimulation oder Beruhigung, verstärkte Wahrnehmungs- und Erlebnisfähigkeit oder halluzinogene Wirkungen sind Erfahrungen, die gesucht und – wegen ihres Belohnungswertes – wiederholt werden. Psychotrope Substanzen aktivieren das körpereigene „Lust- und Belohnungszentrum“ (mesolimbisches Dopaminsystem). Bei dauerhaftem und vor allem bei zunehmendem Konsum findet eine Gegenregulation im Gehirn mit charakteristischen Veränderungen der neurobiologischen Regulationsmechanismen (z. B. der Rezeptorzahl von Transmittern) statt. Dies schwächt die Drogenwirkung ab, so dass der Nutzer immer stärkere Dosen der psychotropen Substanz braucht, um die Rauschwirkung zu erzielen (Toleranzentwicklung). Auf diese Weise entsteht eine Abhängigkeit. Bei Entzug der Substanz gerät das System aus dem Gleichgewicht und es treten quälende psychische und körperliche Symptome auf wie Schmerzen, Angst, Schlafstörungen; im Extremfall kann es zu lebensbedrohlichen Zuständen kommen.

Über lange Zeit, u. U. lebenslang, besteht eine *Rückfallgefährdung*. Diese kann (außer durch erneuten Gebrauch) durch Hinweisreize wie die Begegnung mit der ursprünglichen Konsum-Situation oder infolge psychischer Probleme ausgelöst werden. Wirkmechanismen sind hier klassische und operante Konditionierung (Mühling 2013).

Sehr häufig geht Substanzenmissbrauch mit anderen Störungen einher, insbesondere Störungen des Sozialverhaltens, hyperkinetischen Störungen, Delinquenz, Depression und Suizidgefährdung oder Angststörungen. Dabei können die komorbiden Störungen dem Missbrauch vorangehen, die Droge wird dann eingesetzt, um unangenehme Gefühle wie Angst oder depressive Verstimmung abzumildern („Selbstbehandlungshypothese“). Dies scheint bei Frauen eher der Fall zu sein. Umgekehrt kann zuerst der Abusus bestehen, der dann weitere Störungen nach sich zieht, z. B. delinquente

Handlungen, ein Verhalten, das bisher häufiger bei männlichen Jugendlichen beobachtet wurde. Komorbidität mit Nikotinabhängigkeit ist besonders häufig zu finden.

Die *Ursachen* liegen in einem Zusammenspiel vielfältiger *Risikofaktoren*, die je nach Ausprägungsgrad, Anzahl und Dauer unterschiedlich wirksam werden. Zu den sozialen und umweltbezogenen Faktoren gehören elterlicher und geschwisterlicher Substanzenmissbrauch, Störungen der Eltern-Kind-Beziehung, Misshandlung, Missbrauch, Zerrüttung der Familie, Scheidung, fehlende soziale Kontrolle, Außenseiterposition und – besonders bedeutsam – eine drogenkonsumierende Peergroup, die als Vorbild und Verstärker wirkt. Als relevante *personenbezogene Faktoren* gelten eine genetische Disposition, ein schwaches Selbstwertgefühl, geringe emotionale Stabilität, Probleme der Identitätsfindung, Angststörungen, Hyperaktivität und aggressiv-dissoziales Verhalten. Protektive Faktoren (s. Kap. II/1.3) können das Risiko mindern. Sportliche Aktivitäten, positive familiäre Bedingungen und ein „drogenfreier" verlässlicher Freundeskreis zählen zu den besonders wirksamen Schutzfaktoren.

Gesetze und Normen, wie z. B. Mindestalter für die Abgabe von Alkohol und Tabak, Besteuerung von Genussmitteln sowie die Verfügbarkeit der Stoffe spielen ebenfalls eine Rolle.

Der Missbrauch oder die Sucht verstärken wiederum die psychosozialen Probleme und behindern die weitere Persönlichkeitsentwicklung. Versäumnis oder Abbruch der schulischen Ausbildung, körperliche Erkrankungen, psychische Verelendung, Prostitution, Beschaffungskriminalität oder Leben auf der Straße („Trebegängertum") sind häufig auftretende Folgen. Mädchen sind noch stärker als Jungen gefährdet, in der Folge psychische Erkrankungen, komorbide Störungen und suizidales Verhalten zu entwickeln (Mühling 2013; Ihle 2015).

In der *Behandlung* des suchtkranken Kindes oder Jugendlichen geht es um die Reduzierung der körperlichen Schäden (u. U. um die Sicherung des Überlebens), die Milderung der Entzugssymptomatik, die Bewältigung der psychischen Abhängigkeit, das Aufholen von Entwicklungsrückständen und die Verbesserung der gesamten Lebenssituation. Ziel ist die völlige Abstinenz. Hierfür müssen ärztliche, psychotherapeutische, pädagogische und sozialarbeiterische Maßnahmen dicht ineinandergreifen. In den Behandlungsplan müssen nach Möglichkeit die Familie, gegebenenfalls die Schule (eventuell zunächst die Klinikschule), der Ausbilder oder Arbeitgeber und bei Straffälligkeit möglicherweise die Jugendgerichtshilfe und der Richter einbezogen werden. Ein wichtiger Bestandteil ist die Arbeit der Selbsthilfe- und Angehörigengruppen.

Am Beginn der *Therapie* stehen der Entzug, die Entgiftung und Entwöhnung. Bereits am Krankenbett kann eine Kurzintervention zur Motivierung für eine Psycho- und Soziotherapie stattfinden, wobei auch schon die Angehörigen einbezogen werden sollten. (Zu einem Beispiel einer qualifizierten kinder- und jugendpsychiatrischen Entzugsbehandlung vgl. Fetzer 2008; „clean.kick“ und „clean.kids“[66]).

Für die Therapie werden die kognitive Verhaltenstherapie, soziales Kompetenztraining, Bewegungstherapie sowie multidimensionale Familientherapien empfohlen, die stationär, teilstationär oder ambulant stattfinden können. Die jungen Menschen benötigen breit angelegte Unterstützung, um die psychische Problematik aufzuarbeiten, versäumte Entwicklungen nachzuholen oder fehlgelaufene Lernprozesse zu korrigieren. Im Hinblick auf eine medikamentöse Therapie ist bei Kindern und Jugendlichen äußerste Vorsicht und Sachkenntnis geboten (DG Sucht 2016).

Internetbasierte Beratungsangebote dienen sowohl der Primärprävention als auch der niedrigschwelligen Hilfe bei einer Gefährdung durch psychogene Stoffe, d. h. der Sekundärprävention.

Die Therapien werden in der Regel von den Krankenkassen finanziert. Jugendhilfemaßnahmen nach § 35a SGB VIII müssen hinzukommen. Hilfen für die (Re-)Integration in Schule, Ausbildungs- oder Arbeitsplatz und Gleichaltrigengruppe sind häufig erforderlich. Soziale Gruppenarbeit (§ 29 SGB VIII), Sozialpädagogische Familienhilfe (§ 31 SGB VIII), Erziehung in der Tagesgruppe (§ 32 SGB VIII), Heimerziehung (§ 34 SGB VIII) und Intensive sozialpädagogische Einzelbetreuung können in Frage kommen, außerdem Hilfen für die regelmäßige Teilnahme am Schulunterricht oder an der Ausbildung. Die jungen Menschen brauchen haltgebende Strukturen, zuverlässige Bezugspersonen, Entwicklungsanreize und intensive Förderung. Allerdings steht bisher kein ausreichendes Hilfsangebot für diese Altersgruppe zur Verfügung. Das gut ausgebaute Behandlungssystem für Suchtkranke ist auf Erwachsene spezialisiert. Viele Jugendhilfeeinrichtungen schließen drogenabhängige Jugendliche von vornherein aus oder sind nicht für den Umgang mit ihnen qualifiziert, und selbst Einrichtungen der Kinder- und Jugendpsychiatrie sind nicht immer auf drogengefährdete Jugendliche eingestellt.

Zur Kostenübernahme für Rehabilitationsmaßnahmen besteht zwischen den Trägern häufig kein Einvernehmen. Sinnvoll ist eine kombinierte Finanzierung durch die Träger der Krankenkasse und der Jugendhilfe.[67]

66 www.zfp-web.de, abger. 30.6.2020

67 Zu Suchtpräventionsprogrammen für Kinder und Jugendliche s. Bundeszentrale für gesundheitliche Aufklärung, www.bzga.de; zu spezialisierten Behandlungseinrichtungen: Gemeinsame Kommission Sucht der BAG u. a., www.bag-ped.de und Bundesarbeitsgemeinschaft für Rehabilitation, bar-frankfurt.de

2.4 Schizophrenie, schizotype und wahnhafte Störungen (F20–F29)

Die Schizophrenie als wichtigster und markantester Teil der Gruppe F2 ist eine psychotische Erkrankung, die stark in das Leben des Betroffenen und seiner Angehörigen eingreift. Kaum eine andere Krankheit führt zu so starker Stigmatisierung und Diskriminierung wie sie. Betroffene gelten – meistens fälschlich – als unberechenbar, gefährlich und nicht verstehbar. Nicht nur sie, sondern auch ihre Familien haben unter Ausgrenzung zu leiden, und auch die Selbststigmatisierung (geringes Selbstwertgefühl, vermindertes Vertrauen in die eigenen Fähigkeiten mit entsprechend niedrigen Zielsetzungen) erschwert das Leben. Psychotische Erkrankungen kommen im Kindes- und Jugendalter zwar selten vor (siehe unten), sind aber, wenn sie eintreten, von erheblichem Einfluss auf die gegenwärtige Teilhabe und unter Umständen auf den gesamten Lebenslauf. Deshalb ist die Jugendhilfe – immer in enger Kooperation mit den Akteuren des Gesundheitssystems – gefordert, die notwendigen Hilfen bereitzustellen.

Die *Symptome* der Schizophrenie sind vielfältig und treten je nach Subgruppe in verschiedenen Kombinationen und Ausprägungen auf. Zur Kernsymptomatik gehören nach ICD-10 fundamentale und spezifische Störungen des Denkens, der Wahrnehmung, der Affektivität, des Antriebs und der Motorik. Die Bewusstseinsklarheit und die Intelligenz bleiben in der Regel erhalten, wenn sich auch im längeren Verlauf kognitive Einbußen entwickeln können.

Als *„Ich-Störungen"* werden die Beeinträchtigungen der Grundfunktionen bezeichnet, die dem Menschen die Gewissheit geben, ein einzigartiges Individuum zu sein, das in der Lage ist, seine Entscheidungen frei und unbeeinflusst zu treffen. Die Erkrankten sind sich stattdessen häufig sicher, dass ihre Gedanken und Gefühle anderen bekannt sind („Gedankenlautwerden"), ihnen von anderen (fremden Mächten, unbekannten Personen) entzogen oder von anderen eingegeben werden oder sich im Raum ausbreiten und dass ihre Handlungen fremdgelenkt sind.

Halluzinationen sind Sinnestäuschungen, die bei einigen Subgruppen hinzukommen (akzessorische Symptome), insbes. akustischer Art (Hören kommentierender oder dialogischer Stimmen), aber auch Veränderungen des Geruchs, Geschmacks, der taktilen Wahrnehmung, des Körpergefühls oder als optische Erscheinungen.

Eng mit den Halluzinationen verknüpft sind *Wahnvorstellungen.* Dies sind irrationale Überzeugungen wie die, beobachtet zu werden (Verfolgungswahn), von anderen gesteuert zu werden (z. B. Beeinflussungswahn) oder zu Großem berufen zu sein (Sendungswahn). Die Skala reicht von einfachen Wahnwahrnehmungen über Wahngedanken bis zu elaborierten Wahnsystemen.

Denkstörungen manifestieren sich als Lockerung des Denkzusammenhangs, Ideenflucht, Zerfahrenheit (das Denken wird zusammenhangslos und unlogisch), Gedankenabreißen und gestörtes Begriffsverständnis (Begriffsverschiebungen, Konkretismus, Symbolismus).

Zusammengefasst wird diese Gruppe als „*Produktivsymptomatik*" (auch „Plussymptomatik") bezeichnet.

Zur „*Negativsymptomatik*" (auch „Defizitsymptomatik" genannt) zählen nach ICD-10 z.B. die Verarmung des Gefühlslebens wie Affektverflachung, gehobene oder freudlose Stimmung, eingeschränkte Schwingungsfähigkeit, verminderter affektiver Rapport (emotionale Beziehungsaufnahme), Angst und inadäquate Gefühlsäußerungen, die Beeinträchtigung des Antriebs und des Interesses an bedeutsamen Angelegenheiten, der Rückzug aus sozialen Kontakten und die Sprachverarmung. *Katatone* Symptome äußern sich z.B. in hochgradiger affektiver Erregung, die sich psychomotorisch oder verbal in fremd- und autoaggressiven Handlungen entladen kann, oder in extremer Anspannung (Haltungsstereotypien, „wächserne Biegsamkeit", Erstarrung, Stupor). Die Abkapselung, die Vernachlässigung der Körperpflege und die nachlassende soziale Leistungsfähigkeit stellen eine besondere Herausforderung an rehabilitative Maßnahmen dar.

Bei eindeutiger Gehirnerkrankung, während einer Intoxikation oder während eines Entzugs soll gemäß ICD-10 die Diagnose Schizophrenie nicht gestellt werden.

Untergruppen der schizophrenen Störungen werden nach den jeweils hervorstechendsten Symptomen gebildet.

Bei der mit 65% der Fälle häufigsten Untergruppe der *paranoiden Schizophrenie* stehen Wahnvorstellungen im Vordergrund, meistens begleitet von Halluzinationen, insbes. akustischer Art („Stimmenhören"), daneben auch Geruchs- und Geschmackshalluzinationen, seltener optische Halluzinationen. Denkstörungen kommen in der akuten Phase vor, hindern aber den Betroffenen nicht an der Schilderung seiner Wahngedanken und Halluzinationen. Die Affekte sind häufig nicht der Situation angepasst und es kommt zu starken Stimmungsstörungen (z.B. Wutausbrüchen). Die Negativsymptomatik tritt eher in den Hintergrund.

Bei der *hebephrenen Schizophrenie* dominiert die Negativsymptomatik. Besonders bedeutsam sind die affektiven Beeinträchtigungen mit flacher und inadäquater Stimmung. Unvorhersehbares, auch verantwortungsloses, sozial auffälliges Verhalten (z.B. Grimassieren, Faxen) und Manierismen irritieren das Gegenüber. Antriebsstörungen, Ziel- und Planlosigkeit, ungeordnetes Denken, weitschweifige und zerfahrene Sprache, soziale Isolierung und das scheinbare Fehlen von Empfindungen vervollständigen das Bild. Wahnvorstellungen und Halluzinationen können flüchtig und bruchstückhaft auftreten, prägen aber nicht die Symptomatik. In der Bezeichnung dieser Untergruppe drückt sich aus, dass sie tendenziell früher als die anderen Formen sichtbar wird. Jugendliche fallen häufig bereits vor der Erkrankung durch einzelgängerisches Verhalten auf. Die Prognose ist wegen der schnellen Entwicklung der „Negativsymptomatik", insbesondere der Affektverflachung und des Antriebsverlustes, meistens ungünstig. Das Risiko einer Chronifizierung ist erhöht.

Hauptmerkmale der *katatonen Schizophrenie* sind die psychomotorischen Störungen, also die starken Erregungs- und Sperrungszustände, Bewegungsstereotypien sowie der Befehlsautomatismus und der Negativismus (Widerstand gegen Aufforderungen oder Versuche, bewegt zu werden).

Die *Schizophrenia simplex* ist nicht so leicht wie die anderen Subgruppen als Psychose zu erkennen. Bei ihr entwickelt sich die Negativsymptomatik ohne vorhergehende „produktive" Symptome, mit schleichend progredientem Verlauf. Affektverflachung, Antriebsminderung, nicht nachvollziehbares, „merkwürdiges" Verhalten, Versagen bei sozialen Anforderungen, Zurückgehen des sprachlichen und nonverbalen Ausdrucksvermögens und Absinken der allgemeinen Leistungsfähigkeit machen diese seltene Störung aus.

Die *schizotype Störung* weist in unterschiedlicher Zusammensetzung Symptome auf, die einer leichten Form der Schizophrenie ähneln, ohne deren Kriterien voll zu erfüllen. Exzentrisches Verhalten und Besonderheiten des Denkens und der Stimmung dominieren. Da diese Störungen über einen langen Zeitraum bestehen und zumeist die soziale Isolierung des Jugendlichen nach sich ziehen, ist dessen Teilhabe deutlich beeinträchtigt.

Verläuft eine Schizophrenie chronisch und mit einer klar erkennbaren Verschlechterung gegenüber früheren Stadien, und treten nur noch die „negativen" Symptome in Erscheinung, lautet die Bezeichnung *schizophrenes Residuum*. Die Beeinträchtigungen bestehen lange (mindestens ein Jahr lang), sind aber nicht notwendigerweise irreversibel.

Für die *Diagnose*, die nach der Befragung des Betroffenen und seiner Angehörigen und der Verhaltensbeobachtung erfolgt, muss mindestens ein eindeutiges Symptom der Gruppe Ichstörungen (Gedankenlautwerden etc.), Wahnvorstellungen, Sendungswahn und Stimmenhören vorhanden sein oder mindestens zwei Symptome der Gruppe Halluzinationen anderer Sinnesmodalitäten, Denkstörungen, katatone und negative Symptome. Diese Symptome müssen mindestens einen Monat lang permanent bestehen (vgl. neben ICD-10 auch Olbrich et al. 1999; Häfner 2017).

Für *Kinder und Jugendliche* gelten prinzipiell dieselben diagnostischen Kriterien wie für Erwachsene. Die früh auftretenden Störungen zeigen jedoch selten ein Vollbild, eher ähnliche Symptomcluster, z. B. formale Denkstörungen, Gedankenlautwerden, Stimmenhören, ausgeprägtes Misstrauen mit sozialem Rückzug, Hypersensibilität oder Beeinträchtigungserleben. Sie beginnen eher schleichend und zeigen Überschneidungen mit den tiefgreifenden Entwicklungsstörungen (siehe Kap. II/2.9.5) Sie können auf das erhöhte Risiko einer

Psychoseentwicklung aufmerksam machen und die psychosoziale Anpassung erheblich beeinträchtigen (DGPPN 2019, 26; Steinhausen 2016).

Häufiger gehen dem Beginn unspezifische Verhaltensauffälligkeiten, die vom Umfeld nicht der Schizophrenie zugeordnet werden können, voraus: Aufmerksamkeitsstörungen, sozialer Rückzug, erhöhte Ängstlichkeit, zwanghafte Verhaltensweisen, Antriebsverlust und aggressive Erregbarkeit. Der Beginn der eigentlichen Störung wird häufig durch soziale Selbstisolierung, übermäßigen Substanzengebrauch und plötzlichen Leistungsabfall („Leistungsknick") markiert.

Die *Häufigkeiten* unterscheiden sich im Erwachsenen- und im Kindes- und Jugendalter erheblich. Die Punktprävalenz beträgt in internationalen Studien im Median 4,6 pro 1000 Einwohner, die Lebenszeitprävalenz in internationalen Studien 4,8–7,2 pro 1000 Einwohner. Die Inzidenz wird im Meridian mit 15 Fällen pro 100.000 Einwohner angegeben, in städtischen Gebieten mit 19 Fällen höher als in ländlichen, die 13,3 registrieren.

Frauen und Männer sind etwa gleich häufig betroffen, wobei Männer die Diagnose circa 3–4 Jahre früher erhalten; unklar ist bisher noch, ob sie tatsächlich früher erkranken oder – wegen ausgeprägterer Symptome – früher auffallen. Sozial unterprivilegierte Menschen sind überrepräsentiert, wobei noch unklar ist, ob die Benachteiligung die Ursache oder die Folge der Erkrankung ist („social selection"- versus „social drift"-Hypothese) (DGPPN 2019, 19 f.).

Im Kindes- und Jugendalter werden nach dem Zeitpunkt des ersten Auftretens zwei Formen unterschieden: die frühe Form („childhood onset schizophrenia COS" oder „very early schizophrenia VOS") bei Ersterkrankung vor dem 13. Lebensjahr, und die Schizophrenie mit Beginn zwischen dem 13. und 18. Lebensjahr („early onset schizophrenia EOS"). Die frühen bis sehr frühen Formen zeigen je nach Studie nur eine Inzidenz von 0,04 % bis 1 %. Vor dem 15. Lebensjahr beginnen 4 % der Erkrankungen; im Jugendalter setzt ein steiler Anstieg der Zahlen ein, d. h. ca. 10 % manifestieren sich zwischen 14 und 20 Jahren. Während im Kindesalter Mädchen und Jungen etwa gleich häufig erkranken, zeigt sich ab dem Jugendalter das hohe zahlenmäßige Übergewicht des männlichen Geschlechts (DGPPN 2019, 26).

Schizophrene Erkrankungen gehen mit hoher *Komorbidität* einher. Es besteht ein erhöhtes Risiko für psychische und somatische Erkrankungen, die teilweise auch Folgen der Schizophrenie und ihrer Behandlung sind. Gehäuft finden sich Substanzenmissbrauch und -abhängigkeit, Depressionen und Suizidalität, Zwangsstörungen, Posttraumatische Belastungsstörungen, Angststörungen, Unruhe und Erregungszustände. Somatische Begleit- und Folgeerkrankungen betreffen vor allem kardiovaskuläre und metabolische sowie Krebserkrankungen u. a. Es besteht eine erheblich, d. h. um 10 bis 25 Jahre, reduzierte Lebenserwartung.

Verlauf und Prognose: Dem Erkrankungsbeginn geht in der Regel eine Vorphase voraus, in der sich bereits Störungen der Wahrnehmung, der Affekte und des sozialen Verhaltens zeigen, ohne dass diese bereits als Schizophrenie diagnostiziert werden können. In der Psychiatrieforschung und -praxis wird versucht, die Früherkennung eines Psychose-Risikos zu verbessern und Möglichkeiten der Prävention zu entwickeln; gleichzeitig muss darauf geachtet werden, dass der Betroffene nicht durch eine verfrühte Diagnose stigmatisiert wird.

Ist die Krankheit manifest geworden, so ist mit drei möglichen Varianten des weiteren Verlaufs zu rechnen: Wiederherstellung der Gesundheit (Remission): circa 20 %; episodischer Verlauf, d. h. erneutes Auftreten psychotischer Schübe, circa 66 %, wobei es zwischen den Krankheitszeiten entweder zu Voll- oder zu Teilremission (weiteres, abgeschwächtes Bestehen der Negativsymptomatik, neurokognitive Störungen) kommen kann; chronisch-progrediente Verläufe finden sich bei 5–10 % der Erkrankten. Verzögerter Behandlungsbeginn und unbehandelte Rezidive sind prognostisch ungünstig (DGPPN 2019, 20 f.).

Die *Entstehungsbedingungen* der Schizophrenie lassen sich – wie die der meisten psychischen Erkrankungen – am besten mit einem Vulnerabilitäts- oder Diathese-Stress-Modell beschreiben. In aller Regel spielen mehrere Faktoren auf unterschiedliche Weise zusammen: genetische Merkmale, die Entwicklungs- und Regulationsprozesse des Gehirns und immunologische Prozesse beeinflussen, Schwangerschafts- und Geburtskomplikationen, Mangelernährung, Drogenkonsum oder Virusinfektionen der Mutter oder des Kindes, frühkindliche Traumata oder generell ungünstige Lebensbedingungen können zu einer Überempfindlichkeit gegenüber äußeren Einflüssen führen, die bei mangelnden Bewältigungsfähigkeiten und unter auslösenden Bedingungen (negativer oder positiver Stress, Drogengebrauch) zum Ausbruch der Krankheit führen können (DGPPN 2019; Steinhausen 2016)

Therapieziele sind Symptomfreiheit bzw. Besserung der Symptomatik, Rückfallprophylaxe, Suizidverhinderung, Besserung der allgemeinen, auch körperlichen Gesundheit, Verbesserung der Lebensqualität, der Patientenzufriedenheit und des sozialen Funktionsniveaus. In Langzeitstudien wurde gezeigt, dass eine möglichst früh einsetzende Behandlung (3–5 Jahre nach der Erstmanifestation, „Critical-Period-Hypothese“) wichtig für eine gute Prognose ist. Die psychiatrische Therapie muss multimodal ansetzen: Antipsychotische Pharmakotherapie, Soziotherapie, Psychotherapie (kognitive Verhaltenstherapie und andere), psychoedukative, über die Krankheit und Möglichkeiten der Rückfallprophylaxe aufklärende Gespräche, Training sozialer Kompetenzen, Familienberatung, aufsuchende Behandlung in der Gemeinde, Case Management (Koordination aller angebotenen Dienste), Soteria-Arrangements u. a. Für junge Menschen sind Angebote, die sich speziell an sie und ihre Entwicklungsbedürfnisse richten, zu schaffen, z. B. in Adoleszenzzentren; bei ihnen ist auch auf die Gefahr der Stigmatisierung besonders zu achten. Ethnische und kulturelle Aspekte sind bei allen Altersgruppen zu berücksichtigen.

Die Jugendhilfe und die Schule können die psychiatrische Behandlung erheblich unterstützen, indem sie sich an der trialogischen Zusammenarbeit von Betroffenen, Angehörigen und professionell Tätigen beteiligen. Nach einem Klinikaufenthalt benötigen das Kind oder der Jugendliche wahrscheinlich Hilfen, um in der Schule oder der Ausbildungsstelle wieder Fuß zu fassen, Kontakte zu Gleichaltrigen aufzubauen oder wiederzugewinnen und innerhalb der Familie zurecht zu kommen. Falls noch Teile der Negativsymptomatik bestehen geblieben sind, können Veränderungen der Unterrichts- und Prüfungsbedingungen erforderlich sein, z. B. Hilfen zur Erleichterung des Aufgabenverständnisses, veränderte Prüfungszeiten, Erlaubnis zum Gebrauch von Hilfsmitteln, Schutz vor Überforderung, wobei auch die Unterstützung durch einen Schulbegleiter oder die Beschulung in einer kleineren Klasse oder einer spezialisierten Einrichtung notwendig sein kann. Eine Beratung der zuallermeist stark herausgeforderten Angehörigen sollte immer gewährleistet sein.

2.5 Affektive Störungen (F30–F39)

Zu dieser Gruppe gehören die Depression und die Manie oder, wenn die beiden Extreme im Wechsel auftreten, die Bipolare Störung. Wie der Name sagt, steht die Veränderung der Stimmung oder der Affektivität im Vordergrund. In der *Depression* („depressive Episode", F32) ist die Stimmung gedrückt, der Betroffene kann sich über nichts freuen, wobei er im schwersten Stadium nicht einmal mehr Trauer empfinden kann („Ich bin aus Holz"). Die Interessen gehen verloren, ebenso der Antrieb, die Aktivitäten erlahmen, Konzentrationsfähigkeit und Aufmerksamkeit nehmen ab, manchmal besteht innere Unruhe. Obwohl ständig müde, kann der Kranke nicht schlafen (vor allem nicht durchschlafen). Er hat keinen Appetit und nimmt stark ab oder isst zum Trost zu viel. Sein Selbstwertgefühl und sein Selbstvertrauen sinken auf einen Tiefpunkt, er quält sich mit der Überzeugung, nichts wert zu sein, und mit Schuldgefühlen. Die Zukunft erscheint ihm in den schwärzesten Farben. Bei Erwachsenen können in der schweren depressiven Episode psychotische Symptome (Wahn, Halluzinationen, depressiver Stupor) auftreten. Die Krankheit verursacht schweres Leiden und ist zudem gefährlich, weil die Suizid- und Selbstverletzungsgefahr nie ausgeschlossen werden kann.

Bei *Kindern* kann die Depression leichter verkannt werden, weil das kleine Kind seine Gefühle noch nicht adäquat in Worte fassen kann,[68] und weil sie

68 In einem Film von René Spitz über hospitalisierte Kinder sagt ein etwa zweieinhalbjähriges sichtbar depressives Kind, als es nach seinen Gefühlen gefragt wird: „Mir ist langweilig".

sich anders zeigt: Als Apathie, stereotype Schaukelbewegungen oder Schlafstörungen im Säuglingsalter; als Spielunlust, Schreien, Apathie oder Umtriebigkeit, Selbststimulation, erhöhte Reizbarkeit, Trennungsangst, Appetitverlust, Kopf- und Bauchschmerzen im Kleinkindalter. In der mittleren Kindheit kann das Kind darüber sprechen, dass es traurig ist. Es weint viel, mag nicht spielen, hat keine Einfälle, ist müde, passiv und zieht sich von seinem Umfeld zurück. Seine Schulleistungen werden schlechter. Ab dem Alter von sieben Jahren kann Suizidgefahr bestehen. Im späten Kindesalter kommen starke Zweifel am eigenen Wert, Gedanken von Sinnlosigkeit, Versagen und Schuld hinzu. Die Gefahr eines Suizids steigt erheblich an. Im Jugendalter wird das Erscheinungsbild dem des Erwachsenenalters immer ähnlicher.

Die *Dysthymia* (F34.1) ist eine chronische depressive Verstimmung von geringerem Schweregrad mit Traurigkeit, Mattheit und Gefühl des Nichtgenügens, jedoch ohne wesentliche Einschränkung der Alltagsbewältigung.

Die *Zyklothymia* (F34.0) ist durch eine andauernde Instabilität der Stimmung mit vielen Aufs und Abs gekennzeichnet, also Perioden leichter Depression und leicht gehobener Stimmung. Sie beginnt in der Regel im frühen Erwachsenenalter, manchmal schon in der Adoleszenz.

In der *bipolaren affektiven Störung* (F31.-) wechseln sich depressive Phasen mit manischen Episoden ab, oder die beiden Formen treten gemischt auf.

Die *manische Episode* (F30.-) ist gekennzeichnet durch situationsunangemessene gehobene Stimmung, die sich zu fast unkontrollierbarer Erregung steigern kann; der Antrieb ist stark erhöht, der Betroffene ist überaktiv, zeigt einen vermehrten Rededrang, benötigt kaum noch Schlaf. Er kann seine Aufmerksamkeit nicht mehr zentrieren, ist stark ablenkbar. Die Selbstüberschätzung mit Größenideen oder unrealistischem Optimismus und der Verlust sozialer Hemmungen führen dazu, dass der Kranke seine sozialen Beziehungen zerstört. Er kann sich rücksichtslos gegenüber anderen verhalten, streitsüchtig, extrem aggressiv, gefährlich leichtsinnig werden (Geld, Sexualität, große Projekte). Sein Verhalten ist persönlichkeitsfremd. Psychotische Symptome (Verfolgungswahn, Größenwahn, religiöse Wahnvorstellungen oder Halluzinationen wie Stimmenhören) können hinzukommen.

Bei Kindern in der Vorpubertät steht weniger die gehobene Stimmung im Vordergrund als die Irritierbarkeit, emotionale Labilität, Hyperaktivität und die Neigung zu gefährlichen Verhaltensweisen. In der Adoleszenz wird das Erscheinungsbild dem des Erwachsenenalters immer ähnlicher und psychotische Symptome, gemischte affektive Symptome und starke Störungen des Sozialverhaltens finden sich häufiger (DGKJP et al. 2013).

Die *Prävalenz* depressiver Störungen ist in der frühen Kindheit noch sehr niedrig, nimmt aber stetig zu. Im Kleinkindalter werden diese zu 0,3–1 % beobachtet, am ehesten bei stark vernachlässigten oder misshandelten Kindern (wobei auch, wie gesagt, ihre „Maskierung“ zu beachten ist). Für Vorschulkinder wird die Zahl auf 1 % geschätzt, für Schulkinder auf 2 %, Erkrankungen von Jugendlichen auf 5–10 %. Weibliche Jugendliche leiden ca. doppelt so oft unter Depressionen wie männliche.

Manische Episoden können ebenfalls bereits in der späten Kindheit beginnen, was aber selten ist (0,3–0,5 % Erstmanifestation vor dem 10. Lebensjahr), häufiger ab dem 15. Lebensjahr. Die Lebenszeitprävalenz für bipolare Störungen beträgt ca. 3 %. Die Zahl der Neuerkrankungen (*Inzidenz*) bei Jugendlichen (14–24 Jahre) belief sich in einem Zeitraum von zehn Jahren kumulativ für manische Episoden auf 2,9 %, für hypomanische auf 4 %, für depressive auf 29,4 % und für subdepressive auf 19,2 % (Beesdo et al. 2009, nach DGBS/DGPPN 2019).

Bipolare Störungen treten *wiederholt* auf, in den meisten Fällen einige Male, in rund 10 % häufiger als zehnmal. Ein sehr schneller Wechsel („Rapid Cycling") kennzeichnet eine besonders schwere Form. Das Risiko für Wiederholungen ist bei Mädchen und Frauen erhöht, außerdem dann, wenn die Erkrankung in frühem Alter beginnt, psychotische Symptome auftreten, schwerwiegende Lebensereignisse eine Rolle spielen, gemischte Episoden beobachtet werden und wenn die Therapie zur Phasenprophylaxe ungenügend wirkt. Die Gefahr für einen chronischen Verlauf wird vergrößert, wenn der Betroffene auch schon vor der Erkrankung nicht über adäquate Copingstrategien verfügte, eine schlechte Compliance zeigt, Substanzen missbraucht und andere psychische oder somatische Krankheiten hinzukommen (DGBS/DGPPN 2019, 25). Auch die depressive Episode kann sich wiederholen, wobei die Wahrscheinlichkeit dafür erhöht ist, wenn die erste Phase schon in der Kindheit auftrat.

Die *Dauer* manischer Störungen beträgt im Mittel vier Monate, die der depressiven im Mittel sechs Monate. Bei 20 bis 40 % der Kinder beträgt die Krankheitsdauer mehr als ein Jahr, bei 40 % dieser Gruppe über zwei Jahre, 10 % erkranken für mehr als drei Jahre. Je jünger das Kind beim Ausbruch der Krankheit ist, desto schwerer erholt es sich davon.

Komorbidität besteht bei allen affektiven Störungen. Häufig sind sie mit Angst verbunden, nicht selten aber auch mit antisozialem, destruktivem Verhalten, ADHS, Impulskontrollstörungen oder Zwangsstörungen. Substanzenmissbrauch und -abhängigkeit können als Versuch der Eigentherapie hinzutreten (DGBS/DGPPN 2019, 58).

Die *Diagnose* erfolgt durch die neurologische und internistische Untersuchung sowie durch die Beobachtung und Befragung des Kindes und der Eltern. Dafür liegen standardisierte Interviewleitfäden und Fragebögen vor (Rossmann 2013). Die internalisierenden, „stillen" Störungen werden allerdings vom Umfeld nicht so leicht angemessen wahrgenommen wie die „lauten" externalisierenden.

Die *Entstehung* auch dieser Krankheit ist am ehesten aus dem Wechselspiel von Person- und Umweltfaktoren zu erklären.

Eine *genetische* Komponente schafft die Prädisposition. *Neurobiologische Dysfunktionen* spielen eine Rolle, wobei insbesondere Serotoninmangel, Noradrenalinmangel oder (in der Manie) -übergewicht bedeutsam erscheinen. Die Kortisolproduktion ist bei der Depression erhöht und zeitlich vorverlagert. Die *Persönlichkeit* wird häufig als übermäßig gewissenhaft, verantwortungsbewusst, abhängig von anderen, harmoniebedürftig, leicht zu frustrieren, ängstlich und unsicher beschrieben. Der betroffene Mensch neigt demnach dazu, sich selbst verstärkt zu beobachten, sich an zu hohen Maßstäben zu messen und sich zu negativ zu bewerten („Selbstkontroll-Modell", Rehm 1977). Auch eine „erlernte Hilflosigkeit" (Seligmann 2010) mit der Folge, negative Ereignisse zu erwarten und sich selbst die Schuld für Misserfolge zuzuschreiben (negative internale Attribution), kann einen Beitrag leisten. Nicht genügend geklärt ist bisher, ob diese Besonderheiten Ursache oder Wirkung der depressiven Verstimmung sind.

Zu den *Kindheitsbedingungen*, die die Vulnerabilität verstärken, gehören Misshandlung, Vernachlässigung, Ablehnung, übermäßige Bindung, psychische Erkrankung, insbesondere Depression eines Elternteils und traumatische Erfahrungen wie Verlust oder Trennung. *Auslöser* sind häufig Überforderungs-, Belastungs- oder Kränkungssituationen, manchmal auch körperliche Erkrankungen oder biologische Krisenzeiten wie die Pubertät.

Die *Therapie* einer Depression hat multimodal zu erfolgen. Eine Verhaltenstherapie, in der die dysfunktionalen Gedanken und Wahrnehmungen verändert, angenehme Aktivitäten angeregt und Verhaltensdefizite gemindert werden, bringt in der Regel Besserung. Auch eine Familientherapie oder bei jüngeren Kindern die Arbeit mit den Eltern sind geeignet. Mit großer Vorsicht[69] kann bei Jugendlichen (nicht bei Kindern) Pharmakotherapie eingesetzt werden, insbesondere zur Prophylaxe und Therapie der manischen Erkrankung (Überblick: DGBS/DGPPN 2019).

Ob das Kind oder der Jugendliche zusätzlich noch *Eingliederungshilfe* durch das Jugendamt braucht, hängt vom Verlauf der Störung ab. Je jünger das Kind beim Ausbruch der Krankheit ist, desto schwerer erholt es sich davon. Nach einer langen Krankheitszeit hat es möglicherweise den Anschluss an Gleichaltrige oder an den Lernstoff der Klasse verloren und kann ihn aus eigener Kraft nicht wieder finden. Depressive Kinder zeigen erwiesenermaßen eine sehr schlechte psychosoziale Anpassung. Sie haben größere Schulschwierigkeiten, niedrigere Durchschnittsnoten und eine beeinträchtigte Beziehung zu ihren Lehrern, wohl auch deshalb, weil die Störung oft nicht richtig eingeordnet wird. Folgen im Jugendalter sind Probleme mit der Familie, vorzeitiger Abgang von der Schule und nicht selten Delinquenz. Die Suizidgefahr muss immer im Auge behalten werden. Spezifische Hilfen für die Schul- und Ausbildungssituation

69 wegen bei Jugendlichen erhöhter Suizidgefahr durch einige Medikamente

und eine ausführliche und kontinuierliche Beratung der Eltern sind hier erforderlich und Erfolg versprechend (Lehmkuhl 1995; Essau/Petermann 2000; Groen/Petermann 2013; DGKJP 2013).

Eine manische Erkrankung, aber auch eine schwere gemischte Phase (z.B. gesteigerter Antrieb mit depressiven Inhalten), gefährden die soziale Teilhabe so gut wie immer. Das Arbeitsvermögen, die sozialen Beziehungen und die körperliche Gesundheit werden stark beeinträchtigt. Auch nach dem Ende einer Krankheitsphase bleiben zahlreiche „Trümmer" zurück, besonders in den sozialen Beziehungen. Es kann zu delinquenten Handlungen gekommen sein, deren Folgen im Lichte der Krankheit gesehen (und eventuell vor Gericht erläutert werden) müssen. Neben und nach der psychiatrischen Therapie wird es also in aller Regel erforderlich sein, dem Kind oder Jugendlichen die Rückkehr in die Schule, an den Arbeitsplatz oder in den Freundeskreis zu erleichtern, vor allem aber Strategien für eine bessere Bewältigung von Stress- und Belastungssituationen, Kommunikations- und Interaktionsschwierigkeiten zu erarbeiten. Bei erheblichen Schwierigkeiten in der Familie als Folge oder Mitursache der Erkrankung kann ein Wechsel in eine betreute Einrichtung, z. B. therapeutische Wohngemeinschaft, sinnvoll sein. Auch Selbsthilfegruppen leisten einen wichtigen Beitrag. Alle Maßnahmen müssen in der Regel in enger Zusammenarbeit von Gesundheitssystem und Jugendhilfe geplant und durchgeführt werden.

2.6 Neurotische, Belastungs- und somatoforme Störungen (F40–F48)

2.6.1 Überblick

In diesem ICD-10-Kapitel geht es um ein breites Spektrum von psychischen Störungen. Neurotische Störungen sind vermutlich zu einem wesentlichen (nicht genau bekannten) Anteil psychisch mitbedingt. Erheblich beeinträchtigt sind, je nach individueller Variante, das Denken, Fühlen oder Handeln, jedoch geht, im Unterschied zur Psychose, der Realitätsbezug nicht verloren. Der Betroffene leidet stark, aber auch das Umfeld ist dadurch belastet, zumal bei Kindern. Der Neurosebegriff ist umstritten, deshalb wird er in ICD-10 nur noch aus historischen Gründen genannt, jedoch nicht als Ordnungsprinzip verwendet[70]. Auf eine Definition wird dort jetzt verzichtet. Als „Belastungsstörungen" werden schwere und anhaltende psychische und körperliche

70 Es heißt dort: „Störungen, die manche Benutzer noch immer in ihrer eigenen Terminologie als neurotisch betrachten". Ähnlich ist der Begriff auch in ICD-11 (2019) noch zu finden, nicht als Oberkategorie, aber innerhalb der Kategorie „06 Mental, behavioural or neurodevelopmental disorders" als „Matching Term", z. B. „neurotic anxiety", „social neurosis".

Folgen von Traumata oder dauerhaft beeinträchtigenden Lebensveränderungen bezeichnet. Bei „Somatoformen Störungen“ glaubt der Betroffene, körperlich krank zu sein; die Störung ist jedoch psychisch bedingt.

ICD-10 listet in dieser Gruppe auf:

- Phobische Störung (F40)
- Andere Angststörungen (F41)
- Zwangsstörung (F42)
- Reaktionen auf schwere Belastungen und Anpassungsstörungen (F43)
- Dissoziative Störungen (Konversionsstörungen, F44) sowie
- eine Restkategorie

Für Kinder und Jugendliche können die „Emotionalen Störungen des Kindesalters (F93)“ hinzugeordnet und in diesem Rahmen besprochen werden.

Die *Prognose* kindheitsspezifischer neurotischer Störungen ist insgesamt nicht ungünstig. 3/4 der betroffenen Kinder entwickeln sich – selbst wenn sie nicht behandelt wurden – im Weiteren unauffällig; bei 1/10 kommt es zu dissozialen Störungen, 1/6 behält die ursprüngliche Diagnose. Jugendliche, die von dem chronischen Verlauf betroffen sind, können gravierende Einschränkungen des Alltagslebens erleiden, die auch ihre Familien belasten (Esser/ Schmidt 1986). Sie benötigen dann häufig auch Eingliederungshilfe.

2.6.2 Angststörungen (F93 und F40/41)

Angst ist eine grundlegende Form des Empfindens, die eine lebenserhaltende Schutzfunktion besitzt. Sie zeigt sich vom Beginn des Lebens an, in jeweils altersspezifischer Form und mit alterstypischem Auslöser. Verursachen beim Säugling zunächst Sinneseindrücke (z. B. lautes Geräusch, Entzug des körperlichen Halts) Angst, sind es mit zunehmender kognitiver Entwicklung z. B. die Angst vor Unbekannten, vor Verlust der Bezugsperson, vor Dunkelheit, Fantasiegestalten, Tieren, Verletzungen oder Naturkatastrophen. Im Schulalter stellen schlechte schulische oder sportliche Leistungen Angstinhalte dar, ab der Pubertät die mangelnde soziale Akzeptierung durch Gleichaltrige (Pauschardt/ Eimecke/Mattejat 2015). In den meisten Fällen sind diese altersentsprechenden Ängste für das Kind erträglich und gehen vorüber („Durchgangsphänomen“). Erreichen sie jedoch eine extrem starke, nicht beherrschbare Ausprägung, beziehen sie sich auf ungewöhnliche Objekte, sind nicht mehr durch eine reale Bedrohung zu erklären[71] und erstrecken sich auf eine übermäßig lange Dauer

71 Bei der Diagnostik dürfen allerdings reale Gefährdungen – als Ursache oder Folge (z. B. Mobbing) – nicht übersehen werden.

(mindestens sechs Monate), werden sie als pathologisch eingestuft. Angstempfinden kommt bei vielen psychischen Störungen vor, muss also jeweils im Kontext betrachtet werden.

Die vielfältigen *Symptome* lassen sich auf drei Ebenen beschreiben:

1. Ebene des subjektiven Erlebens (z. B. erhöhte Aufmerksamkeit für Gefahren, Sorgen, Vermeidungsabsicht)
2. Ebene des beobachtbaren Verhaltens (z. B. Schreien, Weglaufen, Erstarren)
3. Ebene der körperlichen Begleiterscheinungen und Symptome (z. B. gesteigerte Aktivität des autonomen Nervensystems, diffuse Bauchschmerzen, Erbrechen).

Auf Angst wird häufig mit Vermeidungsverhalten und Fluchttendenzen reagiert. Dies kann, wenn es auf übermäßige Weise geschieht, das Kind erheblich in seinem Alltagsleben beeinträchtigen und negative Auswirkungen auf seine Entwicklung haben.

Nicht alle Angststörungen sind gleichermaßen bedeutsam für das Kindesalter. Z. B. treten Panikstörungen (schwere plötzlich auftretende Angstattacke mit heftigen, nicht vorhersehbaren körperlichen Reaktionen) nicht vor dem Jugendalter auf. Deshalb werden die Störungen, die die kindliche Entwicklung am ehesten beeinträchtigen können, hier ausgewählt:

Bei der *Emotionalen Störung mit Trennungsangst des Kindesalters (F93.0)* geht es um die Angst des Kindes vor einer Separierung von einer Bindungsperson[72]. Das Kind zeigt dann heftige emotionale, somatische und Verhaltensreaktionen. Die Störung wird zum besonderen Problem, wenn der Kita- oder Schulbesuch ansteht. Die als „Schulphobie“ bezeichnete extreme Furcht und Verweigerungshaltung vor dem Gang in die Schule (morgendliches Erbrechen, Kopfschmerzen usw.) kann zu erheblichen Ausfällen des Schulbesuchs (teilweise für Monate bis Jahre) führen, mit gravierenden Folgen für seine schulische und soziale Entwicklung. Ursächlich ist nicht die Angst vor Schwierigkeiten in der Schule, sondern die unrealistische Befürchtung, die Bezugsperson könne in dieser Zeit gefährdet sein oder das Kind im Stich lassen.

Diese Störung ist nicht mit dem Schwänzen der Schule zu verwechseln, das zu den Störungen des Sozialverhaltens gerechnet wird (s. Kap. II/2.10). Dabei spielen eher schulische Probleme (Leistungsversagen, Schwierigkeiten mit Lehrern oder Mitschülern) eine Rolle.

Die *Soziale Phobie* (ähnlich auch die „Störung mit sozialer Überempfindlichkeit des Kindesalters“, F93.2) äußert sich im Kleinkindalter als übermäßiges

72 In ICD-11 wird Trennungsangst als eigene Störungskategorie geführt, die auch die Angst von Erwachsenen vor einer Trennung, z. B. vom Partner, mit einbezieht.

Misstrauen und Angst vor fremden Menschen oder Situationen. Ab dem späteren Kindesalter zeigt sie sich in sozialen Situationen, in denen das Kind/der Jugendliche sich von anderen beobachtet fühlt. Die ausgeprägte Furcht vor der – möglicherweise beschämenden – Bewertung durch andere Menschen bewirkt starke körperliche Reaktionen wie Erröten, Zittern, Übelkeit und dergleichen oder deren gedankliche Vorwegnahme. Der junge Mensch weiß, dass seine Befürchtungen übertrieben sind, kann sich aber dennoch nicht überwinden, sich der Situation auszusetzen, und isoliert sich im Extremfall total. Erwartungsgemäß gefährdet dies die soziale Teilhabe und damit die Entwicklung von Kindern und Jugendlichen in erheblichem Maß.

Als *Agoraphobie* wird die ungewöhnliche Angst vor Situationen benannt, aus denen man nicht problemlos an einen sicheren Ort entkommen kann (öffentliche Plätze, Menschenmengen, Reisen allein oder weit weg, im Bus oder Flugzeug usw.). Deshalb vermeidet der Betroffene die Situation oder steht sie nur mit erheblichen psychischen und körperlichen Reaktionen durch. Sie tritt noch nicht im Vorschulalter auf, wohl aber im späteren Schulalter (DGKJP et al. 2015b). Ohne wirksame Behandlung wird sie häufig chronisch und führt zu erheblichen Einschränkungen der Entwicklungsmöglichkeiten.

Die *generalisierte Angststörung* äußert sich in exzessiven, nicht kontrollierbaren, „frei flottierenden“, also situationsunabhängigen, übermäßigen Sorgen um alltägliche Aktivitäten und vielfältige Probleme. Diese sind typischerweise begleitet von starken somatischen Symptomen wie Herzrasen, Schwindelgefühlen, Konzentrationsstörungen oder ständiger Nervosität und Anspannung.

Häufig bestehen verschiedene Angststörungen nebeneinander. Die *Komorbidität* betrifft vor allem depressive Störungen (Häufigkeitsangaben stark schwankend zwischen 20 und 80 %). Bedeutsame Zusammenhänge finden sich auch mit ADHS und im Jugendalter mit Störungen des Sozialverhaltens sowie Alkohol- und Substanzenmissbrauch, Letzteres oft als Versuch der Selbsthilfe zu interpretieren (Esser/Schmidt 1986; Lehmkuhl 1995).

Die *Diagnostik* erfolgt – zusätzlich zur Exploration und zur körperlichen und psychologischen Standarduntersuchung – durch Fragebögen zur Selbstbeurteilung und zur Fremdbeurteilung durch Eltern, Lehrer und Erzieher. Ferner werden Verfahren zur Diagnostik der familiären Beziehungen und spezielle verhaltensdiagnostische Methoden wie systematische Beobachtung und Registrierung des eigenen Verhaltens oder negativer Selbstaussagen eingesetzt. (Überblick bei Pauschardt/Eimecke/Mattejat 2015.)

Da Angststörungen zu den „stillen“ Störungen gehören, wird ihnen oft nicht die nötige Beachtung geschenkt. Sie zählen aber zu den häufigsten psychischen Störungen von Kindern und Jugendlichen. Die *Prävalenz* behandlungsbedürftiger Angststörungen wird im Mittel auf ca. 10 % geschätzt, bei großer Schwankungsbreite. Mädchen sind wesentlich häufiger betroffen als

Jungen (22 % vs. 14 %) und erleben höhere Grade der Angst (Petermann/Essau/Petermann 2000; Petermann/Essau 2013; Schneider/In-Albou 2010). Die Zahlen steigen mit dem Alter an. Sie betragen 7,7 % bei den zwei- bis vierjährigen Kindern, 11,4 % bei den vier- bis fünfjährigen (DGKJP et al. 2015). Ab der Pubertät nehmen insbesondere die Soziale Phobie und die Generalisierte Angststörung an Häufigkeit zu. Bei fast der Hälfte der Kinder bleiben Angststörungen über viele Jahre bestehen (Esser/Schmidt 1986). Die *Prognose* erweist sich als besonders ungünstig, wenn die Störung früh beginnt und wenn sie mit einer Depression verbunden ist. Hier sind vermehrt berufliche und/oder psychosoziale Probleme zu erwarten, die sich bis ins Erwachsenenalter erstrecken können (Esser/Schmidt1986; Lehmkuhl 1995).

Verursacht werden die Störungen zumeist durch das Zusammenspiel von Persönlichkeitsmerkmalen des Kindes mit Umweltfaktoren. Genetisch mitbedingt ist wahrscheinlich eine spezifische Vulnerabilität des Kindes, die sich sehr früh in erhöhter Schreckhaftigkeit, schneller physiologischer Erregbarkeit und in der Temperamentseigenschaft „ausgeprägte Gehemmtheit" zeigt. Die erhöhte Ängstlichkeit von Mädchen dürfte sowohl durch die Anlage als auch durch die Umwelt (Rollenmodelle) bestimmt sein. Zu den ungünstigen Lebenserfahrungen zählen: Belastende Lebensereignisse, instabile familiäre Verhältnisse, übermäßige Kritikbereitschaft auf Seiten der Eltern und vor allem überängstliches elterliches Erziehungsverhalten bei eigener Angstproblematik, wie z. B. übermäßiges Bindungsbestreben mit Einschränkung der kindlichen Autonomie, Überprotektion, schwache Grenzensetzung, aktives Unterstützen von Vermeidungsverhalten oder auch Modellverhalten für ungünstige Angstbewältigung. Das Kind richtet dann sein Augenmerk besonders auf mögliche Gefahren, bewertet Harmloses eher als bedrohlich und erinnert sich stärker an frühere Angstreize.

Auslösende Faktoren sind akute oder chronische Überforderung/Stress, körperliche Erkrankungen und gesundheitliche Bedrohungen, Konflikt-, Entscheidungs- und Ambivalenzsituationen oder Drogeneinflüsse. Zu den *aufrechterhaltenden Faktoren* zählen Vermeidungsverhalten, ungünstiger Umgang mit Angstreaktionen wie forcierte Selbstbeobachtung, Erwartungsängste oder kognitive Verzerrungen, Gewinn von Aufmerksamkeit und Schonung; bei chronischer Symptomatik entwickelt sich eine Eigendynamik.

Die *Therapie* kann als Einzelbehandlung des Kindes oder Jugendlichen erfolgen, in Kombination mit Elterntraining oder als Familientherapie. Bei Jugendlichen wird auch Gruppentherapie eingesetzt. Wirksamkeitsnachweise finden sich vor allem für die verschiedenen verhaltenstherapeutischen Verfahren wie für die kognitiv-behaviorale Therapie, das Lernen am Modell, graduierte Expositionsverfahren oder soziales Kompetenztraining. Auch die klientenzentrierte Therapie verzeichnet Erfolge, bei kleinen Kindern ebenfalls die Spieltherapie. Die Wirksamkeit von Pharmakotherapien (z. B. mit selektiven

Serotonin-Wiederaufnahmehemmern) ist für Kinder und Jugendliche noch nicht ausreichend gesichert und darf allenfalls mit äußerster Vorsicht erfolgen (Petermann/Essau 2013; Pauschardt/Eimecke/Mattejat 2015).

Eingliederungshilfen können bei besonders schwerwiegenden Störungen die Therapie vorbereiten, flankieren und die Ergebnisse festigen. Bei Schulphobien werden häufiger Hilfen zu einer Schulbildung (s. Kap. IV/4.3.2) eingesetzt. Kindern mit Sozialen Phobien kann z. B. durch Soziale Gruppenarbeit (§ 29 SGB VIII) der Zugang zu Gleichaltrigen erleichtert werden.

2.6.3 Zwangsstörungen (F42)

Viele Kinder zeigen gelegentlich kleine Zwänge – Elsa darf vor einer Klassenarbeit nicht auf die Linie zwischen zwei Gehwegplatten treten, damit alles gut geht. Markus muss auf seinem Weg alle Autos zählen, Tim klopft dreimal auf Holz, wenn er den Sieg seiner Fußballmannschaft voraussagt. Wenn wir einen „Ohrwurm" den ganzen Tag über nicht loswerden, können wir uns in einen Menschen mit Grübelzwang hineinversetzen. Problematisch werden solche Gedanken und Handlungen erst, wenn sie sich so ausdehnen, dass sie die Alltagsbewältigung erheblich einschränken. Die Zwangsstörung ist gekennzeichnet durch wiederkehrende

- Zwangsgedanken
- Zwangshandlungen.

Zwangsgedanken sind unangenehme Vorstellungen, Ideen oder Impulse, die sich beständig aufdrängen und sich nicht abschütteln lassen. Der Betroffene leidet darunter, weil er sich ihrer schämt, oder weil sie ihm Angst machen. Häufig ist es die Angst, sich beschmutzt oder mit Krankheiten angesteckt zu haben, vergiftet zu sein, jemand anderen angreifen, verletzen oder töten zu müssen, sich selbst zu verletzen, sexuelle Tabus oder religiöse Verbote zu übertreten. Unsicherheit und Zweifel beherrschen das Denken. Ein „falscher" Gedanke kann großes Unglück herbeiführen und muss mit Gegengedanken wiedergutgemacht werden. Der Betroffene weiß, dass es die eigenen Gedanken sind (im Unterschied z. B. zu einem an Schizophrenie erkrankten Menschen, der davon überzeugt ist, dass diese ihm „eingegeben werden") und dass sie sinnlos sind, aber das ändert nichts an seiner Machtlosigkeit ihnen gegenüber.

Zwangshandlungen und Rituale sind ständig wiederholte Verhaltensweisen wie das Händewaschen, bis die Haut wund ist, das vielfache Kontrollieren einer Gegebenheit („die Haustür ist abgeschlossen"), die Wiederholung von Tätigkeiten, das Ordnen, Zählen oder Sammeln und Aufbewahren von Dingen. Magische Rituale sollen das Böse bannen, das durch den eigenen „schlechten"

Gedanken heraufbeschworen wurde. Mit der zwanghaften Kontrolle kann man absichern, dass es nicht eingetreten ist, der Ordnungszwang soll dem Chaos der Impulse entgegensteuern. Viele Kranke leiden unter Ängsten, die sich extrem verstärken, wenn die Zwangshandlung unterdrückt wird. Manche erstarren emotional. Die Durchführung der Handlung bringt für kurze Zeit eine gewisse Erleichterung. Zwangshandlungen können viele Stunden dauern und nach und nach einen immer größeren Teil des Tages beanspruchen. Bei manchen Menschen werden sie durch bestimmte Hinweisreize ausgelöst. Zwangsgedanken und Zwangshandlungen werden in den meisten Fällen miteinander kombiniert. Typischerweise werden sie lange verheimlicht, weil der Betroffene sich ihrer schämt (Hohagen/Kordon 2004). *Ein Beispiel:*

Anna, das Vorzeigekind

Annas Eltern waren stolz auf ihre kleine Tochter. Sie lief und sprach früher als andere Kinder, kam sehr früh in die Schule, wo sie mit großem Ehrgeiz hervorragende Leistungen erbrachte, war sehr bemüht, es der Mutter immer recht zu machen, „das liebe kleine Mädchen" zu sein, „wie Aschenputtel", verhielt sich in Gesellschaft von Erwachsenen musterhaft („Ein Blick der Mutter genügte"). Allerdings hatte sie schon als Kind Zähl- und Wiederholungszwänge, durfte auf bestimmte Stellen des Bodens nicht treten und musste beim Lernen zwischendurch immer ein paarmal auf den Tisch klopfen. Spürbare Probleme begannen, als sie 14 Jahre alt war. Zu dieser Zeit zog ihre Familie um, wogegen Anna sich heftig gewehrt hatte. Sie führte nun zunehmend Selbstgespräche, bei denen es sich um selbst erdachte Gebete handelte. Sie zog sich mehr und mehr von ihren Mitschülern zurück, ging kaum noch aus dem Haus und begann, sich selbst zu schlagen und zu beißen, so dass sie Hämatome am Körper und Bisswunden an den Händen davontrug. Während des Lernens wiederholte sie immer häufiger einen Text und begann zu schreien. Wegen der zunehmenden Verschlimmerung der Symptomatik suchte die Familie eine psychologische Beratungsstelle auf; die Gespräche dort erzielten aber keine Milderung der Symptomatik. Kurze Zeit später starb der geliebte Großvater, um den sie sehr trauerte. Danach schlief sie kaum noch, war völlig erschöpft, sprach viel vor sich hin, musste Worte in Buchstaben zerlegen und schrie so viel, dass ihre Familie sie verzweifelt zur stationären Aufnahme in eine psychiatrische Klinik brachte. Die anfängliche Pharmakotherapie und eine siebenmonatige analytisch ausgerichtete Psychotherapie mit Einzel- und Familiengesprächen, die später ambulant fortgesetzt wurden, bewirkten eine deutliche Besserung. Die Zwänge verschwanden, aber Anna war, so sagt sie, nie richtig mit sich zufrieden, verspürte bei allem, was sie tat und plante, Angst.

Trotzdem bestand sie das Abitur mit sehr guten Noten. Sie begann, in einer anderen Stadt Latein und Religion zu studieren, um einen Sinn für ihr Leben und Verhaltenshinweise zu finden. Ihre Hoffnung, dann zufriedener und ohne Angst zu leben, erfüllte sich jedoch nicht. Im Gegenteil, das Religionsstudium habe ihren Grübelzwang so verstärkt, dass sie das Studienfach gewechselt habe. Sie habe immer denken müssen: „Was ist der Mensch?" Wie sie erzählt, setzte sie sich selbst stark unter Druck, unter ihren Kommilitonen im Wohnheim Freundinnen zu gewinnen. Ständig habe sie die Gutgelaunte, Liebenswerte gespielt, dabei sei sie innerlich immer unglücklich gewesen. Sie habe sich so sehr Freunde, „die nicht weglaufen können", gewünscht, dass sie für jeden eine spezielle Rolle gespielt habe, immer in der Angst, dabei „enttarnt" zu werden. Immerhin fand sie ihren ersten Freund, den sie aber anderen gegenüber verleugnete, um nicht das Bild des „moralisch reinen" Mädchens zu zerstören. Als dieser deswegen die Beziehung beendete, tauchten die Zwangsgedanken erneut auf. Ihr ging ständig durch den Kopf, dass sie nun wieder versagt habe, wie es weitergehen solle und ob sie jemals etwas zu Ende bringen könne. Sie empfand dabei panikartige Angst und dachte schließlich an Suizid.

Anna kommt völlig verzweifelt erneut zu einem stationären Aufenthalt in die psychiatrische Klinik. Im Erstgespräch weint sie viel und berichtet, dass sie immer den Eindruck habe, neben sich zu stehen und sich zu beobachten. Sie müsse immer automatisch denken, wie sie auf andere wirke, dass sie ganz andere Gedanken haben und ganz anders fühlen müsste und jemand ganz anderes sein sollte, und das würde sehr viel von ihrer Aufmerksamkeit in Anspruch nehmen. Dafür mache sie sich Vorwürfe. „Für diese Gedanken möchte ich mir selbst eine runterhauen. Ich weiß, wenn ich das nicht mehr denke, passiert was, aber davor habe ich Angst." Die Angst lokalisiert sie als Klumpen am Brustbein. Sie hat auch Angst, die Angst zu verlieren, weil dann etwas Furchtbares passieren würde. Sie fühle sich nach innen oft aggressiv, manchmal auch nach außen, aber das habe sie schon lange nicht mehr zeigen können, sie könne nicht mehr wie früher schreien, niemand wisse von ihrer Wut. Sie habe vor allem Wut gegen die Angst, die so unerträglich sei. Ihr Verstand sage ihr, dass dies alles unsinnig sei, aber das helfe nicht. Sie sehnt sich nach der früheren Geborgenheit bei ihrer Mutter, die sie für immer verloren glaubt.

Der *Beginn* der Zwangsstörungen liegt meistens in der Adoleszenz oder im frühen Erwachsenenalter, kann aber auch schon ab dem Alter von sieben Jahren bemerkbar werden. Das Durchschnittsalter des ersten Auftretens beträgt 10,3 Jahre (nach klinischen Studien) bzw. 12,8 Jahre (nach epidemiologischen Untersuchungen, Döpfner/Goletz 2013). Im Jugendalter werden Prävalenzraten von 1–3 % festgestellt. Der erste Erkrankungsgipfel liegt im Altersbereich von 11–14 Jahren, der zweite bei ca. 20 Jahren. Jungen sind etwa doppelt so häufig betroffen wie Mädchen und erkranken früher (DGPPN 2013).

Komorbid treten häufig (bis zu 75 %) Angststörungen und Depressionen hinzu, außerdem Schlafstörungen (Anna bildet hier also keine Ausnahme). Auch Aufmerksamkeitsstörungen, oppositionelle, dissoziale Störungen, aggressive Durchbrüche, Tic-Störungen, Alkohol- und Medikamentenmissbrauch sowie Essstörungen können als begleitende Erkrankungen beobachtet werden, ab dem späteren Jugendalter auch Persönlichkeitsstörungen, insbesondere zwanghafter Art.

Häufig finden sich *auslösende Ereignisse* (wie bei Anna der Schulbeginn, der ungewollte Umzug, der Tod des Großvaters, der Studienbeginn mit dem Auszug aus dem Elternhaus und die Trennung vom Freund). Krankheiten, Todesfälle, Ablösungs- und Trennungserfahrungen, Sexualität, religiöse Konflikte sowie Medienereignisse gelten als die häufigsten Auslöser.

Die Symptomatik verändert sich im Verlauf der Krankheit. Bei 30–70 % der Erkrankten verläuft die Störung mit *wechselnden* Episoden, d. h. mit Zeiten, in denen die Symptome sehr gemildert auftreten, und mit Phasen schwerster Krankheit. Wird die Störung nicht erfolgreich behandelt, besteht ein hohes Risiko für die *Chronifizierung* (Döpfner 2015).

(Zur *Diagnostik* durch Instrumente zur Selbst- und Fremdeinschätzung vgl. DGPPN 2013).

Die *Verursachung* wird aus dem Zusammenspiel von biologischen, psychologischen und sozialen Faktoren erklärt. *Genetische* Einflüsse erscheinen hier besonders bedeutsam. Eineiige Zwillinge sind je nach Studie zwischen 26 und 61 % auf die gleiche Weise betroffen. 25–30 % der Eltern von Kindern mit Zwangsstörungen haben ähnliche Probleme, oft in leichterer, aber auch in krankhafter Form, die Väter sehr viel häufiger als die Mütter. (Auch Annas Vater weist zwanghafte Persönlichkeitszüge auf.) In *molekulargenetischen Studien* zeigten sich auf mehreren Chromosomen typische Veränderungen. Außerdem wurden in Untersuchungen an erwachsenen Patienten *neuroanatomische, neurologische und biochemische Besonderheiten* beobachtet, wobei die Fehlregulation des Serotoninstoffwechsels häufig eine Rolle spielt. Umschriebene Hirnschädigungen und Folgen einer Streptokokken-Infektion konnten gelegentlich gefunden werden (DGPPN 2013).

Der *Erziehungsstil* der Eltern wird als rigide, legalistisch, sachbezogen beschrieben, auf der anderen Seite als überbehütend, symbiotisch. Das Kind muss seinen eigenen Willen, seine lebhafte Motorik und seine aggressiven Impulse früh unterdrücken und empfindet Wut, Angst und Schuldgefühle bei ihrem Auftreten. Nach *psychoanalytischer Vorstellung* bleibt der Erwachsene, wie schon das Kind, in einem Konflikt zwischen Wünschen nach Autonomie und Selbstverwirklichung auf der einen, nach Sicherheit und liebevoller Versorgung auf der anderen Seite gefangen. (Anna fühlt sich nach ihrem Auszug aus dem Elternhaus, so sagt sie, „wie ein aus dem Nest gestoßener Vogel").

Es entwickelt sich eine *Persönlichkeitsstruktur*, die gekennzeichnet ist durch ein hohes Streben nach intellektueller und moralischer Perfektion. Da der Betroffene diese aber niemals als ausreichend sieht, ist er voller Zweifel und Skrupel, entschlussunfähig, ängstlich und aggressionsgehemmt. Gleichzeitig möchte er aber auch seine Umwelt dominieren und kontrollieren, was ihm, indem er andere in seine Zwänge einbindet, auch gelingt, wie z. B. dem Jungen mit Waschzwang, dessen Mutter immer neben dem Waschbecken stehen und ihm das Handtuch reichen muss (Reinecker 2003).

Nach *kognitiven Erklärungsmodellen* spielen dysfunktionale Überzeugungen und die daraus folgenden Bewältigungsversuche bei der Entstehung und Aufrechterhaltung der Zwänge eine Rolle. Danach bewertet ein Zwangskranker normale Gedanken, wie sie sich jedem Menschen gelegentlich aufdrängen (Anna: „Ich finde meine Mitbewohnerinnen oberflächlich“) als bedrohlich und unerlaubt („Ich bin ein schlechter Mensch. Wenn die anderen das merken, mag mich keiner mehr“). Gleichzeitig fühlt sich der Betroffene verantwortlich für die Bedrohung und dafür, sie abzuwenden. Es entstehen eine starke Spannung und Angst. Durch die Zwangsgedanken oder -handlungen wird angestrebt, die Anspannung zu mildern und die befürchtete Katastrophe abzuwenden, was aber nur für kurze Zeit gelingt, weil damit der „gefährliche“ Gedanke eine noch höhere Aufmerksamkeit erhält (Salkovskis et al. 1996, nach DGPPN 2013).

Als weitere Einstellungen und Bewertungen, die zur Entstehung und Aufrechterhaltung beitragen können, werden die Überschätzung von Gefahren, die Ambiguitätsintoleranz und die Überzeugung, dass man alle seine Gedanken kontrollieren kann und muss, in der Literatur beschrieben (Freeston et al. 1996).

Da, wie dargestellt, das Chronifizierungsrisiko groß ist, wenn die Zwangsstörung nicht behandelt wird, kommt der *Therapie* eine hohe Bedeutung zu. Die größte Wirksamkeit entfaltet auch bei Kindern und Jugendlichen mit *Zwangshandlungen* die Kombination von Verhaltenstherapie mit medikamentöser Behandlung durch selektive Serotonin-Wiederaufnahmehemmer. In der Verhaltenstherapie wird das Kind oder der Jugendliche mit dem auslösenden Reiz (z. B. Schmutz) konfrontiert (Expositionsbehandlung), ohne das zwanghafte Ritual (z. B. Duschen) so häufig wie bisher ausführen zu dürfen (Reaktionsmanagement) oder indem es dieses ganz unterlassen muss (Reaktionsverhinderung). Auch Interventionen in der Familie können hinzukommen, solange das Kind/der Jugendliche damit einverstanden ist. Dazu gehören Psychoedukation, d. h. die Aufklärung über die Krankheit und den richtigen Umgang mit ihr, die gemeinsame Erarbeitung eines Interventionskonzepts, der schrittweise Entzug der Unterstützung der Zwangshandlungen und deren Ersatz durch angenehme Interaktionen sowie die positive Verstärkung der Bewältigungsanstrengungen des Kindes anstelle der Zuwendung beim Auftreten des Symptoms.

Zwangsgedanken sind schwieriger zu behandeln. Hier werden kognitive Interventionen wie Strategien der Umlenkung der Aufmerksamkeit und die gedankliche Exposition mit Reaktionsverhinderung angewandt (ausführlich: Döpfner 2015).

Die Therapie wird nach Möglichkeit ambulant, bei schweren Störungen auch stationär durchgeführt. Die *komorbid auftretenden Störungen* sollten möglichst ebenfalls behandelt werden, einige, wie die Depression, am besten vor der Verhaltenstherapie.

Die Wirksamkeit dieser Interventionen wird mit 45–67 % angegeben. Wenn auch die Rückfallgefahr bei der Anwendung von Verhaltenstherapie geringer ist als bei einer rein medikamentösen Behandlung, sollten Strategien der *Rückfallprophylaxe* immer eingeplant werden. Zur besseren Alltagsbewältigung kann auch *Ergotherapie*, die ebenfalls von der Krankenkasse bezahlt wird, die Therapie begleiten oder sich ihr anschließen (DGPPN 2013).

Eine Zwangskrankheit verursacht, das ist sicherlich erkennbar geworden, beträchtliches Leiden, ist sehr zeitraubend und beeinträchtigt den Tagesablauf, die schulischen und beruflichen Leistungen oder die sozialen Aktivitäten erheblich. Ein Kind wird vielleicht nicht zur Schule gehen können, weil es am Morgen seinen Ranzen so lange kontrollieren muss, bis der Schulbus längst abgefahren ist; ein anderes muss, wie Anna, jedes Wort in seine Einzelteile zerlegen, so dass es niemals mit dem Lesen eines Textes fertig wird. Das Meiden jeglichen Kontakts zu Mitschülern oder die Ablehnung durch diese können zum Problem werden, oder die Zwangshandlungen führen in der Familie zu so gravierenden Konflikten, dass der Jugendliche ausziehen muss. Nach den Ergebnissen einer Untersuchung an zwangskranken Kindern und Jugendlichen waren 77 % zumindest zeitweise schul- oder berufsunfähig, 88 % berichteten von einer mittelgradigen oder schweren Einschränkung (Döpfner 1999). Die *Eingliederungshilfe* durch das Jugendamt als Teil umfassender therapeutischer und rehabilitativer Maßnahmen ist in der Regel erforderlich, um die adäquaten Entwicklungsbedingungen sicherzustellen.

2.6.4 Reaktionen auf schwere Belastungen und Anpassungsstörungen (F43)

Wie der Name schon sagt, geht es hier um gravierende Störungen, die als Folge objektiv und subjektiv traumatisierender Ereignisse oder dauerhaft bestehender stark belastender Lebensbedingungen auftreten. Zu denken ist an Gewalterfahrungen wie körperliche, psychische oder sexuelle Misshandlung, den Verlust eines nahen Angehörigen, einen schweren Unfall oder das Erleben eines Terroranschlags, einer Naturkatastrophe, von Krieg, Flucht oder Emigration, aber auch die Trennung von einer wichtigen Bindungsperson („Bindungstrauma"). Nicht nur der Angriff auf die eigene Person, sondern auch das Miterleben des Leids eines anderen Opfers kann zur Traumatisierung führen. So bereitet z. B. einem Kind die Misshandlung der Mutter einen ähnlichen Schock wie selbst erlittene Schläge (Harnach 2004). Wenn auch die individuelle Prädisposition oder Vulnerabilität das Auftreten der Störung begünstigt, wäre ohne die Belastung die Störung wahrscheinlich nicht entstanden.

Die Reaktionen auf eine schwerwiegende Belastung können kurz- oder langfristig sein.

Die kurze *„akute Reaktion"* (F43.0) – Schock, Angst, „Betäubung" – die definitionsgemäß innerhalb von drei Tagen zurückgeht, spielt für die

Eingliederungshilfe keine Rolle, denn für diese ist ja ein längeres Bestehen der Problematik Voraussetzung.

Anders verhält es sich mit der „*Anpassungsstörung*" (F43.2), die sich über Monate oder sogar Jahre hinweg in emotionaler Beeinträchtigung und Verminderung der allgemeinen sozialen Funktionsfähigkeit und des Leistungsvermögens zeigen kann. In diesem Fall kann das Kind/der Jugendliche eine Therapie und eventuell eine Eingliederungshilfe benötigen, um sein verloren gegangenes Gleichgewicht wiederzufinden.

Besonders stark von Behinderung bedroht sind Menschen, die eine „*Posttraumatische Belastungsstörung*" (*PTBS*, F43.1) erleiden, weil diese Störung häufig über Jahre, mitunter Jahrzehnte anhält. Die PTBS entsteht als eine verzögerte Reaktion auf das schockierende Ereignis. Das Opfer hat sich als ausgeliefert und völlig hilflos erlebt, und dieses führt dauerhaft zu einer tiefen Erschütterung der Selbstwahrnehmung und des Weltverständnisses. Es ist leicht nachvollziehbar, dass das Trauma sich auf die Persönlichkeitsentwicklung eines Kindes desto stärker auswirkt, je jünger es dabei war.

Typische Symptome der PTBS sind: Das wiederholte Erleben des Traumas in Erinnerungen, Träumen oder Albträumen, die sich aufdrängen, oder auch Erinnerungslücken (partielle Amnesie). Dabei ist die allgemeine emotionale Ansprechbarkeit herabgesetzt („emotionale Taubheit" oder Stumpfheit). Der Betroffene versucht, Aktivitäten und Situationen, die mit dem Trauma im Zusammenhang stehen, zu vermeiden. Das generelle Erregungsniveau ist erhöht (z. B. Schreckhaftigkeit, verstärkte Reizbarkeit, Schlaf- und Konzentrationsstörungen). Die Kriterien der ICD-10 und ICD-11 weisen im Unterschied zu denen des DSM-5 keine spezielle Beschreibung der bei Kindern auftretenden Symptome auf. Bei den jungen Menschen kann sich aber die Symptomatik in veränderter, teilweise auch weniger deutlicher, Form zeigen, z. B. im wiederholten Durchspielen des traumatischen Erlebens, externalisierenden Verhaltensauffälligkeiten (erhöhte Aufmerksamkeitssuche, aggressives, clowneskes, gemeinsame Aktivitäten störendes Verhalten, Hyperaktivität, dies insbesondere bei Jungen) oder in internalisierendem, in der Opferrolle steckenbleibendem Verhalten (DeGBT 2019; Harnach 2004).

Die Störung zeitigt nach den Ergebnissen einer Studie an Kindern und Jugendlichen in Deutschland eine *Lebenszeitprävalenz* von 1,3 % (Perkonnig et al. 2000), in einer Schweizer Studie von 4,2 % (Landolt et al. 2013). Kinder und Jugendliche, die einem potentiell traumatischen Ereignis ausgesetzt waren, entwickeln diese im Durchschnitt zur 15,9 % (Alisic et al. 2014). Mädchen waren in allen drei Studien doppelt so häufig betroffen wie Jungen. Kinder, die aus Kriegs- oder Katastrophengebieten kamen, weisen ein stark erhöhtes Risiko auf. Die Epidemiologie der Störung variiert mit der Art des Traumas; mit 50 % und damit am häufigsten scheint sie nach einer Vergewaltigung aufzutreten (Flatten et al. 2011).

Der *Verlauf* ist wechselhaft. Dass die *Folgen* traumatischer Erfahrungen bis ins *Erwachsenenalter* fortbestehen bleiben können, wie Störungen in der Sexualentwicklung, delinquentes und antisoziales Verhalten und Persönlichkeitsstörungen, zeigen insbesondere empirische Untersuchungen zum sexuellen Missbrauch im Kindes- oder Jugendalter (Harnach 2021, 239–248; 2011, 117–141). Kinder, die durch frühen Missbrauch oder Misshandlung traumatische Erfahrungen erleiden, zeigen ab der Pubertät und im Erwachsenenalter einen beschleunigten körperlichen Alterungsprozess, wie eine Metaanalyse von 43 Studien an sehr großen Stichproben ergab (Collig et al. 2020). Ihre Pubertät beginnt früher, die Chromosomen weisen Veränderungen auf, die die Alterung der Zelle beschleunigen[73], und in der DNA entstehen chemische Veränderungen, wie sie normalerweise erst im höheren Alter zu finden sind. Körperliche Erkrankungen wie Herz-Kreislauf-Störungen, Diabetes und Krebs kommen häufiger vor, teilweise, aber nicht nur, durch ungünstige Lebensgewohnheiten bedingt (z. B. Essstörungen, Alkoholmissbrauch). Keine dieser Folgen zeigt sich jedoch nach Vernachlässigung oder Armut im frühen Kindesalter. Allerdings wiesen Personen mit Erfahrungen von Vernachlässigung, ebenso wie diejenigen mit Gewalterlebnissen, Hirnveränderungen auf, nämlich Stellen mit dünner gewordener Hirnrinde, wie sie für ältere Menschen typisch sind[74].

Eine deutliche Verschärfung der Symptomatik nach extremen Horrorerfahrungen, aus denen ein Entkommen schwer oder unmöglich war, (z. B. Folter, Versklavung, jahrelanger Missbrauch im Kindesalter) zeigt sich in der *Komplexen PTBS*[75]. Hier kommen schwere und fortbestehende Probleme der Affektregulation hinzu, ferner Überzeugungen von der eigenen Wertlosigkeit oder der eigenen Auslöschung und sehr ausgeprägte Schwierigkeiten, soziale Beziehungen aufrechtzuerhalten und Nähe zu ertragen.

Die PTBS wird häufig von anderen Erkrankungen und Verhaltensauffälligkeiten begleitet, wobei die *Komorbidität* mit dem Alter variiert. Während Angststörungen, Depressionen, ADHS und Störungen des Sozialverhaltens in allen Altersstufen zu finden sind, treten Trennungsängste und oppositionelles Verhalten vor allem bei Vorschulkindern auf, Suizidgedanken, Selbstverletzungen und Substanzabhängigkeit bei Jugendlichen. Einer möglichen Gefährdung muss bei diesen also besonderes Augenmerk gewidmet werden (Rosner/Unterhitzenberger 2019). Kinder, die schon vor der Traumatisierung unter Angststörungen (einfachen Phobien, sozialen Phobien) und somatoformen Störungen litten, reagieren in besonderem Maße mit PTBS. Auch die

73 Verkürzung der Schutzkappen, sog. Telomere.

74 Die jetzt dysfunktionale Beschleunigung des Alterungsprozesses könnte, so die Autoren, in der Evolution sinnvoll gewesen sein, weil sie Menschen, die unter Bedrohung lebten, schneller fortpflanzungsfähig werden ließ und so das Überleben der Art zu sichern half, wenn auch auf Kosten der Lebensdauer („Life History Theory").

75 Complex post traumatic stress disorder, ICD-11, 6 B 41, icd.who.int, abger. 14.6.2020.

subjektive Bewertung des Ereignisses (wahrgenommene Lebensgefahr) spielt für die Ausprägung eine Rolle; ferner können psychische Störungen der Eltern, ein niedriger sozialer Status und weibliches Geschlecht die Traumaverarbeitung im Kindes- und Jugendalter erschweren (Trickey et al. 2012).

Um die Störung zu *diagnostizieren*, sollte außer den Eltern unbedingt auch das Kind befragt werden, (da die Eltern insbesondere die internalisierenden Störungen manchmal verkennen und glauben, ihr Kind habe „das weggesteckt“). Inzwischen sind eine Reihe von strukturierten Instrumenten, d. h. Interviews für Eltern und Kinder zur Erfassung der Symptomatik entwickelt worden, auch in deutscher Sprache (Übersicht in DeGBT 2019).

Mit *traumafokussierter kognitiver Verhaltenstherapie* durch entsprechend qualifizierte Psychotherapeuten kann meistens bei der PTBS eine Heilung oder Besserung erreicht werden. (Zu Therapieanforderungen und zu Kontraindikationen wie akutem psychotischem Erleben, akuter Suizidalität oder Risiko erneuter Traumatisierung durch eine Psychotherapie vgl. Flatten et al. 2011). Eine Psychopharmakotherapie soll bei Kindern und Jugendlichen mit dieser Störung nicht eingesetzt werden; insbesondere soll wegen der Suchtgefahr auf Benzodiazepine verzichtet werden (Schlüsselempfehlungen DeGPT, S3-Leitlinie PTBS 2019).

Art, Ausmaß und Dauer der durch die schwere Belastung verursachten psychischen Störungen und Verhaltensauffälligkeiten bewirken häufig, dass das Kind mit der Bewältigung seines Alltags in Familie, Kindergarten, Schule, Gleichaltrigengruppe usw. überfordert ist mit der Folge einer seelischen Behinderung. Es benötigt also zusätzlich zur Therapie *Eingliederungshilfen*. Auch nach dem *Opferentschädigungsgesetz* können Hilfen finanziert werden. Häufig befinden sich unter den Kindern in stationären Hilfen, also in Heimen und Pflegefamilien, solche mit PTBS. Für sie besteht die Gefahr der „sekundären Viktimisierung“ durch erneuten sexuellen Missbrauch oder Misshandlung (Fegert 2015, § 35a SGB VIII, Rn. 56–57a).

Falls in der Familie noch Gewalt oder Vernachlässigung zu beobachten sind, muss das Jugendamt alle Maßnahmen zum *Kinderschutz* ergreifen, u. U. auch klären, ob die *Anrufung des Familiengerichts* wegen Gefährdung des Kindeswohls erforderlich ist (Harnach 2016, § 8a SGB VIII).

2.6.5 Dissoziative und somatoforme Störungen (F44 und F45)

Dissoziative Störungen (Konversionsstörungen) sind psychisch verursachte Störungen ohne somatische Ursachen wie z. B. Lähmungen, Hautempfindungsstörungen, Amnesien oder Trancezustände. Sie kommen im Kindes- und Jugendalter zwar selten vor, können dann aber erhebliches Leiden verursachen und das Verhalten auf die Beschäftigung mit diesem einengen (z. B. Besuche bei immer neuen Ärzten).

Somatoforme Störungen, wie Bauchschmerzen des Kindes am Morgen, werden vom Betroffenen als Symptome einer körperlichen Erkrankung erlebt, ohne dass eine organische Ursache zu finden ist. Wird wegen der Symptomatik der Schulbesuch oder die Teilnahme an der Ausbildung immer wieder versäumt, kann eine *Eingliederungshilfe* benötigt werden (z. B. die Begleitung durch einen Inklusionshelfer).

2.6.6 Verhaltensauffälligkeiten mit körperlichen Störungen und Faktoren (F50–F59)

ICD-10 fasst in dieser Kategorie zusammen:

- Essstörungen (F50)
- Nicht-organische Schlafstörungen (F51)
- Sexuelle Funktionsstörungen, nicht verursacht durch eine organische Störung oder Krankheit (F52)
- Psychische oder Verhaltensstörungen im Wochenbett, nicht andernorts klassifiziert (F53)
- Psychische Faktoren oder Verhaltenseinflüsse bei andernorts klassifizierten Erkrankungen (F54)
- Missbrauch von Substanzen, die keine Abhängigkeit hervorrufen (F55)
- Nicht näher bezeichnete Verhaltensauffälligkeiten mit körperlichen Störungen und Faktoren (F59).

Von diesen Störungen sind nur die Essstörungen für das Kindes- und insbesondere das Jugendalter typisch und können einen Eingliederungshilfebedarf bedingen, während dies für die übrigen nur sehr selten gilt. Deshalb werden nur diese Erkrankungen im Folgenden beschrieben.

Essstörungen (F50)

Schwerwiegende psychische Probleme stehen hinter den *Essstörungen* des Jugendalters, insbesondere der *Anorexia nervosa (Magersucht, F50.0)*. Diese Störung wurde früher „Pubertätsmagersucht" genannt, weil sie insbesondere ab der Pubertät auftritt. Ebenso wie die *Bulimie (Ess-Brechsucht)* betrifft sie vor allem heranwachsende Mädchen und junge Frauen, wesentlich seltener männliche Jugendliche und junge Erwachsene oder Kinder (wobei letztere jetzt aber zunehmend häufiger erkranken).

Die anorektische Jugendliche erkämpft einen extremen Gewichtsverlust mit der Folge einer Unterernährung, die unterschiedliche Schweregrade annehmen kann (Body-Mass-Index – BMI – <17,5 oder Untergewicht Grad I =

13,0–15,99, Grad II = <13; für Kinder und Jugendliche gibt es altersbezogenen BMI-Perzentiltabellen; vgl. Kromeyer-Hauschild et al. 2001). Neben dem aktuellen Untergewicht spricht auch eine besonders schnelle Gewichtsabnahme für das Vorliegen der Krankheit.

„Strategien" für die Abnahme sind vor allem Hungern (z. B. Vermeiden hochkaloriger Nahrungsmittel, Auslassen von Mahlzeitbestandteilen oder ganzer Mahlzeiten), Verwenden von Appetitzüglern und Stimulanzien zur Appetitkontrolle, exzessiver Flüssigkeitskonsum vor den Mahlzeiten, häufiges Wiegen und Messen. Gegensteuerndes Verhalten wie selbstinduziertes Erbrechen, Einnahme von Abführ- und Entwässerungsmitteln oder Schilddrüsenhormonen, extreme sportliche Betätigungen oder Exposition gegenüber Kälte und Hitze (Sauna) kommt hinzu (Vocks et al. 2018). Die Betroffenen sperren sich häufig gegen Arztbesuche und Therapien, und kleinste Gewichtszunahmen stellen für sie „Katastrophen" dar.

Die Krankheit führt *sekundär* zu vielfältigen endokrinen und metabolischen *Veränderungen* und körperlichen Funktionsstörungen. Beeinträchtigt sind z. B. Elektrolythaushalt, Blutbild, Herzfrequenz, Herzrhythmus, Blutdruck, Gefäße, Haut, Knochendichte, Nieren-, Leber-, Nebennieren- und Schilddrüsenwerte. Selbst Gehirnveränderungen (Ventrikelerweiterungen) lassen sich beobachten. Sehr häufig setzt die Menstruation aus, es besteht Libido- und Potenzverlust (Schweiger/Hagenah 2018).

Die Anorexie stellt eine sehr gefährliche Krankheit dar; die *Sterblichkeitsrate* ist – aufgrund des körperlichen Verfalls, aber auch wegen vermehrter Suizide – gegenüber der für das jeweilige Alter normalen um das Fünffache erhöht[76]. Damit verursacht sie die höchste Mortalität aller psychischen Erkrankungen, sogar höher als die der Depression und der Schizophrenie (Fichter/Quadflieg 2016).

Zur *Epidemiologie* liegen mittlerweile weltweit sehr viele empirische Studien vor (Übersicht bei Fichter 2018). Sie zeigen die Kulturabhängigkeit der Störung, mit der höchsten Rate in den westlichen Industrieländern mit ihrem großen Nahrungsangebot und übertriebenen Schlankheitsideal. Hier liegt die 12-Monats-Prävalenz für junge Mädchen und Frauen (Alter 15–35 Jahre) bei ca. 0,4 %, bei jungen Männern wesentlich darunter, das Verhältnis beträgt ca. 12:1.[77]

Die Krankheit besteht in der Regel über mehrere Jahre, mit sehr unterschiedlichem *Verlauf*. Die mittlere Dauer beträgt – bei Behandlung – sechs Jahre (zu unbehandelten Anorexien sind kaum Daten vorhanden). Heilungen

76 Die „standardisierte Sterblichkeitsrate" (mit Berücksichtigung der Altersgruppe und des jeweiligen Zeitraums) beträgt 5,9 %, der Vergleichswert 1,0 %.

77 Männliche Sportler, bei denen das Gewicht eine Rolle spielt, und Ballett-Tänzer haben ein erhöhtes Risiko.

erfolgen bei 50 % der Patientinnen, Teilremissionen bei 30 %, chronische Verläufe bei 20 % (Steinhausen 2002).

Für die *Entstehung* der Krankheit wirken, wie bei fast allen psychischen Erkrankungen, mehrere Faktoren zusammen: biologische (Hormone[78]), genetische (die Erblichkeit wird auf 48–76 % geschätzt), psychische und Umweltfaktoren. Für die *Persönlichkeit* sind charakteristisch: Geringes Selbstwertgefühl und negatives Selbstkonzept, Störung des Körperschemas (überwertige und irrige Idee, zu dick zu sein oder zu werden), Affektlabilität und negative Affektivität, ängstlich-vermeidender oder zwanghafter Persönlichkeitsstil, geringe kognitive Flexibilität (z. B. häufiger Gebrauch von Übergeneralisierungen oder „alles oder nichts"-Denken) und unsicheres Bindungsmuster. Häufig verhalten sich die Mädchen in der Kindheit übermäßig angepasst, sind an Perfektion orientierte, erfolgreiche Schülerinnen, „Musterkinder", was von den stark leistungsorientierten Vätern gefördert wird. Aus entwicklungspsychologischer Sicht gelingt ihnen mit Beginn der Pubertät die Bewältigung der alterstypischen Entwicklungsschritte nicht. Sie erschrecken vor den Veränderungen ihres Körpers, (die sie mit dem Abmagern zurückdrängen möchten), und vor der neuen Identität als Frau. Auch die Lösung von den primären Bezugspersonen, besonders von der Mutter, und die Anforderung, eine autonome Person zu werden, lösen Angst aus (Bindungs-Autonomie-Konflikt). Das Überwinden des Hungergefühls erfüllt sie mit Stolz, weil es die Gewissheit verleiht, Kontrolle über ihr Leben, oder zumindest einen Aspekt davon, errungen zu haben. *Auslöser* sind oft Kränkungen (auch wegen des Gewichts), Stress-, Versagens- und Verlusterlebnisse. Das Erreichen der „Traumfigur" erscheint dann als Garant für zukünftige Anerkennung und Glück.

Die *Familien* erscheinen als intakt. Ungünstige familiäre Strukturen, Funktionen und Verhaltensmuster (z. B. starke elterliche Kritikbereitschaft) scheinen eher für die Schwere und Dauer der Krankheit von Bedeutung zu sein als für die Entstehung.

Komorbidität mit anderen psychischen Störungen ist eher die Regel als die Ausnahme. Dies sind insbesondere: Depressionen, Angststörungen, Zwangserkrankungen, ADHS und Persönlichkeitsstörungen (u. a. Borderline-Störungen) (Zeeck et al. 2018).

Zur *Diagnostik*, die so früh wie möglich erfolgen sollte, sind zahlreiche Interviewleitfäden für Erwachsene, Kinder und Jugendliche entwickelt worden, mit denen Auskünfte eingeholt werden können, z. B. zu Essverhalten, Gegensteuerung, Körperschema, Beschäftigung mit dem Schlankheitsthema usw. (Übersicht bei Vocks et al. 2018).

Die *Behandlung* sollte primär *psychotherapeutisch* durchgeführt werden. Da die Familie zumeist stark involviert ist – in Angst und Sorge um das Kind,

78 Testosteron könnte protektiv wirken.

verunsichert hinsichtlich günstiger und ungünstiger Reaktionen – sollte sie bei Kindern und Jugendlichen nach Möglichkeit immer mit einbezogen werden. Familienbasierte Therapien, die die familiären Ressourcen aktivieren, weisen für diese Gruppe die besten Erfolge auf. Für Erwachsene werden erweiterte kognitive Verhaltenstherapie, Fokale psychodynamische Therapie und weitere auf die Magersucht zentrierte, teilweise stärker psychoedukativ arbeitende Psychotherapien empfohlen. *Pharmakotherapien* (Fluoxetin, ein antidepressiv wirkendes Mittel) sollten nicht als alleinige Therapieform gewählt werden. Die Behandlung muss häufig stationär durchgeführt werden (eher zu Beginn, in jedem Fall bei lebensbedrohlichen Verläufen), außerdem kann sie teilstationär (Tages- oder Nachtklinik) und ambulant angeboten werden. Da sie sich oft über mehrere Jahre hinzieht, ist eine gute langfristige Planung erforderlich (DGPM et al. 2018).

Hauptmerkmale der *Bulimia nervosa (F50.2)*, die häufig aus der Anorexie hervorgeht, sind immer wiederkehrende Anfälle von Heißhunger (Essattacken). Die Betroffene verzehrt sehr große Mengen (hochkaloriger) Nahrung und erbricht diese anschließend willkürlich. Der Essanfall wird als nicht kontrollierbar erlebt.

Elektrolytstörungen und körperliche Komplikationen sind auch hier Folgeerscheinungen. Die Störung kommt bei erwachsenen Frauen ca. zehnmal häufiger vor als bei Männern und bei Jugendlichen. Die 12-Monats-Prävalenz beträgt bei ihnen ca. 1,5 % (Fichter 2018). Die *Komorbidität* ähnelt derjenigen der Anorexie. Der größte Teil der Jugendlichen leidet unter mindestens einer weiteren psychischen Störung, insbesondere Angst und Depression (88 % bei Swanson et al. 2011). Unbedingt beachtet werden muss die *erhöhte Suizidgefahr,* die bei ihnen häufiger gegeben ist als bei Jugendlichen mit anderen Essstörungen; ungefähr die Hälfte trägt sich mit Suizidgedanken. Die Sterblichkeitsrate ist erhöht.

Ausgelöst und *aufrechterhalten* wird die Krankheit häufig durch belastende Ereignisse und depressive Verstimmungen. Als Risikofaktoren gelten Übergewicht im Kindesalter, Unzufriedenheit mit dem eigenen Körper und ständige starke Einschränkungen beim Essen, die zu Heißhunger führen.

Die leichteren Störungen dieser Art (subklinische Formen) bessern sich meistens ohne Therapie. Die schweren Formen können aber, wie die Anorexie, über mehrere Jahre bestehen bleiben. Nach sechs Jahren sind sie noch bei mehr als 1/3, nach zehn Jahren noch bei ca. 1/4 der Erkrankten nicht verschwunden (Übersicht über die Studien: Svaldi et al. 2018). Vor allem aber sind sie, wie gezeigt wurde, nicht ungefährlich.

Als wirksame *Therapien* haben sich bei Kindern ebenfalls die verschiedenen familienbasierten Psychotherapien erwiesen, bei Jugendlichen und Erwachsenen vor allem die auf Essstörungen spezialisierten kognitiv-behavioralen Einzeltherapien. Auch Selbstmanagement-Programme unter Anleitung können erfolgreich sein. Eine medikamentöse Behandlung (Fluoxetin) sollte allenfalls begleitend hinzukommen. Die ambulante Therapie sollte bevorzugt werden, um den jungen Menschen nicht aus seinem Umfeld zu reißen, jedoch ist bei schweren Erkrankungen, Suizidgefahr, Selbstverletzungen, Drogen- oder Alkoholabhängigkeit u. Ä. eine stationäre oder teilstationäre Behandlung erforderlich (Svaldi et al. 2018).

Die beschriebenen Essstörungen führen bei jungen Menschen häufig zu *gravierenden Problemen der Alltagsbewältigung*, also zu einem *Anspruch auf Eingliederungshilfe* durch den *Jugendhilfeträger*. Bei schweren Formen der Magersucht ist der Schulbesuch u. U. ganz oder teilweise nicht mehr möglich, Aufgaben (Klassenarbeiten, Tests, Hausaufgaben) können aufgrund der zwanghaften Konzentration auf perfekte Detail-Bearbeitung nicht beendet werden, lange Klinikaufenthalte haben den Verlust wichtiger Beziehungen zur Folge. Das Absolvieren eines Ausbildungsgangs kann gefährdet sein. Übergewicht (Adipositas) und bulimische Verhaltensweisen führen zu Hänseleien und Ausschluss von Freizeitaktivitäten. Wichtig ist die niedrigschwellige Beratung (z. B. in Beratungsstellen nach § 28 SGB VIII), um den Widerstand besonders der magersüchtigen jungen Mädchen gegen eine Therapie abzubauen, die Motivation zur Behandlungsaufnahme zu erzeugen und gegebenenfalls einen Platz zu vermitteln.

Möglicherweise müssen familiäre Konstellationen aufgelöst werden, die andernfalls zu Rückfällen führen und die Krankheit aufrechterhalten. Hilfen zur Verselbstständigung, wie z. B. betreutes Wohnen, können hier erforderlich werden. Die Wohngemeinschaften sollten auf die Arbeit mit essgestörten Jugendlichen eingerichtet sein, um die Behandlung unterstützend begleiten zu können.

Die Kosten der Therapie werden von den Krankenkassen übernommen. Abgestimmt werden muss zwischen den Trägern der Krankenversicherung und der Jugendhilfe, wer welche Anteile der Rehabilitationsleistungen übernimmt (z. B. bezüglich der Arbeit mit der Familie).

2.7 Persönlichkeits- und Verhaltensstörungen (F60–F69)

Menschen mit Persönlichkeitsstörungen „stören", bereiten fortwährend Schwierigkeiten – anderen, aber auch sich selbst. Sie sind impulsiv, denken scheinbar erst, wenn sie „das Porzellan zerschlagen" haben, erscheinen kalt, ohne Empathie, misstrauisch, überempfindlich, extrem ängstlich, von anderen abhängig oder streitsüchtig und aggressiv – kurz, ihr Verhalten entspricht so gar nicht dem, was man von angenehmen Mitmenschen erwartet. Da sie in der Regel ungern für ihr Verhalten geradestehen, sondern prinzipiell andere für Nichtgelungenes beschuldigen, wird leicht übersehen, dass sie selbst häufig unglücklich darüber sind, dass ihnen immer wieder die gleichen Fehler passieren. Sie können danach auch sehr bemüht sein, etwas wiedergutzumachen und die Zuneigung des anderen zu gewinnen. Aber sie scheinen durch die erfahrene Ablehnung, Strafen und Misserfolge ebenso wenig dazuzulernen wie durch Lob und liebevolle Zuwendung. Sie werden auf diese Weise manchmal zu „Systemsprengern“[79].

Kennzeichnend für Persönlichkeitsstörungen ist gemäß ICD-10 und ICD-11, dass das Verhaltensmuster tief verwurzelt und von der Jugend bis ins Alter anhaltend ist (eventuell mit Abschwächung im höheren Alter). Der Betroffene reagiert auf unterschiedliche Personen, Situationen und soziale Lebenslagen in charakteristischer, unflexibler und schlecht regulierter Weise. Die Art der Selbstwahrnehmung, des Blicks auf andere, der emotionalen Reaktionen und der sozialen Beziehungsaufnahme weisen Abweichungen von dem gesellschaftlich Erwarteten auf und führen immer wieder zu Konflikten mit anderen, aber auch zu persönlichem Leiden. Erste Merkmale sind früh, d. h. in der Kindheit, zu beobachten. Dennoch können die Störungen erst dann genau erkannt werden, wenn ein gewisser Abschluss der Persönlichkeitsentwicklung erreicht ist, und sie sollen nach ICD-10 und DSM-5 nicht vor dem Alter von 16 bis 17 Jahren diagnostiziert werden. Für die Jugendhilfe sind nicht alle der in diese Kategorie fallenden Störungsbilder von Bedeutung. Relevant sind vor allem die „Dissoziale Persönlichkeitsstörung“ und die „Borderline-Störung“. Die anderen Störungen werden kurz skizziert.

Nach ICD-10 umfasst die Gruppe der *„Spezifischen Persönlichkeitsstörungen“* die folgenden schweren langanhaltenden Abweichungen:

- *F60.0 – Paranoide Persönlichkeitsstörung*: Extrem empfindlich gegenüber Zurückweisung, nachtragend, misstrauisch, das Verhalten anderer missdeutend, streitsüchtig, rechthaberisch, überhöhtes Selbstwertgefühl und übertriebene Selbstbezogenheit.
- *F60.1 – Schizoide Persönlichkeitsstörung*: Charakteristisch ist die Schwierigkeit, emotional betonte Beziehungen zu anderen aufzubauen, Gefühle auszudrücken und Freude zu erleben. Einzelgängertum, Introversion, Rückzug in die Phantasie, schwache Motivierbarkeit durch Lob oder Tadel, exzentrisches, Regeln in Frage stellendes Verhalten kennzeichnen diese Störung.
- *F60.2 – Dissoziale Persönlichkeitsstörung*: Der Betroffene missachtet soziale Normen, zeigt keine Empathie für Gefühle anderer, geringe Frustrationstoleranz, ist leicht reizbar, aggressiv, auch gewalttätig, beschuldigt eher

79 Wie im gleichnamigen Spielfilm (2019) von Nora Fingerscheidt über die neunjährige Benni, (dargestellt von Helena Zengel), die aufgrund schwerwiegender Erfahrungen von Gewalt und Verlassenwerden sich derart aggressiv und gewalttätig verhält, dass sie das Jugendhilfesystem überfordert.

andere, als Einsicht in eigene Verantwortung zu zeigen, ist durch negative Konsequenzen und Strafen kaum beeinflussbar. Diese Jugendlichen geraten häufig in Konflikte mit anderen in der Familie, Schule und am Arbeitsplatz, sind auch nicht selten straffällig. Sie erhalten vor allem (sozial) pädagogische, erzieherische Hilfen in Heimen und sonstigen betreuten Wohnformen (§ 34 SGB VIII) und in der Intensiven sozialpädagogischen Einzelbetreuung (§ 35 SGB VIII), in der Regel als Hilfe zur Erziehung nach § 27 SGB VIII. Wenn diesen Kindern und Jugendlichen wegen ihres Verhaltens der Ausschluss aus ihrem jeweiligen Kontext, besonders der Schule, bevorsteht, was oft der Fall ist, sind sie aber auch als von seelischer Behinderung bedroht anzusehen, haben also Anspruch auf Eingliederungshilfe (so auch Fegert 2015, § 35a SGB VIII, Rn. 62).

- *F60.3 – Emotional instabile Persönlichkeitsstörung*: untergliedert in
  - *F60.30 – Impulsiver Typ*: Er neigt zu wechselnder, launenhafter Stimmung, Ausagieren von Impulsen, ohne die Konsequenzen zu bedenken, die Impulskontrolle fällt ihm schwer, tendiert zu streitsüchtigem Verhalten, insbesondere bei Frustrationen und Kritik, ist nach Abklingen der Erregung aber eher einsichtig. Auch hier ist leicht zu erkennen, dass der junge Mensch sozialpädagogische und psychotherapeutische Hilfe benötigen kann, wenn es zu dauerhaften Konflikten mit seiner Umwelt gekommen ist und daraus Risiken für seine Teilhabe folgen.
  - *F60.31 – Borderline-Typ*: Nach gegenwärtigem Verständnis (ICD-11) bezeichnet der Begriff eine schwere Persönlichkeitsstörung. Sie ist gekennzeichnet durch die Tendenz, Impulse auszuagieren, ferner durch wechselnde, launenhafte Stimmung, anhaltende Gefühle der Leere und Langeweile, subjektive Unklarheiten und Störungen im Selbstbild und der eigenen Identität, in Zielen und Vorlieben. Die eigene Person und der eigene Körper erscheinen fremd. Es werden intensive Beziehungen gesucht, die aber trotz extremer Verlustangst nicht beständig bleiben; Bezugspersonen werden idealisiert, bei kleinstem Dissens aber heftig abgelehnt. Die Jugendliche befindet sich in einem Konflikt zwischen dem Wunsch nach Autonomie, der aber Schuldgefühle hervorruft, und ihrem Abhängigkeitsbedürfnis. Heftige emotionale Krisen mit Wutausbrüchen, Suiziddrohungen und Suizid(-versuchen) und selbstschädigende Handlungen zur Abfuhr eines unerträglichen Spannungsgefühls (vor allem Schneiden) sind charakteristisch. Die Störung tritt typischerweise im Jugendalter auf (6 % gegenüber 2 % der Gesamtbevölkerung), überwiegend bei weiblichen Jugendlichen. Sie wird häufig von weiteren psychischen Störungen begleitet: depressive Erkrankungen, Angststörungen, Substanzenmissbrauch, Essstörungen, Posttraumatische Belastungsstörung.

Die *Entstehung* der Borderline-Störung wird nach dem bio-psycho-sozialen Modell erklärt: eine genetisch mitbedingte biologische Komponente – affektive Dysregulation auf der Grundlage eines hypersensiblen Nervensystems – interagiert mit traumatischen Kindheitserfahrungen und schädlichen familiären Interaktionsmustern. Es resultiert eine spezifische Ichstörung auf der Grundlage tiefgreifender, früh entstandener Beziehungsstörungen und Erfahrungen von Bedrohung und Schutzlosigkeit, z. B. durch Misshandlung, Vernachlässigung, sexuelle Gewalt (Bohus 2019).

Da diese Störung erhebliches Leiden für die Betroffene und ihr Umfeld mit sich bringt, ist eine *Therapie* meistens erforderlich, in der es vor allem darum geht, Einsicht in die Mechanismen der Störung zu gewinnen, eine sichere Identität zu entwickeln und die Selbststeuerung zu verbessern. In der „Dialektisch-Behavioralen Therapie" werden z. B. Fertigkeiten („skills") erlernt, die die Spannungsgefühle so zu reduzieren helfen, dass Krisen ohne Selbstbeschädigung gemeistert werden können. Die Übungen beziehen sich auf innere Achtsamkeit, bewussten Umgang mit Gefühlen, Stresstoleranz und soziale Kompetenz. Behandlungserfolge zeigen auch die psychoanalytisch fundierten Therapien (z. B. Mentalisierungsbasierte Therapie – MBT; Übertragungsfokussierte Therapie – TFP), kognitive Verhaltenstherapie (z. B. Schematherapie), Körpertherapie, Traumatherapie, psychoedukative Verfahren u. a. (vgl. DSM-5; Bohus 2019; Rohde-Dachser 1986; Wiesse 1992; Borderline-Netzwerk 2020[80]). Die Kosten der Therapie trägt die Krankenkasse.

Das oft unberechenbare und schwer verständliche Verhalten verunsichert andere Menschen, macht sie ratlos und ruft ablehnende Reaktionen hervor. Die Familie, Freunde, Lehrer, Erzieher usw. sollten also beraten werden, wie sie die Betroffene unterstützen können. Sie sollten wissen, dass Ablehnung, Tadel und Abwertung die Symptomatik verstärken, während Verständnis und wohlwollende, gelassene Reaktionen beruhigend wirken. Klare Grenzen und Regeln können Sicherheit schaffen. Sozialpädagogische Hilfen müssen dem Zugehörigkeitsbedürfnis Rechnung tragen, z. B. durch eine feste Gruppe oder zuverlässige Bezugspersonen, und ebenso den Autonomiebestrebungen, z. B. durch Hilfen zur Loslösung von den Eltern.

- *F60.4 Histrionische Persönlichkeitsstörung*: Auffällig ist die Theatralik, in der Gefühle zum Ausdruck gebracht werden. Suggestibilität, oberflächliche und labile Affektivität, Egozentrik, überhöhtes Bedürfnis nach Anerkennung und Bewunderung bei starker Kränkbarkeit, Bedürfnis nach

80 borderline-netzwerk.de, abger. 25.6.2020.

aufregenden Aktionen, Mangel an Rücksichtnahme und manipulatives Verhalten machen diese Störung aus.

- *F60.5 Anankastische (zwanghafte) Persönlichkeitsstörung*: Kennzeichnend sind beständiges Zweifeln, tiefe persönliche Unsicherheit, Perfektionismus, Kontrollbedürfnis, übermäßige Gewissenhaftigkeit und Skrupel, Pedanterie, Starrheit und eigensinniges Beharren auf eigenen Gewohnheiten ohne Rücksicht auf die Wünsche anderer. Zwangsgedanken- und -impulse können auftreten, erreichen aber nicht das Ausmaß einer Zwangsstörung.
- *F60.6 Ängstliche (vermeidende) Persönlichkeitsstörung*: Die Person leidet unter andauernder Anspannung, Besorgtheit, Unsicherheit und Minderwertigkeitsgefühlen. Sie sehnt sich übermäßig nach Zuneigung und Akzeptanz und ist überaus kritikempfindlich bei eingeschränkter Beziehungsfähigkeit. Potentielle Gefahren werden überbetont und riskante Aktivitäten nach Möglichkeit vermieden.
- *F60.7 Abhängige (asthenische) Persönlichkeitsstörung*: Entscheidungen werden passiv anderen Menschen überlassen, an die man sich ängstlich bindet und denen man sich unterordnet. Gefühle von Hilflosigkeit und Inkompetenz sowie Verlustangst dominieren, außerdem die Neigung, anderen die Verantwortung für entstandene Schwierigkeiten zuzuschieben.
- *„Andere“* und *„kombinierte“* Persönlichkeitsstörungen (F60.8, F61) bilden eine Restkategorie.

Eine weitere zusammenfassende Kategorie von Persönlichkeitsstörungen wird in ICD-10 benannt als F63 *„abnorme Gewohnheiten und Störungen der Impulskontrolle“*. Gemeinsam ist ihnen die Normabweichung und das Erleben der Unmöglichkeit, einen bestimmten Impuls im Zaum zu halten. Dazu gehören: F63.0 „pathologisches Spielen“, F63.1 „pathologische Brandstiftung“, F63.2 „pathologisches Stehlen (Kleptomanie)“, F63.3 „Trichotillomanie“ (Spannungsabfuhr durch ständiges Haarausreißen). Dass diese Störungen (mit Ausnahme der Letzteren) zu erheblichen sozialen Schwierigkeiten und häufig auch zur Strafverfolgung führen, ist augenfällig. Wenn sie also als psychische Krankheiten diagnostiziert werden, kann von einer (drohenden) Teilhabebeeinträchtigung ausgegangen werden.

Zur Gruppe F64 *„Störungen der Geschlechtsidentität“* gehört F64.2 *„Störung der Geschlechtsidentität des Kindesalters“*. Sie ist gekennzeichnet durch anhaltendes und starkes Unbehagen am eigenen biologischen Geschlecht und durch den beständig geäußerten Wunsch und Versuch, in Rollenverhalten, Aktivitäten, Freundeskreis und Kleidung dem anderen Geschlecht anzugehören. Diese Eigenheit zeigt sich gewöhnlich während der frühen Kindheit; ab der Pubertät wird diese Diagnose nicht mehr gestellt.

Im Jugend- und Erwachsenenalter lautet die entsprechende Diagnose F64 „Transsexualismus“, wenn der Wunsch besteht, durch ärztliche Behandlung den Körper dem Geschlecht anzupassen, das als eigenes wahrgenommenen wird, und sein Leben entsprechend zu verändern.

Bei F64.1 „*Transvestitismus unter Beibehaltung beider Geschlechtsrollen*“ wird keine Geschlechtsumwandlung angestrebt.

Bei Kindern und Jugendlichen geht es vor allem darum, in der Beratung der Familie und des weiteren Umfelds Akzeptanz für deren Gefühle und Wünsche zu wecken. Es sollte weder in der Familie noch von Kindergartenerzieherinnen und Lehrern Druck auf das Kind ausgeübt werden, sich geschlechtstypisch zu verhalten. Wenn, vor allem infolge erlebter Ächtung und Demütigung durch Gleichaltrige, sich beim Kind oder Jugendlichen depressives oder ängstliches Verhalten entwickelt hat, ist eine psychotherapeutische Begleitung von Nutzen. Bei anhaltendem Wunsch nach Geschlechtsumwandlung muss dem Beginn der Maßnahmen (ab dem 18., ausnahmsweise 16. Lebensjahr möglich) eine mindestens einjährige Psychotherapie und ein mindestens ebenso langer „Alltagstest“ vorausgehen. Leistungen der Jugendhilfe können die von der Krankenkasse bezahlte Therapie unterstützend begleiten. Eventuell kommt die Unterbringung in einer therapeutischen Wohngruppe in Betracht oder ein Wechsel der Schule sowie des Ausbildungs-/Arbeitsplatzes (vgl. DGKJP 2007, 167–178).

Bis vor nicht allzu langer Zeit galten Menschen mit Persönlichkeitsstörungen als nicht therapierbar. Sie wurden für nicht einsichtig gehalten, und ihre Veränderungsmotivation wurde in Frage gestellt nach dem Leitsatz: „Der Psychopath lässt andere leiden, leidet aber selbst nicht“. Inzwischen kann gezeigt werden, dass Therapieerfolge durchaus möglich sind. Wie bei den anderen psychischen Störungen kommt es darauf an, die Entstehungsbedingungen zu erkennen und das Erleben und Verhalten zu verstehen – z. B. als durchaus sinnvolle Überlebensstrategie nach traumatischen Erfahrungen. In der gemeinsamen Arbeit geht es darum, alternative Strategien zu erlernen, eventuell auch das Umfeld so zu verändern, dass eine bessere Person-Umfeld-Passung erreicht wird (vgl. Psychiatrienetz 2020, Persönlichkeitsstörungen[81]).

Für das Kindesalter entspricht der Kategorie „Persönlichkeitsstörung“ in ICD-10 die Gruppe F90 „Verhaltens- und emotionale Störungen mit Beginn in der Kindheit und Jugend“.

2.8 Intelligenzminderung (F70–F79)

Wenn ein Kind geboren wird, freuen sich Eltern und Geschwister über jede seiner Reaktionen: dass es sie anblickt, auf ihre Stimme reagiert, munter strampelt, kräftig saugt, und sie können das erste Lächeln kaum erwarten. Sie

81 www.psychiatrie.de, abger. 26.6.2020

beobachten, wann es nach einem Spielzeug greift, zu krabbeln beginnt und gesprochene Worte versteht. Wenn dies alles viel später oder in schwächerem Maße geschieht als bei anderen Säuglingen, werden sich die Eltern besorgt an den Kinderarzt wenden. Die Diagnose „Entwicklungsverzögerung" wird sie verunsichern; ist klar, dass die Intelligenz des Kindes deutlich gemindert ist, werden sie einen schwierigen Weg von der ersten Erschütterung und Enttäuschung bis zur Akzeptanz der Erfahrung, dass ihr Kind „anders", aber nicht weniger liebenswert ist, zu gehen haben.

Als *„Intelligenzminderung"* wird nach ICD-10 die Beeinträchtigung der geistigen Fähigkeiten bezeichnet, wobei besonders deren Komponenten Kognition, Sprache, soziale und psychomotorische Fähigkeiten betroffen sind[82]. DSM-5 fasst unter den neuen Begriff „intellektuelle Behinderung" („Intellectual Disability", „Intellectual Developmental Disorder") anstelle der früheren Bezeichnung „mentale Retardierung" die Beeinträchtigung allgemeiner psychischer Fähigkeiten wie logisches Denken, Problemlösen, Planen, abstraktes Denken, Urteilsfähigkeit, schulisches Lernen und Lernen aus Erfahrung. Dies behindert das Meistern von Alltagsanforderungen wie Kommunikation, soziale Beziehungsaufnahme und unabhängiges Zurechtkommen in der Lebenswelt. Der Beginn der Einschränkung muss innerhalb der Entwicklungsperiode liegen.

Zu differenzieren ist zwischen *unterschiedlichen Graden* der Intelligenzminderung. Sie werden gemäß ICD-10 und DSM-5 nach dem IQ bestimmt.

Von *„leichter Intelligenzminderung"* (F70) wird bei einem IQ-Bereich von 50–69 gesprochen. Das Kind lernt das Sprechen verzögert, kann sich dann aber sprachlich verständigen und ist zwar zu einem späteren Zeitpunkt, jedoch in ausreichendem Maße, in der Lage, sich ohne Hilfe selbst zu versorgen (Essen, Waschen Blasen- und Darmkontrolle) und praktische Tätigkeiten zu verrichten. In der Schule erfährt es allerdings Schwierigkeiten, insbesondere beim Lesen, Schreiben und Rechnen. Im Arbeitsbereich kann der Jugendliche oder Erwachsene eine ungelernte oder angelernte Tätigkeit ausüben. 80 % der Menschen mit Intelligenzminderung weisen diese leichte Form auf.

Als *„mittelgradige Intelligenzminderung"* (F71) wird ein IQ Bereich von 35–49 bezeichnet. Hierbei sind Spracherwerb, Selbstversorgung, motorische Fertigkeiten und schulisches Lernen deutlich verlangsamt bzw. vermindert, und ein völlig autonomes Leben im Erwachsenenalter ist nur selten möglich. Dies betrifft 12 % der Menschen mit Intelligenzminderung.

Bei der *„schweren Intelligenzminderung"* (F72) sind die beschriebenen Fähigkeiten und Fertigkeiten noch weiter eingeschränkt, der IQ liegt zwischen 20 und 34. Diese Kategorie macht 7 % der geistigen Behinderungen aus.

---

82 Im MAS auf der dritten Achse „Intelligenzniveau" verschlüsselt.

Von „*schwerster Intelligenzminderung*" (F73) betroffene Menschen können ihr Gegenüber kaum oder gar nicht verstehen und sich auch sprachlich oder nonverbal kaum verständlich machen. Sie sind außerdem in ihrer Bewegungsfähigkeit eingeschränkt, und eine Selbstversorgung ist für sie unmöglich. Sie benötigen permanente Betreuung. Auf diese Weise beeinträchtigt ist 1 % der Gesamtgruppe (ICD-10; DGKJP 2014).

Die *Prävalenz* von Intelligenzminderungen beträgt in Deutschland ca. 1 %, wobei die höchste Rate im Schulalter zu finden ist. Das Verhältnis von Jungen zu Mädchen beträgt 1,0 : 0,4, was zum Teil an x-chromosomalen Gendefekten liegt, von denen 0,1–0,17 % aller Jungen mit Intelligenzbeeinträchtigung betroffen sind.

Ein niedriger IQ-Wert allein reicht zur *Diagnose* einer Intelligenzminderung nicht aus, zumal er unterhalb des Wertes von 50 kaum genau genug messbar ist. D. h. es müssen die beschriebenen Einschränkungen der Alltagsbewältigung zusätzlich gesehen werden. Deshalb ist es immer erforderlich, neben den standardisierten Intelligenz- und Entwicklungstests das Kind – am besten in seiner vertrauten Umgebung bei verschiedenen Aufgabenstellungen – zu beobachten und Eltern, Erzieher, Lehrer usw. zu befragen. Zur Planung der Förderung sollten zusätzliche pädagogische förderorientierte Diagnoseinstrumente eingesetzt werden. Ebenso sollten die familiären Bedingungen (Belastung, Erziehungs- und Fördermöglichkeiten, Unterstützungsbedarf) erkannt werden. Auch hierzu sind Fragebögen erarbeitet worden. Und selbstverständlich ist eine eingehende medizinische Diagnostik unverzichtbar, um die Ursache der Behinderung und Behandlungsnotwendigkeiten feststellen zu können[83] (Überblick: DGKJP 2014).

Kinder und Jugendliche mit Intelligenzminderung sind stärker vulnerabel als andere und leben in stärker belastenden Beziehungsgeflechten. So ist es nicht verwunderlich, dass sie höhere Raten von Verhaltensauffälligkeiten aufweisen als Kinder ohne diese Beeinträchtigung. *Komorbid* kommen bei ihnen vor allem Unruhe, Impulsivität, Wutausbrüche, oppositionelles Verhalten, Schlaf- und Essstörungen, autistische Symptome, Stereotypien und selbstverletzende Verhaltensweisen vor. Ab der Pubertät verschärfen sich familiäre Konflikte, insbesondere um Verselbstständigung und Ablösung.

Die *Ursachen* der Störung können endogener oder exogener Art sein. Zur ersten Gruppe gehören sehr unterschiedliche *genetische Abweichungen* wie numerische Chromosomenanomalien (z. B. Trisomie 21), strukturelle Chromosomenanomalien (z. B. Fragiles X-Syndrom, Rett-Syndrom), autosomal vererbte Störungen (z. B. Neurofibromatosen, Williams-Syndrom) und

83 Dazu gehören laut S2k-Leitlinie der DGKJP die klinische Anamnese, Familienanamnese mit Stammbaum, dysmorphologische Untersuchung, Chromosomenanalyse, Mikro-Arrays, Molekulargenetik, Bildgebung und Stoffwechseluntersuchung; www. awmf.org

angeborene Stoffwechselstörungen (z. B. Phenylketonurie, Kupferstoffwechselstörung). Bei ca. 40 % aller Intelligenzminderungen wird eine genetische Grundlage gefunden.

Fehlbildungen des Nervensystems wie Migrationsstörungen können sowohl genetisch als auch durch äußere Einwirkungen bedingt sein. *Exogene* Faktoren können prä-, peri- oder postnatal auf die Gehirnentwicklung einwirken. *Pränatal* können z. B. intrauterine Infektionen (wie Röteln), Durchblutungsstörungen der Plazenta oder toxische Substanzen wie Alkohol, Medikamente, Blei oder Strahlen das Kind schädigen, *perinatal* z. B. Sauerstoffmangel oder Hirnblutungen. Frühgeburtlichkeit mit sehr geringem Geburtsgewicht gehört ebenfalls zu den Risikofaktoren. *Postnatal* bzw. in der *frühen Kindheit* stellen traumatische Hirnschädigungen, z. B. durch Misshandlungen („Schütteltrauma") oder Unfälle, eine hohe Gefahr dar, außerdem Infektionen mit Beteiligung des ZNS durch Viren, Bakterien, Prionen, Pilze oder Einzeller (Übersicht: Marcus 2015).

Erziehungsbedingungen spielen in der Regel keine Rolle für die Entstehung einer geistigen Behinderung, es sei denn im extremen Fall einer völligen Vernachlässigung mit Reizentzug des kleinen Kindes („Kaspar-Hauser-Syndrom"). Sie können aber auf die weitere Entwicklung des Kindes förderlich oder hemmend wirken.

Die *Therapie* kann bei einem kleinen Teil der Betroffenen die Ursachen der Störung angehen. Die S2k-Leitlinie (DGKJP 2014) nennt die Zahl von 81 Stoffwechselerkrankungen, die diätetisch, durch Enzymersatz, Stammzelltransplantation u. A. behandelt werden können. Beratende und therapeutische Angebote richten sich an Eltern und Kinder. Die Eltern, die durch die Mitteilung der Diagnose in der Regel tief verstört und verängstigt sind, benötigen eine ausführliche und oft über viele Jahre kontinuierlich stattfindende *Aufklärung* und *Beratung* zur realitätsgerechten Einschätzung der Leistungs- und Entwicklungsmöglichkeiten des Kindes, zum günstigen Umgang mit ihm, seinen Bedürfnissen und möglichen Verhaltensauffälligkeiten und über die vorhandenen familienexternen Fördermöglichkeiten wie Frühförderung, inklusive oder sonderpädagogische Betreuung in der Kita und der Schule. Sie müssen auch über sozialrechtliche Ansprüche informiert werden wie Pflegegeld, Behindertenausweis, familienentlastende Dienste, Verhinderungspflege, Krabbelgruppen und Freizeiten für Kinder mit Behinderungen, Seminare für Geschwister, Selbsthilfegruppen usw. Und nicht zuletzt benötigen sie Verständnis, Beratung, Unterstützung und Entlastung für die schwere zeit- und kräftezehrende Aufgabe, die ihnen mit der Erziehung ihres Kindes gestellt ist. Eine psychotherapeutische Begleitung wird häufig erforderlich sein, z. B. um Zukunftsangst, Trauer, Schuldgefühle, Belastung der Partnerschaft und der weiteren sozialen Beziehungen und den Verzicht auf die Befriedigung eigener Bedürfnisse bewältigen zu können (Sarimski 2013).

Für die Entwicklung des Kindes ist die *Frühförderung* von hoher Bedeutung (s. Kapitel IV/4.1). In dieser Komplexleistung nach § 46 SGB IX, auf die von der Geburt bis zur Einschulung ein Rechtsanspruch besteht, werden medizinisch-therapeutische, pädagogische, psychologische und psychotherapeutische Hilfen miteinander verbunden erbracht. Durchgeführt werden sie vor allem in Sozialpädagogischen Zentren und Frühförderstellen, außerdem in heilpädagogischen Praxen. Die heilpädagogischen Leistungen dienen der Förderung der gesamten körperlichen, kognitiven und psychischen Entwicklung und der Erleichterung der Partizipation des Kindes an allen altersgemäßen Aktivitäten (s. Kap. IV/4.4). Die Komplexleistung wird vorrangig von den Trägern der Krankenversicherung finanziert, je nach Landesrecht auch gemeinsam mit den Jugendhilfeträgern.

Verhaltensauffälligkeiten des Kindes können in *Psychotherapien* (Spieltherapie, Verhaltenstherapie, Familientherapie) bearbeitet werden. Ehe ein Arzt eine Psychopharmakotherapie (z. B. bei Hyperaktivität) verordnet, hat er die Risiken für Kinder und Jugendliche mit Intelligenzminderung sehr sorgfältig gegen den erwarteten Nutzen abzuwägen (DGKJP 2014).

Leistungen zur Teilhabe für Kinder und Jugendliche mit geistiger Behinderung, wie Leistungen zur medizinischen Rehabilitation, Teilhabe an Bildung, am Arbeitsleben und zur sozialen Teilhabe (s. Kap. IV/4), fallen voraussichtlich noch bis zum Jahr 2027 vorrangig in den Zuständigkeitsbereich der Eingliederungshilfe, der gesetzlichen Krankenversicherung oder der Bundesagentur für Arbeit, ab dem Jahr 2028 vorrangig in den der Jugendhilfe. Schon jetzt sollen aber behinderte und nichtbehinderte Kinder in Tageseinrichtungen (§ 22a SGB VIII) und in der Schule nach Möglichkeit gemeinsam gefördert werden. Erforderliche heilpädagogische Maßnahmen sollen in inklusiven Einrichtungen durchgeführt werden, soweit der Hilfebedarf des Kindes auf diese Weise erfüllt werden kann (§ 35a Abs. 4 SGB VIII).

2.9 Entwicklungsstörungen (F80–F89)

2.9.1 Überblick

Kein Kind entwickelt sich nach einem vorgegebenen Schema. Das eine spricht früh, das andere bleibt lange bei seinem ganz eigenen Gebrabbel und verständigt sich durch Gesten; dafür klettert es vielleicht schon behände auf dem Spielgerüst herum, während das plaudernde Gleichaltrige ihm sehnsuchtsvoll hinterherblickt. Dennoch ist es für die weitere Entwicklung wichtig, dass – vor allem bei den Untersuchungen durch den Kinderarzt, aber auch in der Kita – auf auffällige Verzögerungen in einem Bereich, z. B. des Hörens, geachtet wird.

Unter der Bezeichnung „Entwicklungsstörungen[84]“ werden eine Reihe unterschiedlicher Abweichungen des Entwicklungsverlaufs in der Kindheit und im Jugendalter beschrieben.

So vielgestaltig ihr Erscheinungsbild auch ist, so stimmen sie doch in den folgenden Merkmalen überein:

- Sie beginnen immer im Kleinkindalter oder in der Kindheit
- Funktionen, die eng mit der biologischen Reifung des zentralen Nervensystems verflochten sind, zeigen sich in ihrer Entwicklung eingeschränkt oder verlangsamt
- ihr Verlauf ist kontinuierlich, ohne die für viele sonstige psychische Erkrankungen typischen wechselnden Perioden zwischen Besserung (Remissionen) und Rückfällen (Rezidiven) aufzuweisen. Sie schwächen sich zwar in der Regel im Laufe der Entwicklung ab, verschwinden aber nicht restlos.

Die Abweichungen betreffen meistens die Sprache, die visuell-räumlichen Fertigkeiten und die Koordination von Bewegungen. Sie bestehen typischerweise (wenn auch nicht immer) von Beginn der Entwicklung der jeweiligen Funktion an, es geht ihnen also nicht eine Phase normaler Entwicklung voraus. Von „Störung“ wird gesprochen, wenn die Teilleistung mindestens eineinhalb Standardabweichungen vom (ungestörten) Gesamtniveau abweicht. Jungen sind erheblich stärker betroffen als Mädchen. Über die Ursachen besteht noch keine Klarheit. Genetische Faktoren sind wahrscheinlich vielfach ausschlaggebend, worauf die familiäre Häufung verwandter Störungen schließen lässt. Psychosoziale Faktoren können modulierend wirken, sind aber eher von untergeordneter Bedeutung.

Die Störungen sollten so früh wie möglich *diagnostiziert* werden, denn je eher mit der Förderung begonnen wird, desto größer sind die Erfolgsaussichten. Allerdings sind im Säuglings- oder Kleinkindalter Diagnosen und Prognosen nicht immer mit der nötigen Zuverlässigkeit zu stellen und müssen unter Umständen modifiziert werden.

ICD-10 untergliedert diese Gruppe in „umschriebene“ und „tiefgreifende“ Entwicklungsstörungen. Die Bezeichnung *„umschrieben“* verdeutlicht, dass nicht die gesamte Entwicklung eines Kindes verzögert ist, sondern ein eingegrenzter Bereich, während die übrigen Funktionen normal entwickelt sind. Deshalb werden sie auch *„Teilleistungsstörungen“* genannt. Gestört sind die Informationsverarbeitung und die Handlungsorganisation bei normaler Intelligenzentwicklung[85]. Zu dieser Kategorie gehören die Störungen des

---

84 Im MAS der zweiten Achse zugeordnet.

85 Eine allgemeine Entwicklungsverzögerung als Teil einer geistigen Behinderung wird dagegen in ICD-10 als „F7 Intelligenzminderung“ verschlüsselt (s. Kap. II/2.8).

Sprechens und der *Sprache*, die Störungen *schulischer Fertigkeiten*, namentlich die Lese- und Rechtschreibstörungen und die Rechenstörungen sowie die Beeinträchtigungen der *motorischen Funktionen*. Diese *Funktionsbeeinträchtigungen* stellen keine psychische Störung dar, können aber – insbesondere als Folge ungünstiger Reaktionen der Umwelt – zu psychischen Störungen führen. Das Risiko für emotionale und Verhaltensprobleme (Angst, Verunsicherung, vermindertes Selbstwertgefühl, Rückzug, Aggressivität) ist um das Vier- bis Fünffache erhöht, u. a. auch deshalb, weil die Kinder viel häufiger als andere Hänseleien und Angriffen ausgesetzt sind. Langfristig zeigen sich Lernstörungen und in der Folge die Beeinträchtigung der beruflichen Entwicklungschancen (v. Suchodoletz 2013).

2.9.2 Umschriebene Entwicklungsstörungen des Sprechens und der Sprache (F80)

Gestört sind entweder

- die Aussprache von Lauten („*Artikulationsstörung*" oder „phonologische Störung"), z. B. Auslassen, Ersetzen oder Verzerrungen von Lauten oder inkonsistente Lautfolgen
- die Verwendung gesprochener Sprache („*expressive Sprachstörungen*", z. B. die im Alter von drei Jahren noch nicht erreichte Fertigkeit, einfache Zweiwortsätze zu bilden)
- das Sprachverständnis („*rezeptive Sprachstörung*", z. B. das Unvermögen, im Alter von zwei Jahren einfachen Routineanweisungen zu folgen)[86].

Die Sprech- und Sprachstörungen werden häufig, d. h. zu ca. 30 %, von ausgeprägten *psychischen Auffälligkeiten* begleitet. Bei Jungen sind dies vor allem ADHS und Störungen des Sozialverhaltens, bei Mädchen emotionale Störungen wie soziale Überempfindlichkeit, Zurückgezogenheit und Ängstlichkeit. Außerdem kommen Einnässen, Ess- und Schlafstörungen gehäuft vor. Plausibel erscheint, dass sie die Folge der Frustrationen sind, die das Kind erlebt, wenn es sich nicht verständlich machen kann oder die anderen nicht versteht. Dafür spricht auch, dass bei sprachgestörten Schulkindern das Ausmaß sozialer Phobien bis ins späte Jugendalter stetig ansteigt und sogar noch im Erwachsenenalter fortbesteht, und dass diese Kinder viel häufiger zu Mobbing-Opfern

86 Zur Liste gehört außerdem die sehr seltene erworbene Aphasie mit Epilepsie (Landau-Kleffner-Syndrom): Das Kind verliert nach einer zuvor normalen Sprachentwicklung sowohl das rezeptive als auch das expressive Sprachvermögen und erleidet meistens auch epileptische Anfälle. Es zeigen sich typische Auffälligkeiten im EEG und in der Mehrzahl ein ungünstiger Verlauf.

werden. Allerdings können die Störungen sich auch nebeneinander entwickeln. Komorbidität besteht insbesondere mit ADHS, aggressiv-oppositionellem Verhalten und motorischen Koordinationsschwächen (v. Suchodoletz 2013).

Für die *Diagnostik* des Sprachstands stehen eine große Zahl standardisierter Testverfahren zur Verfügung (vgl. Esser/Wyschkon 2015; Testzentrale 2020). Wichtig ist, dass andere Erkrankungen ausgeschlossen werden, d.h. Hörschädigung, Fehlbildungen der Sprechorgane, neurologische Erkrankung, Autismus, Mutismus, geistige Behinderung (gemessen mit einem sprachfreien Test).

Epidemiologie und Verlauf: Bei 5–8% der Kinder wird die Störung festgestellt, bei Jungen dreimal so häufig wie bei Mädchen. Ein erheblicher Anteil bleibt aber unerkannt, weil das Kind nicht fachlich qualifiziert untersucht wird.

Die *Prognose* ist günstig bei Kindern mit umschriebenen Artikulationsstörungen, weniger gut bei Kindern mit expressiven Sprachstörungen. Circa 40% von ihnen haben auch als Jugendliche und Erwachsene noch Schwierigkeiten. Noch problematischer sind die rezeptiven Sprachstörungen, die in 76% der Fälle nicht voll ausgeglichen werden können. Wenn die Störung zu Schulbeginn noch besteht, ist das Risiko für dauerhafte Entwicklungsprobleme erheblich. Eine Lese- und Rechtschreibstörung tritt bei drei Vierteln der Kinder auf, die dann zu weiteren Schulschwierigkeiten führen kann. Bei der Hälfte von ihnen ist die Schullaufbahn trotz normaler Intelligenz beeinträchtigt, außerdem verlangsamt sich die Intelligenz-Entfaltung. Die emotionalen und Verhaltensprobleme nehmen zu, das Risiko für Delinquenz ist erhöht (v. Suchodoletz 2013).

Für die *Entstehung* spielen wahrscheinlich mehrere Faktoren zusammen: Eine *genetische* Disposition ist nach jetzigem Kenntnisstand die wesentliche Ursache. *Psychosoziale* Bedingungen (vor allem starke Vernachlässigung, aber auch geringes Sprachniveau oder Depressivität der Mutter) können moderierend wirken, wenn bereits eine Vulnerabilität vorliegt (Esser/Wyschkon 2015; BDP et al. 2011).

Während die *Therapie* von Artikulationsstörungen nur bei sehr starkem Ausprägungsgrad erforderlich ist, muss sie für die rezeptiven und expressiven Störungen früh beginnen (am besten zwischen eineinhalb und vier Jahren). Spontanremissionen sind hier nicht zu erwarten. Die frühzeitige Behandlung ist vor allem angezeigt, um den psychischen und Verhaltensproblemen und auch einer Lese-Rechtschreibstörung vorzubeugen.

Wesentliche Hilfe erhält das Kind durch eine Sprachheilbehandlung (Überblick über die verschiedenen Verfahren bei Esser/Wyschkon 2015 und v. Suchodoletz 2013). Unbedingt erforderlich ist die Einbeziehung der Eltern, die das Erlernte im Alltag fördern und festigen müssen, die aber auch oft Entlastung für ihre Ängste und Unterstützung benötigen, insbesondere wenn das Kind oder sie im Umfeld stigmatisiert werden. Die Kosten der Logopädie werden von der Krankenkasse übernommen, ebenso wie heilpädagogische Maßnahmen, Ergotherapie oder eine Spieltherapie, die ergänzend hinzukommen können. Bei Fortbestehen der Störung im Schulalter kann eine sonderpädagogische Förderung durch die Schule angezeigt sein (vgl. OVG NRW[87]). Wenn die Sprachstörung zu den beschriebenen psychischen Folgen geführt hat, ist von einer *seelischen Behinderung* auszugehen. Meistens kommt eine trägerübergreifende Finanzierung in Frage. Dann ist die Abstimmung der Träger untereinander und die Erstellung eines Teilhabeplans gemäß § 19 SGB IX erforderlich.

2.9.3 Umschriebene Entwicklungsstörungen schulischer Fertigkeiten (F81)

Lese- und Rechtschreibstörung (F81.0)

Nichts ist für ein Kind in seinen ersten Schuljahren wichtiger, als lesen zu lernen. Mit dem eigenständigen Lesen erschließt es sich eine neue Welt, viele Kinder sind geradezu hungrig nach „Lesefutter". Umso schlimmer, wenn es immer wieder an einer hohen Hürde scheitert, sich mühsam durch einen Text tastet, es Buchstaben miteinander verwechselt, Wortteile oder ganze Wörter auslässt, die Zeile verliert und sich ihm der Sinn des Ganzen nicht erschließt. Schriftlich vorgegebene Aufgaben kann es kaum lösen. Noch schlimmer wird es, wenn beim Vorlesen die ganze Klasse über sein vergebliches Bemühen lacht. Beim Rechtschreiben quält es sich genauso, und so ist sein Geschriebenes kaum lesbar. Alle denkbaren Fehler unterlaufen ihm: Buchstabenverdrehungen, -umstellungen, -auslassungen und -einfügungen, Regelfehler, Fehlerinkonstanz und Durchgliederungsfehler; keiner davon ist typisch für diese Störung, aber alle kommen bei ihr gehäuft vor.

Wenn diese Probleme so stark ausgeprägt und von langer Dauer sind, dass das Erlernen des Lesens und Schreibens erheblich beeinträchtigt ist, sprechen wir von einer *Lese- und Rechtschreibstörung* (LRS) oder auch *Legasthenie*. Als „erheblich" gilt die Störung dann, wenn die schulische Bewertung oder – besser – das Ergebnis eines standardisierten Lese- oder Rechtschreibtests einen Prozentrang von 10 unterschreitet (Übersicht über diagnostische Verfahren: DGKJP 2015; Testzentrale 2020; Esser/Wyschkon 2015). Die Beeinträchtigung darf außerdem nicht durch eine allgemeine Intelligenzminderung (IQ unter 70), eine Sinnesschädigung (z. B. Seh- oder Hörstörung), eine Erkrankung des Zentralnervensystems (z. B. Zerebralparese, Epilepsie, Verlustsyndrom nach erworbener Hirnschädigung) oder als Folge mangelnder Beschulung erklärbar sein. Um von einer „spezifischen" oder „isolierten" Schwäche sprechen zu können, sollte der Wert eines normierten Lese- und/oder Rechtschreibtests

87 v. 18.5.2020 – 19 B 1721/19, juris zu §§ 4 und 14 AO-SF NRW 2005.

mindestens 1,2 Standardabweichungen unter dem Intelligenzquotienten liegen (DGKJP 2015). Schließlich muss die Störung entwicklungsbezogen sein, d.h. von Anfang an bestehen und nicht erst später in der Schullaufbahn erworben sein.

Die *Prävalenz* der Lese- und Rechtschreibstörungen wird auf 2–8 % aller Kinder geschätzt. Bei 60–80 % der Beeinträchtigten gingen sprachliche Entwicklungsauffälligkeiten voraus oder sind noch vorhanden. Die Rechtschreibschwäche bleibt häufig bis ins Jugend- oder sogar Erwachsenenalter bestehen, „wächst sich" also unbehandelt „nicht aus", während die Lesestörung meistens schneller bewältigt werden kann (Warnke/Baier 2013; Harnach-Beck 1998). Dass die Schullaufbahn in der Regel erheblich beeinträchtigt ist, verwundert nicht. Auch wenn dank der verbesserten Fördermöglichkeiten die Chance, einen Hauptschulabschluss zu schaffen oder ein Gymnasium zu besuchen, höher als früher ist, (Angaben zwischen 3 % und 20 %, Esser/Wyschkon 2015), bleibt doch einem großen Teil die Möglichkeiten höherer Schulabschlüsse und damit der besseren Berufsaussichten verschlossen.

Zu den *langfristigen Auswirkungen* konnte in einer Langzeitstudie gezeigt werden, dass Teilleistungsschwächen, die im Alter von acht Jahren festgestellt wurden, psychiatrische Auffälligkeiten im Alter von 13 Jahren recht gut voraussagen ließen, und zwar hauptsächlich dann, wenn ungünstige familiäre Bedingungen hinzukamen. Junge Menschen im Alter von 18 Jahren wiesen noch zu 34 % psychische Störungen auf (Esser et al. 1994; Esser/Wyschkon/Schmidt 2002).

Komorbide psychische Störungen sind bei über 40 % der Schulkinder zu finden. Vor allem die Jungen antworten auf die erlebten Frustrationen gehäuft mit Störungen des Sozialverhaltens (Aggressivität, im Jugendalter auch dissoziale Verhaltensweisen) oder mit ADHS; Kontaktstörungen, Ängste und Depressionen sind eher Reaktionsformen der Mädchen. Manche Kinder klagen im Zusammenhang mit Schulleistungsanforderungen über psychosomatische Symptome wie Kopf- und Bauchschmerzen, Übelkeit und Erbrechen. Eltern berichten, dass auch sie zu leiden haben, weil die familiären Konflikte bei den Hausaufgaben eskalieren (Esser/Wyschkon 2015;Warnke/Baier 2013).

Vielfach zeigen sich bei den Kindern *Informationsverarbeitungsschwächen*. Diese betreffen bei den Lese- und Rechtschreibstörungen überwiegend auditiv-sequenzielle Informationen, während bei den Rechenstörungen vorwiegend visuell-räumliche Informationen ungenügend verarbeitet werden. Die *Entstehungsbedingungen* der Legasthenie sind noch nicht hinlänglich geklärt. Die familiäre Häufung und das gemeinsame Auftreten bei Zwillingen sowie die Ergebnisse molekulargenetischer Untersuchungen sprechen für eine starke genetische Disposition. Entwicklungsverzögerungen, Krankheitsfolgen, Geburtsschäden, biochemische Störungen, chromosomale oder hormonale Fehlsteuerungen oder leichte hirnstrukturelle Abweichungen werden als weitere mögliche Mitursachen diskutiert. Ungünstige familiäre Bedingungen (Vernachlässigung, Überforderung, Konflikte usw.) und mangelnde schulische Förderung können auslösend oder verstärkend wirken, stellen aber zumeist nicht die Ursache dar (v. Aster 1996).

Die *Ziele einer Intervention* bestehen zum einen in der Behebung oder Minderung der Teilleistungsstörung und zum anderen in der Überwindung der psychischen Problematik, wenn sie als Folge dieser Störung aufgetreten ist. Primär sind spezifische *schulische Fördermaßnahmen* vorzusehen, vorrangig als gezielte Übungen und Hilfen innerhalb des Klassenverbandes. Bei schwereren Störungen muss eine ergänzende Förderung in Kleingruppen hinzukommen, die unterschiedlich organisiert werden kann: Klassenintern oder -übergreifend, jahrgangs-, schul- oder schulartübergreifend, im Ausnahmefall auch als Förderung eines einzelnen Schülers. Modifikationen bei der Leistungsfeststellung und -beurteilung (Nachteilsausgleich, z. B. Aussetzen der Rechtschreib-Note) sind dem Lehrer anheimgestellt. Die enge Zusammenarbeit mit den Eltern soll gesucht werden (vgl. z. B. Leitfaden der Senatsverwaltung für Bildung, Jugend und Familie Berlin 2020).

Eine *ambulante außerschulische Übungsbehandlung* ist angezeigt, wenn die innerschulischen Förderungsmöglichkeiten ausgeschöpft sind, ohne dass eine der Begabung entsprechende schulische Eingliederung erreicht werden konnte. Bei schweren Ausprägungsformen ist eine Einzeltherapie mit einer Dauer von ein bis anderthalb Jahren unerlässlich. Sie sollte symptomorientiert erfolgen und kann durch Lehrer oder Psychologen mit einschlägiger Zusatzqualifikation vorgenommen werden. Eine medikamentöse Behandlung oder die Anwendung „alternativer" Methoden sind nicht angezeigt (so DGKJP 2015).

Von *Legasthenietherapeuten* ist eine ausgewiesene Qualifikation zu fordern (Hingst 1998). Dennoch darf das Jugendamt die Aufnahme in eine Liste „zugelassener" Therapeuten nicht an das Vorliegen einer bestimmten Qualifikation knüpfen; eine Berufsausübungsregelung kann gem. Art. 12 GG nur durch Gesetz oder aufgrund eines Gesetzes erfolgen. § 35a SGB VIII fordert die Einzelfallprüfung; die Liste darf auch nicht zur Bedarfssteuerung oder als Konkurrenzschutzinstrument dienen (vgl. VGH Bayern 2014[88]). Die *Therapie der psychischen Begleitsymptomatik* bezieht sich im Allgemeinen auf den Abbau von leistungsbezogenen Ängsten, den Aufbau von Lernmotivation, Konzentration und Selbstwertgefühl. Das Kind sollte Techniken der Entspannung, Selbsthilfe, Fehlerkontrolle und der Bewältigung von Misserfolgserlebnissen erlernen. Werden zusätzlich die Eltern im richtigen Umgang mit dem Kind und seinen Schwierigkeiten trainiert, können noch bessere Erfolge erzielt werden (DGKJP 2015).

88 v. 20.3.2014 – 12 ZB 12.1351, JAmt 2014, 578–581.

Eingliederungshilfe kommt bei einer reinen Lese- und Rechtschreibstörung nicht in Betracht, wie zahlreichen Gerichtsurteilen zu entnehmen ist (z. B. OVG Lüneburg 2007[89]). Erst wenn die komorbiden Störungen so ausgeprägt sind, dass sie die Teilhabe beeinträchtigen, können Rehabilitationsangebote zusätzlich erfolgen.

Rechenstörung (F81.2)

Bei der Rechenstörung (*Dyskalkulie*) sind die Rechenfertigkeiten im Verhältnis zur Intelligenz unverhältnismäßig stark beeinträchtigt (1 1/2 Standardabweichungen unter dem IQ) und liegen ebenso deutlich unter der Klassennorm. Vor allem die grundlegenden Rechenarten sind betroffen. Erste Auffälligkeiten weisen bereits im Vorschulalter auf Schwächen im visuell-räumlichen Vorstellungsvermögen, in der Mengenerfassung, im Verständnis des Gleichheitsbegriffs und hinsichtlich des Operationsverständnisses hin. Kann das Kind in den ersten Schuljahren dem vermittelten Lernpensum nicht folgen, weiten sich die Lerndefizite immer stärker aus, weil der aufbauende Stoff nicht mehr verstanden wird.

Die *Prävalenz* von Rechenstörungen wird auf 3–6 % geschätzt. Dabei erfahren die Mädchen etwas größere Schwierigkeiten als die Jungen.

Kinder mit Rechenstörungen sind in erhöhtem Maße anfällig für die Entwicklung ängstlicher und depressiver Störungen sowie von Aufmerksamkeitsschwächen und Hyperaktivität. Bei 50–60 % besteht eine *Komorbidität* mit der Lese- und Rechtschreibstörung. Wie bei jener sprechen bisherige Forschungsergebnisse für eine multifaktorielle Entstehung. Hirnreifungsstörungen, neurophysiologische und neuropsychologische Schwächen können eine Rolle spielen. Genetische Faktoren sind von Bedeutung (zu etwa 40 %), aber auch Umwelteinflüsse wirken mit (Jacobs/Petermann 2008).

Der *Langzeitverlauf* ist noch wenig untersucht worden, einige Studien weisen aber auf langfristiges Bestehen der Störung, falls sie im dritten Schuljahr noch nicht behoben ist (Kohn et al. 2013). Jugendliche erreichen dann häufig nur einen geringen oder keinen Schulabschluss.

Bei schwerer Ausprägung der Störung ist also eine *Therapie* erforderlich. Die Empfehlungen ähneln denen für die LRS. Am erfolgreichsten ist eine Einzeltherapie, weil so am besten auf die individuellen Schwierigkeiten des Kindes und auch auf seine emotionalen Bedürfnisse eingegangen werden kann. Verschiedene Trainingsprogramme, auch computergestützte, erzielen zwar Verbesserungen, sind aber der Arbeit eines qualifizierten Therapeuten unterlegen (Esser/Wyschkon 2015).

89 4 LC 514/07.

Rechtsprechung zur Eingliederungshilfe bei Teilleistungsstörungen

„Eltern wollen ihrem Kind auf Kosten der Jugendhilfe einen chicen Internatsaufenthalt in der Schweiz verschaffen"– „Anwaltschaftlich vertretene und versierte Mittelschichteltern plündern die Kassen des Jugendamts" – so und ähnlich kann man vielfach lesen, wenn von der Begrenzung der Kosten für die Eingliederungshilfe die Rede ist. Der Streit zwischen dem Jugendamt und dem Kind, vertreten durch seine Eltern, führte bei Teilleistungsstörungen oft vor die Gerichte, häufiger als bei anderen psychischen Störungen. Nachdem zu Beginn der 1990er Jahre die Rechtsprechung den Kindern mit LRS meistens einen Anspruch auf Eingliederungshilfe zubilligte, hat sie nach verschiedenen Urteilen des Bundesverwaltungsgerichts später die Bewilligungskriterien deutlich verengt. Auch wenn Teilleistungsstörungen, wie gezeigt wurde, bedeutende Risikofaktoren für das spätere Auftreten psychischer Störungen sind, können sie nicht von vornherein mit einer bestehenden oder drohenden Behinderung gleichgesetzt werden. Erst wenn tatsächlich ausgeprägte emotionale Probleme oder Verhaltensauffälligkeiten hinzukommen, kann eine Beeinträchtigung der Teilhabe vorliegen oder prognostiziert werden. Dieses muss im konkreten Einzelfall festgestellt werden. Die Einschränkungen in der Eingliederungsfähigkeit brauchen noch nicht eingetreten zu sein oder unmittelbar bevorzustehen, sie müssen jedoch mit hoher Wahrscheinlichkeit zu erwarten sein. Dafür müssen konkrete Anhaltspunkte zu erkennen sein, die auf eine sich anbahnende Störung hinweisen (BVerwG 1995[90]). Viele Gerichte stützen sich nunmehr auf das Urteil des Bundesverwaltungsgerichts von 1998. Danach liegt bei „bloßen Schulproblemen und auch Schulängsten, die andere Kinder teilen", keine seelische Behinderung vor. Wohl aber ist sie z. B. gegeben „beim Auftreten einer auf Versagensängsten basierenden Schulphobie, bei totaler Schul- und Lernverweigerung, dem Rückzug aus jedem sozialen Kontakt und der Vereinzelung in der Schule, wobei auch seelische Störungen etwas geringeren Schweregrades einen Anspruch begründen können. Entscheidend ist, ob die seelischen Störungen nach Breite, Tiefe und Dauer so intensiv sind, dass sie die Fähigkeit zur Eingliederung in die Gesellschaft beeinträchtigen" (BVerwG 1998[91]).

Immer ist es zuallererst *Aufgabe der Schule*, den Schüler auf die notwendige Weise zu fördern. Dies gilt grundsätzlich auch für die typischerweise mit diesen Störungen verbundenen Sekundärfolgen wie Schulunlust, Gehemmtheit und Versagensängste. Nur dann, wenn die schulische Förderung nicht ausreicht, ist eine „Hilfe für eine angemessene Schulbildung" (s. Kap. IV/4.3.2) angezeigt. Gemäß § 10 Abs. 1 SGB VIII leistet die Jugendhilfe nachrangig zur Schule. Die entsprechenden Erlasse der Kultusminister der Länder weisen die

90 Urt. v. 28.9.1995 – 5 C 21/93 – FEVS 46, S. 360.

91 Urt. v. 26.11.1998 – 5 C 38/97, FEVS 49, S. 488 f.; v. 11.8.2005 – 5 C 18/04.

Schulen darauf hin, dass sie ihre Pflicht nicht auf die Träger der Jugend- oder Eingliederungshilfe abwälzen dürfen. In der Rechtsprechung wird diese Sichtweise bekräftigt (z. B. OVG NRW 2011 zur Legastheniebehandlung[92]; OVG NRW 2011 zur Behandlung von Dyskalkulie[93]).

Hat die Schulverwaltung einen Schüler schulrechtlich einem best. Schultyp zugewiesen, so ist diese Entscheidung grundsätzlich für das Jugendamt verbindlich (VG Düsseldorf 2001[94]).

Die *Krankenkasse* muss grundsätzlich nicht die Kosten einer Legasthenie-Therapie tragen (Heilmittel-Richtlinie 2017[95]). Im Einzelfall kann dieses jedoch in Frage kommen, wenn zusätzliche Störungen mit Krankheitswert bestehen oder neurologische Störungen oder die Beeinträchtigung von Sinnesfunktionen ursächlich sind (LSG Baden-Württemberg 2000[96]). *Eingliederungshilfeleistungen* der Jugendhilfe können erforderlich sein bei schweren Formen der Lese- und Rechtschreibstörung oder Rechenstörung, die mit den von der Schule angebotenen Fördermöglichkeiten nicht zu beheben oder zumindest nicht ausreichend zu mildern sind. Allerdings darf dies nicht „aus Präventionsgründen" geschehen (VG München 2012[97]), sondern eine Teilhabebeeinträchtigung muss nach fachlicher Erkenntnis bestehen oder mit hoher Wahrscheinlichkeit drohen (OVG Münster 2015[98]). Das Gleiche gilt für eine Dyskalkulie-Therapie (VG Düsseldorf 2001[99]).

Wie ein Blick auf die genannten Urteile zeigt, führt der Streit über die Erforderlichkeit einer Rehabilitationsleistung das Kind, vertreten durch seine Eltern, und den Jugendhilfeträger oft vor das Gericht. Das folgende Beispiel soll verdeutlichen, wie ein solcher Streit und die Entscheidung eines Oberverwaltungsgerichts aussehen können:

Lauter Bücher mit sieben Siegeln

Der zehnjährige Fritz leidet, wie von der Klassenlehrerin beschrieben, unter einer ausgeprägten Lese- und Rechtschreibstörung samt einer erheblichen Störung der Aufmerksamkeit und daraus folgenden emotionalen und Verhaltensstörungen. Er sei aufgrund seiner Schwierigkeiten in der Schule teilweise aggressiv, habe keine engeren Kontakte zu Mitschülern, nehme bei Partner- und Gruppenarbeiten eine Außenseiterstellung ein.

92 v. 13.7.2011 – 12 A 1169/11 und v. 28.10.2011 – 12 A 1174/11.

93 v. 22.9.2011 – 12 A 1596/10. Übersicht über weitere entsprechende Urteile bei Harnach 2020a, § 35a SGB VIII, Rn. 37.

94 v. 22.1.2001 – 19 K 11140/98, ZfJ 2001, 196.

95 www.g-ba.de

96 v. 28.1.2000 – L 4 KR 4592/98.

97 v. 22.2.2012, ZFSH/SGB, 386.

98 v. 3.2.2015 – 12 B 1493/14.

99 v. 22.1.2001 – 19 K/11140/98, ZfJ 2001, 196.

Sein Versagen bei der Rechtschreibung habe zu extremen Selbstwertproblemen geführt. Nach Angaben der Eltern verhält er sich auch zu Hause aggressiv, nässt oft ein, vermeidet häufig auch den Gang zum Sportverein mit der Begründung, er habe Bauch- oder Kopfschmerzen, zieht sich meistens von anderen Kindern zurück. Der befragte Facharzt für Kinder- und Jugendpsychiatrie und -psychotherapie diagnostizierte „massive sekundärneurotische Verhaltensstörungen". Das OVG hält deshalb eine seelische Behinderung und den entsprechenden Anspruch auf Eingliederungshilfe für gegeben und weist den Antrag des Jugendhilfeträgers auf Zulassung der Berufung gegen das (ebenso lautende) Urteil des Verwaltungsgerichts zurück. Der Jugendhilfeträger hatte sich auf das oben zitierte Urteil des Bundesverwaltungsgerichts von 1998 bezogen („totale Schul- und Lernverweigerung, Rückzug aus jedem sozialen Kontakt" usw.). Das OVG sieht darin jedoch lediglich eine beispielhafte Aufzählung und kommt zu der Überzeugung: „Diese schließt die Beachtlichkeit von seelischen Störungen unterhalb eines derartigen Schweregrades nicht grundsätzlich aus; eine Untergrenze mag mit dem Bundesverwaltungsgericht dort zu ziehen sein, wo es sich um bloße Schulprobleme oder um Schulängste handelt, die auch andere Kinder teilen." (OVG NRW 2007[100])

2.9.4 Umschriebene Entwicklungsstörung der motorischen Funktionen (F82)

Kinder mit dieser Problematik fallen durch eine besonders ausgeprägte Ungeschicklichkeit bei fein- und grobmotorischen Aufgaben und durch ungelenke, schlecht koordinierte Bewegungen auf. Balancehalten (z. B. beim Radfahren, Rollschuh- oder Schlittschuhfahren), Schwimmen oder Ballspielen lernen sie später als andere und mit schlechteren Ergebnissen[101]. Im Sportunterricht werden sie oft verlacht. Um von „Störung" sprechen zu können, verlangt ICD-10 „eine schwerwiegende Beeinträchtigung der Entwicklung der motorischen Koordination". Da ausgeprägte motorische Schwächen auch bei Intelligenzminderung vorkommen, muss eine solche ausgeschlossen werden, um die Diagnose zu rechtfertigen. Ebenso darf keine diagnostizierbare neurologische Erkrankung mit Störungen der Bewegungskoordination vorliegen, wie z. B. zerebrale Bewegungsstörungen oder Muskeldystrophie. Die Abgrenzung ist manchmal schwierig. Die Diagnose erfolgt mit standardisierten Motoriktests; das Ergebnis muss 1 1/2 Standardabweichungen unter dem Normwert und unter dem IQ liegen. Der früher gern gebrauchte Begriff „minimale zerebrale Dysfunktion" sollte wegen seiner Unklarheit nicht mehr verwendet werden.

100 v. 14.11.2007 – 12 A 457/06.

101 Diese Merkmale mangelhafter motorischer Koordination werden „weiche Zeichen", „soft signs" genannt.

Die Störung tritt selten auf (3,2 % in einer Längsschnittstudie, Esser/Wyschkon 2015). Jungen sind eher betroffen. Psychische Auffälligkeiten kommen vor. Die Kinder erscheinen als ängstlicher, depressiver, kontaktärmer und unselbstständiger als andere.

Als *Hauptursachen* gelten Schwangerschafts- und Geburtskomplikationen, ein sehr niedriges Geburtsgewicht und eine deutlich verfrühte Geburt. Da das Kind schutzbedürftiger als andere wirkt, neigen die Eltern mitunter zu überbehütendem Erziehungsverhalten und sollten entsprechend beraten werden. Die motorische Koordination kann durch Krankengymnastik und mototherapeutische Übungen verbessert werden. Bei Auftreten einer starken Selbstwertproblematik im Jugendalter kann auch eine *Psychotherapie* hilfreich sein (Esser/Wyschkon 2015). Für die erforderlichen Leistungen kommt in der Regel der Träger der Krankenversicherung auf, wobei allerdings die Mototherapie als „nichtverordnungsfähiges Heilmittel im Sinne der Heilmittel-Richtlinie" gilt, also nicht von der Krankenkasse bezahlt wird. Eine *Eingliederungshilfe* durch das Jugendamt ist in aller Regel nicht erforderlich.

2.9.5 Tiefgreifende Entwicklungsstörungen (F84.-)

Als „tiefgreifend" werden Entwicklungsbeeinträchtigungen unterschiedlicher Art bezeichnet, die nicht nur durch Verzögerungen, sondern vor allem durch *qualitative* Abweichungen des Entwicklungsverlaufs gekennzeichnet sind. Vermindert ist die Fähigkeit zu zwischenmenschlicher Interaktion und Kommunikation – z. B. ist der Betroffene nicht in der Lage, den Gefühlszustand seines Gegenübers zu erkennen, oder sein Sprechvermögen bleibt rudimentär. Ein weiteres charakteristisches Merkmal ist die Einengung auf wenige Interessen und Handlungen, die stereotyp wiederholt werden, unabhängig von der jeweiligen Situation (z. B. Schnüffeln an allen Gegenständen). Die Schwere der Abweichung variiert von sehr gering bis extrem ausgeprägt. Körperliche Begleiterscheinungen können hinzukommen, wobei unklar ist, welche Rolle sie für die Entwicklungsstörung spielen. Gemeinsam ist allen diesen Störungen, dass sie vor dem fünften Lebensjahr auftreten. Eine Heilungsmöglichkeit gibt es bisher nicht, jedoch können Förderung und Therapie die Symptomatik mildern. Viele Betroffene können auf diese Weise unabhängig, produktiv und zufrieden leben (DSM-5).

ICD-10 ordnet die folgenden Störungen dieser Gruppe zu:

- frühkindlicher Autismus (F84.0)
- atypischer Autismus (F84.1)
- Rett-Syndrom (F84.2)
- andere desintegrative Störung des Kindesalters (F84.3)

- überaktive Störung mit Intelligenzminderung und Bewegungsstereotypien (F84.4)
- Asperger-Syndrom (F84.5)
- andere und nicht näher bezeichnete tiefgreifende Entwicklungsstörung (F84.8).

Im DSM-5 und ICD-11 wurde für die Oberkategorie eine andere Bezeichnung gewählt, nämlich „*Autismus-Spektrum-Störung*". Damit wird der Erkenntnis Rechnung getragen, dass die Störungsbilder nicht klar qualitativ voneinander abgrenzbar sind. Man deutet sie jetzt als unterschiedlich ausgeprägte (also quantitativ abgestufte) Formen eines breiten Krankheitsspektrums.

Die *Prävalenzraten* für die tiefgreifenden Entwicklungsstörungen erhöhen sich seit den 1980er Jahren zunehmend, wobei sowohl die veränderten Diagnosekriterien als auch verbesserte diagnostische Verfahren sowie effizientere Therapien und eine gesteigerte öffentliche Aufmerksamkeit eine Rolle spielen können. Jugendamtsmitarbeiter klagen darüber, dass „plötzlich alle Kinder autistisch sind", und auch die Gerichte werden recht häufig bemüht[102].

Die Untersuchungsergebnisse zu den Prävalenzen variieren zwischen 0,6 % und 1,1 %. Jungen sind etwa viermal so häufig betroffen wie Mädchen, von Asperger-Autismus sogar zehnmal (Vogeley/Sinzig/Freitag 2016). In Familien mit höherem sozioökonomischem Status werden autistische Störungen, insbesondere solche ohne Intelligenzminderung, anscheinend häufiger und früher diagnostiziert als in solchen mit niedrigem Status (Remschmidt/Martin/Kamp-Becker 2015). Andererseits zeigen epidemiologische Studien ein leicht erhöhtes Vorkommen in Familien mit niedrigem sozioökonomischem Status (Vogeley/Sinzig/Freitag 2016). Unterschiedliches Wissen über das Krankheitsbild und die Hilfemöglichkeiten vermag diese Diskrepanz vielleicht zu erklären.

Die häufigsten Diagnosen lauten „nicht näher bezeichnete tiefgreifende Entwicklungsstörung" mit 20 Fällen je 1000 Personen, gefolgt vom „frühkindlichen Autismus" (11–18/10.000), „Asperger-Syndrom" (2–3 bzw. 30–40/10.000, je nach Studie) und „atypischen Autismus" (2–11/10.000) (Sinzig/Schmidt 2013).

Die *Ursachen* der Autismus-Spektrums-Störungen sind bisher noch nicht zufriedenstellend aufgeklärt. Einiges spricht dafür, dass mehrere Faktoren einzeln oder in Wechselwirkung miteinander an der Entstehung beteiligt sein können, wobei der genetischen Komponente ein hohes Gewicht zukommt. Die Erblichkeit wird auf ca. 40–80 % geschätzt. Gefunden wurden zahlreiche unterschiedliche genetische Risikofaktoren, die teilweise von den Eltern ererbt wurden, teilweise auch neu durch Keimbahnmutation entstanden, und die zu strukturellen und funktionellen Abweichungen der Hirnentwicklung führten.

102 Übersicht über Gerichtsurteile bei Harnach 2020a, § 35a SGB VIII, Rn. 20

Prä- und perinatal entstandene Hirnschädigungen (z. B. durch Röteln der Mutter, Medikamente wie Antiepileptika und Antidepressiva), hirnorganische Erkrankungen und biochemische Störungen gehören ebenfalls zu den ursächlichen Bedingungen. Höheres Alter der Mutter und (besonders) des Vaters bei der Geburt des Kindes scheinen eine Rolle zu spielen, da es zu epigenetischen Veränderungen (Interaktion von genetischer Ausstattung mit Umwelteinflüssen) führen kann. Ebenso werden somatische und psychiatrische Vorerkrankungen der Mutter häufiger gefunden. Psychosoziale Faktoren[103] sind, entgegen früheren Annahmen, nicht ursächlich beteiligt, können aber den Verlauf der Erkrankung mit beeinflussen. Deshalb sind eine frühzeitige Diagnostik, Förderung und Therapie für den Behandlungserfolg wichtig (Vogeley/Sinzig/Freitag 2016).

Für Kinder mit *frühkindlichem Autismus* (F 84.0) wird oft eine Hilfe nach § 35a SGB VIII gesucht.

Hier ein Beispiel aus der Arbeit des Jugendamts:

Sven, das „Elfenkind"

Der siebenjährige Sven kommt in Begleitung seiner Eltern zum Jugendamt. Die Eltern bitten um Hilfe für ihren Sohn, der demnächst eingeschult werden soll. Die Beraterin des Schulamtes habe zum Besuch der Regelschule geraten; dafür sei eine heilpädagogische Begleitung erforderlich. Sven – ein außerordentlich hübscher Junge mit einem elfenhaft zarten Gesicht – verhält sich sehr auffällig: Er nimmt keinen Blickkontakt auf, spricht nicht, sitzt keinen Moment lang still, läuft unruhig im Raum herum, dreht stereotyp verschiedene Objekte, wirft angebotenes Spielzeug von sich oder vom Tisch. Fingerspiele und Aufblasen der Wangen sind ebenfalls zu beobachten. Die Eltern berichten, dass die einzige Beschäftigung, die ihn fessele, das Zerreißen von Papieren sei. Außerdem könne er lange mit Wasser oder Sand spielen. Wenn man nicht achtgebe, esse er Blätter und Sand. Diese Störung begann, als Sven 2 1/2 Jahre alt war.

Er besucht jetzt einen Schulkindergarten der Lebenshilfe und erhält dort eine heilpädagogische Behandlung, die vom Träger der Eingliederungshilfe bezahlt wird. Da das Jugendamt eine fachärztliche Stellungnahme benötigt, wird Sven auf Anraten einer Ärztin des Gesundheitsamtes in einer Klinik für Psychiatrie und Psychotherapie des Kindes- und Jugendalters aufgenommen und dort über elf Wochen begutachtet und behandelt. Er erhält Ergotherapie, Heilpädagogik, Krankengymnastik und Medikamente (u. a. Ritalin), was zu einer leichten sozialen Öffnung und etwas vermehrtem Blickkontakt geführt

103 In der Bindungstheorie wurde früher irrtümlich vermutet, dass „kalte" Mütter („Kühlschrankmütter") den Autismus verursachten. Insbesondere das einflussreiche Buch „Die Geburt des Selbst" (1967) von Bruno Bettelheim übte einen verheerenden Einfluss aus, indem es Generationen von Müttern fälschlich beschuldigte, nicht zärtlich genug mit ihren Babys umgegangen zu sein. Tatsächlich ist es häufiger so, dass autistische Säuglinge unter Berührungen leiden und sie zurückweisen.

hat. Die Diagnose lautet „atypischer Autismus", „atypisch" wegen des verspäteten Beginns. Die Intelligenz sei wahrscheinlich durchschnittlich, allerdings sei es nicht möglich, mit ihm einen Intelligenztest durchzuführen. Er sei nach wie vor extrem unruhig und versuche oft wegzulaufen. Nur wenn er festgehalten werde, könne er für etwa 40 Minuten am Unterricht teilnehmen. Gelegentlich schmiere er mit Kot. Mit „gestützter Kommunikation"[104] könne er Lesen, Schreiben und Rechnen lernen. Er interessiere sich für Biologie und habe darin einige Kenntnisse. Sven könne einen Bildungsgang absolvieren, der dem der Regelschule entspricht, allerdings nur, wenn er eine auf die Autismusbehandlung spezialisierte stationäre therapeutische Einrichtung besuche, die ihm die nötige Förderung bieten könne. Die Eltern lehnen eine stationäre Unterbringung ab, weil Sven auf die Beziehung zu ihnen und seiner Schwester angewiesen sei, diese aber beim Aufenthalt in der weit entfernt liegenden Einrichtung verlieren würde. Daraufhin kann Sven in Begleitung eines Inklusionshelfers probeweise für eine Woche am Unterricht in einer Regelschule teilnehmen. Da der Versuch geglückt scheint, beantragen die Eltern als seine Vertreter beim Jugendamt die Kostenübernahme für einen Schulbegleiter, der ihn in Absprache mit dem Autismus-Therapeuten während des Unterrichts betreut, als Eingliederungshilfe für Kinder mit seelischer Behinderung. Diese wird vom Jugendamt bewilligt.

Die wesentlichen *Symptome* des frühkindlichen Autismus, die sich auch bei Sven zeigen, sind:

- *qualitative Auffälligkeiten der sozialen Interaktion*: Es fehlt – so heißt es in ICD-10 – die soziale und emotionale Gegenseitigkeit. Die Kinder sind nicht fähig, Beziehungen zu anderen, insbesondere zu Gleichaltrigen, aufzunehmen, können auf der anderen Seite aber auch extrem an eine Person gebunden sein (z. B. sich nur von dieser anziehen lassen). Sie zeigen kein Interesse an anderen Menschen, imitieren diese nicht spontan, können deren Mimik und Gestik nicht deuten und Emotionen anderer nicht adäquat beantworten (z. B. nicht mit ihnen trauern).
- *Auffälligkeiten der Sprache*: Etwa die Hälfte der Kinder lernt gar nicht zu sprechen oder verliert – wie Sven – die wenigen zuvor gelernten Worte. Bei anderen setzt der Sprachbeginn verspätet ein und es besteht lange Echolalie (Mutter: „Möchtest du einen Keks?" Kind: „Möchtest du einen Keks?" was bedeutet: „Ich hätte diesen Keks gern".) Die Sprechstimme und die Sprachmelodie klingen anders als bei anderen Kindern, insbesondere die Stimmlage und -stärke, die Betonung und der Sprechrhythmus weichen

104 Das Verfahren, bei dem ein Helfer den Arm des autistischen Menschen beim Schreiben auf dem Computer stützt, ist umstritten. Viele Ergebnisse deuten darauf hin, dass der Stützende den Schreibvorgang beeinflusst. Die „gestützte Kommunikation" ist nicht zu verwechseln mit der „unterstützten Kommunikation", die eine erprobte Hilfe ist (DGKJP et al. 2014).

vom Erwarteten ab. Stereotype, sich wiederholende Redewendungen weisen auf ein eingeschränktes Sprachverständnis hin.
- *sich wiederholende, eingeschränkte Verhaltensmuster*: Die Kinder können sich ausgedehnt mit immer gleichen, ungewöhnlichen Tätigkeiten beschäftigen, z. B. über lange Zeit ein Rad drehen oder der Waschmaschine zuschauen. Ihre Spielinteressen sind begrenzt; an einem Spielzeug interessiert sie eventuell nur ein bestimmtes Teil oder sie verwenden es atypisch, indem sie es z. B. nur belecken, ertasten, beriechen oder Geräusche damit erzeugen. Stereotype Bewegungen (motorische Manierismen) wie z. B. Handverbiegen oder Fingerschlagen, Fächerbewegung der Hände vor den Augen, Pendeln mit dem Kopf, Schlagen mit den Händen auf die Ohren sind charakteristisch. Sie werden als Selbststimulation von Sinnesbereichen erklärt. Die Kinder beharren ängstlich auf Gleicherhaltung ihrer Umwelt. Veränderungen von Dingen oder gewohnten Tätigkeiten können Panik- und Schreiattacken auslösen, spezifische Rituale müssen eingehalten werden. Typisch ist auch der Zehenspitzengang, den manche Kinder lange beibehalten.

Die Störung kann *unterschiedliche Schweregrade* aufweisen. Die beschriebene Symptomatik führt im Allgemeinen zu einer dauerhaften Behinderung. Eltern und Geschwister sind durch die Störung meistens extrem belastet.

Die *Intelligenz* ist bei ca. 70 % der Betroffenen beeinträchtigt, wobei die Einschränkung von leichter Minderung bis zu schwerer geistiger Behinderung variiert. Ca. 30 % weisen eine durchschnittliche Intelligenz auf. Auch überdurchschnittlich hohe Intelligenzquotienten kommen, wenn auch selten, vor, ebenso Sonderbegabungen („Kalender-Genie“). Das Intelligenzprofil weist häufig sehr heterogene Werte auf, sodass es sinnvoll ist, mehrdimensionale Intelligenztests zu verwenden, um die relativen Stärken und Schwächen zu erkennen. Nicht immer ist eindeutig zu klären, ob die seelische oder geistige Behinderung im Vordergrund steht, so dass im Einzelfall die Zuordnung zur Jugend- oder zur Eingliederungshilfe strittig sein kann. Da wegen der Einschränkungen der Ausdrucksmöglichkeiten die „wahre“ Intelligenz mitunter nur schwer zu ermitteln ist bzw. unterschätzt wird, tendieren einige Gerichte dazu, den Autismus generell den seelischen Störungen (und nicht den geistigen Behinderungen) zuzuordnen und das Jugendamt in der Pflicht zu sehen (z. B. OVG Münster 2002[105]).

Menschen mit autistischer Störung leiden häufig unter einer Reihe anderer Erkrankungen. Eine erhöhte *Komorbidität* besteht mit infantiler Zerebralparese, Epilepsie, Schlafstörungen, Seh- und Hörproblemen, Magen-Darm-Problemen, motorischen Auffälligkeiten u. a.

105 v. 20.2.2002 – 12 A 5322/00, ZfJ 2002, 396.

Eine kausale *Behandlung* und eine Heilung autistischer Störungen sind bislang nicht möglich, jedoch können die Interaktionsfähigkeit, die Selbstständigkeit und die Alltagsbewältigung erheblich verbessert werden. Verhaltenstherapeutische und pädagogische Ansätze weisen die größten Erfolge auf, während psychodynamisch orientierte Methoden nicht indiziert sind. In aller Regel ist eine Kombination von (Sonder-)Pädagogik, gezielter Sprach-, Wahrnehmungs- und Kommunikationsförderung, Übungen zur Alltagsbewältigung, Krankengymnastik zur Reduktion motorischer Defizite und familienentlastenden Maßnahmen erforderlich. Pharmakotherapie und Musiktherapie können hinzukommen. Die Aufnahme in eine beschützende Institution kann mitunter notwendig sein (Vogeley/Sinzig/Freitag 2016; Steinhausen 2016).

Ein kleiner Teil der Kinder und Jugendlichen kann mit Hilfestellung (z. B. Schulbegleitung) eine reguläre Schule besuchen und beruflich gebildet werden. Diesbezüglichen Klagen vor Gericht wurde häufiger stattgegeben (z. B. OVG Münster 2015[106]; VG Freiburg 2016 [107]).

Der *atypische Autismus (F84.1)* unterscheidet sich vom frühkindlichen Autismus entweder durch das Alter bei Krankheitsbeginn oder dadurch, dass nicht alle Symptome zu beobachten sind.

Auch das *„Asperger-Syndrom“ (F84.5)* beinhaltet lediglich Teilaspekte des frühkindlichen Autismus. Vergleichbar sind die Schwierigkeiten im Kontakt mit anderen Menschen. Der Betroffene lebt auf sich selbst bezogen und kann sich kaum in andere hineinversetzen, so dass er meistens sozial isoliert bleibt. Blickkontakt fällt ihm schwer. Typisch ist die Beschränkung auf einige wenige, manchmal skurrile, Interessen, vor allem an Objekten wie z. B. Landkarten, Steinen, Computern und dergleichen, die im Denken und Handeln einen großen Platz einnehmen. Routinen müssen zwanghaft eingehalten werden. Ein tapsiger Gang und ungeschickte Hände fallen auf. Anders als beim frühkindlichen Autismus ist jedoch die Entwicklung nicht generell verzögert. Das Kind erlernt die Sprache, benutzt sie viel, aber eher nicht zum gegenseitigen Austausch, sondern egozentrisch, um sich mitzuteilen. Das Verständnis von Sprache ist oft beeinträchtigt; z. B. können Witze und Ironie nicht verstanden werden. Die meisten Menschen mit Asperger-Autismus besitzen eine normale, einige eine überdurchschnittliche Intelligenz. Dann wird von „hochfunktionalem Autismus“ gesprochen.

Die Symptomatik fällt im Allgemeinen gegen Ende des 3. Lebensjahres zum ersten Mal auf, verstärkt sich mit zunehmendem Alter und besonders in der Pubertät. Dann kommen häufig auch Depressionen, Zwänge, Tic-Störungen, Angststörungen, ADHS und Suizidgedanken hinzu. Im Erwachsenenalter wird die Symptomatik milder, bleibt aber unverkennbar.

---

106 v. 12.10.2015 – 12 A 2298/14.

107 v. 18.3.2016 – 4 K 2145/14. Weitere Gerichtsurteile bei Harnach 2020a, Rn. 40.

Die Kinder können meistens eine Regelschule besuchen, benötigen aber häufig Unterstützung für das Lernen in der Klasse, z. B. durch einen Schulbegleiter, der ihnen hilft, ihre Aufmerksamkeit zu fokussieren und ihren Rededrang zu bremsen. Manche kommen in kleinen Klassen mit dichter pädagogischer Begleitung besser zurecht, sodass eventuell auch ein Privatschulbesuch als Eingliederungshilfe vom Jugendhilfeträger finanziert werden kann[108]. Stützende Psychotherapie, die vor allem den depressiven Verstimmungen entgegenwirkt, kognitiv-verhaltenstherapeutisches Training von Sozialfertigkeiten und andere Übungen zur Verbesserung des Beziehungs- und Kommunikationsvermögens oder eine funktionelle Behandlung der motorischen Schwächen sind meistens angezeigt. Auch die medikamentöse Behandlung der komorbiden Störungen kommt in Frage (Übersicht über neuere Psychotherapieprogramme bei Steinhausen 2016, 96).

Einige Menschen mit Asperger-Autismus sind in der Lage, ein Studium zu absolvieren, stehen dabei allerdings bezüglich ihrer Alltags- und Studienorganisation vor größeren Herausforderungen als gesunde Kommilitonen. Sie besitzen einen Anspruch auf Hilfen zur schulischen oder hochschulischen Ausbildung oder Weiterbildung für einen Beruf nach § 75 Abs. 2 Nr. 2 i. V. m. § 112 Abs. 1 Satz 1 Nr. 2 SGB IX (s. Kap IV/4.3)[109].

Das *Rett-Syndrom (F84.2)*, von dem (fast) nur Mädchen betroffen sind, beginnt erst nach einer scheinbar (annähernd) normalen Entwicklungsperiode. Etwa zwischen dem 7. und 24. Lebensmonat verlangsamt sich das Kopfwachstum und das Kind erleidet den Verlust erworbener Fähigkeiten im Gebrauch der Hände und der Sprache. Es kann willkürliche Bewegungen nicht mehr zielgerichtet steuern (Apraxie). Stereotype Bewegungen (wie windendes Handdrehen) sowie neurologische Koordinationsstörungen setzen ein. Während des mittleren Kindesalters kann es seine Fähigkeit, ohne Stütze gerade zu sitzen, verlieren (Rumpfataxie), und die Wirbelsäule kann sich verkrümmen. Die Krankheit führt schließlich zu schwerer intellektueller Beeinträchtigung, häufig auch zu epileptischen Anfällen. Ihr liegen wahrscheinlich verschiedene Genmutationen zugrunde (Marcus 2015).

Die *überaktive Störung mit Intelligenzminderung und Bewegungsstereotypien (F84.4)* ist ebenfalls eine progrediente dementielle Erkrankung nach normalem Entwicklungsbeginn.

Als *nicht näher bezeichnete tiefgreifende Entwicklungsstörung (F84.9)* wird eine Restkategorie benannt. Sie wird für Störungen gewählt, die dem allgemeinen Bild der tiefgreifenden Entwicklungsstörung entsprechen, die aber nicht

---

108 vgl. OVG NRW – 12 A 2791/07.

109 vgl. auch „AG Asperger" des Bundesverbandes Autismus Deutschland e. V., „Autismus und Studium – Leitlinien und Handlungsempfehlungen", www.autismus.de, abger. 19.07.2019

die Kodierungskriterien der oben beschriebenen Krankheiten erfüllen. Wie berichtet, wird diese Kategorie jedoch in der Praxis am häufigsten verwendet.

2.10 Verhaltens- und emotionale Störungen mit Beginn in der Kindheit und Jugend (F90–F98)

In dieser Kategorie sind verschiedenartige kindheits- und jugendspezifische Störungen zusammengefasst, die schon früh auftreten, unter Umständen aber zu Vorläufern von Störungen im Erwachsenenalter werden können. Dieses sind:

- Hyperkinetische Störungen (F90)
- Störungen des Sozialverhaltens (F91)
- Kombinierte Störungen des Sozialverhaltens und der Emotionen (F92)
- emotionale Störungen des Kindesalters (F93)
- Störungen sozialer Funktionen mit Beginn in der Kindheit und Jugend (F94)
- Tic-Störungen (F95)
- andere Verhaltens- und emotionale Störungen mit Beginn in der Kindheit und Jugend (F98):
  Enuresis (Einnässen), Enkopresis (Einkoten), Fütterstörung, Pica, stereotype Bewegungsstörung, Stottern (Stammeln), Poltern und andere

2.10.1 Hyperkinetische Störungen (F90)

Kinder mit einer hyperkinetischen Störung, im DSM-5 als „Aufmerksamkeitsdefizit-Hyperaktivitäts-Störung (ADHS)“ bezeichnet, stellen ihre Eltern, aber auch Kindergärtnerinnen, Lehrer und Kinderärzte vor hohe Anforderungen. Ist schon in der Kita der Umgang mit ihnen nicht leicht, wird ihr Verhalten im Schulunterricht zum großen Problem, wie wir an Paul gesehen haben. Alle fühlen sich durch sein Verhalten gestört, verlangen, dass er sich „am Riemen reißt“, und drohen mit Sanktionen.

Die hyperkinetische Störung lässt sich aber nicht allein mit gutem Willen beherrschen. Sie ist keine „Unart“ des Kindes, und die Annahme, dass eine Veränderung der Umweltbedingungen allein das Problem beheben könne, ist auch höchst umstritten.

Nach ICD-10 handelt es sich um eine Krankheit, die durch drei Merkmalsgruppen gekennzeichnet ist:

- *Beeinträchtigte Aufmerksamkeit*: Das Kind „sieht häufig nicht so genau hin“, hört scheinbar nicht zu oder verrichtet Aufgaben flüchtig; es fällt ihm

schwer, für längere Zeit bei einer Sache zu bleiben; es kann Erklärungen nicht folgen, Aufgaben und Aktivitäten schlecht organisieren, vermeidet ungeliebte Arbeiten, die Durchhaltevermögen verlangen, verliert häufig Schul- und Spielmaterial; es lässt sich durch äußere Reize ablenken und ist bei Alltagsaktivitäten oft vergesslich („Hanns-guck-in-die-Luft")
- *Überaktivität*: das Kind „gaukelt und schaukelt, trappelt und zappelt auf dem Stuhle hin und her", wie es im Struwwelpeter heißt; es steht von seinem Platz auf, läuft im Raum umher, statt, wie z. B. im Unterricht von ihm erwartet, sitzen zu bleiben, es klettert herum, lärmt, kann sich oft nicht ruhig beschäftigen und ist ständig in Bewegung, unabhängig von seiner sozialen Umgebung; im Jugendalter wird aus der äußeren eine starke innere Unruhe
- *Impulsivität*: das Kind missachtet impulsiv soziale Regeln wie z. B. das Warten, bis man an der Reihe ist, oder die Beantwortung einer Frage erst dann, wenn sie zu Ende gestellt ist. Es ist anderen gegenüber distanzlos, unterbricht sie bei ihren Tätigkeiten, mischt sich in Gespräche ein und lässt andere nicht zu Wort kommen. Gefährlichen Situationen begegnet es unbekümmert.

Die dem Alter und dem sonstigen Entwicklungsstand des Kindes nicht angemessenen Verhaltensweisen müssen mindestens für sechs Monate bestehen, die Diagnose setzt jedoch nicht voraus, dass alle Kriterien erfüllt sein müssen.

Die Verhaltensauffälligkeiten treten gemäß ICD-10 vor dem sechsten Lebensjahr auf und zeigen sich in unterschiedlichen Kontexten, d. h. situationsübergreifend, am ausgeprägtesten jedoch in strukturierten und organisierten Situationen, in denen eine starke Selbstkontrolle verlangt wird, also z. B. in der Schule deutlicher als beim Spielen am Strand („Provokationsökologie", Eisert 1993). Wenn die Menge und Komplexität der zu verarbeitenden Informationen zunimmt, oder wenn schnell, dauerhaft und gründlich gearbeitet werden muss, verstärken sich die Schwierigkeiten, die das Kind erlebt; mit Hilfestellungen und beim Arbeiten nach eigenem Tempo tut es sich dagegen leichter. Aber auch Anreize durch neue, spannende Aufgaben und unbekannte Situationen wirken aktivitätsreduzierend und konzentrationsfördernd, im Unterschied zu „langweiligen" Settings oder Unterforderung. Werden Aufgaben mit häufigen Wiederholungen der Instruktion verbunden, folgt ihnen eine unmittelbare positive Verstärkung oder auch Verstärkerentzug, dann kann das Kind sie mit erhöhter Aufmerksamkeit und damit besser bewältigen. Deshalb wird vermutet, dass auch ein Motivationsdefizit eine Rolle spielt (Eisert 1993). Es zeigt sich also, dass das Verhalten nicht unabhängig von seinem Kontext ist, was bei der Diagnostik und Therapie beachtet werden muss.

Häufig ist die Störung mit aggressivem und oppositionellem Verhalten verbunden.

Einzelne Symptome der hyperkinetischen Störung kommen auch *bei anderen Störungen* vor, z. B. bei neurologischen Erkrankungen (u. a. Schädel-Hirn-Trauma), bei der Einnahme bestimmter Medikamente (z. B. gegen epileptische Anfälle), bei Intelligenzminderung, schulischer Überforderung, als Folge chaotischer psychosozialer Bedingungen, bei Kindern mit Autismus, Schizophrenie und Manie. Sie muss von diesen abgegrenzt werden und darf auch nicht mit dem altersgemäßen Bewegungsdrang sehr kleiner Kinder gleichgesetzt werden.

Die Störung verlangt also eine sorgfältige *fachliche Diagnostik*. Hierfür existieren verschiedene Instrumente: zur fachlichen Beurteilung des Kindes (Laboratoriumsmaße, Verfahren zur strukturierten Verhaltensbeobachtung), zur Einschätzung durch Eltern, Erzieher und Lehrer und zur Selbstbeurteilung durch das ältere Kind/den Jugendlichen (DGKJP et al. 2017, 134/135).

Da – wie bei Paul – die hyperaktiven Verhaltensweisen vom Umfeld oft verkannt werden, hat das Kind zusätzlich mit dessen negativen Reaktionen zu kämpfen, wie Bestrafungen, übermäßigen Kontrollen, ablehnendem Verhalten oder Ausschluss von gemeinsamen Aktivitäten Gleichaltriger. Schulische Misserfolge, ständige Auseinandersetzungen mit Lehrern, Eltern oder Mitschülern kommen hinzu. Sie sind nur schwer zu verkraften. So nimmt es nicht wunder, dass ein großer Teil, d. h. 2/3 der betroffenen Kinder, unter *weiteren Beeinträchtigungen* leidet: Störung des Sozialverhaltens mit oder ohne oppositionelles Verhalten (ca. 50 %), affektiven Störungen, insbesondere Depressionen, geringem Selbstvertrauen und schneller Verstimmbarkeit (15–20 %), Angststörungen (20–25 %), Lernstörungen (10–25 %), Tic-Störungen sowie Sprech- und Sprachstörungen (Döpfner 2015). Im Jugendalter finden sich bei dieser Gruppe gehäuft dissoziale Störungen, Alkoholmissbrauch, erhöhte Unfallneigung, Beziehungsstörungen und Selbstwertprobleme (Lehmkuhl/Döpfner 1995).

Die Angaben zur *Epidemiologie* und zum *Verlauf* schwanken je nach Alter der untersuchten Kinder und verwendeten diagnostischen Kriterien. Ein Durchschnittswert liegt weltweit bei ca. 5 % aller Kinder und Jugendlichen (DSM-5-Kriterien), nach ICD-10 Kriterien etwas niedriger (3,8 %), bei Jungen ca. sechsmal höher als bei Mädchen. Es handelt sich also um eine häufig auftretende Störung, die – wenn auch in meist geringerer Symptomausprägung – zu 50–80 % bis ins Erwachsenenalter bestehen bleiben kann (Prävalenz bei Erwachsenen 2,5 %). Das Störungsbild verändert im Laufe der Entwicklung seine Erscheinungsformen, vom unbändigen Tobe-Drang des Vorschulkindes über die Unfähigkeit des Schulkindes, auf seinem Platz sitzen zu bleiben, bis zur inneren Unruhe und Fahrigkeit des Jugendlichen. Die Aufmerksamkeitsschwäche tritt vor allem im Schulalter hervor, ebenso die Impulsivität, aber beide machen auch manchem Erwachsenen noch zu schaffen (DGKJP et al. 2017).

ADHS gilt als *neuronale Entwicklungsstörung*, bei der es zu Beeinträchtigungen der Informationsverarbeitung, der Impulskontrolle, der motivationalen

Vorgänge und der Lernprozesse kommt. Häufig, aber nicht immer und nicht eindeutig, werden strukturelle und funktionelle Besonderheiten des Gehirns beobachtet. Der Neurotransmitter-Stoffwechsel kann verändert sein (insbesondere Dopamin).

Für die *Entstehung der Krankheit* spielen offensichtlich mehrere Faktoren zusammen, wobei auch hier noch Forschungsbedarf besteht. Die bisherigen Befunde sprechen dafür, dass genetischen Prädispositionen wahrscheinlich die größte Bedeutung beizumessen ist. Dabei interagieren in der Regel mehrere Genvarianten miteinander und mit Umwelteinflüssen. Zu den Umweltrisiken zählen Rauchen und Alkoholkonsum der Mutter während der Schwangerschaft. Die Rolle von Umweltgiften wie Blei oder Nahrungsbestandteilen (künstliche Farbstoffe, Konservierungsstoffe u. a.) wurde vielfach untersucht, allerdings mit widersprüchlichen Ergebnissen. Auch Auswirkungen einer verfrühten Geburt und eines niedrigen Geburtsgewichts sind noch nicht eindeutig geklärt. Psychosoziale Faktoren können das Bild beeinflussen, wenn sie extrem negativ und von langer Dauer sind, z. B. frühe Deprivation von Heimkindern (beobachtet in rumänischen Waisenhäusern), Misshandlung, chaotische Familienverhältnisse, psychische Erkrankungen (insbesondere Depressionen) der Eltern, stark strafendes oder ablehnendes Erziehungsverhalten; Letzteres kann allerdings, wie schon gesagt, auch eher die Folge als die Ursache des hyperaktiven Verhaltens des Kindes sein (DGKJP et al. 2017).

Den vielfältigen Schwierigkeiten wird am besten eine *multimodale Therapie* gerecht, die je nach Art und Ausprägungsgrad der Symptome verschiedene Ansätze miteinander kombiniert. Psychotherapie, psychosoziale Interventionen und medikamentöse Therapie müssen einander ergänzen. Eltern, Erzieher, Lehrer und (in Abhängigkeit vom Alter) auch das Kind müssen über die Krankheit und die Verbesserungsmöglichkeiten aufgeklärt werden (Psychoedukation). Die Pharmakotherapie mit Stimulanzien und Atomoxetin[110], die die schnellste (aber nach dem Absetzen nicht anhaltende und mit Nebenwirkungen verbundene) Minderung der Symptome bringt, dient bei stark ausgeprägter Störung der Vorbereitung, eventuell weiteren Begleitung der therapeutischen und pädagogischen Maßnahmen. Die kognitive Verhaltenstherapie hat sich als wirksam erwiesen, wie z. B. Selbstinstruktionstraining, verbunden mit Übungen zum sozialen und affektiven Lernen, Selbstkontrolltechniken, Ärger-Kontroll-Training (Eisert 1993). Auch Neurofeedback ist erfolgreich. Elterntraining und Lehrerschulung für den angemessenen Umgang mit dem Kind sowie veränderte Schularrangements unterstützen die therapeutische Arbeit. (Einen Überblick über die verschiedenen gut kontrollierten Therapieprogramme geben Döpfner 2015 und DGKJP et al. 2017.)

110 Ein selektiver Noradrenalin-Wiederaufnahmehemmer.

Zusätzlich kann die Behandlung der Begleitstörungen erforderlich sein, wie z. B. soziales Kompetenztraining bei erhöhter Aggressivität oder mangelnder sozialer Kompetenz, Psychotherapie zur Steigerung des Selbstwertgefühls oder Übungsbehandlungen zur Milderung von Teilleistungsschwächen.

Eingliederungshilfen durch das Jugendamt können die von der Krankenkasse finanzierten Therapien und die von der Schule erbrachten Fördermaßnahmen ergänzen, wobei auch eine Kombination von Eingliederungshilfe mit Hilfe zur Erziehung in Frage kommt. Z. B. kann ein Schulbegleiter die Teilnahme am Unterricht erleichtern, insbesondere wenn die hyperkinetische Störung mit einer Störung des Sozialverhaltens (F90.1) verbunden ist[111]. Eine Nachmittagsbetreuung kann die Familie von der täglichen Auseinandersetzung um Hausaufgaben und andere Pflichten entlasten. Wird eine sozialpädagogische Familienhelferin in die Therapie eingebunden, kann sie dazu beitragen, die dort erarbeiteten Lernfortschritte zu festigen und im sozialen Umfeld auf eine breitere Basis zu stellen. Eine Erziehungsberatung vermag den Blick auf das Kind und die Interaktionen mit ihm zu verändern. Des Vaters „Philipp, das missfällt mir sehr!" gehört dann vielleicht der Vergangenheit an.

2.10.2 Störungen des Sozialverhaltens (F91)

Wie jeder Sozialarbeiter berichten kann, sind diese Verhaltensauffälligkeiten für die Jugendhilfe von besonderer Bedeutung, weil für sie häufig Hilfe benötigt wird. Hiermit sind nicht einzelne dissoziale oder delinquente Handlungen gemeint, sondern ein überdauerndes Muster stark ausgeprägten antisozialen, aggressiven und oppositionellen Verhaltens, das die Rechte anderer verletzt. Zu ihnen gehören z. B. Verhaltensweisen wie Tyrannisieren, Grausamkeit gegenüber Menschen oder Tieren, erhebliche Destruktivität gegenüber fremdem Eigentum, Feuerlegen, Stehlen, Schuleschwänzen oder Weglaufen von zu Hause.

ICD-10 unterscheidet noch zwischen verschiedenen Subgruppen. Sie erfüllen alle die allgemeinen Kriterien von F91, werden aber darüber hinaus durch die folgenden Besonderheiten charakterisiert:

- *auf den familiären Rahmen beschränkt* (F91.0): Zu beobachten ist dissoziales oder aggressives Verhalten gegenüber Familienmitgliedern, z. B. Zerstören von deren Eigentum, Bestehlen o. Ä. als Zeichen eines schweren familiären Konflikts.
- *bei fehlenden sozialen Bindungen* (F91.1): Es zeigt sich eine schwerwiegende Beeinträchtigung der Beziehung des Kindes/Jugendlichen zu anderen Menschen, insbesondere zu Gleichaltrigen.

111 Positiv hierzu: OVG NRW v. 26.3.2008 – 12 B 319/08.

- *bei vorhandenen sozialen Bindungen* (F91.2): Das Kind/der Jugendliche ist dauerhaft mit Gleichaltrigen befreundet, wobei seine Freundesgruppe delinquentes und asoziales Verhalten zeigen kann, aber nicht muss.
- *mit oppositionellem, aufsässigem Verhalten* (F91.3): Dies ist eine Form der negativistischen, feindseligen oder provokativen Konfrontation mit anderen, die bei Kindern unter zehn Jahren zu finden ist. Schwere dissoziale oder aggressive Handlungen kommen dabei noch nicht vor.
- *Kombinierte Störung des Sozialverhaltens und der Emotionen* (F92): Das Kind/der Jugendliche lässt nicht nur die mit F91 beschriebenen externalisierenden Störungen erkennen, sondern auch sichtbare Anzeichen ausgeprägter Depression, Angst oder anderer emotionaler Störungen mit Krankheitswert.

Häufig ist die Störung des Sozialverhaltens mit ADHS verbunden, außerdem treten depressive Störungen, Angststörungen, Sprachentwicklungsstörungen, Alkohol- und Drogenmissbrauch, Lese- und Rechtschreib- oder Rechenstörungen vermehrt als *Begleitsymptomatik* auf. Schuleschwänzen kommt gehäuft vor.

Das Beispiel von Ben zeigt, wie sich eine solche Störung entwickeln kann:

Ben, der Widerspenstige

Die Mutter des elfjährigen Ben wendet sich an das Jugendamt mit der Bitte um Hilfe. Sie habe ihren erzieherischen Einfluss auf ihn, wie auch auf ihre beiden älteren Kinder, verloren, fühle sich überfordert und psychisch am Ende. Frau Koch berichtet: „Ich weiß nie, woran ich bei Ben bin. Er kann ganz ruhig und lieb sein, aber plötzlich und ohne Grund wird er total wütend, zertrümmert alles, was er findet und ist nicht mehr zu bremsen. Er hat auch mich schon geschlagen und mit den schlimmsten Schimpfwörtern belegt. Ständig provoziert und tyrannisiert er uns Erwachsene, auch die Lehrer. Als er für sein Zeugnis nicht die Belohnung erhielt, die er erwartet hatte, bekam er einen Rappel und zerriss das Zeugnis. Fast jeden Tag nässt und kotet er ein. Sie müssten mal das Zimmer von Stefan und ihm sehen, da herrscht ein heilloses Durcheinander. Stefan ist 15 Jahre alt, Nora zwölf, und alle drei gehorchen mir überhaupt nicht mehr. Aber Ben ist der Schlimmste.“
Beim folgenden verabredeten Hausbesuch ist Ben nicht bereit, mit dem Sozialarbeiter zu sprechen, verweist diesen seines Zimmers und verlässt die Wohnung.
Bens Lehrerin schildert ihn als intelligenten Schüler, der sich aktiv am Unterricht beteilige und weitgehend gute Beiträge leiste. Er störe aber durch häufiges Vorlautsein, erledige grundsätzlich keine Hausaufgaben und falle durch eine äußerst geringe Frustrationstoleranz auf. Wenn ihm etwas nicht passe, reagiere er spontan aggressiv, baue in völliger Sturheit Blockaden auf und erscheine sachlichen Argumenten nicht mehr

zugänglich. Er müsse wie ein rohes Ei behandelt werden. Er lasse sich gern auf Machtkämpfe mit Erwachsenen ein. Mit seinen Mitschülern habe er häufig Streit, Freunde besitze er weder in der Schule noch in seiner Freizeit. In den Pausen rauche er.

Zu seiner Entwicklung berichtet die Mutter, dass er nach einer Risikoschwangerschaft – Frau Koch war an Krebs erkrankt – als gesundes Kind geboren wurde. Er habe früh zu laufen und zu sprechen begonnen, sei aber schon als Kleinkind besonders widerspenstig gewesen und schon im Kindergarten durch äußerst starke Empfindlichkeit und unkontrollierte aggressive Ausbrüche aufgefallen. Die familiäre Situation sei immer sehr problematisch gewesen, weil ihr alkoholabhängiger Mann, von dem sie inzwischen geschieden sei, die Familie gewalttätig tyrannisiert habe. Auf die Scheidung habe der damals neunjährige Ben mit verstärktem Rückzug und vermehrtem Einkoten reagiert, so dass sie mit ihm eine analytisch arbeitende Psychotherapeutin aufgesucht habe. Die Therapie habe aber nur vorübergehend eine kleine Besserung erbracht.

Die Therapeutin hat, so schreibt sie in ihrer Stellungnahme, bei Ben eine starke Verleugnungshaltung erkannt, außerdem eine massive Angst vor Liebes- und Objektverlust, Größenphantasien und ein brüchiges Selbstwertgefühl. Sie empfand einige Sitzungen mit ihm als bedrohlich und warnt vor der Gefahr einer massiven Dekompensation. Eine ambulante Therapie sei eigentlich nicht möglich.

Ben selbst äußert: „Ich will die absolute Freiheit. Ich lasse mir von niemandem etwas sagen." An das Jugendamt schreibt er, es solle sich aus seinen Angelegenheiten heraushalten.

Da das Jugendamt wegen der schweren Problematik keine Möglichkeit sieht, Ben in einer Jugendhilfeeinrichtung aufzunehmen, der Junge aber auch nicht zu einer stationären Psychotherapie bereit ist, stellt die Mutter beim Familiengericht den Antrag auf die Genehmigung einer mit Freiheitsentziehung verbunden Unterbringung nach § 1631b BGB in einer Klinik für Kinder- und Jugendpsychiatrie. Ein psychiatrischer Gutachter des Gesundheitsamts stellt die Diagnose „deutliche Hinweise auf eine larvierte Depression bei zugrundeliegender ausgeprägter Störung des Sozialverhaltens; fortgeschrittene schwerere seelische Störung".

Ben wird – nach heftiger Gegenwehr, die er erst aufgibt, als Polizisten eintreffen – 13 Monate lang stationär psychiatrisch behandelt. Dabei stellt sich heraus, dass er und seine beiden Geschwister schon längere Zeit vor der Aufnahme sich selbst überlassen waren, weil die ganztägig und in Schichtarbeit tätige überforderte Mutter sich meistens nicht bei ihnen, sondern in der Wohnung ihres Lebensgefährten aufhielt. Die Therapeuten erleben Ben als physisch wie psychisch ausgehungert, „verwahrlost" im ursprünglichen Sinn, nämlich als nicht bewahrt. Im Abschlussbericht der Klinik heißt es, er habe sich seelisch etwas stabilisiert, bleibe aber weiterhin misstrauisch gegenüber Erwachsenen und blocke nach wie vor rasch ab. Er provoziere immer noch stark, teste Regeln und Grenzen aus und könne sich nur schwer in eine Gruppe Gleichaltriger einordnen. Enuresis und Enkopresis seien nur geringfügig gebessert.

Auf Empfehlung der Klinik wird der Junge in einem Kinder- und Jugenddorf mit heilpädagogischem Angebot untergebracht.

Die *Diagnostik* einer Störung des Sozialverhaltens erfolgt, wie in diesem Beispiel, in der Regel durch Gespräche mit allen Beteiligten. Zusätzlich können strukturierte klinische Interviews, Fragebögen zur Selbstbeurteilung und zur Fremdbeurteilung durch Eltern, Lehrer oder Erzieher und Beobachtungsverfahren verwendet werden (Übersicht: DGKJP et al. 2016).

Die *Prävalenzraten* für diese Verhaltensauffälligkeit werden für Mädchen auf 1–3 %, für Jungen auf 2–5 % geschätzt, mit einer großen Schwankungsbreite je nach Studie. Die Mädchen scheinen sich im Jugendalter, was die Häufigkeit anbelangt, den Jungen anzunähern; sie wählen aber eher indirekte, verdeckte Äußerungsformen von Aggressivität, wie Manöver zur Störung von sozialen Beziehungen anderer („beziehungsorientierte Aggressivität").

Die *Prognose* ist, wenn nicht sehr frühzeitig Hilfe einsetzt, ungünstig im Hinblick auf die soziale Anpassung und die emotionale Stabilität. Die Störungen des Sozialverhaltens bleiben in der Regel lange, d. h. bis ins Erwachsenenalter, bestehen. Besonders die früh beginnenden Störungen neigen zu einem problematischen Verlauf. Vermehrt entwickeln sich Persönlichkeitsstörungen, Delinquenz/Kriminalität oder Drogen- und Alkoholmissbrauch. Die Hälfte dieser sogenannten „early-onset"-Gruppe zeigt als Erwachsene eine dissoziale Persönlichkeitsstörung, während es bei der Störungsgruppe mit spätem Beginn („late-onset") nur 5 % sind (DGKJP et al. 2016).

Bei Ben verläuft die Störung auf ungünstige Weise. Im Kinder- und Jugenddorf nehmen seine Aggressivität gegenüber Erziehern und jüngeren Kindern zu, ebenso wie die Enuresis und Enkopresis. Er schwänzt häufig die Schule, „streunt", stiehlt, konsumiert Alkohol und Drogen. Schließlich wird er von dort entlassen, weil er eine Erzieherin tätlich angegriffen und verletzt hat. Da seine Mutter schon länger den Kontakt abgebrochen hat und den nun 13-jährigen Sohn nicht mehr bei sich wohnen lässt (sie will auch von ihrem Sorgerecht entbunden werden), lebt er einige Tage auf der Straße, wird aufgegriffen und in Obhut genommen. Nach längerem Suchen und etlichen Absagen findet das Jugendamt in einer entfernten Stadt eine sozialtherapeutische Wohngruppe, die bereit ist, ihn aufzunehmen.

Der *Entstehung* auch dieser Störung liegt ein Zusammenspiel von psychosozialen, biologischen und biopsychologischen Faktoren zugrunde. *Frühe schlechte Erfahrungen*, die ein Kind machen musste, sind hier von größter Bedeutung: desorganisierte oder fehlende frühkindliche Bindungen, Gewalt, Vernachlässigung, Missbrauch, inkonsistenter und strafender Erziehungsstil, geringere elterliche Beaufsichtigung, fehlende elterliche Wärme.

Die *Eltern* sind häufig selbst psychisch krank, alkohol- oder drogensüchtig, delinquent, mit eigenen zerstörerischen Kindheitserfahrungen (transgenerationale Weitergabe, oft über mehrere Generationen). Die *sozioökonomischen Lebensverhältnisse* sind häufig sehr schlecht.

Pränatal kann das Kind durch Alkohol- oder Nikotinmissbrauch, Viruserkrankungen, Stress und Angst der Mutter geschädigt sein. Auch *peri- und postnatale Komplikationen* können mitverursachend wirken.

Bei der *Subgruppe* der Kinder/Jugendlichen, die durch das Fehlen von Reue und Schuldgefühlen, einen Mangel an affektiver Empathie, Gleichgültigkeit gegenüber eigenen Leistungen und abgeschwächter, defizitärer Emotionalität auffällt (Störung des Sozialverhaltens „mit begrenzten prosozialen Emotionen" nach DSM-5), scheint der Einfluss *genetischer Faktoren* ebenfalls eine Rolle zu spielen, die zu endokrinologischen (z. B. Kortisol und Serotonin betreffend) und neuronalen Veränderungen mit Wirkungen auf das Verhalten führen. Diese interagieren mit den Umwelterfahrungen (Grasmann 2015).

In der Adoleszenz wird der Einfluss einer *Gleichaltrigengruppe* mit normabweichendem Sozialverhalten sehr bedeutsam.

Da die Störung zu einem ungünstigen *Verlauf*, Chronifizierung und damit verbundenem Leid und hohen gesellschaftlichen Kosten tendiert, ist eine umfangreiche und intensive *Intervention* erforderlich. Diese setzt idealerweise auf mehreren Ebenen an: beim Kind/Jugendlichen, den Eltern/der Familie, bei der Kita/Schule und nach Möglichkeit auch bei der Gleichaltrigen-Bezugsgruppe. Am besten erfolgt sie multimodal, d. h. durch Verbindung der verschiedenen Behandlungen. Getrenntes, nebeneinander bestehendes, Arbeiten mit dem Kind und dem Umfeld – eine „Multikomponenten-Intervention" – ist ebenfalls möglich.

Zielsetzungen sind bei der Behandlung des Kindes/Jugendlichen der Aufbau einer angemessenen Selbst- und Fremdwahrnehmung, die Verbesserung der Emotionssteuerung und Ärgerkontrolle, die Stärkung sozialer und kommunikativer Kompetenzen, die Verbesserung der Konflikt- und Problemlösefertigkeiten sowie das Beherrschen von Selbstmanagementstrategien. Hinzukommen sollte das Aufholen von Bildungs- und Ausbildungsversäumnissen, die Ablösung von dissozialen Freundesgruppen und die Integration in eine Gleichaltrigengruppe mit positivem Sozialverhalten.

In der Arbeit mit den Eltern, die insbesondere bei jüngeren Kindern unerlässlich ist, sollte neben deren Kenntnissen über Entstehung, Aufrechterhaltung und Bewältigung des Problemverhaltens (Psychoedukation) die Verbesserung der Eltern-Kind-Beziehung und des Familienklimas, der Erziehungskompetenzen, der Problemlösefähigkeiten und des elterlichen Augenmerks auf das Verhalten ihres Kindes angestrebt werden.

Die verschiedenen verhaltenstherapeutischen und systemischen Therapien vermögen Erfolge nachzuweisen, einzeln oder integriert durchgeführt. *Besondere Herausforderungen* ergeben sich allerdings häufig aus einem Mangel an Problembewusstsein, Behandlungseinsicht, Veränderungsmotivation und Mitarbeitsbereitschaft, nicht nur bei dem Kind, sondern auch bei den Eltern.

Interventionen in der *Kita* oder der *Schule* können die Therapien wirkungsvoll ergänzen. Dabei kommen sowohl Veränderungen der Rahmenbedingungen (z. B. Gruppenzusammensetzung, Pausenzeiten) als auch Training der Erzieher oder Lehrer sowie der Gleichaltrigen (z. B. Streitschlichtungsprogramme) zum Einsatz. Angesetzt werden kann auf der individuellen Ebene, der Gruppenebene oder bei der gesamten Schule (DGKJP et al. 2016).

Auch die *begleitenden Störungen* müssen behandelt werden (bei Ben vor allem die Enuresis/Enkopresis; vgl. dazu Kap. II/2.10.4).

Therapien werden allerdings viel zu selten durchgeführt. Die familienberatenden, -entlastenden und -unterstützenden *Angebote der Jugendhilfe* gehen ihnen meistens voraus und können die Therapiemotivation fördern und die therapeutischen und schulischen Bemühungen verstärken. Leistungen der Jugendbildung (§ 11 SGB VIII), der Jugendsozialarbeit (§ 13 SGB VIII), des Erzieherischen Kinder- und Jugendschutzes (§ 14 SGB VIII), der allgemeinen Förderung der Erziehung in der Familie (§ 16 SGB VIII) und der Hilfen zur Erziehung (§§ 27 ff. SGB VIII) sind unverzichtbare Bestandteile eines komplexen Hilfenetzes.

Ein Bedarf nach *Eingliederungshilfe* ist meistens zu bejahen. Viele Jugendliche mit der beschriebenen Störung befinden sich in teilstationärer oder stationärer Betreuung, insbesondere in Heimerziehung. Um Kindern und Jugendlichen mit dieser Störung helfen zu können, ist die interdisziplinäre Zusammenarbeit zwischen Jugendhilfe-, Schul- und Medizinsystem besonders wichtig.

2.10.3 Störungen sozialer Funktionen mit Beginn in der Kindheit und Jugend (F94)

Diese früh auftretenden Beeinträchtigungen bilden eine heterogene Gruppe. Sie resultieren häufig aus sehr ungünstigen Lebensbedingungen, wie z. B. stark gestörter sozialer Umgebung oder frühkindlicher Deprivation. Konstitutionelle Faktoren spielen wahrscheinlich eine untergeordnete Rolle.

Elektiver Mutismus (F94.0)

Als „elektiver" (ICD-10) oder „selektiver" (DSM-5) Mutismus wird eine besondere Störung des Sprechverhaltens bezeichnet: das Kind/der Jugendliche (oder in seltenen Fällen der Erwachsene) spricht nur in eng begrenzten Situationen (z. B. innerhalb der Familie), hingegen nicht in anderen Kontexten (z. B. im Kindergarten, in der Schule, beim Spiel mit Gleichaltrigen, im Kontakt mit Autoritätspersonen oder Unbekannten). Dabei verfügt es über ein annähernd altersgemäßes Sprachvermögen, d. h. das Sprachverständnis und die sprachliche Ausdruckfähigkeit sind so weit entwickelt, dass eine Kommunikation möglich ist. Bei dem sehr seltenen „totalen Mutismus" wird mit niemandem mehr gesprochen. Anders als der Begriff „elektiv" suggeriert, hat das Kind nicht die freie Wahl, zu sprechen oder zu schweigen. Ob und wie lange es schweigt, hängt von verschiedenen Faktoren ab: subjektiver Belastungsgrad in einer Situation, beteiligte Personen, Inhalt des Gesprächs, erlebter Sprechdruck, Länge der Mitteilung, Grad der Exponiertheit und soziale Nötigung (Remschmidt/Kamp-Becker 2015).

Betroffen sind häufig Kinder, die schon früh als besonders gehemmt und als sehr schüchtern im Umgang mit Fremden aufgefallen sind. Die Sprechvermeidung kann bei ihnen als Versuch der Angstbewältigung interpretiert werden. Verzögerungen der Sprachentwicklung und Sprachauffälligkeiten (Stottern u. a.) und weitere leichte Entwicklungsrückstände kommen vor.

Begleitend finden sich sehr häufig Angststörungen (soziale und einfache Phobien, Trennungsangst), selten (6–10 %) externalisierende, vor allem oppositionelle Störungen.

Die *Diagnostik* erfolgt durch Verhaltensbeobachtung und Befragung der Bezugspersonen. Die Störung tritt sehr selten auf (*Prävalenz* circa 0,6 %, DGKJP 2015). Da sie aber chronisch verlaufen und dann zu Schwierigkeiten in der sozialen Teilhabe führen kann, ist sie nicht unbeachtlich. 30–60 % der betroffenen Kinder und Jugendlichen überwinden die Probleme und gelangen zu einer weitgehend normalen psychosozialen Entwicklung (Steinhausen et al. 2006).

Als *ursächlich* gilt die Wechselwirkung zwischen genetischen Faktoren und Umwelteinflüssen. Die Störung tritt familiär gehäuft auf. Sprachliche Schwächen, soziale Ängste mit Vermeidungsverhalten, geringe soziale Kompetenzen und soziale Isolierung finden sich auch bei anderen Familienmitgliedern, so dass die Kommunikationsfähigkeit des Kindes nicht ausreichend gefördert wird. Möglicherweise stellen auch Bilingualität und Migrationshintergrund Risikofaktoren dar (Remschmidt/Kamp-Becker 2015).

Die *Therapie* sollte frühzeitig einsetzen und multimodal durchgeführt werden. Verhaltenstherapien (operante Konditionierung, kognitiv-behaviorale Therapie) verzeichnen gute Erfolge. Spieltherapien, Familientherapien und ergänzender Einsatz von Medikamenten (selektiver Serotonin-Wiederaufnahmehemmer Fluoxetin) werden eingesetzt, sind aber bisher noch wenig systematisch erforscht.

Als sehr wichtig erweist sich die Arbeit mit den *Eltern* und weiteren Bezugspersonen. Sie müssen über den angemessenen Umgang mit der Störung informiert sein, gegebenenfalls auch eigene psychische Probleme bearbeiten können. Nach Möglichkeit sollten auch Erzieher und Lehrer das zugrundeliegende Therapiekonzept kennen und entsprechende Verhaltensregeln beachten. Freizeitaktivitäten, die das Kind in Kontakt mit anderen bringen können, wirken zusätzlich unterstützend.

Eingliederungshilfen können bei verfestigten Störungen erforderlich sein, um Schul- und Ausbildungserfolge zu ermöglichen und die soziale Integration zu fördern.

Bindungsstörungen (F94.1/F94.2)

Jedes Kind benötigt für seine gesunde Persönlichkeitsentwicklung die sichere und stabile Bindung an – mindestens – eine liebevolle, sorgende und feinfühlig auf seine Bedürfnisse reagierende Bezugsperson. Fehlt ihm die Gewissheit, jederzeit Zuneigung, Schutz und Trost bei dieser Person zu finden, besteht die Gefahr einer Bindungsstörung im Kleinkind- und Kindergartenalter mit daraus folgenden weiteren Entwicklungsbeeinträchtigungen.

Nach ICD-10 zeigt sich bei dieser Störung eine dauerhafte Auffälligkeit in der sozialen Beziehungsfähigkeit, begleitet von einer emotionalen Störung. Unterschieden werden zwei Formen[112]:

- reaktive Bindungsstörung des Kindesalters (F94.1)
- Bindungsstörung des Kindesalters mit Enthemmung (F94.2).

Die *reaktive Bindungsstörung* ist bei kleinen Kindern gekennzeichnet durch extrem widersprüchliche, ambivalente Reaktionen auf Zuwendung durch andere Personen. Als Folge ihres Vertrauensmangels befinden sie sich im Konflikt zwischen Annäherung und Vermeidung bzw. Widerstand. Anzeichen einer emotionalen Störung können darin deutlich werden, dass das Kind anhaltend unglücklich wirkt, emotional nur schwer ansprechbar ist, sich zurückzieht oder aggressiv reagiert. Manche Kinder sind besonders furchtsam und übervorsichtig (mit dem Gesichtsausdruck der „gefrorenen Wachsamkeit" für potentielle Gefahren). Sie suchen selten Trost oder lassen sich kaum trösten; freudige Reaktionen bilden die Ausnahme. Obwohl sie die Gesellschaft anderer Kinder suchen, erschweren ihre negativen emotionalen Reaktionen das gemeinsame Spiel. Die Kinder sind aber, im Unterschied zu solchen mit autistischen Störungen[113], durchaus zu sozialer Gegenseitigkeit fähig, wie erkennbar wird, wenn sie auf Dauer zuverlässig und liebevoll in einer stabilen sozialen Beziehung betreut werden. Einige Kinder leiden unter Gedeihstörungen mit Wachstumsverzögerungen.

Die *Bindungsstörung des Kindesalters mit Enthemmung* besteht ebenfalls in einem Muster stark auffälliger sozialer Verhaltensweisen, das sich etwa im Alter

112 In Abweichung von den gängigen Klassifikationssystemen halten Rutter et al. (2009, referiert nach DGKJP et al. 2015b) die beiden Formen nicht für Subtypen, sondern wegen ihres unterschiedlichen Verlaufs für verschiedenartige Störungen.

113 Kinder mit autistischen Störungen können sich aber sehr wohl an ihre Bezugspersonen binden.

von zwei Jahren erstmalig beobachten lässt. Das Kind hält sich nicht, wie andere, an seine vertrauten Erwachsenen, sondern klammert sich unterschiedslos an beliebige Personen. Etwa mit vier Jahren wechselt es vom Anklammern zu wahllos freundlichem, nach Aufmerksamkeit suchendem Verhalten. In der mittleren und späteren Kindheit bleibt die Suche nach Beachtung noch bestehen. Als „Grundstörung" wurde diese Auffälligkeit von Lempp (1994) in Anlehnung an Balints (1970) Beschreibung der „Basic disorder" sehr einfühlsam als „ausgeprägte Kontaktunfähigkeit bei gleichzeitig bestehendem Kontakthunger" charakterisiert; diese führen zu ständiger Bindungssuche, zerstören aber durch überhöhte Ansprüche und einseitige Forderungen, mangelnde Empathie, dissoziales und provozierendes Verhalten die gesuchte Anerkennung und Freundschaft. Auch der „Hospitalismus", der von Spitz (1945), Bowlby (1951) und anderen als Folge früher Deprivationserfahren untersucht wurde, umfasst diese Verhaltensweisen.

Als *begleitende* emotionale und Verhaltensstörungen finden wir Sprachentwicklungsstörungen und ADHS. Auch geistig behinderte Kinder können Bindungsstörungen aufweisen.

Die *Diagnostik* erfolgt durch Beobachtung des kindlichen Verhaltens in der Interaktion mit Bezugspersonen (freies Spielen mit ihnen, Verhalten nach Trennung und Wiedervereinigung), sowie in der Begegnung mit fremden Personen und neuen Objekten. Dabei soll das Augenmerk besonders darauf gerichtet werden, welchen emotionalen Stress das Kind erlebt, ob es eine Bezugsperson bevorzugt und wie es sich durch andere Personen trösten lässt (DGKJP et al. 2015b).

Die beschriebenen Bindungsstörungen sind in der Gesamtbevölkerung selten (*Prävalenz* unter 1 %), dennoch für die Jugendhilfe sehr relevant. Häufig wird Hilfe zur Erziehung benötigt, und so machen sie unter den Kindern in Pflegefamilien 25 % aus und unter denen in Heimen 10 %. Es bestehen keine Geschlechtsunterschiede (DGKJP et al. 2015b).

Die *Prognose* hängt bei der reaktiven Bindungsstörung maßgeblich davon ab, ob das Kind eine zuverlässige Bezugsperson findet. Dann kann sie gemildert werden. Die zweite Form mit enthemmtem Verhalten bleibt trotz Milieuveränderung zumindest teilweise bestehen und führt häufig zu externalisierenden Störungen und Delinquenz.

Ursächlich für die Bindungsstörungen sind schwerwiegende Deprivationen im frühesten Kindesalter. Entbehrt das Kind eine kontinuierliche Bezugsperson (z. B. in einem Heim), wechselt es mehrfach die Familie (z. B. in verschiedene Pflegefamilien), wird es emotional und/oder körperlich vernachlässigt, misshandelt, wird es abgelehnt oder erfährt es sexualisierte Gewalt, dann kann es keine adäquate Bindungsfähigkeit aufbauen. Psychische Probleme der Eltern, eine familiäre Krisensituation oder sehr ungünstige Lebensbedingungen bilden meistens den Hintergrund (Harnach 2021, 315–323).

Bei Bindungsstörungen muss zuerst überprüft werden, ob eine *Kindeswohlgefährdung* vorliegt. In enger Zusammenarbeit des Jugendamts mit den Eltern, dem Arzt und weiteren involvierten Personen (z. B. Kita-Personal, Lehrer, Psychologen) ist zu ermitteln, ob der körperliche und seelische Schutz und die angemessene Versorgung und Erziehung des Kindes sichergestellt sind oder Hilfen, gegebenenfalls Eingriffe (Anrufung des Familiengerichts) erforderlich sind (BKiSchG, Schimke 2013; § 8a SGB VIII, Harnach 2016; § 8b SGB VIII, Schimke 2014).

Dass die Kinder und Jugendlichen in ihrer Teilhabe beeinträchtigt, also *seelisch behindert*, sind, steht außer Frage. Um bei dieser tief verankerten Störung wenigstens kleine Erfolge zu erzielen, ist eine *multimodale Behandlung* notwendig.

Eine intensive *Arbeit mit der Herkunfts- und gegebenenfalls der Pflegefamilie* oder den *Heimerziehern* ist erforderlich: Beratung, Psychoedukation, Einzel- oder Eltern-Kind-Therapien (z. B. mit Video-Aufzeichnungen, anhand derer den Eltern die Interaktion mit ihrem Kind erläutert werden kann) mit der Zielsetzung, die Bedürfnisse des Kindes zu erkennen und die Eltern-Kind-Beziehung zu verbessern. Dem *Kind* kann eine Spieltherapie, kognitive Verhaltenstherapie oder (später) Gruppentherapie helfen, sein Selbstwertgefühl zu verbessern, seine sozialen Kompetenzen zu entwickeln und seine emotionalen Probleme zu lindern. Auch die begleitenden Störungen müssen häufig behandelt werden (DGKJP et al. 2015b). Bei Kindern vor dem Schulalter ist an die Behandlung in einer Frühfördereinrichtung zu denken (Fegert 2015, § 35a SGB VIII, Rn. 88).

Als *Hilfen des Jugendamts* kommen alle Hilfen zur Erziehung nach §§ 27 ff. SGB VIII in Frage, ebenso Rehabilitationsleistungen aus dem Katalog des SGB IX, wie z. B. die Leistungen zur Teilhabe an Bildung (s. Kap. IV/4.3). Für ältere Jugendliche mit Störung des Sozialverhaltens, gegebenenfalls auch Delinquenz, erscheint besonders die Intensive sozialpädagogische Einzelbetreuung (§ 35 SGB VIII, Happe/Harnach 2008) als Eingliederungshilfe geeignet. Allerdings lassen sich die Folgen dieser schwerwiegenden Deprivationsstörung selbst mit der erforderlichen langfristigen Hilfestellung nicht immer gänzlich beheben (Lempp 1994).

Tic-Störungen (F95)

Ein Tic ist nach ICD-10 *„eine unwillkürliche, rasche, wiederholte, nicht rhythmische motorische Bewegung (gewöhnlich umschriebener Muskelgruppen) oder eine Lautproduktion, die plötzlich einsetzt und keinem offensichtlichen Zweck dient“*. Das Syndrom Tic-Störung weist eine hohe Variationsbreite auf: häufig oder selten, vorübergehend (F95.0) oder chronisch (F95.1), einfach oder komplex.

Motorische Tics können einfache rasche Bewegungen wie Blinzeln oder Schulterzucken sein, oder komplexe Formen annehmen, wie Sich-selbst-Schlagen, Sich-im Kreis-Drehen, die unwillkürliche Nachahmung der Bewegungen anderer (gestische Echopraxie) und obszöne oder selbstverletzende Handlungen.

Zu den einfachen *vokalen Tics* zählen z.B. ständiges Räuspern, Grunzen, Schnüffeln. Auf der anderen Seite des Kontinuums sind wiederholte Phrasen, manchmal in sozial nicht akzeptierter Form (Koprolalie), Nachsprechen von Gehörtem (Echolalie) oder Vor-sich-hin-Sprechen (Palilalie) zu beobachten. Die Extremform stellt die Subgruppe *„Kombinierte vokale und multiple motorische Tics, Tourette-Syndrom"* (F95.2) dar.

Im Schlaf, bei sehr konzentrierter Tätigkeit (z.B. Klavierspielen) oder bei Ablenkung können sich die Symptome verringern oder ganz ausbleiben.

Der Tic-„Entladung" gehen häufig sensorische Vorgefühle wie Kitzeln, Stechen oder eine diffuse innere Unruhe, Drang- oder Engegefühl voraus. Ältere Kinder und Jugendliche können, anders als die kleinen, den aufkommenden Tic für eine Weile beherrschen, was zu einer Intensivierung der Anspannung und vermehrten nachfolgenden Tics führt.

Die *Prävalenz* von vorübergehenden Tic-Störungen wird für Kinder im Grundschulalter mit 4–12%, von chronischen (mindestens ein Jahr anhaltenden) mit 3–4%, des Tourette-Syndroms mit ca. 1% angegeben. Jungen sind dreimal (nach anderen Angaben zehnmal) häufiger betroffen als Mädchen. Die Störung tritt familiär gehäuft auf.

Sie *beginnt* fast immer im Kindes- oder Jugendalter, mit ersten Anzeichen manchmal schon ab zwei Jahren, am häufigsten im Alter von sechs bis sieben Jahren. Ab der Pubertät wird oft eine Zunahme beobachtet, ab dem Beginn des Erwachsenenalters eine Minderung bis hin zum völligen Verschwinden. Die Rate der Spontanremissionen wird auf 50–70% geschätzt, für das Tourette-Syndrom auf 3–40% (Döpfner/Rothenberger 2008).

Die *Prognose* variiert, je nach dem Grad der Störung. Sie ist gut bei leichten bis mäßigen Tics, eher ungünstig bei schweren. Bei 80% der von der schweren Form betroffenen Menschen bleibt die Krankheit noch bis ins Erwachsenenalter bestehen; ein Drittel von ihnen leidet weiterhin erheblich. Wenn vokale oder komplexe Tics, familiäre Belastung, begleitende ADHS, Zwangsstörungen, Autoaggressionen oder Ausbrüche von Jähzorn auftreten, erhöht sich die Wahrscheinlichkeit einer langfristigen psychosozialen Beeinträchtigung.

Die Tic-Störung kann isoliert auftreten oder von anderen psychischen Störungen *begleitet* werden. Dieses sind am häufigsten Zwangsstörungen (bei 30–60% der Kinder mit Tourette-Störung), hyperkinetische Störungen (bei ca. 50% der Kinder mit chronischen Tics oder Tourette-Syndrom), hypochondrische Merkmale, depressive Symptome wie Niedergeschlagenheit und Selbstwertzweifel. Selbstverletzendes und aggressives Verhalten, Schlafstörungen, leichte neurologische und neuropsychologische Abweichungen wie z. B. Schwäche der Feinmotorik, sprachliche Defizite oder Legasthenie und Lernschwierigkeiten bei normaler Intelligenz sind beim Tourette-Syndrom gehäuft zu beobachten (Roessner/Banaschewski/Rothenberger 2015). Besondere künstlerische, mathematische oder andere Begabungen werden gelegentlich beschrieben.

Die *Entstehung* der Störung lässt sich aus dem Zusammenspiel von genetischen, neurobiologischen und psychologischen Faktoren erklären. In Zwillings- und Familienstudien zeigt sich der Einfluss *genetischer* Faktoren bei ca. 50–70 % der Kinder; erkrankte eineiige Zwillinge weisen zu ca. 90 % das Syndrom gemeinsam auf. Molekulargenetische Auffälligkeiten wurden ebenfalls gefunden. Mit bildgebenden Verfahren konnten strukturelle Abweichungen und Funktionsveränderungen in bestimmten Hirnregionen sichtbar gemacht werden. Die Vermutung besteht, dass ein Ungleichgewicht verschiedener Neurotransmitter (vor allem Dopamin und Serotonin) ursächlich beteiligt ist. Aus *Schwangerschafts- und Geburtskomplikationen* oder *Infektionen* (z. B. mit Streptokokken) können Schädigungen des Nervensystems, die häufiger diagnostiziert wurden, resultieren. *Psychosoziale Belastungen* wie familiärer oder schulischer Stress verstärken häufig die Symptomatik. Sie können aber auch deren Folge sein, denn das auffällige Verhalten ruft nicht selten negative Reaktionen im Umfeld hervor wie Überbehüten, Tadel, Strafen, Zurückweisung oder Mobbing.

Ein großer Teil der kindlichen Tics verschwindet von selbst, erfordert also keine Behandlung. Bestehen diese jedoch länger als ein halbes Jahr und sind intensiv und komplex, kann eine *Therapie* notwendig werden. Eine detaillierte Aufklärung der Eltern und – je nach Alter – des Kindes über Entstehungsbedingungen, Therapiekonzept und förderliches Begleiten steht am Beginn, ehe eine symptomzentrierte Verhaltenstherapie eingesetzt wird. Als erfolgreich gilt insbesondere das Verfahren der Reaktionsumkehr (habit revearsal) nach Azrin/Nunn (1973). Dabei wird ein Wahrnehmungstraining mit der Einübung von motorischen Gegenreaktionen zum Tic (z. B. isometrische Kontraktion antagonistischer Muskelgruppen beim motorischen Tic), Entspannungsverfahren und Operantem Konditionieren verbunden (vgl. Roessner/Banaschewski/Rothenberger 2015). Eine medikamentöse Behandlung, u. a. mit atypischen Neuroleptika, kann bei schweren Störungen hinzukommen. Diese können allerdings beeinträchtigende Nebenwirkungen mit sich bringen. Als nicht indiziert gilt dagegen eine psychoanalytisch orientierte Therapie. Wichtig ist außerdem die Behandlung der Begleitsymptomatik, namentlich der hyperkinetischen und der Zwangsstörung.

Eine wichtige Rolle kommt der *Schule* bei der Normalisierung zu. Die Lehrer und Mitschüler sollten über das Syndrom aufgeklärt werden, was der Jugendliche u. U. durch ein Referat, unterstützt durch einen Film zum Thema, sogar selbst bewerkstelligen kann. Spezielle auf den einzelnen Schüler abgestimmte Arrangements mit einem Nachteilsausgleich wie der Erlaubnis zum kurzzeitigen Verlassen des Klassenraums, Schreiben von Klassenarbeiten in separaten Räumen, besonderen Aufgabenstellungen, Laptop-Benutzung oder Absprachen mit den Mitschülern über das Tolerieren erträglicher Tics können allen Beteiligten den Unterricht erleichtern (vgl. zu vielen Anregungen für Lehrkräfte: Tourette-Gesellschaft Deutschland[114]). Auch der schulpsychologische Dienst kann unterstützend wirken.

Eingliederungshilfen können insbesondere bei schulischen Beeinträchtigungen, Problemen der Berufsausbildung und ausgeprägten psychosozialen Schwierigkeiten notwendig sein. Nach Möglichkeit sollte der Schüler die Regelschule besuchen können, z. B. mit Unterstützung durch einen Schulbegleiter, wobei aber bedacht werden muss, dass dadurch die Sonderstellung des Kindes akzentuiert wird. Im Extremfall kann der Wechsel auf eine Privatschule oder ein Internat mit sehr kleinen Klassen erforderlich werden. Das Tourette-Syndrom ist rechtlich als Schwerbehinderung anerkannt. Auch Jugendliche und junge Erwachsene, die sich in einer Berufsausbildung befinden, können Teilhabeleistungen beanspruchen, wenn der Grad ihrer Behinderung mindestens 20 % beträgt (§§ 151, 152 SGB IX) und alle Rechte schwerbehinderter Menschen nach Teil 3 SGB IX wahrnehmen. Eine Abstimmung der verschiedenen Rehabilitationsträger über die jeweiligen Leistungsanteile ist hier unerlässlich.

2.10.4 Andere Verhaltens- und emotionale Störungen mit Beginn in der Kindheit und Jugend (F98)

Hier handelt es sich um eine heterogene Gruppe, deren gemeinsames Merkmal der Beginn in der Kindheit ist. Sie führen eher selten zu einer seelischen Behinderung und brauchen hier nicht alle besprochen zu werden. Dazu gehören:

- Nicht organische Enuresis
- Nicht organische Enkopresis
- Fütterstörung im frühen Kindesalter
- Pica im Kindesalter
- Stereotype Bewegungsstörung
- Stottern
- Poltern

Nichtorganische Enuresis (F98.0)

Das Einnässen (Enuresis) kommt bei Kindern zwischen fünf und zehn Jahren häufig vor. Nach ICD-10 ist diese Störung durch einen unwillkürlichen

114 www.tourette-gesellschaft.de, abger. 18.8.2020

Urinabgang ab einem Alter von fünf Jahren bzw. einem geistigen Entwicklungsalter von vier Jahren charakterisiert, dem keine neurologischen Erkrankungen, epileptischen Anfälle oder strukturellen Anomalien der ableitenden Harnwege zugrunde liegen. Deshalb spricht man auch von „funktioneller" oder „psychogener" Enuresis. Sie muss bei Kindern unter sieben Jahren mindestens zweimal im Monat, bei älteren zumindest einmal monatlich erfolgen und länger als drei Monate anhalten, um die Diagnose zu rechtfertigen[115].

Unterschieden wird zwischen *primärer* (das Kind war noch nie trocken) und *sekundärer* Enuresis (das Einnässen trat nach einem trockenen Intervall von mindestens sechs Monaten erneut auf); ferner zwischen *nächtlichem (Enuresis nocturna)* und *am Tag erfolgendem (Enuresis diurna)* Einnässen. Beide können auch gemeinsam bestehen. Bei der *monosymptomatischen* Enuresis nocturna geschieht der Harnabgang nur nachts, während dem Kind tagsüber die Blasenkontrolle gelingt. Bei der *symptomatischen* Enuresis nocturna kommen weitere Auffälligkeiten hinzu, wie z. B. Einnässen am Tag und verschiedene andere Besonderheiten der Blasenentleerung.

Das Einnässen über Tag ist keine einheitliche Störung. Zu unterscheiden sind

1. die überaktive Blase (idiopathische Dranginkontinenz)
2. der Miktionsaufschub (überlanges Hinauszögern des Harnlassens)
3. die dyskoordinierte Miktion (Detrusor-Sphynkter-Dyskoordination, d. h. Fehlkoordination des Blasenmuskels und des äußeren Schließmuskels)
4. die unteraktive Blase.

Die *Diagnostik* erfolgt durch Anamnese, eingehende körperliche Untersuchung, Fragebögen und Screening für Begleitstörungen, Blasentagebuch (Trink- und Miktionsprotokoll, 14-Tage-Protokoll über Blasen- und Darmentleerung).

Prävalenz: Das nächtliche Einnässen kommt bei siebenjährigen Kindern zu 7–13 % vor, bei Jungen doppelt so häufig wie bei Mädchen. Bei zehnjährigen Kindern sind es noch 5 %, bei 16- bis 17-Jährigen 0,5–1,1 %. Spontanremissionen betragen ca. 15 % pro Jahr. 2/3 der Fälle treten monosymptomatisch auf (Wyschkon/Esser 2015b).

Die Enuresis diurna findet sich bei den siebenjährigen Kindern zu 3–5 %, etwa die Hälfte davon sekundär, in der Mehrzahl kombiniert mit nächtlichem Einnässen. Bei den 11- bis 13-Jährigen existiert sie noch zu 0,5 %, bei den 15- bis 17-Jährigen zu 0,3 %, insgesamt etwas häufiger bei Mädchen als bei Jungen. Sie ist also wesentlich seltener als die Enuresis nocturna. Die Gesamtrate ist

115 Nach DSM-5 ist die Störung erst dann klinisch relevant, wenn sie zweimal wöchentlich auftritt, v. Gontard/Lehmkuhl (2009) setzen mindestens einmal pro Woche als Kriterium.

erhöht bei Kindern mit umschriebenen Entwicklungsstörungen und mit Intelligenzbeeinträchtigungen (DGKJP et al. 2015b).

Kinder- und jugendpsychiatrische *Komorbiditäten* sind in unterschiedlichem Maße festzustellen: 20–30 % bei Enuresis nocturna, 20–40 % bei Enuresis diurna, 30–50 % bei zusätzlicher Stuhlinkontinenz, verglichen mit 10 % bei Kindern ohne Entleerungsstörungen. Die begleitenden Auffälligkeiten sind häufiger externalisierender Art (vor allem ADHS und Störungen des Sozialverhaltens), seltener internalisierend (Depression und Angststörungen, DGKJP et al. 2015b).

Die *Entstehungsbedingungen* unterscheiden sich je nach Art der Störung. Das primäre nächtliche Einnässen beruht auf einer genetisch bedingten Reifungs- und Funktionsstörung des ZNS. Die Kinder sind schwer zu wecken und wachen auch bei voller Blase nicht auf bzw. unterdrücken den Entleerungsreflex im Schlaf nicht. Bei einigen wird nachts eine erhöhte Urinmenge produziert. Psychosoziale Faktoren spielen kaum eine Rolle. Heute besteht unter Fachleuten Einigkeit darüber, dass die Deutung „das Kind weint durch die Blase" so nicht stimmt. Das nächtliche Einnässen ist kein Appell des Kindes an seine Umwelt um vermehrte Zuwendung oder Entlastung bei der Bewältigung seines Alltags. Hingegen können bei der sekundären Enuresis nocturna belastende Lebensereignisse einen Rückfall in kindliches Entleerungsverhalten bewirken.

Zur Verursachung der Enuresis diurna gibt es die folgenden Erkenntnisse: Die überaktive Blase basiert auf einer genetisch bedingten Störung der Füllungsphase der Blase. Psychische Faktoren scheinen dabei keine Rolle zu spielen. Die Harninkontinenz bei Miktionsaufschub und die dyskoordinierte Miktion gelten als erlerntes Verhalten, also durch Fehler bei der Reinlichkeitserziehung, ungünstige Toilettensituation oder Probleme der familiären Interaktion bedingt (Fuhrmann/Schreiner-Zink/v. Gontard 2008).

Die *Therapie* kann in den meisten Fällen ambulant durchgeführt werden, in Ausnahmefällen, d. h. bei komplexer Ausscheidungsstörung, mangelndem Therapieerfolg oder einer gravierenden Begleitsymptomatik auch teilstationär oder stationär. Zielsetzung ist die Beherrschung der Blasenkontrolle, das Verschwinden/die Milderung der komorbiden Störungen und die generelle Entlastung des Kindes und seiner Familie. Erforderlich sind eine ausreichende Motivation und Mitarbeitsbereitschaft des Kindes und der Eltern, die u. U. erst noch verbessert werden müssen.

Tritt die Enuresis zusammen mit der Enkopresis auf, muss jene zuerst behandelt werden. Sehr häufig gelingt dann auch die Blasenkontrolle. Danach wird das Einnässen bei Tag angegangen, zuletzt das nächtliche Einnässen. Ob die emotionalen Probleme zuvor, gleichzeitig oder danach behandelt werden, ist individuell zu entscheiden.

Die Therapie der Enuresis nocturna beginnt mit der urotherapeutischen Beratung (richtiges Entleerungsverhalten, Trink- und Ernährungsverhalten,

Dokumentation von Symptomatik und Miktionsverhalten). Das Führen eines Kalenders über Trockensein/Nässe hilft vielen Kindern bereits, nachtsüber trocken zu werden. Positive Verstärker (Lob, materielle Belohnungen) können zusätzlich verwendet werden, Strafen sollten unterlassen werden. Wenn dies nicht ausreicht, wird die apparative Verhaltenstherapie (Bettnässer-Alarmgerät) eingesetzt, die mit 62% Symptombeseitigung die größten Erfolge zu verzeichnen hat. Ein langfristiger Therapieerfolg wird bei der Hälfte der behandelten Kinder festgestellt; bei Rückfällen sollte erneut das Alarmgerät eingesetzt werden. Wenn diese Therapie nicht angewendet werden kann oder versagt, oder wenn eine besondere Situation (z. B. mehrtägige Klassenfahrt) eine schnelle Wirkung erfordert, kann eine Medikamentengabe in Frage kommen.

Die funktionelle Harninkontinenz beim Tagnässen wird ebenfalls verhaltenstherapeutisch behandelt (Wahrnehmungsschulung, Aufklärung über richtiges Verhalten, Dokumentation, Verstärkung). Notfalls wird eine medikamentöse Therapie hinzugefügt (ausführlich DGKJP et al. 2015b, Wyschkon/Esser 2015b; DGSPJ 2013).

Wegen der guten Behandlungserfolge zeitigt die Enuresis im Allgemeinen *keine seelische Behinderung*. In Ausnahmefällen – z. B. bei Einnässen über Tag bei sehr ungünstigem häuslichem Umfeld – (oder bei ausgeprägten komorbiden Störungen) könnte eine Unterstützung durch die Jugendhilfe (z. B. Erziehungsberatung, sozialpädagogische Familienhilfe als Hilfe zu Erziehung oder Eingliederungshilfe) in Frage kommen.

Nichtorganische Enkopresis (F98.1)

Von *Einkoten* (Enkopresis) wird gesprochen, wenn ein Kind, das älter als vier Jahre ist (oder ein Jugendlicher/Erwachsener) wiederholt seinen Stuhl an unpassenden Stellen absetzt. Dies geschieht meistens unwillkürlich, kann aber auch beabsichtigt sein. Für diese Diagnose darf keine organische Ursache vorliegen, deshalb auch die Begriffe „funktionelle“ und „psychogene“ Enkopresis. Die Störung muss nach ICD-10 mindestens einmal im Monat für die Dauer von sechs Monaten (nach DSM-5 von drei Monaten) auftreten. „Primär“ ist die Störung, wenn das Kind die Ausscheidung nie beherrschte, „sekundär“, wenn Gelerntes wieder verloren gegangen ist.

Ein weiteres Unterscheidungskriterien, das in ICD-10 noch nicht vorhanden ist bzw. als Ausschlusskriterium gilt, ist das Vorliegen oder Fehlen einer *Verstopfung* (Obstipation). ICD-11 und DSM-5 treffen diese Differenzierung, und sie wird aktuell als die wichtigste gesehen. Bei der Enkopresis mit Verstopfung kommt es zum langen Zurückhalten des Stuhls mit großer Stuhlansammlung im Darm und teilweise zum Überfließen von flüssigem Kot (Überflauf-Inkontinenz, overflow-incontinence), außerdem Schmerzen bei der Entleerung, Bauchweh und Appetitmangel. Das Einkoten findet hauptsächlich tagsüber statt.

Bei der Enkopresis ohne Obstipation ist der Stuhl normal, dass Einkoten seltener und es fehlen die bei der anderen Gruppe auftretenden Schmerzen. Ein Kind mit *Toilettenvermeidung* entleert nur die Blase auf der Toilette, verlangt aber für den Stuhlgang eine Windel. Die Toiletten-Phobie ist eine spezifische Angst vor der Toilette („da ist ein Monster drin!“).

Die *Diagnostik* erfolgt durch Anamnese, eingehende körperliche Untersuchung, Fragebögen und Protokollierung des Ausscheidungsverhaltens.

Die *Prävalenz* wird mit 1–3 % der Schulkinder angegeben. Die Krankheit kann bis ins Jugendalter bestehen bleiben (zu 80 % im Alter von 16 Jahren) und sich bei einem kleineren Teil (25–30 %) bis ins Erwachsenenalter fortsetzen (Fuhrmann/Schreiner-Zink/v. Gontard 2008).

Komorbid tritt bei 10–40 % der Kinder zusätzlich eine Enuresis auf. Begleitende psychische Störungen sind mit 30–50 % sehr häufig. Externalisierende Störungen, insbesondere die Störung des Sozialverhaltens mit oppositionellem Verhalten und ADHS, rangieren vor den internalisierenden Störungen wie Trennungsängsten, spezifischen Phobien, generalisierten Ängsten oder Depression. Liegt eine Intelligenzminderung vor, wird diese Diagnose nicht gestellt[116].

Entstehung: Bei der Enkopresis mit Obstipation ist von einer genetischen Disposition auszugehen, da sie familiär gehäuft auftritt (Konkordanz eineiiger Zwillinge bei 70 %). Somatische Faktoren (z. B. Medikamente) können zu Auslösern der Verstopfung werden, Schmerzen bei der Entleerung zum Zurückhalten des Stuhls führen. Behält das Kind dieses über längere Zeit bei, kommt es zur chronischen Obstipation mit den beschriebenen Symptomen. Vor allem kann die Störung auf schwerwiegende psychische Probleme als Folge gravierender familiärer Konflikte, dauerhafter Belastungen, Vernachlässigung oder psychischer Traumata (z. B. sexualisierter Gewalt) hinweisen.

Zur Entstehung der Enkopresis ohne Obstipation fehlen noch belastbare Forschungsergebnisse (v. Gontard 2015).

Dass diese Störung das Kind/den Jugendlichen extrem belastet, ist unmittelbar nachvollziehbar. Das Umfeld beschuldigt es des mutwilligen Verhaltens, tadelt und straft. Lässt sich das „Malheur“ in der Öffentlichkeit nicht verbergen, resultieren Stigmatisierung, Lächerlichmachen, Mobbing und Isolierung mit den entsprechenden Konsequenzen für das Selbstwertgefühl und das Sozialverhalten.

Die *Intervention* erfolgt symptomorientiert als Verhaltenstherapie. Sie beginnt mit Beratung und Informieren des Kindes und seiner Eltern über die Vorgänge bei der Stuhlentleerung und das adäquate Verhalten. Bei Vorliegen einer Verstopfung muss zunächst der Darm mit Hilfe eines Abführmittels

116 Bei Intelligenzminderung gelingt die Ausscheidungskontrolle je nach Schweregrad schlecht bis gar nicht; dies ist aber anders einzuordnen.

(Laxans) geleert werden (Desimpaktion), bei Fehlen einer Verstopfung ist dies kontraindiziert. Danach beginnt ein Toilettentraining (Toilettengang dreimal täglich nach den Mahlzeiten) mit Protokollierung und positiver Verstärkung. Toilettentraining und Abführen werden als Erhaltungstherapie über einen längeren Zeitraum (6–24 Monate) durchgeführt. Biofeedback-Verfahren haben sich nicht als wirksam erwiesen. In besonders hartnäckigen Fällen können ambulante Schulungsprogramme für Kinder in Kleingruppen eingesetzt werden, in denen das Problem spielerisch angegangen werden kann. Die komorbiden Störungen müssen ebenfalls therapiert werden (v. Gontard 2015).

Dennoch ist der Verlauf nicht günstig. Wie sich in Nachuntersuchungen zeigt, bleibt die Störung trotz Therapie häufig (zu 60 %) noch über Jahre bestehen, möglicherweise aufgrund der hohen Komorbidität oder mangelnder Nachbetreuung (Fuhrmann/Schreiner-Zink/v. Gontard 2008). Eine langfristige ambulante Behandlung ist also erforderlich.

Wegen der schwerwiegenden Konsequenzen dieser Störung, vor allem der Diskriminierung und des Ausschlusses von sozialen Aktivitäten, und auch wegen der Begleitstörungen kann eine *Beeinträchtigung der Teilhabe* vorliegen und das Kind – wie Ben – neben der Therapie weitere Unterstützung benötigen. Erziehungs- und Familienberatung, sozialpädagogische Familienhilfe, soziale Gruppenarbeit sowie die Aufklärung der Lehrer und Mitschüler über die Störung und den angemessenen Umgang damit können die therapeutischen Bemühungen ergänzen.

Stottern (Stammeln, F98.5)

Als Stottern wird nach ICD-10 eine ausgeprägte Störung des rhythmischen Sprechflusses bezeichnet, die durch die folgenden Eigenheiten charakterisiert ist: Häufige Wiederholung oder Dehnung von Lauten, Silben oder (einsilbigen) Wörtern, Einschieben von Lauten und Silben oder alternativ häufiges Zögern oder Innehalten, stumme Blockierungen. Diese typischen Unflüssigkeiten können nicht spontan kontrolliert werden. Sie sind manchmal von Mitbewegungen der mimischen Muskulatur oder anderer Körperteile (Kopf, Rumpf, Extremitäten) begleitet.

Zu beobachten sind ferner eine erhöhte physische Anspannung beim Sprechen (z. B. gepresste oder zitternder Stimme), Veränderung der Sprechatmung, Modifikation der Sprechweise (z. B. skandierendes Sprechen), sprachliches Vermeidungsverhalten (z. B. vorbeugendes Ersetzen von Wörtern), Änderungen der Kommunikation (z. B. Themenänderung), Satzabbrüche, situatives Vermeiden (z. B. schriftliches Kommunizieren statt Sprechen). Die generelle Sprachfähigkeit (rezeptiver und expressiver Wortschatz) scheint nicht geringer zu sein als bei nicht stotternden Kindern.

Die Störung wird eingeteilt in das *„originäre“* Stottern, das während der Kindheit ohne unmittelbar erkennbare Ursache beginnt, (und um das es hier geht), und das erworbene, *„neurogene“* oder *„psychogene“* Stottern.

Das stotternde Kind empfindet häufig Angst, Scham, Selbstabwertung und Hilflosigkeit und erlebt entsprechende vegetative Reaktionen wie Erröten oder Herzklopfen. Zu den Bewältigungsstrategien gehören die intensive Vorbereitung von Gesprächen oder die Vermeidung von angsterzeugenden Situationen. Die Störung tritt eher in subjektiv belastenden als in entspannten Kontexten auf (Neumann et al. 2016).

Je länger das Stottern besteht, desto stärker wirkt es sich auf die psychische Befindlichkeit aus. Wenn auch schon das Vorschulkind erste Angst vor dem Sprechen zeigt, so verschärfen sich die Probleme mit dem Schuleintritt und wachsen bis zum Jugendalter an. Ausgeprägte Ängste vor sozialen Situationen und ein starkes Belastungsempfinden während der Schulzeit sind die Folgen negativer Reaktionen des engeren und weiteren Umfelds (Lächerlichmachen, Unterbewertung der Intelligenz und Leistungsfähigkeit) mit daraus resultierender negativer Selbsteinschätzung. Wenn Erwachsene stottern, besitzen sie ein erhöhtes Risiko für verschiedene Persönlichkeits- und Angststörungen.

Die *Diagnostik* erfolgt durch Anamnese, Fragebögen für Eltern und Kind, Bewertung der Spontansprache und einer repräsentativen Sprechprobe. Neben der Stottersymptomatik sollen auch die begleitenden Störungen aufgenommen werden.

Die *Prävalenz* des Stotterns beträgt bei Kindern und Jugendlichen von zwei bis 18 Jahren ca. 1,4 %, wobei Jungen mehr als doppelt so häufig betroffen sind wie Mädchen; für erwachsene Männer beläuft sie sich auf ca. 0,8 %, für Frauen auf ca. 0,2 %. Bis zur Pubertät verschwindet die Auffälligkeit bei 70–80 % der Kinder, in der Regel durch Spontanremission.

Die Störung ist zu einem wesentlichen Teil, d. h. zu 70–80 %, *erblich bedingt*, wie verhaltensgenetische Untersuchungen (Zwillings-, Adoptions-, Familienstudien) zeigen. Umwelteinflüsse können die Störung auslösen oder aufrechterhalten, wobei diese bisher nicht genauer benannt werden können. Man geht davon aus, dass der elterliche *Erziehungsstil* nicht ursächlich beteiligt ist. Wenn allerdings die Reaktionen auf die Sprechstörung ungünstig sind (Ermahnungen, Unterbrechungen usw.), können sie Auswirkungen auf den weiteren Verlauf und die psychischen Folgen für das Kind haben.

Molekulargenetische Untersuchungen haben zahlreiche Besonderheiten aufgezeigt. Daher wird das *„Stottern als eine multifaktorielle polygenetische Störung angesehen, mit verschiedenen Loci (Genen) unterschiedlicher Effekte und Genom-Umwelt-Interaktionen“* (Neumann et al. 2016, 33). Außerdem findet man verschiedene hirnstrukturelle und neurofunktionelle Auffälligkeiten.

Die folgenden *Therapien* haben sich als wirksam erwiesen:

- Verfahren der *Sprechrestrukturierung*. Unter dieser Bezeichnung laufen verschiedene verhaltenstherapeutische Übungsverfahren, bei denen eine neuartige Sprechweise erlernt wird, die die für das Stottern charakteristische Sprechunflüssigkeit beheben soll. Gleichzeitig werden die mit dem Sprechen verbundenen emotionalen Probleme bearbeitet. Zusätzlich zur direkten Arbeit mit dem Therapeuten kann der Betroffene Übungssoftware für das individuelle Training erhalten (z. B. „Kasseler Stottertherapie"). Bei einem anderen Verfahren („Camperdown-Programm") wird ein auf Video gezeigtes Sprechvorbild imitiert. Die Programme sind für Kinder ab zwölf Jahren und Jugendliche bzw. Erwachsene geeignet.
- Verfahren der *Stottermodifikation*. Dabei wird mit Hilfe einer Sprechtechnik direkt in die nicht flüssig gesprochenen Anteile korrigierend eingegriffen. Zusätzlich zur Arbeit am Symptom wird die Begleitsymptomatik behandelt. Die Methode ist ab dem Kindergartenalter anwendbar. Sprechstrukturierung und Stottermodifikation werden ab dem Alter von zwölf Jahren auch kombiniert angewandt.
- Für Kinder zwischen drei und sechs Jahren sind auch *operante Verfahren* geeignet. Das Kind wird von einer engen Bezugsperson (nach Anleitung durch den Therapeuten) für flüssiges Sprechen gelobt und auf Stottern sehr vorsichtig hingewiesen und korrigiert.
- *Indirekte Methoden*. Hierbei erfolgt die Intervention nicht bei dem Kind, sondern bei den Eltern, die angeleitet werden, die für flüssiges Sprechen günstigsten Bedingungen zu schaffen (z. B. Senkung der Anforderungen durch Verlangsamung beim Vorsprechen, Vereinfachung der Sprache, gelassene Reaktion auf Stottern u. a.). Diese Verbesserungen der Interaktion zeitigen bei drei- bis sechsjährigen Kindern positive Wirkungen.

Im Rahmen der Therapien können auch Geräte und Software eingesetzt werden, die sprechbegleitend sensorische Informationen vermitteln (Vorgabe des Sprechtakts) oder diese verändern (in der Frequenz veränderte oder verzögerte Rückmeldung der eigenen Sprache – „Lee-Effekt"), ebenso Biofeedback. Ihr routinemäßiger Einsatz wird aber in der S3-Leitlinie (DGPP et al. 2016) nicht empfohlen.

Medikamente sollten Kindern und Jugendlichen nicht zur Behandlung dieser Störung gegeben werden (ausführlich Neumann et al. 2016; auch Brack/ Volpers 1999).

Da das Stottern hohe Remissionsraten aufweist, gute Therapieerfolge zu erzielen sind und etliche Kinder auch trotz bleibenden Stotterns ihr Leben gut bewältigen, wird eine *seelische Behinderung* nicht immer die Folge sein. Das schulische/berufliche Fortkommen und die soziale Integration des Kindes/

Jugendlichen können aber, auch aufgrund der psychischen Begleitsymptomatik, manchmal ernsthaft beeinträchtigt sein und zusätzlich zur Therapie Jugendhilfemaßnahmen erfordern, die insbesondere auf verbesserte Bedingungen im Umfeld abzielen.

Poltern (F98.6)

Diese Redeflussstörung zeigt sich gemäß ICD-10 in zu hoher und/oder irregulärer Sprechgeschwindigkeit, unregelmäßigem und unrhythmischem Sprechen mit schnellen, ruckartigen Anläufen, Zusammenziehen oder Auslassen von Silben, falschen Pausen und Sprechausbrüchen, so dass das Satzmuster fehlerhaft wird. Ist das Poltern ausgeprägt, wird das Gesprochene unverständlich.

Die *Diagnostik* erfolgt über Sprechproben, die standardisiert auszuwerten sind.

Die Angaben zur *Prävalenz* variieren zwischen 1,1 und 1,8 % bei Kindern im Schulalter. In der Pubertät verstärkt sich das Problem häufig und bleibt dann lebenslang bestehen.

Die *Ursachen* sind bisher noch nicht ausreichend erforscht. Vieles spricht für eine starke genetische Disposition, verbunden mit funktionellen Hirnveränderungen. Ebenso werden Neurotransmitterstörungen (Dopamin) als mitursächlich vermutet. Außerdem kann die Auffälligkeit Folge einer erworbenen neurologischen Störung sein.

Poltern ist von Stottern abzugrenzen; es können allerdings auch Mischformen auftreten.

Die *Therapie* erfolgt ähnlich der des Stotterns verhaltenstherapeutisch mit Sprechrestrukturierungs-Interventionen (Fluency Shaping) und weiteren Trainingsprogrammen. Sie fordert dem Kind und seinen Angehörigen viel Mühe und Durchhaltevermögen ab, bei erkennbarer, aber begrenzter Wirksamkeit. Eine völlige Heilung ist bisher nicht möglich (ausführlich Neumann et al. 2016).

Da das Umfeld auf die Unverständlichkeit des Sprechens häufig sehr negativ reagiert, droht dem polternden jungen Menschen der Ausschluss von vielen Aktivitäten. Er ist also von *seelischer Behinderung* bedroht oder betroffen und besitzt einen Anspruch auf Leistungen zur Teilhabe.

III Die Hilfeplanung im Jugendamt

Wenn Eltern und Kinder das Jugendamt (oder jeden anderen Träger von Rehabilitationsleistungen) um eine Hilfe bitten, beginnt ein Arbeitsgang, der sich gedanklich in mehrere Phasen gliedern lässt. In der ersten Phase gewinnt die Fachkraft einen vorläufigen Überblick über die Problemlage und berät die Hilfesuchenden über Leistungsmöglichkeiten. In der zweiten Phase, an deren Anfang die Antragstellung steht, erfolgt die genaue Aufklärung des Rehabilitationsbedarfs, die Bestimmung der geeigneten und erforderlichen Hilfe, die Bewilligung der Leistung und die Erteilung des Leistungsbescheides. In beiden Phasen sind die gesetzlichen und fachlichen Vorgaben zur Zuständigkeitsklärung, zur Beratung der Antragsteller, zum Verfahren der Sachverhaltsklärung, zu den Methoden der psychosozialen Diagnostik und zur Auswahl der Hilfe zu beachten. Wie dies geschehen kann, wird in diesem Kapitel dargestellt.

1 Beratung und frühzeitige Bedarfserkennung

1.1 Information als Voraussetzung für Partizipation

Vor der Antragstellung (und während des gesamten Hilfeprozesses) haben die Eltern und das Kind Anspruch auf Beratung über ihre Rechte und Pflichten (§ 14 SGB I, § 10a SGB VIII). D.h. sie sind ausführlich, individuell und konkret über alle Leistungen, die zur Lösung ihres Problems in Frage kommen, zu informieren. Ebenso müssen ihnen ihre Verfahrensrechte wie z.B. die auf Anhörung und Akteneinsicht (§§ 24 und 25 SGB X), auf eigenes Tatsachenvorbringen und auf Stellung eigener Beweisanträge, und ihre Pflichten, wie z.B. ihre Mitwirkungspflichten erläutert werden. Hinzu kommen die weiteren allgemeine Pflichten der Sozialleistungsträger nach dem SGB I, wie z.B. die Aufklärungspflicht nach § 13 SGB I, die Auskunftspflicht zu Sozialleistungen nach § 15 SGB I oder die Pflicht, auf die Stellung sachdienlicher Anträge hinzuwirken, nach § 16 Abs. 3 SGB I.

Die Beratungs- und Informationspflicht spielt im neuen Teilhaberecht eine große Rolle. Grundgedanke ist ja, wie dargestellt, dass Menschen mit Behinderungen insbesondere in ihren Kompetenzen und ihren Möglichkeiten der Selbstbestimmung gestärkt werden. Sie sollen in die Lage versetzt werden, sich möglichst aktiv am Hilfeprozess zu beteiligen. Die Basis dafür bildet die Kenntnis der in Frage kommenden Leistungsangebote aller relevanten Leistungsträger sowie der entsprechenden Verfahrensabläufe. Die Beratung dient der Sicherung der Rechte und der Subjektstellung des Klienten. Dieser soll als gut Informierter selbst darüber entscheiden können, welche Angebote er in Anspruch nehmen möchte[117].

Bezogen auf Leistungen zur Rehabilitation bestimmt § 12 Abs. 1 SGB IX, der als lex specialis für den Bereich der Rehabilitationsleistungen den Vorschriften des SGB I vorgeht, dass die Rehabilitationsträger geeignete *barrierefreie Informationsangebote* bereitstellen und vermitteln, damit ein Rehabilitationsbedarf frühzeitig erkannt und darauf hingearbeitet wird, dass der Leistungsberechtigte einen Antrag stellt. In Kenntnis gesetzt werden soll er über

1. Inhalte und Ziele von Leistungen zur Teilhabe
2. die Möglichkeit der Leistungsausführung als persönliches Budget

117 Eine sehr ausführliche, genaue Darstellung des gesamten Verfahrens gibt die „Gemeinsame Empfehlung Reha-Prozess“ der BAR (2019), die Fachkräften bekannt sein sollte, ebenso wie die weiteren Veröffentlichungen der BAR.

3. das Verfahren zur Inanspruchnahme von Leistungen zur Teilhabe und
4. Angebote der Beratung, einschließlich der ergänzenden unabhängigen Teilhabeberatung nach § 32 SGB IX.[118]

Implizit oder direkt leistungsverengende Verfahren, Abläufe und Auskünfte sind also pflicht- und rechtswidrig. Es gilt der *Grundsatz der Meistbegünstigung*. Dementsprechend wurde ein Jugendhilfeträger zu einer Schadensersatzzahlung verurteilt, weil sein Sachbearbeiter „pflichtwidrig und schuldhaft" seiner Beratungspflicht (hier im Zusammenhang mit Hilfe zur Erziehung) nicht nachgekommen war (LG Dessau-Roßlau 2019[119]).

In der Regierungsbegründung zum BTHG (BT-Drucks. 18/9522, 231) wird darauf hingewiesen, dass geeignete *Antragsformulare* geschaffen werden sollen, die den potentiell Leistungsberechtigten die Beantragung von Rehabilitationsleistungen nahelegen und erleichtern und die Fachkräfte im Amt zu darauf abzielender Beratung motivieren. Eine Reihe von Musterformularen wurde bereits von der BAR entwickelt, die entweder direkt ausgedruckt oder für den eigenen Träger abgewandelt werden können[120].

Gemäß § 12 Abs. 1 Satz 3 SGB IX weisen die Rehabilitationsträger *Ansprechstellen*[121] innerhalb ihrer Organisation aus, die die relevanten Informationsangebote an die Leistungsberechtigten und zudem auch an die Arbeitgeber und an andere Rehabilitationsträger vermitteln. Angesichts der Komplexität und Unübersichtlichkeit des verzweigten Rehabilitationssystems rät die BAGLJÄ, im Jugendamt für die Beratungsaufgabe speziell qualifizierte pädagogische Fachkräfte vorzuhaltenden und zu benennen. Verfügen sollte diese über

- entsprechende zeitliche Ressourcen
- die Fähigkeit zur Vernetzung und Kooperation
- fundierte Kenntnisse der Eingliederungshilfe nach § 35a SGB VIII und
- summarische Kenntnisse über das Leistungsspektrum anderer Rehabilitationsträger.

Dies wird auch deshalb empfohlen, weil es bereits bei einem Erstkontakt zu einer Antragstellung kommen kann und damit Fristen nach §§ 14, 15 SGB IX (s. Kap. III/1.2) zu laufen beginnen (BAGLJÄ 2019, 7).

118 Die Informationspflicht gilt auch für Jobcenter im Rahmen ihrer Zuständigkeit für Leistungen zur beruflichen Teilhabe, für die Integrationsämter in Bezug auf Leistungen und sonstige Hilfen für schwerbehinderte Menschen und die Pflegekassen als Träger der sozialen Pflegeversicherung (§ 12 Abs. 2 SGB IX).

119 v. 17.5.2019 – 40658/17, ZKJ 2020, 35–37.

120 www.bar-frankfurt.de/themen/reha-prozess/musterformulare.html, abger. 3.5.2020.

121 In Berlin heißen sie z. B. „Teilhabefachdienste".

Ins Ermessen der Rehabilitationsträger gestellt sind weitergehende Maßnahmen, wie z. B. die Schaffung von Auskunftsstellen, Beratungsteams oder internetbasierten Informationsangeboten (RegBegr. BTHG, a. a. O.). Um doppelte oder widersprüchliche Beratungen zu vermeiden und umfassend Auskunft erteilen zu können, sollen die Ansprechstellen untereinander vernetzt sein (§ 12 Abs. 1 Satz 4 SGB IX i. V. m. § 15 Abs. 3 SGB I). Ein online-Verzeichnis der Ansprechstellen für Rehabilitation und Teilhabe in Deutschland stellt die BAR zur Verfügung[122].

Zusätzlich zur individuellen Beratung durch die Rehabilitationsträger soll ein *„unabhängiges Teilhabeberatungsangebot"* geschaffen und zunächst bis Ende 2022 aus Bundesmitteln gefördert werden, d. h. eine nicht an Träger oder Leistungserbringer angebundene ergänzende oder vorangehende Beratung. Sie soll niedrigschwellig erreichbar sein und kann auch durch ähnlich betroffene Menschen als „Peer-Beratung" geleistet werden (§ 32 SGB IX, s. auch Kap. I/3.3).

Vor allem auf diese Beratungsstellen, aber auch auf alle anderen einschlägigen Beratungsmöglichkeiten müssen Ärzte sowie andere Fachkräfte, insbesondere aus dem medizinischen, sozialpädagogischen und pädagogischen Bereich, die Betroffenen und gegebenenfalls deren Personensorgeberechtigten hinweisen, wenn sie bei einem Menschen, mit dem sie beruflich arbeiten, eine Beeinträchtigung wahrnehmen (§ 34 SGB IX). Eltern, Vormünder, Pfleger und Betreuer sollen, wie es ihrem Erziehungs- oder Betreuungsauftrag entspricht, den ihnen anvertrauten Menschen einer Beratungsstelle vorstellen, sobald sie die Anzeichen einer behinderungsträchtigen Krankheit erkennen oder von fachlicher Seite darauf hingewiesen wurden (§ 33 SGB IX). Diese Vorschrift ist eine Reaktion darauf, dass in der Vergangenheit Leistungsberechtigte häufig allein deshalb nicht die ihnen zustehenden Rehabilitationsleistungen erhielten, weil sie nicht ausreichend darüber informiert wurden.

Für das Jugendamt findet sich die Beratungspflicht für alle Hilfen auch in § 36 Abs. 1 Satz 1 SGB VIII:

> „Der Personensorgeberechtigte und das Kind oder der Jugendliche sind vor der Entscheidung über die Inanspruchnahme einer Hilfe und vor einer notwendigen Änderung von Art und Umfang der Hilfe zu beraten und auf die möglichen Folgen für die Entwicklung des Kindes oder des Jugendlichen hinzuweisen."

Der weiter ausholende, weil schon das Vorfeld betreffende § 12 SGB IX hat aber gem. § 7 SGB IX Vorrang, wenn der Jugendhilfeträger als Rehabilitationsträger fungiert.

122 www.bar-frankfurt.de, abger. 5.3.2021.

Im Fall von Paul ist also mit der Familie zu klären, ob das Verhalten des Jungen „noch" ein „normales" Entwicklungsphänomen sein kann oder schon auf eine ernstere Störung hinweist. Wird Letzteres bejaht, ist außerdem zu überlegen, ob das Problem mit einer Hilfe zur Erziehung nach § 27 SGB VIII, also einer Hilfe für die Eltern, anzugehen ist, oder ob Paul eine Eingliederungshilfe zukommen muss, weil bei ihm eine seelische Störung mit Krankheitswert vorliegt. Auch Hilfen anderer Leistungsträger (z. B. eine Psychotherapie, die vom Träger der Krankenversicherung bezahlt werden könnte) muss erläutert werden. Die Familie muss darüber aufgeklärt werden, wie der Prozess der Sachverhaltsklärung verläuft, welche Beteiligungsrechte (z. B. Wunsch- und Wahlrecht) sie hat, welche Auskünfte von ihr erwartet werden, welche Datenschutzvorschriften vom Jugendamt beachtet werden und welche Auswirkungen die Durchführung einer Hilfe möglicherweise für die Entwicklung des Kindes und für ihr Familienleben überhaupt haben kann. Möglicherweise wird das Kind während einer Therapie zunächst „noch schwieriger", die Familie muss zusätzliche Mühen auf sich nehmen, z. B. durch den regelmäßigen Besuch beim Therapeuten, zusätzliche Außenkontakte sind erforderlich oder das „Problemkind" erhält eine Sonderstellung, etwa durch die Anwesenheit des Schulbegleiters. Kurz: das Kind und seine Familie müssen rechtzeitig wissen, „auf was sie sich da einlassen".

Wenn Paul, vertreten durch seine sorgeberechtigten Eltern, Eingliederungshilfe beantragt, muss in einer 2. Phase gemeinsam der Sachverhalt genau erfasst, eine Zielsetzung formuliert und eine Leistung ausgewählt werden, damit das Jugendamt dann über die Art der Hilfe entscheiden kann.

Abbildung 2 zeigt, welche Feststellungen im Hilfeplanungsprozess getroffen werden müssen.

1.2 Fristen für die Klärung der Zuständigkeit und des Rehabilitationsbedarfs

Dass im Falle von Paul das Jugendamt für eine Hilfe zuständig ist, dürfte klar sein. Ein Kind mit einer starken Intelligenzminderung oder einer körperlichen Erkrankung würde vom Jugendamt hingegen an den Träger der Eingliederungshilfe oder der Krankenversicherung verwiesen, weil die Zuständigkeit für Leistungen zur Teilhabe bisher noch bei diesen liegt. War die Verantwortung nicht völlig klar ersichtlich, wurden Betroffene in der Vergangenheit häufig „von Pontius zu Pilatus" geschickt, ehe sie Hilfe erhielten. Damit wurde wertvolle Zeit vergeudet, was umso schlimmer ist, als Rehabilitationsleistungen nicht rückwirkend erbracht werden können (VGH Bayern 2017[123]). Um die Gefahr von Zuständigkeitsstreitigkeiten zwischen den Leistungsträgern und damit von zu langen Klärungszeiten zu verringern, regelt das BTHG das

123 v. 11.7.2017 – 12 CE 17.831 Rn. 21.

Abbildung 2: Ablauf des Planungsprozesses für die Eingliederungshilfe nach § 35a SGB VIII

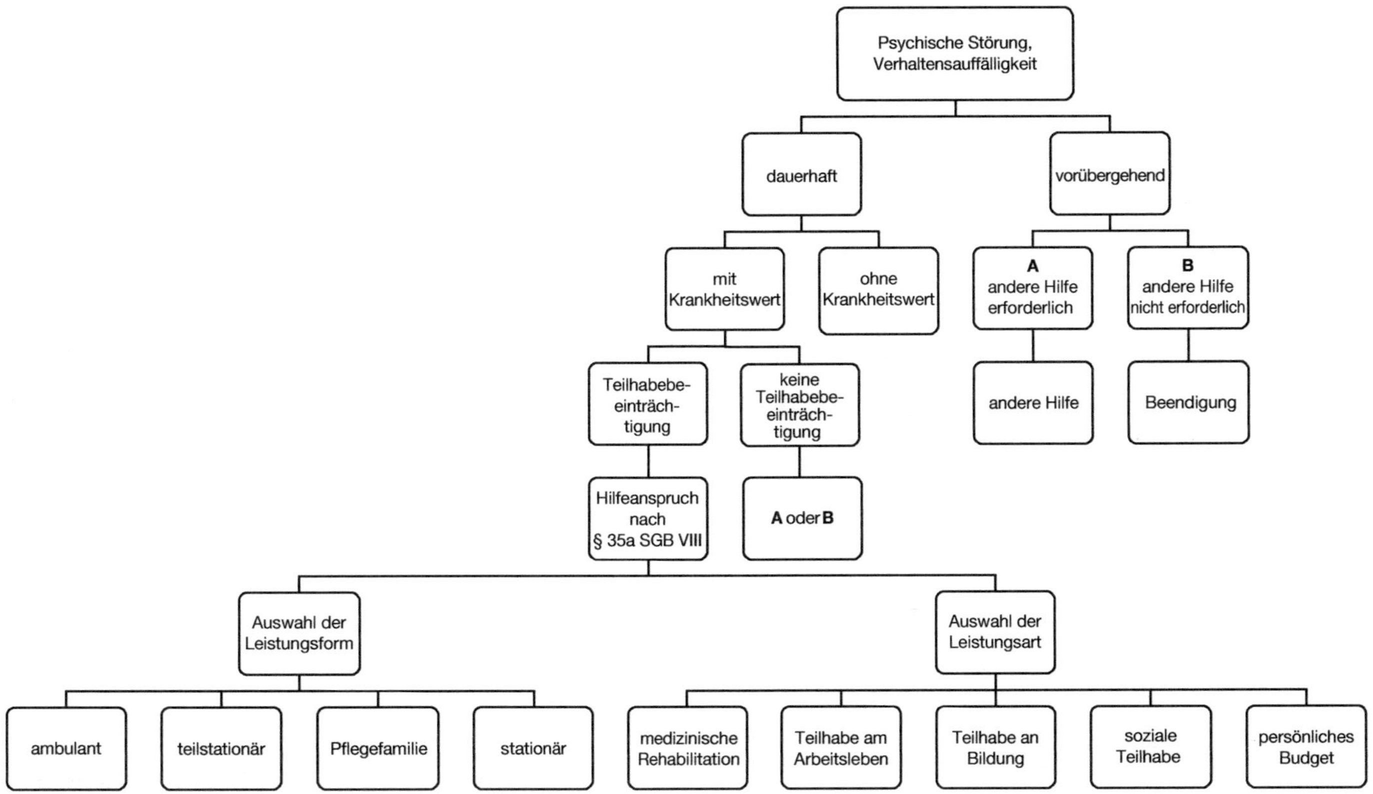

Psychische Störung, Verhaltensauffälligkeit

dauerhaft

vorübergehend

mit Krankheitswert

ohne Krankheitswert

A andere Hilfe erforderlich

B andere Hilfe nicht erforderlich

Teilhabebeeinträchtigung

keine Teilhabebeeinträchtigung

andere Hilfe

Beendigung

Hilfeanspruch nach § 35a SGB VIII

A oder **B**

Auswahl der Leistungsform

Auswahl der Leistungsart

ambulant

teilstationär

Pflegefamilie

stationär

medizinische Rehabilitation

Teilhabe am Arbeitsleben

Teilhabe an Bildung

soziale Teilhabe

persönliches Budget

Verfahren klarer als zuvor. Es setzt Fristen, die für alle Rehabilitationsträger gleichermaßen verbindlich sind, sodass das Verfahren zügiger durchgeführt wird und sich vorläufige Regelungen gem. § 43 SGB I möglichst erübrigen. Der Rehabilitationsträger, bei dem der Antrag zuerst gestellt wurde, muss die Prüfung innerhalb von zwei Wochen abgeschlossen haben (§ 14 Abs. 1 Satz 1 SGB IX)[124]. Diese Prüfung erfolgt nach Maßgabe des jeweiligen Leistungsgesetzes, für die Jugendhilfe also nach den Bestimmungen des SGB VIII mit den Instrumenten zur Bedarfsermittlung nach § 13 SGB IX (s. dazu Kap. III/2.2). Stellt er fest, dass er zuständig ist, wird er zum *„leistenden Rehabilitationsträger“*[125].

Kommt der Träger jedoch zu dem Schluss, dass er nicht zuständig oder nur nachrangig zuständig ist, d. h. dass er für keine der gewünschten Leistungen in Betracht kommt, muss er den Antrag einschließlich der bereits vorhandenen Unterlagen unverzüglich dem Rehabilitationsträger zuleiten, den er für zuständig hält, und den Antragsteller darüber informieren (Weiterleitungsregel nach § 14 Abs. 1 Satz 2 SGB IX). Versäumt er die Weiterleitung innerhalb der Zweiwochenfrist, bleibt er in der Verantwortung und muss die Leistung zur Verfügung stellen, selbst wenn er in der Sache nicht zuständig ist. Der *zweitangegangene Rehabilitationsträger* kann sich auch dann, wenn die Weiterleitung sachlich nicht gerechtfertigt war, weder auf seine Unzuständigkeit noch auf seine Nachrangigkeit berufen, wenn ihm der Antrag rechtzeitig zugeleitet wurde. Er ist dann verpflichtet, die Leistung vollständig und endgültig (also nicht nur vorläufig) zu erbringen (ständige Rechtsprechung des Bundessozialgerichts; Stähr 2019, § 35a SGB VIII, Rn. 75).

Für diesen Träger gelten dieselben Fristen wie für den zuerst befassten Träger, beginnend mit dem Eingang des Antrags. Verneint auch er seine Zuständigkeit, darf er den Antrag nur dann dem nach seiner Auffassung zuständigen Rehabilitationsträger weiterleiten, wenn jener damit einverstanden ist; letzterer muss dann innerhalb der bereits durch die erste Weiterleitung in Gang gesetzten Frist, also sehr schnell, die Leistungsverantwortung klären („Turbo-Klärung“; vgl. RegBegr. BTHG, 234).

Stellt sich heraus, dass der Antrag beim „falschen“ Jugendamt gestellt wurde, also bei einem, das *örtlich nicht zuständig* ist, kann er an das örtlich zuständige Jugendamt weitergeleitet werden, das dann zweitangegangener Rehabilitationsträger ist. Bei unklarer Zuständigkeit oder bei Untätigkeit des eigentlich örtlich zuständigen Jugendamts muss das Jugendamt vorläufig tätig werden,

124 Bei Erbringung von Amts wegen: ab Tag der Kenntnis des voraussichtlichen Rehabilitationsbedarfs.

125 Der Begriff wurde gewählt, um deutlich zu machen, dass § 14 SGB IX lediglich die Verantwortung für die Leistungsbewilligung und -erbringung gegenüber den Leistungsberechtigten regelt, ohne damit im Innenverhältnis der Leistungsträger Zuständigkeiten festzulegen oder zu verändern (vgl. RegBegr. zum BTHG, BT-Drucks. 18/9522, 234).

in dessen Bereich das Kind oder der Jugendliche sich vor Beginn der Leistung tatsächlich aufhält (§ 86d SGB VIII).

Gehört die *Feststellung der Ursache* zu den Voraussetzungen einer Leistungsberechtigung (z. B. Vorliegen einer Berufskrankheit), und ist diese Klärung nicht innerhalb der genannten Frist möglich, so muss der Antrag unverzüglich an denjenigen Rehabilitationsträger weitergeleitet werden, der die Leistung ohne Berücksichtigung der Ursache erbringt (§ 14 Abs. 1 Satz 3 SGB IX). Dies könnte in vielen Fällen der Träger der Eingliederungshilfe sein.

Wird der *Antrag nicht weitergeleitet*, hat der Rehabilitationsträger den Rehabilitationsbedarf „unverzüglich und umfassend“ festzustellen und die Leistung zu erbringen (§ 14 Abs. 2 Satz 1 SGB IX). (Dasselbe gilt dann, wenn ein Antrag an ihn weitergeleitet wurde.) Muss kein Gutachten eingeholt werden, dann beträgt die Frist für die Feststellung des Rehabilitationsbedarfs *drei Wochen* ab dem Eingang des Antrags (§ 14 Abs. 2 Satz 2 SGB IX). Wie dargestellt, ist aber gemäß § 35a Abs. 1a SGB VIII bei Eingliederungshilfen für seelisch behinderte Kinder und Jugendliche immer eine fachliche Stellungnahme anzufordern. Um die vom Gesetzgeber beabsichtigte Beschleunigung des Verfahrens zu gewährleisten, muss das Jugendamt dafür Sorge tragen, dass ihm Sachverständige zur Verfügung stehen, die das Gutachten schnell anfertigen können (§ 17 Abs. 4 SGB IX) – eine Vorschrift, die angesichts des bundesweiten Mangels an Psychiatern und Psychotherapeuten für Kinder und Jugendliche in der Praxis Schwierigkeiten bereitet und oft nicht befolgt werden kann[126]. Das Jugendamt schlägt dem Antragsteller drei möglichst wohnortnahe Gutachter vor und muss die vom Antragsteller getroffenen Auswahl akzeptieren (§ 17 Abs. 1 SGB IX) (s. auch Kap. I/4.6). Der Sachverständige hat das Gutachten innerhalb von *zwei Wochen* zu erstellen (§ 17 Abs. 2 SGB IX).

Das Jugendamt trifft seine Entscheidung innerhalb von *zwei Wochen* nach Vorliegen des Gutachtens (§ 14 Abs. 2 Satz 3 SGB IX).

Zeigt sich, dass die Leistungen, die ein Rehabilitationsträger erbringen kann, allein nicht ausreichen, sondern *durch Leistungen zur Teilhabe anderer Träger ergänzt* werden müssen, so leitet er, nachdem er den Leistungsberechtigten darüber informiert hat, den entsprechenden Teil des Antrags an den leistungsfähigen Träger weiter. Dieser entscheidet in eigener Zuständigkeit über die weiteren Leistungen und teilt dies dem Antragsteller in einem zusätzlichen, zweiten Leistungsbescheid mit (§ 15 Abs. 1 SGB IX). Dieses „Antragssplitting“ kommt allerdings für das Jugendamt kaum, d. h. nur bei Anträgen auf unterhaltssichernde und andere ergänzende Leistungen (§ 5 Ziffer 3 SGB IX) in

126 Die Wartezeit auf ein Erstgespräch bei Kinder- und Jugendpsychotherapeuten betrug 2018 bundesweit im Jahresdurchschnitt fast fünf Wochen. Meist erstreckt sich die Diagnostik auf mehrere Termine, so dass noch mehr Zeit verrinnt; vgl. Bundespsychotherapeutenkammer 2018, zit. nach BAGLJÄ 2019, 16

Frage, denn für alle anderen Leistungsgruppen kann es Rehabilitationsträger sein. Umgekehrt kann es aber Adressat eines Antragssplittings werden.

Kann der leistende Rehabilitationsträger zwar alle Leistungen erbringen, braucht aber noch die weitergehende Bedarfsfeststellung durch andere Rehabilitationsträger, so hat er die benötigten Informationen unverzüglich bei den anderen Trägern anzufordern. Deren Feststellungen binden ihn, sofern sie fristgerecht, d. h. innerhalb von zwei Wochen nach der Anforderung (bei Gutachtenerstellung innerhalb von zwei Wochen nach Vorliegen des Gutachtens), eingegangen sind. Erhält er sie nicht oder nicht rechtzeitig, muss er selbst den gesamten Rehabilitationsbedarf ermitteln, wobei er alle relevanten Leistungsgesetze zu berücksichtigen hat (§ 15 Abs. 2 SGB IX).

In diesen Fällen ist er auch für die vollständige Leistungserbringung verantwortlich.

Die Rehabilitationsträger bewilligen und erbringen die Teil-Leistungen im eigenen Namen unter der Voraussetzung, dass im *Teilhabeplan* nach § 19 SGB IX dokumentiert wurde:

1. die erfolgte umfassende Bedarfsklärung nach allen in Betracht kommenden Leistungsgesetzen durch alle zuständigen Rehabilitationsträger
2. die Sicherstellung der abgestimmten umfassenden Leistungserbringung auf Grundlage des Teilhabeplans (s. Kap. III/2.5.3)
3. das Ausbleiben eines Widerspruchs aus wichtigem Grund gegen die nach Zuständigkeiten getrennte Leistungsbewilligung und -erbringung von Seiten des Leistungsberechtigten.

Andernfalls, d. h. in den sogenannten „Konfliktfällen", entscheidet der leistende Rehabilitationsträger über den Antrag und erbringt die Leistung im eigenen Namen (§ 15 Abs. 3 SGB IX).

Sind mehrere Träger an der Bedarfsfeststellung beteiligt, muss die Entscheidung innerhalb von sechs Wochen nach Antragseingang getroffen werden, bei Durchführung einer *Teilhabe- oder Gesamtplankonferenz* innerhalb von zwei Monaten (§ 15 Abs. 4 SGB IX). Für die *Koordination* bleibt in diesen Fällen der nach § 14 SGB IX leistende Rehabilitationsträger verantwortlich (Prinzip der „aufgedrängten Zuständigkeit" nach ständiger Rechtsprechung des Bundessozialgerichts, vgl. RegBegr. BTHG 2016, 234/235). Er hat den Antragsteller unverzüglich über die Beteiligung der anderen Träger, die maßgeblichen Zuständigkeiten und die Fristen zu informieren.

Dass ein Antrag zügig bearbeitet und entschieden wird, ist grundsätzlich im Sinne des Betroffenen. Allerdings berücksichtigt die rechtliche Bestimmung die Abläufe bei der Vorbereitung einer Jugendhilfeleistung nur unvollkommen. Die Beratung des Kindes oder Jugendlichen und seiner gesetzlichen Vertreter, deren Mitwirkung bei der Sachverhaltsermittlung und der Aufstellung des Hilfeplans sowie die Beteiligung von Mitarbeitern der hilfeerbringenden Stelle an der Vorbereitung der Hilfe (§ 36 SGB VIII) ist häufig nur schwer oder gar nicht in der vorgegebenen kurzen Zeit zu bewerkstelligen und jedenfalls nicht allein von der fallzuständigen Fachkraft zu steuern. Manchmal müssen der junge Mensch und seiner Eltern erst dazu motiviert werden, sich auf eine geeignete und notwendige, aber zunächst nicht gewünschte Hilfe einzulassen (z. B. weil sie mit Mühen oder gravierenden Einschnitten in das gewohnte Leben verbunden ist).

Die verschiedenen Fristen zu überblicken, ist, wie zu sehen war, nicht einfach. Ihre Befolgung kann durch den Fristenrechner erleichtert werden, den die BAR ins Netz gestellt hat[127].

Die Fristen für die Bedarfsfeststellung im Überblick

- Zuständigkeitsprüfung: 2 Wochen
- Weiterleitung: 2 Wochen
- Feststellung über Rehabilitationsbedarf bei Nichtweiterleitung und ohne Gutachtenanforderung: 3 Wochen
- Gutachtenerstellung: 2 Wochen
- Feststellung nach Gutachteneingang: 2 Wochen
- Mehrheit von Rehabilitationsträgern verantwortlich: 6 Wochen
- mit Teilhabeplan- oder Gesamtplankonferenz: 2 Monate

1.3 Zusammenarbeit der Rehabilitationsträger

Geht die Zuständigkeit vom Jugendhilfeträger auf einen anderen Leistungsträger *über*, z. B. beim Erreichen der Altersgrenze auf den Träger der Eingliederungshilfe, hat dieser den neuen Träger rechtzeitig vor dem Wechsel in die Hilfeplanung einzubeziehen, damit die Leistung ohne unnötige Brüche kontinuierlich weitergeführt werden kann (§ 36b SGB VIII). Vereinbarungen zum Ablauf des Zuständigkeitsübergangs sollen im Hilfeplan festgehalten werden (Konkretisierung der Pflicht zur Zusammenarbeit nach § 25 Abs. 1 Nr. 6 SGB IX).

Für den *Kostenausgleich zwischen den Leistungsträgern* gilt: Hat ein Rehabilitationsträger eine Leistung erbracht, für die die Zuständigkeit bei einem anderen Träger liegt, besitzt er diesem gegenüber einen Erstattungsanspruch (§ 16 SGB IX). Dazu kann es zum einen kommen, wenn er zweitangegangener Rehabilitationsträger ist, dem gemäß § 14 Abs. 2 Satz 4 SGB IX der

127 www.reha-fristenrechner.de/; zu Sonderfällen der Weiterleitung siehe BAR, Reha-Prozess, 2019, § 22.

Antrag irrtümlich zugeleitet wurde, und er dadurch zur Leistung verpflichtet war (§ 16 Abs. 1 SGB IX). Dies trifft auch für den Fall zu, dass keine einvernehmliche „Turbo-Klärung" erfolgte, sei es aus Zeitgründen, wegen fehlender Einigung oder weil der zweitangegangene Träger von vornherein darauf verzichtete (RegBegr. BTHG 2016, 236). Zum anderen erhält der leistende Rehabilitationsträger die Erstattung seiner Auslagen, wenn er nach § 15 SGB IX ein Beteiligungsverfahren einzuleiten hatte und er gemäß § 15 Abs. 3 Satz 2 SGB IX die Leistung im eigenen Namen erbracht hat, weil die angestrebte Abstimmung unter den Trägern und mit dem Leistungsberechtigten nicht zustande kam (§ 16 Abs. 2 SGB IX). Ist ein eigentlich unzuständiger Rehabilitationsträger zuständig geworden, weil er die Weiterleitung an den zuständigen Träger oder die Beteiligung eines weiteren versäumte, besitzt er dagegen keinen Erstattungsanspruch. Der Anspruch eines unzuständigen Leistungsträgers nach § 105 SGB X wird mit § 16 Abs. 4 Satz 1 SGB IX bis auf wenige Ausnahmen ausgeschlossen. Diese gelten nur, wenn im Rahmen eines Beteiligungsverfahrens nach § 15 SGB IX abweichende Übereinkünfte getroffen wurden, oder wenn er „vertretungshalber" die Leistung erbracht hat, weil die Ursache der Behinderung nicht in der vorgeschriebenen Zeit geklärt werden konnte und er Anhaltspunkte für eine mögliche Zuständigkeit besaß (§ 14 Abs. 1 Satz 3 SGB IX). Den Umfang der Erstattungspflicht zwischen Rehabilitationsträgern bestimmt § 16 Abs. 3 SGB IX.

Ausgleichsansprüche zwischen den Trägern kommen auch für Aufwendungen nach § 18 SGB IX, d.h. für die Erstattung selbstbeschaffter Leistungen (s. Kap. V/1) in Frage (§ 16 Abs. 5 SGB IX). Sie sind nach Maßgabe von § 36a Abs. 3 SGB VIII zu regeln.

Eine „aufgedrängte Zuständigkeit" besteht nicht, wenn wegen Umzugs des Leistungsberechtigten die Zuständigkeit gemäß § 86c SGB VIII von einem Jugendamt auf ein anderes übergeht. Die Kostenerstattung richtet sich dann nicht nach § 16 SGB IX, sondern nach § 89c SGB VIII (Stähr 2019, § 35a SGB VIII, Rn. 82–87). Die Träger der Jugendhilfe können, ebenso wie die der Eingliederungshilfe und der Kriegsopferfürsorge, als „auf der niedrigsten Stufe des Systems der sozialen Sicherung" angesiedelte Träger (RegBegr. BTHG 2016, 237) für die ausstehenden Zahlungen gem. § 16 Abs. 6 SGB IX i.V.m. § 108 Abs. 2 SGB X Zinsen beanspruchen.

2 Ermittlung des individuellen Leistungsbedarfs und Entscheidung über die Hilfe

2.1 Diagnostik als kooperatives Verfahren

Selbstverständlich ist die Sachverhaltsklärung *nur im Zusammenwirken mit den Eltern und dem Kind/Jugendlichen möglich*, die für die *Problemanalyse* am besten Bescheid darüber wissen, was ihnen fehlt, für die *Bedingungsanalyse* ihre Überlegungen zu Gründen für die Schwierigkeiten einbringen, für die *Entwicklungsanalyse* über die längsten Erfahrungen verfügen und für die *Zielanalyse* ihre Vorstellungen und Wünsche äußern sollen. Sie agieren also sozusagen als „Co-Diagnostiker". Diese für die Jugendhilfe selbstverständliche Beteiligung der Betroffenen fordert § 36 Abs. 1 SGB VIII für die Erstellung des Hilfeplans ebenso wie das BTHG, durch das sich das Grundprinzip der Partizipation wie ein roter Faden zieht.

Die Antragsteller haben auch *Mitwirkungspflichten* bei der Sachverhaltsklärung. Nach § 21 Abs. 2 SGB X ist dies nur eine Soll-Pflicht, deren Verletzung keine nachteiligen Folgen hat. Die entsprechenden Vorschriften des SGB I sind allerdings sanktionsbewehrt. Leistungen können ganz oder teilweise verweigert werden (§ 66 SGB I), wenn nicht alle leistungserheblichen Tatsachen angegeben werden oder ihrer Einholung nicht zugestimmt wird, der Antragsteller (bzw. sein gesetzlicher Vertreter) nicht zum persönlichen Gespräch bereit ist oder die erforderlichen ärztlichen und psychologischen Untersuchungen nicht duldet (§§ 60–62 SGB I; vgl. Maas 1996, 80–86; 1999; Törnig 2008).

Außer den Informationen, die die Fachkraft vom Kind/Jugendlichen und seinen Eltern erhalten kann, benötigt sie – wie in § 35a Abs. 1a SGB VIII vorgeschrieben – die Angaben über die Erkrankung aus der Stellungnahme des *Psychiaters/Psychotherapeuten* (s. Kap. I/4.6) und in aller Regel Informationen weiterer Fachleute, nach Möglichkeit auch die Ergebnisse vorangegangener Untersuchungen.

Ein *Psychologe* kann mit Hilfe von psychodiagnostischen Tests wie z. B. Entwicklungs- oder Intelligenztests Feststellungen zum Ausmaß von Entwicklungsbeeinträchtigungen oder Störungen kognitiver Funktionen treffen, wie etwa zur Lese-, Rechtschreib- oder Rechenfähigkeit, zum Intelligenzniveau, zum Konzentrationsvermögen oder zur Lern- und Merkfähigkeit. Auch über bestimmte Persönlichkeitskomponenten wie z. B. Ängstlichkeit, verminderte Stressverarbeitung, geringes Selbstwertgefühl oder Hypersensibilität, die für die Entstehung und Verarbeitung einer psychischen Krankheit eine Rolle spielen, lassen sich mittels Persönlichkeitstests genauere Aussagen machen. Stellungnahmen von *Lehrern* wie z. B. zur Belastung des Kindes durch den Schulbesuch oder seine Förderbarkeit im Klassenverband sind, so befand auch das OVG Münster (2015[128]), „regelmäßig ein gewichtiges Entscheidungskriterium, weil sie einen pädagogisch reflektierten Einblick aus erster Hand vermitteln". *Erzieherinnen* können z. B. Frühdiagnostik von Wahrnehmungsschwächen oder von Hyperaktivität im Kindergartenalter beitragen, *Logopäden* Sprachdiagnostik durchführen oder *Mototherapeuten* die Untersuchung von Bewegungsabläufen. Beiträge weiterer Fachkräfte sollen je nach Störungsbild fallweise hinzugezogen werden. Ebenso ist zur Beantwortung der Frage, welche Leistungen notwendig sind und wie sie erbracht werden können, bereits in dieser Phase die Zusammenarbeit mit weiteren Stellen notwendig. Je nach Problemlage können das z. B. Psychosoziale Beratungsstellen, Erziehungsberatungsstellen, Einrichtungen und Dienste der freien Träger der Jugendhilfe, medizinisch-pädagogische Dienste, Jugendgerichtshilfe, Ausbilder in Betrieben, Jobcenter, Selbsthilfegruppen oder Interessenvertreter von Betroffenengruppen sein.

In § 35a SGB VIII treffen *unterschiedliche Systeme* aufeinander – medizinisches und soziales System, schulisches und Berufsbildungssystem u. a. Die Planung und Erbringung von Leistungen an dieser *Schnittstelle* erfordern eine besondere Form der Zusammenarbeit, die nicht immer einfach ist. Die jeweilige Fachsprache erschwert manchmal die interdisziplinäre Kommunikation. Das Rollenverständnis unterscheidet sich möglicherweise, die Aufgabenverteilung kann umstritten sein oder die Umsetzung der Kooperation steht vor praktischen Problemen wie Zeitmangel oder zu großer örtlicher Entfernung. Wie schon gesagt, müssen die Fristen für die Feststellung des Leistungsanspruchs (s. Kap. III/1.2) auch bei Hinzuziehung zusätzlicher Fachkräfte beachtet werden. Das Gleiche gilt für die Datenschutzregeln (s. Kap. V/5).

2.2 Standardisierte Arbeitsprozesse und Arbeitsmittel

Im sozialleistungsrechtlichen Verwaltungsverfahren sind die Grundsätze der *Sachverhaltsaufklärung*[129] für alle Behörden in § 20 SGB X geregelt. Es gilt der „Untersuchungsgrundsatz", d. h., dass im behördlichen Verwaltungsverfahren die erforderlichen Tatsachen *von Amts wegen* ermittelt werden müssen. Die Behörde ist dafür verantwortlich, dass der objektiv richtige Sachverhalt erkannt

128 v. 25.8.2015 – 12 B 598/15.

129 „Der Sachverhalt ist definiert als die Summe der entscheidungsrelevanten Tatsachen" (Maas 1998, 4).

wird. Alle individuell bedeutsamen Umstände müssen aufgenommen werden, insbesondere die für die Beteiligten günstigen Gegebenheiten (Maas 1996, 77; 1999). Dies muss „im Rahmen des Zumutbaren" so umfassend geschehen, „dass die Beurteilungs- und Entscheidungsgrundlage nicht in wesentlichen Punkten zum Nachteil der Betroffenen unvollständig bleibt"; ein Verstoß zieht eine entsprechende Amtshaftung nach sich (BVerfG 2012[130]). Spezielle Verfahrensvorschriften für die Jugendhilfe finden sich zudem in § 35a Abs. 1a und §§ 36 ff. SGB VIII. Das SGB IX hat weitere Verfahrensregelungen hinzugefügt, die von allen Rehabilitationsträgern, also auch vom Träger der Jugendhilfe, beachtet werden müssen.

Um den individuellen Rehabilitationsbedarf einheitlich und auf überprüfbare Weise ermitteln und somit die Leistungen verschiedener Träger bestmöglich aufeinander abstimmen zu können, müssen gem. § 13 SGB IX die Rehabilitationsträger systematische Arbeitsprozesse und standardisierte Arbeitsmittel („Instrumente") verwenden. Die dort genannten Vorgaben sollen die Basis bilden, auf der die Leistungsgesetze der einzelnen Träger weitergehende und speziellere Vorschriften erlassen können; diese dürfen aber auch auf eine Konkretisierung verzichten. In deren „Gemeinsamen Empfehlungen" sollen die Grundsätze der Instrumente zur Ermittlung des Rehabilitationsbedarfs festgelegt werden (§ 26 Abs. 2 Nr. 7 SGB IX). Die Träger der Jugend- und der Eingliederungshilfe können an der Erarbeitung dieser Empfehlungen beteiligt werden oder diesen beitreten, anderenfalls sollen sie sich daran orientieren. Dies ist zwar wegen der Eigenständigkeit der kommunalen Selbstverwaltung nicht bindend, im Interesse der besseren Abstimmung zwischen den Trägern aber sinnvoll[131].

Die Instrumente sollen eine *„individuelle und funktionsbezogene" Bedarfsermittlung* gewährleisten und die *Dokumentation* und *Nachprüfbarkeit* der Bedarfsermittlung sichern. Mit ihnen soll insbesondere festgestellt werden:

1. das Vorliegen oder Drohen einer Behinderung
2. die Auswirkungen der Behinderung auf die Teilhabe des Leistungsberechtigten
3. die Ziele, die mit den Leistungen zur Teilhabe angestrebt werden
4. die erfolgversprechenden Leistungen (§ 13 Abs. 2 SGB IX).

Der Begriff „funktionsbezogen" legt die Interpretation nahe, dass die Instrumente auf dem bio-psycho-sozialen Modell von Gesundheit, Krankheit und

130 v. 21.11.2012 – 1 BvR 1711/09, JAmt 2012, 664. Zu Beweismitteln nach § 21 SGB X vgl. Törnig 2008.

131 Zu Gemeinsamen Empfehlungen zur Zuständigkeitsklärung und zu den Vorgaben zum Reha-Prozess vgl. Bundesarbeitsgemeinschaft für Rehabilitation e. V. – BAR – Februar 2019, bar-frankfurt.de, abger. 7.2.2020.

Behinderung der ICF basieren, auch wenn dies für die Rehabilitationsträger – mit Ausnahme des Trägers der Eingliederungshilfe – nicht verbindlich ist. Jener wird in § 118 SGB IX verpflichtet, sein Instrument zukünftig an der ICF auszurichten[132]. Es muss die Beschreibung einer nicht nur vorübergehenden Beeinträchtigung der Aktivität und Teilhabe in den neun dort aufgeführten Lebensbereichen („Domänen") ermöglichen. Auch wenn § 35a SGB VIII diese Sichtweise (selbst im KJSG von 2021) nicht explizit aufnimmt, entspricht sie doch, wie schon dargelegt, dem heutigen Grundverständnis von Jugendhilfe.

Der Begriff „*Instrument*" ist definiert als „übergeordnete Bezeichnung für Arbeitsprozesse und Arbeitsmittel".

Zu *Arbeitsprozessen* zählen beispielhaft

- Erhebungen
- Analysen
- Dokumentationen
- Planung
- Ergebniskontrolle

zu *Arbeitsmitteln* gehören Hilfsmittel wie

- funktionelle Prüfungen
- Fragebögen
- IT-Anwendungen

(vgl. RegBegr. BTHG 2016, 232).

„Bausteine" für solche Instrumente gibt es in Gestalt standardisierter psychologischer und psychiatrischer Testverfahren, Beurteilungsbögen für das psychosoziale Funktionsniveau oder Anleitungen zur strukturierten Erhebung der erforderlichen Daten schon reichlich. Wird die Diagnostik der psychischen Störung nach den diagnostischen Leitlinien der ICD durchgeführt, wie es § 35a Abs. 1a SGB VIII vorgibt, und die Beurteilung der Fähigkeit zur Teilhabe nach der ICF bzw. für Kinder und Jugendliche nach der ICF-CY oder der sechsten Achse des MAS[133], so ist dies ein Teil der angestrebten Qualitätssicherung. Der Deutsche Verein (DV 2019) empfiehlt den Trägern der Eingliederungshilfe die Entwicklung

132 Dies gilt für die Eingliederungshilfe vorbehaltlich einer weiteren gesetzlichen Regelung ab 2023 (Art. 26 BTHG). Die Landesregierungen werden ermächtigt, die Einzelheiten zur Schaffung des Instruments durch Rechtsverordnung zu regeln (§ 118 Abs. 2 SGB IX).

133 „Globale Beurteilung der psychosozialen Anpassung", deren neunstufige Skala von „hervorragender oder guter sozialer Anpassung auf allen Gebieten" bis zu „tiefer und durchgängiger sozialer Beeinträchtigung" – das Kind braucht ständige Betreuung, Kommunikation fehlt völlig – reicht.

von Leitfäden, die ein persönliches Gespräch strukturiert unterstützen können (aber nicht schematisch abgearbeitet werden sollen). Neue, umfassende Instrumente für die Jugendhilfe werden z. Z. erprobt (z. B. Universitätsklinik Ulm/DJI 2019; vgl. auch BAR 2019). Die Anwendung aller Verfahren setzt eine hohe fachliche und kommunikative Qualifikation der Fachkraft voraus.

2.3 Bestandteile des Sachverhalts

Der entscheidungsrelevante Sachverhalt konstituiert sich aus den Merkmalen der psychischen Störung des Kindes/Jugendlichen und der Art und Weise, in der diese Störung – in Wechselwirkung mit einstellungs- und umweltbedingten Barrieren – zur Beeinträchtigung seiner sozialen Teilhabe geführt hat oder voraussichtlich führen wird.

Die erforderlichen Informationen zur *psychischen Störung* (Art, Ausprägungsgrad, Verlauf, Dauer, Bedingungen der Entstehung und Aufrechterhaltung, Prognose) kann die Fachkraft des Jugendamtes der Stellungnahme des Psychiaters/Psychotherapeuten entnehmen.

Zur Beurteilung der *Teilhabeeinschränkung* werden Angaben darüber gebraucht, wie das Kind/der Jugendliche „mit seinem Leben zurechtkommt". Dies ist zum einen die Frage nach den altersgemäßen *Aktivitäten*, die es/er auf von ihm gewünschte Weise ausführen kann, und nach den Tätigkeiten, deren Bewältigung ganz oder teilweise misslingt („Funktionsfähigkeit" und „Behinderung" in der Terminologie der ICF).

Zum anderen müssen die „*Kontextfaktoren*" (ICF) in ihrer Interaktion mit dem Gesundheitsproblem untersucht werden, d. h. vor allem die Reaktionen des Umfelds auf die Verhaltensauffälligkeiten, wie z. B. Einbeziehung, Beteiligung, Akzeptanz, Wertschätzung und Unterstützung als Ressourcen; außerdem müssen die Barrieren erkannt werden, wie Benachteiligung, Ausschluss, Diskriminierung, Abwertung oder Bestrafung, und ihre Auswirkungen auf die Partizipationsmöglichkeiten. Dies kann in den bedeutenden Lebensbereichen unterschiedlich geschehen, muss also für alle Bereiche erhoben werden: Familie, Kindertagesstätte, Schule, Ausbildungs- oder Arbeitsplatz und Freizeitbereich.

Die gewonnenen Informationen müssen *fachlich beurteilt* werden, d. h. es muss die Beeinträchtigung der psychosozialen Anpassung festgestellt werden.

Wenn die Beurteilung ergibt, dass als Folge einer seelischen Behinderung die Teilhabe am Leben in der Gesellschaft beeinträchtigt ist oder eine solche Beeinträchtigung zu erwarten ist, bejaht das Jugendamt einen Eingliederungshilfebedarf gemäß § 35a SGB VIII (*rechtliche Bewertung*) und folglich einen Anspruch auf Rehabilitationsleistungen. Die rechtliche Bewertung unterliegt der *vollen gerichtlichen Kontrolle*. Für Paul könnte es heißen:

„Paul ist infolge der Wechselwirkung zwischen seiner ausgeprägten hyperkinetischen Störung und den schulischen Bedingungen, die dieser psychischen Störung nicht gerecht werden, in seiner vollen Teilhabe im schulischen Bereich beeinträchtigt. Die Beeinträchtigung betrifft außerdem seine soziale Teilhabe, insbesondere im Freizeitbereich. Er hat wegen seiner seelischen Behinderung einen Eingliederungshilfebedarf gemäß § 35a SGB VIII und damit einen Anspruch auf die geeignete und erforderliche Eingliederungshilfe."

Anders als für die Bedarfsfeststellung steht dem Leistungsträger für die Leistungs*gewährung* eine *Einschätzungsprärogative* zu, d. h. die Auswahl ist nur eingeschränkt gerichtlich überprüfbar.[134]

Der *Leistungsbescheid* enthält Aussagen zu den Anspruchsvoraussetzungen und zu Art und Umfang der bewilligten Leistung. Er muss so klar formuliert werden, dass der Antragsteller die Begründung der Entscheidung nachvollziehen kann. Dies gilt insbesondere dann, wenn eine Leistung abgelehnt wird, weil der Betroffene nur so über sein weiteres Vorgehen (z. B. Selbstbeschaffung der Hilfe, Klage) entscheiden kann (OVG Münster 2014[135]).

2.4 Auswahl der erforderlichen Leistungen

Welche Hilfen erbracht werden sollen, wird gemäß § 36 SGB VIII in der Hilfeplankonferenz von den Beteiligten des Leistungsträgers, -erbringers, dem Leistungsberechtigten und seinen gesetzlichen Vertretern und vom Gutachter gemeinsam besprochen („ausgehandelt"). Eltern und Kind müssen darauf hingewiesen werden, dass sie das Recht haben, zwischen Einrichtungen und Diensten verschiedener Träger zu wählen und Wünsche hinsichtlich der Gestaltung der Hilfe zu äußern. Der Wahl und den Wünschen soll entsprochen werden, sofern dies nicht mit unverhältnismäßigen Mehrkosten verbunden ist. Dazu gehört auch die Möglichkeit, ein „Persönliches Budget" nach § 29 SGB IX zu erhalten (s. Kapitel IV/4.5). Eine Einschränkung besteht lediglich dann, wenn die Leistungsberechtigten die Hilfe durch eine Einrichtung wünschen, mit der keine Entgeltvereinbarungen nach § 78 b SGB VIII abgeschlossen wurden; dann müsste im Hilfeplan ausdrücklich festgehalten werden, dass diese Maßnahme geboten ist (§ 5 SGB VIII).

Die Auswahl richtet sich nach den angestrebten *Zielen* und danach, welche *Mittel* zur Erreichung der Ziele erforderlich und geeignet sind.

134 Vgl. z. B. BVerwG v. 18.10.2012 – 5c 21.11; OVG Schleswig-Holstein v. 14.8.2014 – 3 LB 15/12; OVG Bautzen v. 24.3.2015 – 4 B 171/14; weitere Nachweise bei Kepert/Dexheimer 2018, § 35a SGB VIII, Rn. 21; Harnach 2020a, § 35a SGB VIII, Rn. 62.

135 v. 22.8.2014 – 12 A 3019/11, Amt 2015, 517.

Im Fall von Paul ist das Ziel die ungestörte (und nicht störende) Teilnahme am Unterricht, sodass er in der Schule bleiben und dort so gut lernen kann, dass er mit dem Unterrichtsstoff Schritt halten kann. Außerdem soll er Freunde gewinnen können. Als notwendige und geeignete Leistung des Jugendamts wird die Unterstützung des Jungen durch einen Schulbegleiter in den Hauptfächern (Stundenzahl und nähere Bestimmungen von dessen Aufgaben sind noch festzulegen) gewählt. Den Inkluionshelfer wird das Jugendamt anwerben und der Familie vorschlagen, die dann ihre Zustimmung geben soll. (Die Eltern könnten auch selbstständig einen Begleiter suchen. In diesem Fall müsste das Jugendamt dessen Eignung überprüfen.) Hinzukommen soll eine Verhaltenstherapie des Jungen, verbunden mit einer medikamentösen Therapie. Die Kosten dafür werden von der Krankenversicherung übernommen. Danach kann die Beteiligung an einer Freizeitgruppe, die seinen Interessen entspricht, ins Auge gefasst werden, wenn er dieses möchte. Da die Eltern durch Pauls Problematik stark belastet sind und nicht immer wissen, wie sie damit umgehen können, bietet ihnen das Jugendamt auch eine Hilfe zur Erziehung in Form einer Sozialpädagogischen Familienhilfe nach § 31 SGB VIII an. Augenblicklich möchten diese aber keine weitere Hilfe in Anspruch nehmen.

2.5 Erstellung des Hilfeplans und des Teilhabeplans

2.5.1 Funktion und Inhalt

Da die Eingliederungshilfe in aller Regel über längere Zeit zu erbringen ist, muss, wie bei Hilfe zur Erziehung, vor dem Bewilligungsbescheid ein Hilfeplan nach § 36 Abs. 2 SGB VIII erstellt werden[136]. In ihm werden die Ergebnisse der Diagnostik und der Hilfeplanung festgehalten. Es wird dokumentiert, welcher Eingliederungshilfebedarf ermittelt wurde, welche Form der Hilfe geleistet werden soll und welche Leistungen zur Erreichung der gesetzten Ziele geeignet und notwendig sind. Er enthält also eine Begründung für die Entscheidung und eine Skizze für den beabsichtigten weiteren Gang des Hilfeprozesses. („Begründungs-" und „Gestaltungsfunktion", Maas 1996). Er bleibt nicht als einmal gefasster Plan unverändert bestehen, sondern wird je nach Verlauf des individuellen Rehabilitationsprozesses *überprüft* und *fortgeschrieben*. Dabei ist er nicht das Werk einer einzelnen Fachkraft, sondern das Ergebnis einer engen Zusammenarbeit

- der an der Hilfevorbereitung beteiligten Fachkräfte des Jugendamtes mit
- den Eltern und dem Kind/dem Jugendlichen[137]

136 Ausführlich dazu: Werner (2009a).

137 falls erforderlich unter Beteiligung eines Dolmetschers

- den Personen, Diensten oder Einrichtungen, die die Leistung erbringen sollen, ggf. der Schule und anderen Stellen
- dem Arzt/Psychotherapeuten, der die Stellungnahme abgegeben hat
- falls Leistungen zur Teilhabe am Arbeitsleben erforderlich sind, der Bundesagentur für Arbeit.

Die Sichtweisen der Personensorgeberechtigten und des Kindes/Jugendlichen müssen bei allen Punkten erkennbar werden. Es muss dokumentiert werden, ob und wie deren Beteiligungs-, Wunsch- und Wahlrecht nach § 4 Abs. 3 SGB IX, §§ 5, 8 und 9 SGB VIII berücksichtigt wurden.

Der Plan ist so zu formulieren, dass er von allen Beteiligten verstanden werden kann (gegebenenfalls in „leichter Sprache“[138]), und niemanden verletzt oder diskriminiert. Klienten, die nicht ausreichend Deutsch sprechen, sollten eine Übersetzung in ihrer Sprache erhalten. Viele Jugendämter oder Landesjugendämter haben Formblätter erstellt, die nützlich sein können, solange sie dem individuellen Anlass gerecht und nicht schematisch oder oberflächlich ausgefüllt werden.

Der Hilfeplan ist ein wichtiges Instrument zur Absicherung der Fachlichkeit Sozialer Arbeit, denn hier werden einige ihrer Grundprinzipien angesprochen, wie die aktive Beteiligung der Klienten, planvolles, strukturiertes Arbeiten, Beachtung der Rechtsgrundlagen in enger Verbindung mit den verhaltenswissenschaftlichen Erkenntnissen, Transparenz und Datenschutz, weil nur die Daten gesammelt und gespeichert werden dürfen, die zur Erfüllung der Aufgaben erforderlich sind.

2.5.2 Aufbau des Hilfeplans bei Eingliederungshilfe

1. Formale Angaben

- Personalien des Kindes/Jugendlichen und der Eltern bzw. der Personensorgeberechtigten
- Daten: Antragstellung, Gespräche zur Beratung und Sachverhaltsklärung, Entscheidung
- zuständige Fachkraft im Jugendamt
- weitere an der Aufstellung beteiligte Personen
- angewandte Instrumente und vorliegende Unterlagen (z. B. ärztliche Stellungnahme, Schulbericht)

138 vgl. bmas.de: Leichte Sprache – Ein Ratgeber, abger. 6.4.2020

2. Entscheidung

- Welche Hilfe wurde bewilligt?[139]
- Welche Stelle soll die Hilfe erbringen?

3. Sachverhalt

Verhalten und Erleben des Kindes oder Jugendlichen

- die diagnostizierte psychische Störung
- deren (zu erwartenden) Auswirkungen auf das gegenwärtige Leben und die zukünftige Persönlichkeitsentwicklung
- die bisherige Entwicklung, soweit sie zum Verständnis der Schwierigkeiten und für die Auswahl der Hilfe bekannt sein muss; Stärken und Ressourcen

Interaktionen mit dem sozialen Umfeld (Barrieren und Ressourcen)

- Familie (Beziehungen, Verhaltensweisen, die in Bezug zur Störung stehen)
- relevante außerfamiliäre Kontextfaktoren
- Kindergarten/Schule/Ausbildungs- oder Arbeitsplatz
- Gleichaltrige

Bisherige Entwicklung

- der psychischen Situation
- der Bemühungen um die Bewältigung der Problematik
- der Erfolge/Misserfolge der Lösungsversuche

Sozialpädagogische/sozialarbeiterische Gesamtbeurteilung („Psychosoziale Diagnose“) der psychischen Problematik und ihrer (zu erwartenden) Folgen für die Teilhabe am Leben in der Gesellschaft

- Ausprägungsgrad und Dauer der Abweichung der seelischen Gesundheit vom alterstypischen Zustand
- subjektive und objektive Belastung und Teilhabeeinschränkung

139 Es empfiehlt sich wegen des Umfangs der Dokumentation, das Ergebnis kurz voranzustellen, um das Auffinden der Entscheidung zu erleichtern

4. Bedarf nach Eingliederungshilfe

Rechtliche Bewertung der sozialpädagogischen/sozialarbeiterischen Gesamtbeurteilung gemäß § 35a SGB VIII (Subsumtion)

- Vorliegen oder Drohen einer seelischen Behinderung
- Anspruch auf Eingliederungshilfe

5. Die gewählte Art der Hilfe

- angestrebte *Ziele*
- ausgewählte *Leistungen* (Art und Umfang, Begründung, erwartete Wirkungen)
- *Perspektiven* für die weitere Entwicklung des jungen Menschen und seines sozialen Umfelds
- bei Hilfen *außerhalb* der eigenen *Familie*: Aussichten auf Verbesserung der Bedingungen in der Herkunftsfamilie und der Rückkehr dorthin oder andere auf Dauer angelegte Perspektiven

6. Die Ausgestaltung der Leistungen

- Formen der *Mitarbeit* des Kindes/Jugendlichen und der Personensorgeberechtigten am Prozess der Hilfeerbringung
- bei Hilfen *außerhalb* der *Familie*: Formen und Häufigkeiten der Kontakte zwischen dem jungen Menschen und seinen Eltern bzw. anderen wichtigen Bezugspersonen, Ziele und Formen der Zusammenarbeit zwischen den hilfeerbringenden Personen und den Eltern
- bei *Vollzeitpflege*: Umfang der Beratung und Unterstützung der Pflegeperson gem. § 37a SGB VIII, Höhe der laufenden Leistungen nach § 39 SGB VIII
- bei Hilfen im *Ausland*: Begründung der Notwendigkeit
- *zeitliche Perspektive*: Beginn und voraussichtliche Dauer der Hilfe
- Zeitpunkt der *Rückmeldung* über Verlauf und Ergebnis der Hilfe

(vgl. Maas 1996, 204f.; Harnach 2021, 137–146 u. 2020, § 35a SGB VIII, Rn. 66–70).

2.5.3 Besonderheiten des Teilhabeplans

Für den Fall, dass Leistungen verschiedener Leistungsgruppen (s. Kap. IV/4) oder mehrerer Rehabilitationsträger (z.B. zusätzlich der Träger der gesetzlichen Krankenversicherung) erforderlich sind, ist es wichtig, dass sich die Träger untereinander und mit dem Leistungsberechtigten so ins Benehmen setzen, dass der Gesamtbedarf vollständig aufgeklärt wird, die gemeinsame Zielsetzung benannt und die erforderlichen Leistungen so aufeinander abgestimmt werden, „dass eins ins andere greift" und die Hilfe dem Betroffenen schnell zur Verfügung steht. Für die Träger steht zudem der Aspekt der Wirtschaftlichkeit mit im Blick: Je weniger Reibungsverluste, desto mehr werden die knappen Ressourcen geschont. Zu diesem Zweck wird der Teilhabeplan nach § 19 SGB IX erstellt. Er ist besonders wichtig bei getrennter Leistungsbewilligung und -erbringung nach § 15 Abs. 3 SGB IX. Er muss aber auch von einem allein leistenden Träger erarbeitet werden, wenn der Leistungsberechtigte dieses wünscht (§ 19 Abs. 2 SGB IX).

Verantwortlich für die Abfassung ist in der Regel der leistende Rehabilitationsträger oder der zur Durchführung des Verfahrens vereinbarte Träger, gegebenenfalls auch ein anderer Träger. Der Leistungsberechtigte soll mitwirken. Der Plan ist schriftlich oder elektronisch zu erstellen; dies ist auch im Umlaufverfahren möglich (wobei aber der mögliche Zeitverlust zu bedenken ist). Eine bestimmte Form muss nicht eingehalten werden. Er geht an den Antragsteller[140] sowie die beteiligten Rehabilitationsträger. Wie der Hilfeplan ist er im Verlauf des Rehabilitationsprozesses zu überprüfen und dem jeweiligen Stand anzupassen.

Die Rehabilitationsträger legen den Teilhabeplan der Entscheidung über den Antrag zugrunde. In ihrer Entscheidungsbegründung soll erkennbar werden, inwieweit sie die in dem Plan dargelegten Feststellungen berücksichtigt haben. *„Der Teilhabeplan wird damit zu einem standardisierten Verwaltungsverfahren und regulärer Bestandteil der Aktenführung"* (RegBgr. BTHG, 239). Er ist kein Verwaltungsakt, sondern er bereitet diesen vor. Ein Leistungsbescheid muss dessen ungeachtet ergehen.

Gemäß § 19 Abs. 2 SGB IX *dokumentiert* der Teilhabeplan:

1. den Tag des Antragseingangs beim leistenden Rehabilitationsträger und das Ergebnis der Zuständigkeitsklärung und Beteiligung nach den §§ 14 und 15 SGB IX
2. die Feststellungen über den individuellen Rehabilitationsbedarf auf Grundlage der Bedarfsermittlung nach § 13 SGB IX
3. die zur individuellen Bedarfsermittlung nach § 13 SGB IX eingesetzten Instrumente
4. die gutachterliche Stellungnahme der Bundesagentur für Arbeit nach § 54 SGB IX

140 Falls der Leistungsberechtigte Angaben im Teilhabeplan zu seinem Gesundheitszustand nicht verstehen kann oder durch diese beeinträchtigt werden könnte, sollen sie ihm durch einen Arzt erläutert werden (§ 25 Abs. 2 SGB X).

5. die Einbeziehung von Diensten und Einrichtungen bei der Leistungserbringung
6. erreichbare und überprüfbare Teilhabeziele und deren Fortschreibung
7. die Berücksichtigung des Wunsch- und Wahlrechts nach § 8 SGB IX, insbesondere im Hinblick auf die Ausführung von Leistungen durch ein Persönliches Budget
8. die Dokumentation der einvernehmlichen, umfassenden und trägerübergreifenden Feststellung des Rehabilitationsbedarfs in den Fällen nach § 15 Absatz 3 Satz 1 SGB IX
9. die Ergebnisse der Teilhabeplankonferenz nach § 20 SGB IX (individueller Rehabilitationsbedarf, erreichbare und überprüfbare Teilhabeziele und deren Fortschreibung)
10. die Erkenntnisse aus den Mitteilungen der nach § 22 SGB IX einbezogenen anderen öffentlichen Stellen (z. B. der Schule) und
11. die besonderen Belange pflegender Angehöriger bei der Erbringung von Leistungen der medizinischen Rehabilitation.

Die Vorschriften für den *Hilfeplan* nach §§ 36, 36b und 37c SGB VIII gelten für das Jugendamt in diesem Fall *ergänzend* (§ 21 SGB IX), was zu einer Zunahme des Dokumentationsaufwands führt. Inhaltlich dürfte es kaum Differenzen geben. Dennoch dürfen die Daten aus dem Hilfeplan nicht ungeprüft in den Teilhabeplan übernommen werden, denn es dürfen nur die für die jeweilige Aufgabenlösung erforderlichen personenbezogenen Daten übermittelt werden und der Antragsteller muss in die Übermittlung eingewilligt haben (§§ 64, 65 SGB VIII; s. Kap. V/6). Es empfiehlt sich, dieses bereits bei der Erstellung des Hilfeplans zu berücksichtigen (z. B. durch Vermerke, welche Teile für welche Adressaten zugänglich sein können).

IV Die Gestaltung der Leistung

Die Erbringung der Leistung mit der Rückmeldung an das Jugendamt bildet die dritte Phase. Dargestellt werden die verschiedenen Rehabilitationsmaßnahmen und die Möglichkeiten ihrer Durchführung sowie Gesichtspunkte für die Auswahl der individuellen Hilfe.

1 Ziele und Auswahlkriterien

Zu den Aufgaben und Zielsetzungen der zu erbringenden Leistungen verweist § 35a Abs. 3 SGB VIII auf § 90 SGB IX. Dieser steht in Teil 2 des SGB IX, der den Titel „Besondere Leistungen zur selbstbestimmten Lebensführung für Menschen mit Behinderungen (Eingliederungshilferecht)" trägt. Es ist der Teil, in den die Eingliederungshilfe-Leistungen des SGB XII transferiert wurden[141]. Nach § 90 Abs. 1 SGB IX ist es

> „Aufgabe der Eingliederungshilfe (…), Leistungsberechtigten eine individuelle Lebensführung zu ermöglichen, die der Würde des Menschen entspricht, und die volle, wirksame und gleichberechtigte Teilhabe am Leben in der Gesellschaft zu fördern. Die Leistung soll sie befähigen, ihre Lebensplanung und -führung möglichst selbstbestimmt und eigenverantwortlich wahrnehmen zu können."

Diese Vorschrift konkretisiert das Gleichheitsgebot von Art. 3 Abs. 3 Satz 2 GG: „Niemand darf wegen seiner Behinderung benachteiligt werden". Die Formulierung verdeutlicht, was alle Hilfen nach dem SGB IX und den einzelnen Leistungsgesetzen dem Empfänger ermöglichen sollen: Ein Leben in Würde, Gleichberechtigung, ganzheitliche Partizipation in allen Lebensbereichen, Selbstbestimmung und Eigenverantwortung oder, wie es im 2. Teilhabebericht der Bundesregierung (2017) heißt, „Handlungsspielräume".

Der emanzipatorische Ansatz des BTHG wird in dieser Zielbestimmung deutlich[142]. Für Kinder muss dafür die altersangemessene Form gefunden werden – Teilhabe nach Möglichkeit in demselben Maß, wie sie Gleichaltrige genießen. Zugleich wird eine Zukunftsperspektive eröffnet. Auch wenn der junge Mensch jetzt noch nicht selbstbestimmt und eigenverantwortlich handeln kann, so müssen doch seine Erziehung und alle dafür erforderlichen Unterstützungsmaßnahmen auf die Erreichung dieses Ziels hin ausgerichtet werden. Das bedeutet aber im umgekehrten Fall nicht, dass eine Leistung verweigert werden darf, wenn die hoch angesetzte Zielmarke aller Wahrscheinlichkeit nach nicht erreicht werden kann (z. B. bei einem Kind mit der schweren Form des frühkindlichen Autismus, das in der Regel nicht völlig unabhängig von

141 der also das für den Träger der Eingliederungshilfe geltende Leistungsgesetz ist.

142 Dass der Titel „Eingliederungshilfe" nicht mehr passt, weil es nicht um Eingliederung in Vorgegebenes, sondern um Ermächtigung geht, wurde bereits in Kap. I/1 dargelegt.

Betreuung werden kann). Auch auf Maßnahmen, die eine kleinere Annäherung daran erwarten lassen, hat der Betroffene einen Rechtsanspruch.

In § 90 Abs. 2–5 SGB IX werden die Zielsetzungen der einzelnen Leistungsarten präzisiert, nämlich insbesondere

- einer langfristigen körperlichen, seelischen, geistigen oder Sinnesbeeinträchtigung entgegenzusteuern oder die Leistungsberechtigten unabhängig von Pflege zu machen (medizinische Rehabilitation)
- eine der Eignung und Neigung der Leistungsberechtigten entsprechende berufliche Tätigkeit zu ermöglichen sowie die Weiterentwicklung ihrer Leistungsfähigkeit und Persönlichkeit zu fördern (Teilhabe am Arbeitsleben)
- eine deren Fähigkeiten und Leistungen entsprechende Schulbildung und schulische und hochschulische Aus- und Weiterbildung für einen Beruf zur Förderung ihrer Teilhabe am Leben in der Gesellschaft zu gewährleisten (Teilhabe an Bildung)
- die gleichberechtigte Teilhabe am Leben in der Gemeinschaft zu ermöglichen oder zu erleichtern (Soziale Teilhabe).

Die Formulierung „besondere Aufgabe" besagt, dass die Auflistung nicht abschließend ist, sondern dass damit die Schwerpunkte der einzelnen Leistungsgruppen gesetzt sind. Die Leistungsgruppen wurden nicht mit dem SGB IX neu geschaffen, sondern waren schon in dem inzwischen aufgehobenen § 53 Abs. 3 SGB XII inhaltlich ähnlich beschrieben; lediglich die Leistungen zur „Teilhabe an Bildung" wurden weiter ausgebaut und in einem eigenen Kapitel geregelt.

In § 4 Abs. 1 SGB IX wird (ebenso wie in § 10 SGB I) verdeutlicht, dass für diese Leistungen das *Finalprinzip* gilt: Unabhängig von der Ursache der Behinderung umfassen sie alle Sozialleistungen, die notwendig und geeignet sind, einer Behinderung entgegenzuwirken und die Partizipation der betroffenen Menschen zu ermöglichen oder zu verbessern.

Diese Aufgabenbestimmung richtet sich zum einen auf Primär- und Sekundärprävention, zum anderen auf Vermeidung von Ausgrenzung und Benachteiligung für den Fall, dass eine Behinderung dennoch eingetreten ist. Dabei hat die Prävention Vorrang vor der Rehabilitation, es besteht also eine Hierarchie der Ziele. Prävention geht vor Heilung oder Besserung und diese wiederum vor Nachteilsausgleich. Insbesondere soll der Chronifizierung einer Krankheit vorgebeugt werden (§ 3 Abs. 1 SGB IX)[143].

Vor allem bei *Kindern* ist das *frühe Erkennen und Behandeln* einer Entwicklungsstörung von hoher Bedeutung, denn je eher dieses geschieht, desto größer sind die Aussichten, eine Behinderung abzuwenden. Rechtzeitige pädagogische

143 Vgl. auch §§ 13–15 und 17 SGB I.

und therapeutische Hilfen und/oder Verbesserungen in den Lebensbedingungen des Kindes können frühe biologische und soziale Risiken zumindest senken (Laucht et al. 1996, 67–81). Ist bereits eine Störung eingetreten, wird mit Hilfe von Somato- und/oder Psychotherapie, heilpädagogischer und erzieherischer Arbeit Heilung, Besserung, eventuell auch Rückfallprophylaxe angestrebt. Wenn sich dieses nicht oder nur unzureichend bewirken lässt, braucht der junge Mensch Hilfen, die ihm dennoch ein befriedigendes Leben im Sinne von § 90 SGB IX ermöglichen. Dabei geht es vor allem darum, Barrieren (ICF) zu beseitigen und günstige, kompensierende Bedingungen in den relevanten Lebensbereichen zu schaffen. Da die *ganzheitliche Förderung der Entwicklung* bedeutsam ist, umfassen die Leistungen zur Teilhabe für Kinder und Jugendliche auch die notwendigen Leistungen zur Betreuung, Bildung und Erziehung sowie die Maßnahmen der Familienentlastung und der Stützung des familiären Umfeldes (RegBegr. zu SGB IX a. F., 2001, 99). Kinder sollen nach Möglichkeit nicht von ihren Familien getrennt werden – dieses gilt ganz besonders für die jüngeren. Immer muss auch bedacht werden, dass psychisch beeinträchtigte Kinder häufig noch stärker an ihre Eltern gebunden sind als gesunde und deshalb eine Trennung noch schwerer bewältigen. Würden sie ihren Familienbezug verlieren, könnte sich unter Umständen ihre psychische Störung verstärken, anstatt durch die Maßnahme gemindert zu werden.

Bei der Planung und Ausgestaltung der Leistungen muss außerdem darauf geachtet werden, dass Kinder und Jugendliche nicht aufgrund der Zuordnung zur Gruppe der behinderten Menschen von ihrem sozialen Umfeld getrennt und damit ausgegrenzt werden. Nach Möglichkeit sollen Hilfen *inklusiv* erbracht werden (§ 4 Abs. 3 SGB IX). Dies bedeutet, dass sie gemeinsam mit nichtbehinderten Kindern und Jugendlichen die Schule besuchen und ihre Freizeit gestalten oder reguläre Ausbildungs- und Arbeitsstätten finden. Die inklusive Erziehung und Bildung ist nicht nur im Interesse der behinderten, sondern auch der nichtbehinderten Kinder und Jugendlichen, deren Entwicklung dadurch ebenso gefördert wird.

Der einzelne Leistungsträger ist verpflichtet, die Leistungen im Rahmen der für ihn geltenden Rechtsvorschriften so *vollständig, umfassend* und *in gleicher Qualität* zu erbringen, *dass Leistungen eines anderen Trägers möglichst nicht erforderlich werden* (§ 4 Abs. 2 Satz 2 SGB IX). Der Jugendhilfeträger erbringt also z. B. auch Leistungen zur medizinischen Rehabilitation oder zur Teilhabe am Arbeitsleben. Diese Vorgabe zur Qualitätsentwicklung und -sicherung soll den Leistungsempfängern das mühevolle Hin und Her zwischen verschiedenen Trägern ersparen.[144] Dennoch muss der verantwortliche Träger immer überprüfen, ob Leistungen weiterer Träger erforderlich sind. Trifft dies zu, hat

144 Die Vorschrift entwickelt § 5 Abs. 2 RehaAnglG fort, vgl. RegBegr. SGB IX a. F., BT-Drucks. 14/5074/2001, 99.

er diese zu beteiligen und die Koordination aller Vorgänge zu übernehmen. Falls ein zusätzlicher Antrag notwendig ist, hat er bei den Betroffenen auf die Antragstellung hinzuwirken (§ 9 Abs. 1 SGB IX).

Mütter und Väter mit Behinderungen haben Anspruch auf Leistungen zur Teilhabe, die ihnen die Versorgung und Betreuung ihrer Kinder erleichtern (§ 4 Abs. 4 SGB IX). Durch die Unterstützung der Eltern soll auch das Wohl ihrer Kinder gesichert werden.

Die Leistungen zur Teilhabe werden gem. § 4 Abs. 2 Satz 1 SGB IX *neben anderen Sozialleistungen* erbracht. Damit wird verdeutlicht, dass ein Mensch mit (drohender) Behinderung wie jeder Bürger *alle* Sozialleistungen nutzen kann, die er benötigt. Teilhabeleistungen genießen aber Vorrang vor einigen anderen Sozialleistungen (vor Rentenleistungen oder wenn durch sie eine vorzeitige Einschränkung der Erwerbsfähigkeit oder eine Pflegebedürftigkeit vermieden werden kann, § 9 SGB IX).

Die auszuwählenden Leistungen müssen *„geeignet“* und *„notwendig“* sein. Diese Kriterien finden sich zwar nicht in § 35a SGB VIII, können aber aus § 27 Abs. 1 SGB VIII übernommen werden. „Geeignet“ heißt, sie taugen dazu, den festgestellten individuellen Eingliederungshilfebedarf zu decken; man kann annehmen, dass sie mit großer Wahrscheinlichkeit die Behinderung mildern, beheben oder abwenden werden. „Notwendig“ ist so zu interpretieren, dass eine geringere oder andere Leistung dazu nicht ausreichen würde. Es gilt das vom BVerfG ausgesprochene Untermaßverbot[145]. Andererseits ist auch der *Grundsatz der Verhältnismäßigkeit* zu berücksichtigen: Der Aufwand (psychische, kräftemäßige, finanzielle Kosten usw.) muss in angemessenem Verhältnis zum erwarteten Ergebnis stehen; man soll nicht mit Kanonen auf Spatzen schießen. Warum sollte man zum Beispiel eine Heimunterbringung, die das Kind auf schmerzhafte Weise von seiner Familie trennt, wählen, wenn ein Integrationshelfer seine schulische Inklusion genauso gut ermöglicht? Damit ist aber nicht gemeint, dass die kostengünstigste Leistung ausgesucht werden sollte. Dem Leistungsberechtigten stehen alle erforderlichen und geeigneten Leistungen zu, unabhängig von den Kosten. Unter den Leistungserbringern soll derjenige ausgewählt werden, der die Leistung in der am besten geeigneten Form ausführt (§ 36 SGB IX).

Die Leistungen sollen nach Möglichkeit so bestimmt werden, dass sie den *gesamten* festgestellten individuellen Bedarf decken und Leistungen anderer Träger überflüssig machen (*sozialhilferechtlicher Bedarfsdeckungsgrundsatz*, der im Bereich der jugendhilferechtlichen Eingliederungshilfe in § 35a Abs. 2 SGB VIII verankert ist).

145 Es wurde im Urteil zu § 218 StGB entwickelt, BVerfG 28.5.1993 – 2 BvF 2/90, vgl. Kepert/Dexheimer 2018, § 35a SGB VIII, Rn. 23.

2 Möglichkeiten der Durchführung

§ 35a Abs. 2 SGB VIII nennt mögliche „Formen" bzw. Kontexte der Hilfeerbringung. Wie für die Hilfen zur Erziehung nach §§ 28–35 SGB VIII werden Leistungen aufgeführt, die mit unterschiedlichen Graden der Trennung des Kindes von seiner Familie verbunden sind und sich nach der Intensität und dem Umfang der Betreuungsleistung für den Hilfeempfänger unterscheiden. Man kann sie auch mit Maas (1996, 170) in die Kategorien „1. Hilfe durch Beratung, 2. Familienunterstützende Hilfen und 3. Hilfen außerhalb der Herkunftsfamilie" unterteilen.

Die Auflistung umfasst Leistungen

1. in ambulanter Form
2. in Tageseinrichtungen für Kinder oder in anderen teilstationären Einrichtungen
3. durch geeignete Pflegepersonen
4. in Einrichtungen über Tag und Nacht sowie sonstigen Wohnformen.[146]

Diese Formen werden in § 35a SGB VIII nicht genauer beschrieben; knappe Angaben zu deren jeweiligen Zielen und Arbeitsaufträgen finden sich in §§ 28–35 SGB VIII.

Je nach der gewählten Form gelten *ergänzende Vorschriften* des SGB VIII und Regelungen zur Heranziehung der Leistungsberechtigten zu den Kosten, nämlich:

- die Bestimmungen über die *Zusammenarbeit* zwischen den leistungserbringenden Personen, den Eltern und dem Jugendamt bei Hilfen außerhalb der Familie (§ 37 SGB VIII) betreffen nur die Ziffern 3 und 4
- die *Ausübung der Personensorge* (Entscheidung und Vertretung in Angelegenheiten des täglichen Lebens, Geltendmachung und Verwaltung von Unterhalts- und anderen Ansprüchen (§ 1688 BGB); sie kommt nur bei Hilfen nach den Ziffern 3 und 4 in Frage
- Leistungen zum *Unterhalt* des Kindes oder Jugendlichen (§ 39 SGB VIII) werden nur bei Eingliederungshilfe nach den Ziffern 2 bis 4 bewilligt
- *Krankenhilfe*: nur bei Leistungen nach den Ziffern 3 und 4

146 Die aus dem medizinischen System übernommenen Bezeichnungen passen nicht ganz zum Jugendhilfesystem, haben sich aber eingebürgert.

- *Kostenerstattung* bei Zuständigkeitswechsel in der Vollzeitpflege (§ 89a SGB VIII) nur bei Ziffer 3
- *Heranziehung zu den Kosten* (§ 91 SGB VIII) nur für Eingliederungshilfe nach Ziffern 2 bis 4 (Wiesner 2015, § 35a SGB VIII, Rn. 119; s. auch Kap. V).

Die Hilfeformen konkurrieren nicht miteinander, sondern ergänzen sich, wenn nötig (z. B. Erziehung in einer Pflegefamilie kombiniert mit Erziehungsberatung)[147].

Die genannten Hilfeformen müssen mit den *Maßnahmearten* nach SGB IX kombiniert werden, auf die § 35a Abs. 3 SGB VIII verweist. Dieses sind:

aus *Teil 1 SGB IX*:

- das Persönliche Budget (Kap. 6, § 29)

aus *Teil 2 SGB IX*:

- Leistungen zur medizinischen Rehabilitation (Kap. 3)
- Leistungen zur Teilhabe am Arbeitsleben (Kap. 4)
- Leistungen zur Teilhabe an Bildung (Kap. 5)
- Leistungen zur Sozialen Teilhabe (Kap. 6).

Die Leistungen der Kap. 3–5 gehen den Leistungen zur Sozialen Teilhabe vor[148].

Der Maßnahmenkatalog ist nicht abschließend und muss, falls nötig, um weitere erforderliche Hilfen erweitert werden[149]. Da umgekehrt keine der genannten Eingliederungshilfen grundsätzlich ausgeschlossen werden kann, ist im Einzelfall der gesamte Katalog auf seine Geeignetheit hin zu überprüfen (Wiesner 2015, § 35a SGB VIII, Rn. 105).

Zu jeder ausgewählten *Art* der Maßnahme muss also die *Form* der Hilfe bestimmt werden. Würde z. B. eine Eingliederungshilfe zur Beschulung in einem Internat bewilligt, so wäre dies eine Leistung zur Teilhabe an Bildung in der Form einer Hilfe in einer Einrichtung über Tag und Nacht.

Alle Leistungen sind *prinzipiell gleichwertig*, was in den gesetzlichen Grundlagen durch eine horizontale Differenzierung statt einer vertikalen Eskalierung erkennbar gemacht wird. Dies bedeutet jedoch nicht, dass Hilfearten beliebig ausgewählt werden können, denn sie müssen nach fachlichen Kriterien so bestimmt werden, dass sie den größtmöglichen Erfolg verheißen, aber

147 RegBegr. zu SGB VIII, BT-Drucks. 11/5948/1989; s. auch § 27 Abs. 2 SGB VIII n. F.

148 Unmittelbare Ansprüche auf Leistungen zur Teilhabe durch die Jugendhilfe ergeben sich jedoch nicht direkt aus dem 2. Teil des SGB IX, sondern aus den Vorschriften des SGB VIII. Eine Ausnahme bildet das Arbeitsförderungsgeld nach § 59 SGB IX.

149 BVerwG FEVS Bd. 13, S. 41 und FEVS Bd. 13, S. 368.

auch Belastungen für das Kind und seine Familie möglichst geringhalten (z. B. Vorrang des Familienerhalts).

Für die Einzelfallentscheidung über die geeignete und notwendige Art der Hilfe verfügt das Jugendamt nach der Rechtsprechung vieler Verwaltungsgerichte über einen *Beurteilungsspielraum* (nach einigen Autoren über ein *Auswahlermessen*[150]), der nur einer eingeschränkten gerichtlichen Kontrolle unterliegt. Die Entscheidung muss „eine angemessene Lösung zur Bewältigung der festgestellten Belastungssituation enthalten, die fachlich vertretbar und nachvollziehbar sein muss", ohne dass die objektive Richtigkeit bewiesen werden muss (VG Stuttgart 2011[151]). Ein Antragsteller hat allerdings das (einklagbare) Recht auf sorgfältige, verfahrensfehlerfreie, den fachlichen Standards entsprechende Prüfung seines Anspruchs, in die keine sachfremden Erwägungen eingeflossen sind (BVerwG 1999[152]). Er kann jedoch keine bestimmte Eingliederungshilfeleistung einfordern und über den Klageweg erzielen, es sei denn, diese sei unter fachlichen Gesichtspunkten die einzig mögliche Hilfe (VGH Bayern 2013[153]).

Der *Bedarfsdeckungsgrundsatz* bedeutet umgekehrt aber nicht, dass das Jugendamt eine beantragte Hilfe mit der Begründung ablehnen kann, dass sie nur einem *Teilbereich* des Hilfebedarfs gerecht wird. Wenn es (gegenwärtig) nicht möglich ist, den Gesamtbedarf zu befriedigen, kann es erforderlich sein, Hilfeleistungen zumindest und zunächst für diejenigen Teilbereiche zu erbringen, in denen dieses machbar ist. Dieses gilt auch dann, wenn alle Hilfen zur Verfügung ständen, der leistungsberechtigte Empfänger aber nur diese bestimmte Teilleistung anzunehmen bereit ist. Das Jugendamt müsste dann darauf hinwirken, dass die erforderlichen weiteren Leistungen beantragt und erbracht werden. Zu verneinen ist ein Anspruch nur, wenn nach fachlicher Einschätzung die Gewährung der Hilfe für einen Teilbereich bewirken würde, dass das Erreichen des Eingliederungsziels in anderen von der Teilhabebeeinträchtigung betroffenen Bereichen erschwert oder vereitelt würde, es also zu Friktionen zwischen Hilfsmaßnahmen käme. Nachteilige Wechselwirkungen mit anderen Hilfeleistungen können die fachliche

150 Maas (1998, 1–16, auch 1996, 59) argumentiert in überzeugender Weise, dass das Jugendamt über ein Ermessen verfügt, weil die ihm gewährte Auswahl- und Gestaltungsfreiheit – hier bezüglich der Hilfe zur Erziehung – die Rechts*folge* (nicht den Tatbestand) betrifft. Das Auswahl- und Gestaltungsermessen ist allerdings eingeschränkt durch die im Rahmen der Kataloghilfen an gesetzliche Kriterien gebundenen Begründungspflichten. Ähnlich Wiesner (2015), § 35a SGB VIII, Rn. 31.

151 v. 26.7.2011 – 7 K 4112/09, JAmt 2012, 406–411.

152 v. 24.6.1999 – 5 C 24/98.

153 v. 21.2.2013 – 12 CE 12.2136.

Geeignetheit einer (begehrten) Leistung für einen Leistungsbereich in Frage stellen (BVerwG 2012[154]).

Hierzu ein Beispiel aus einem Gerichtsurteil (vgl. VG Düsseldorf 2016[155]):

Eine Auseinandersetzung vor Gericht

Ralf, ein 15-jähriger Jugendlicher, beantragt beim Jugendamt die Übernahme der Kosten für eine Internet-Schule für ein Schuljahr. Die Begründung: Der Jugendliche benötigt diese Hilfe zu einer Schulbildung, weil er seit einigen Monaten nicht mehr in der Lage ist, am Unterricht in der von ihm bisher besuchten Förderschule für körperliche und motorische Entwicklung teilzunehmen. Nach verschiedenen ärztlichen Diagnosen wurden bei ihm festgestellt: „Asperger-Syndrom", erstmalig in seinem 11. Lebensjahr, „Fein- und Grobmotorik-Störung", ein Jahr später zusätzlich „Störung des Sozialverhaltens mit oppositionellem aufsässigem Verhalten", in den weiteren Jahren „Störung des Sozialverhaltens mit depressiver Störung, kombinierte Störung schulischer Fähigkeiten, eine abnorme Hörempfindung/Hyperakusis" sowie „Anorexie". Er erhielt eine Autismus-Therapie (vom Jugendamt bewilligt). Als er zwölf Jahre alt war, stellte die Bezirksregierung E1 einen sonderpädagogischen Förderbedarf mit den Förderschwerpunkten „Hören und Kommunikation" sowie „emotionale und soziale Entwicklung" fest. Nachdem der Junge zwischen mehreren Schulen (darunter eine Realschule und ein Gymnasium) gewechselt hatte, verschlechterte sich sein Zustand zuletzt in der Förderschule erheblich. Eine Fachärztin für Kinder- und Jugendmedizin stellt in einem Gutachten fest, der Besuch dieser Schule habe bei dem Jugendlichen zu Schlafstörungen, einem pathologischen Essverhalten mit bedrohlicher Gewichtsabnahme und depressiven Störungen geführt. Der Besuch einer Internet-Schule sei medizinisch notwendig und sinnvoll. Auch der Autismus-Therapeut attestierte, dass eine weitere Beschulung wegen der Depression und Suizidgefährdung nicht mehr vertretbar sei.

Daraufhin wurde das Ruhen der Schulpflicht für das anschließende Schuljahr angeordnet. Der Jugendliche begann (im Wege der Selbstbeschaffung) mit dem Unterricht an einer Internet-Schule. Das Jugendamt lehnte die Übernahme der Kosten dafür ab mit der Begründung,

> „die Web-Beschulung schränke den Aktionsrahmen für den Kläger, die Möglichkeit der Begegnung und Auseinandersetzung mit anderen Jugendlichen und Erwachsenen stark ein. Einen lebensbedrohlichen Gewichtsverlust, Depression und Suizidgedanken mit dem Wechsel der Schule zu therapieren und nicht an einen stationären Klinikaufenthalt zu denken, lenke den Blick auf die Erziehungsverantwortlichen und ihr eigenes Sozialsystem. Die Beschulung durch die Web-Schule bedeute, den

---

154 v. 18.10.2012 – 5C 21.21; auch: OVG NRW v. 22.12.2015 – 12 B 1289/15; VGH München v. 14.1.2013 – 12 ZB 11.1906, ZFSH/SGB 2014, 665.

155 v. 19.7.2016 – 19 K 6935/15.

Kläger in die Isolation im mütterlichen Haushalt vor den PC zu führen. Dies widerspreche offensichtlich den Grundgedanken der Teilhabe am gesellschaftlichen Leben, der Auseinandersetzung mit Mitschülern, Lehrern, zunehmender selbstständiger Erweiterung des eigenen Sozialraums. Insgesamt gehe es im Rahmen der geeigneten und notwendigen Eingliederungshilfe nicht um die Beschulung. Viel wichtiger seien die Erziehungssignale, in einem schwierigen sozialen Umfeld sich den Herausforderungen zu stellen, Misserfolge zu nutzen, neue Ressourcen mithilfe der Fachkräfte, die vorhanden waren und es noch sind, zu erarbeiten. Es sollte dringend über eine stationäre Diagnostik unter Einbezug der Schule als Teilaspekt gesprochen und entschieden werden." (Zitiert aus dem Gerichtsurteil)

Der Jugendliche legte gegen den Bescheid Widerspruch ein und erhob danach Klage beim Verwaltungsgericht und auf einstweilige Anordnung beim Oberverwaltungsgericht. Mit Urteil des Verwaltungsgerichts wurde der Jugendhilfeträger verpflichtet, dem Kläger Eingliederungshilfe gemäß § 35a SGB VIII durch Übernahme der Kosten für die Beschulung durch die Web-Schule für das entsprechende Schuljahr zu bewilligen. Beide Gerichte hoben darauf ab, dass das Jugendamt nicht damit argumentieren durfte, dass eine beantragte Leistung nicht notwendig und geeignet sei, weil sie nicht den Gesamtbedarf abdecke. Sie könne (wie sich dann auch zeigte) in der Zeit des Ruhens der Schulpflicht eine im Leistungskatalog der Eingliederungshilfe vorgesehene Hilfe zur angemessenen Schulbildung sein, während das Jugendamt nicht plausibel darlegen könne, welche weiteren Erkenntnisse eine stationäre Diagnostik bringen sollte. Wenn zur Deckung des Gesamtbedarfs erforderlich, könnten verschiedene Hilfeleistungen kombiniert werden.

3 Leistungsformen

3.1 Hilfe in ambulanter Form

Erhält das Kind eine ambulante Leistung, bleibt es in seinem familiären Umfeld und besucht die hilfeerbringende Stelle oder wird für die Hilfeleistung aufgesucht. Dazu gehören die in den §§ 28–31 SGB VIII genannten beratenden und familienunterstützenden Jugendhilfeleistungen Erziehungsberatung, soziale Gruppenarbeit, Erziehungsbeistand, Betreuungshelfer und sozialpädagogische Familienhilfe. Für Jugendliche kommt die intensive sozialpädagogische Einzelbetreuung nach § 35 SGB VIII hinzu. Ambulante Hilfen bewahren den Bezug zum familiären und außenfamiliären Umfeld und vermeiden eher eine Ausgrenzung. Sie sind deshalb, insbesondere bei jüngeren Kindern, stationären Leistungen vorzuziehen, soweit der Hilfebedarf dies zulässt.

Neben den genannten Leistungen können speziell auf psychische Störungen abgestimmte Hilfen erforderlich sein, wie z. B. Verhaltenstraining mit Kindern und Jugendlichen, die an Angst-, Zwangs- oder depressiven Störungen leiden, Ernährungs- und Bewegungskurse für essgestörte Kinder oder Förderung von Alltagskompetenzen bei Jugendlichen nach einer psychotischen Erkrankung. Diese Hilfen werden von spezialisierten Stellen erbracht, wie z. B. sozialpsychiatrischen Diensten, psychologischen oder kinder- und jugendpsychiatrischen Praxen und Frühförderzentren.

3.2 Hilfe in Tageseinrichtungen und anderen teilstationären Einrichtungen

Die Erziehung in einer Tagesgruppe (§ 32 SGB VIII) soll junge Menschen und ihre Eltern unterstützen, ohne sie voneinander zu trennen[156]. Es handelt sich dabei um eine „an der Schnittstelle zwischen ambulanten und stationären Hilfen angesiedelte“ Leistung (RegBegr. zu § 32 SGB VIII[157]). Wie der Name sagt, hält sich das Kind/der Jugendliche für einen Teil des Tages oder ganztägig in einer Einrichtung auf, in der seine Entwicklung durch soziales Lernen in der Gruppe und Begleitung der schulischen Bemühungen gefördert werden soll. Werden dort therapeutische und sozialpädagogische Elemente miteinander

156 Damit sind nicht die allgemeinen Angebote wie Kitas, Horte usw. nach §§ 22 ff. SGB VIII gemeint, die keine „Hilfen“ im Sinne des SGB VIII sind.

157 BT-Drucks. 11/5948/1989.

verknüpft, können seine psychischen Probleme gezielt angegangen werden. Zugleich können die *Eltern* kontinuierlich beraten und von Erziehungs- und Betreuungsaufgaben entlastet werden. Gerade diese Entlastung zählt für die Angehörigen sehr, denn die Erziehung eines Kindes mit einer schweren seelischen Behinderung bringt ein großes Ausmaß an Sorgen, Ängsten, Einschränkungen und Anforderungen an die Betreuung mit sich. Erholungsmöglichkeiten fehlen, und deshalb sind die Eltern und Geschwister häufig psychisch und physisch hochgradig erschöpft. Wird ihnen ein Teil der Versorgung und Erziehung abgenommen, verhütet dies die Überforderung und damit auch die Notwendigkeit einer stationären Unterbringung des Kindes (Harnach 2021).

Je nach Art und Schwere ihrer seelischen Behinderung können die Kinder eine *inklusive* Tageseinrichtung besuchen oder eine Institution benötigen, die *speziell* auf ihre Behinderung eingehen kann. Wenn in einer inklusiven Einrichtung die erforderliche Hilfe gewährleistet ist, sollte diese vorgezogen werden, damit das Kind die Gemeinschaft mit Kindern ohne Behinderung erfährt.

Mitunter ist es günstig, wenn sich der Besuch einer Sonderschule für Kinder und Jugendliche mit seelischer Behinderung mit einer nachmittäglichen inklusiven sozialpädagogischen Gruppenbetreuung verbinden lässt.

Schulen gelten in der Regel nicht als teilstationäre Einrichtungen. Ausnahmen sind jedoch möglich, wenn die Schule im Einzelfall über die Vermittlung des Lernstoffs hinaus in besonderem Maß für die psychische Unterstützung und Betreuung des Schülers Verantwortung übernimmt (Bayerischer VGH 2014[158]).

3.3 Hilfe durch Pflegepersonen

Ist die Familie des seelisch behinderten Kindes seiner Erziehung nicht gewachsen, kann das Kind auch von einer anderen Person betreut und erzogen werden – nur tagsüber (§ 32 SGB VIII) oder in Vollzeitpflege (§ 33 SGB VIII). Dies kann vorübergehend oder auf Dauer geschehen, wobei vorrangig anzustreben ist, dass die Erziehungsfähigkeit der Eltern durch Beratung und Unterstützung möglichst schnell wiederhergestellt wird, sodass das Kind zu ihnen zurückkehren kann.

Dass die Pflegeperson „geeignet“ sein zu sein hat, heißt, dass sie fähig sein muss, den besonderen Problemen des Kindes/Jugendlichen auf die richtige Weise zu begegnen und ihm bei deren Bewältigung zu helfen. Dies setzt in der Regel eine entsprechende Qualifizierung voraus, wie eine sozialpädagogische/sozialarbeiterische, heilpädagogische, psychologische oder ähnliche Aus- und Fortbildung oder eine einschlägige Erfahrung in dieser Arbeit. Selbst

158 v. 15.4.14 – 12 BV 12.1786, vgh.bayern.de, abger. 10.9.2020.

eine Laienfamilie kann geeignet sein, wenn eine gute „Passung“ zwischen Pflegefamilie und Betreutem erzielt werden kann. Wichtig ist dann eine intensive und fachlich qualifizierte Beratung der Pflegeperson (Nordmann/Keller/Schepker 2013, 16–22).

Die Pflegeperson soll mit den Eltern zusammenarbeiten und, ebenso wie das Jugendamt, dazu beitragen, dass die Beziehung des jungen Menschen zu seiner Herkunftsfamilie erhalten bleibt. Sie besitzt einen Anspruch auf Beratung und Unterstützung. Das Jugendamt soll den Erfordernissen des Einzelfalls entsprechend an Ort und Stelle überprüfen, ob sie eine dem Wohl des Kindes oder Jugendlichen förderliche Erziehung gewährleistet (§ 37b SGB VIII).

Die Familienpflege ist der Heimerziehung insbesondere bei kleinen Kindern und jüngeren Schulkindern vorzuziehen, weil sie dort die enge Bindung an eine erwachsene Person, persönliche Betreuung und das Wärme und Geborgenheit gebende familiäre Klima finden, auf das sie essenziell angewiesen sind. Aber auch für psychisch beeinträchtigte Jugendliche eignet sie sich bei entsprechender Indikationsstellung mindestens ebenso gut wie Heimerziehung (Happe 2005).

3.4 Hilfe in Einrichtungen über Tag und Nacht und sonstigen Wohnformen

Die außerfamiliäre Erziehung kann indiziert sein, wenn wegen der Schwere der psychischen Problematik die Familie mit der Erziehung überfordert ist, die familiäre Dynamik wesentlich zur Entstehung und Beibehaltung der Störung beiträgt oder die Familie zeitweise für die Erziehung ausfällt, z. B. weil ein Elternteil ebenfalls erkrankt ist. Da, wie beschrieben, die ambulante und teilstationäre Betreuung von Kindern Vorrang hat (§ 4 Abs. 3 SGB IX), muss die Auswahl dieser Hilfeform besonders sorgfältig begründet werden. Die Eltern müssen auch hier so beraten und unterstützt werden, dass sie das Kind nach möglichst kurzer Zeit wieder zu sich nehmen können, (denn in der kindlichen Zeitwahrnehmung erscheint als „lang“, was dem Erwachsenen „kurz“ vorkommt). Sollte die Rückkehr in die Familie nicht möglich sein, muss für das Kind eine dauerhafte Beheimatung gefunden werden, möglichst mit Zustimmung der Eltern und mit Fortdauern ihrer Beziehung zum Kind.

Stationäre Hilfen können auf verschiedene Weise gestaltet sein. Nach Möglichkeit sollte die Erziehung in allen Einrichtungen inklusiv angelegt sein.

Ein *Heim mit Binnendifferenzierung* beugt der Gefahr einer Ausgrenzung und Stigmatisierung eher vor als ein spezialisiertes. Allerdings sind auch Spezialgruppen innerhalb eines Heimes nicht unproblematisch, weil sich dort die Schwierigkeiten der Bewohner anhäufen und dadurch möglicherweise verstärken. Wenn sich aber eine Entwicklung krisenhaft zuspitzt und der junge

Mensch in der inklusiven Gruppe nicht mehr zurechtkommt, können sie – am besten zeitlich begrenzt – eine angemessene Alternative bieten.

Nicht übersehen werden darf, dass die inklusive Erziehung in einer stationären Einrichtung für einige Kinder und Jugendliche eine Überforderung darstellen kann, z. B. für solche mit einer ausgeprägten autistischen oder psychotischen Störung. Sie brauchen oft einen besonderen Schutz und eine spezielle Förderung, die dort unter Umständen nicht ausreichend geboten werden können.

Die Hilfe in einer *Erziehungsstelle* eines Heims stellt eine Alternative für ein Kind oder einen Jugendlichen dar, das oder der nicht in einer Gruppe leben kann, aber die Verbindung zum Heim und dessen Förder- und Schutzmöglichkeiten behalten soll. Der junge Mensch wohnt dann bei einem Mitarbeiter oder einer Mitarbeiterin des Heimes.

Ältere Jugendliche und junge Volljährige können in *Jugendwohngemeinschaften* sowie in *Betreutem Einzel- oder Gruppenwohnen* durch Fachkräfte der Sozialen Arbeit begleitet und in ihrer Verselbständigung unterstützt werden. Allerdings sind diese Wohnformen i. A. bei akuter psychischer Erkrankung, Drogen- oder Alkoholabhängigkeit oder Suizidgefährdung nicht geeignet (Happe/Harnach 2010, § 34 SGB VIII). Zu den stationären Einrichtungen gehört außerdem das Internat.

Bei stationären Hilfen sind die folgenden *Grundsätze* zu beachten: Wenn ein Kind oder Jugendlicher klinisch behandelt werden musste, sollte die Akutbehandlung grundsätzlich vor der Aufnahme in eine Jugendhilfeeinrichtung abgeschlossen sein. Die nachklinische Rehabilitation sollte aber auf die Vorbehandlung in der Klinik abgestimmt werden.

Die Betreuung und Rehabilitation muss mehrere sich ergänzende und gut koordinierte Angebote umfassen:

1. Eine *nach pädagogischen Gesichtspunkten strukturierte Lebensführung*, die den Besonderheiten der Erkrankung Rechnung trägt. In Abhängigkeit vom jeweiligen Krankheits- oder Gesundheitszustand und vom Alter des Kindes oder Jugendlichen müssen die Arrangements variieren können, begonnen bei intensiver Betreuung über Tag und Nacht über kontinuierliche Unterstützung in komplementären Einrichtungen (z. B. in betreuten Wohngemeinschaften) bis hin zur Hilfestellung nach Bedarf (z. B. in Form des betreuten Jugendwohnens in der Gemeinde).
2. Integrierter Bestandteil muss eine optimale *schulische Bildung* mit dem Ziel des angemessenen Schulabschlusses sein. Muss das Kind eine „Schule für Kranke" besuchen, so soll es differenzierte schulische Fördermöglichkeiten vorfinden, wie z. B. eine Einzelbeschulung oder einen Unterricht im Kleinklassenverband. Auch sollte es die Möglichkeit haben, in eine öffentliche Schule zu wechseln, sobald sein Gesundheitszustand dies erlaubt.

3. Nicht mehr schulpflichtigen Jugendlichen sind Maßnahmen der *Arbeitstherapie* und der *beruflichen Integration* anzubieten, um in entsprechenden Übungsphasen die individuelle Leistungsfähigkeit zu steigern. Trainiert werden müssen z. B. Durchhaltevermögen, Geschick, berufsrelevante praktische Grundfähigkeiten und „Daseinskompetenzen“ wie Pünktlichkeit, Leistungsmotivation und Gewissenhaftigkeit. Damit soll auf eine Belastbarkeit hingearbeitet werden, die eine ganztägige Berufstätigkeit möglich macht. Langfristig soll mit der Arbeits- und Werktherapie die Chance einer regulären Berufsausbildung eröffnet werden.
4. *Psychotherapeutische* Hilfen zur Bewältigung der seelischen Problematik und zur Verbesserung der kognitiven und sozialen Kompetenz sind so gut wie immer erforderlich. Dazu gehört auch die therapeutische und psychoedukative (über das Krankheitsbild und den förderlichen Umgang mit dem Kranken aufklärende) *Arbeit mit der Familie.* Diese ist insbes. für die Rückfallprophylaxe von hoher Bedeutung.
5. Je nach Störungsbild kann eine *individuell angepasste medikamentöse Behandlung* notwendig sein, um einen möglichst weit gehenden Schutz vor Rückfällen sicherzustellen. Da diese durch einen Arzt (Kinder- und Jugendpsychiater) kontrolliert werden muss, ist eine entsprechende Kooperation zwischen diesem und der Jugendhilfeeinrichtung zu gewährleisten.
6. Im Verlauf der Rehabilitationsmaßnahmen kann es zu Krisen und Rückfällen kommen. Deshalb müssen Möglichkeiten der *Krisenintervention* von vornherein in die Planung einbezogen werden und ständig abrufbar sein. Diese können z. B. in einer vorübergehenden Verstärkung der psychotherapeutischen oder medikamentösen Behandlung bestehen oder der kurzfristigen Unterbringung in einer anderen Einrichtung, in der das Kind oder der Jugendliche intensiver betreut und von schulischen, beruflichen oder Alltagsanforderungen entlastet wird.
7. Ein *pädagogisches Stufenkonzept,* bei dem die Anforderungen nach und nach erhöht werden und das Kind oder der Jugendliche schrittweise mehr Autonomie gewinnt. Dazu trägt seine größtmögliche Beteiligung an der Planung und Durchführung der Gruppenaktivitäten bei (vgl. Detering 2002, 82–100).

4 Leistungsarten

4.1 Leistungen zur medizinischen Rehabilitation

4.1.1 Merkmale

Wenn mit (im weiteren Sinne) ärztlichen Mitteln erreicht werden kann, dass eine Behinderung nicht eintritt, oder dass sie vermindert oder behoben wird, besteht ein Anspruch auf eine medizinische Rehabilitation (§ 42 SGB IX). Die dabei erbrachten Leistungen umfassen insbesondere ärztliche, zahnärztliche oder psychotherapeutische Behandlungen nach dem Psychotherapeutengesetz sowie Therapien durch Angehörige anderer Heilberufe (sofern ärztlich verordnet oder überwacht). Für behinderte oder von Behinderung bedrohte Kinder besonders bedeutsam sind die Leistungen der Früherkennung und Frühförderung (siehe nachfolgendes Kap.) sowie die Sprach- und Beschäftigungstherapie, die zu den Heilmitteln zählt.[159]

Da die genannten Ziele nicht immer allein durch ärztliche Leistungen zu erreichen sind, müssen auch andere medizinische, psychologische, sozialpädagogische und pädagogische Hilfen eingesetzt werden.

Gem. § 42 Abs. 3 SGB IX sind sie von den für die medizinische Rehabilitation zuständigen Trägern zu bewilligen, wenn sie im Einzelfall erforderlich sind, um die Ziele der medizinischen Rehabilitation zu erreichen oder zu sichern und die Bewältigung der Krankheit oder Behinderung zu erleichtern. Die Stärkung der Eigenverantwortlichkeit und der Selbstbestimmung der betroffenen Menschen als Grundanliegen des SGB IX soll damit gefördert werden (Jabben 2020a, § 42 SGB IX, Rn. 17–18). Dazu gehören u. a. die Unterstützung bei der Krankheitsbewältigung, die Beratung des betroffenen Menschen und seines Umfeldes, Hilfen zur seelischen Stabilisierung und zur Förderung der sozialen Kompetenz, das Training lebenspraktischer Fertigkeiten und die Motivierung zur Inanspruchnahme von Leistungen der medizinischen Rehabilitation.

Für die Erbringung dieser Leistungen sind die Regelungen, die für die gesetzlichen Krankenkassen nach dem SGB V, Kap. 4 gelten, anzuwenden[160]. Damit sind die Richtlinien des Gemeinsamen Bundesausschusses der Ärzte und Krankenkassen nach § 92 SGB V, wie z. B. die Heilmittel-Richtlinie[161], auch

159 ferner Arznei- und Verbandsmittel, Hilfsmittel, Belastungserprobung und Arbeitstherapie.

160 außer dem 3. Teil des 2. Abschnittes, vgl. § 110 Abs. 2 SGB IX.

161 www.g-ba.de

vom Jugendhilfeträger zu beachten. Er ist an den Leistungskatalog der gesetzlichen Krankenkassen gebunden und darf keine Leistungen der medizinischen Rehabilitation gewähren, die darüber hinausgehen, also z. B. keine Leistungen in Privatpraxen oder eine Legasthenie-Therapie.

Unter den ergänzenden Leistungen nach § 64 Abs. 1 und §§ 73, 74 SGB IX werden u. a. Übungen zur Stärkung des Selbstbewusstseins von Frauen und Mädchen mit (drohender) Behinderung genannt sowie Kosten für eine Betriebs- oder Haushaltshilfe und für Kinderbetreuung[162].

Diese Leistungen werden vorrangig von den Trägern der gesetzlichen Krankenversicherung finanziert (§§ 27, 40 SGB V). Der Träger der öffentlichen Jugendhilfe bewilligt zwar auch Leistungen zur medizinischen Rehabilitation, er ist aber lediglich nachrangig zuständig. Das kann vor allem dann zutreffen, wenn der junge Mensch nicht krankenversichert ist. Dasselbe gilt für den Träger der Eingliederungshilfe (§§ 5 und 6 SGB IX i. V. m. § 10 SGB VIII).

Der Träger der Krankenkasse kann nach § 43 Abs. 1 Nr. 1 SGB V außerdem weitere Leistungen zur Rehabilitation gewähren, die unter Berücksichtigung von Art und Schwere der Behinderung erforderlich sind, um das Ziel der Rehabilitation zu erreichen oder zu sichern. Diese dürfen aber nicht zu den Leistungen zur Teilhabe am Arbeitsleben oder zu den Leistungen der allgemeinen sozialen Eingliederung gehören.

Die Abgrenzung zwischen den Leistungen zur medizinischen und denjenigen zur sozialen Rehabilitation ist oft schwierig; sie erfolgt nach dem Leistungszweck, nicht nach den möglichen Leistungsgegenständen, bei Überschneidung der Zwecke nach dem Schwerpunkt der Zielsetzung (Stähr 2019, § 35a SGB VIII, Rn. 45a).

4.1.2 Maßnahmen der Früherkennung und Frühförderung

Wird ein Kind mit einer behinderungsträchtigen Schädigung geboren oder erleidet es sie in der frühen Kindheit, d. h. vor der Einschulung, können Leistungen zur „Früherkennung“ und „Frühförderung“ erforderlich sein (§ 42 Abs. 2 Nr. 2 SGB IX, § 46 SGB IX). Dabei erfolgt die frühzeitige Diagnostik von Krankheiten, Verletzungen, Fehlbildungen, Funktionsmängeln oder Entwicklungsverzögerungen, aber auch von beeinträchtigenden Lebensbedingungen. Diese erfordert eine spezifische Kompetenz, denn Entwicklungsstörungen sind in der frühen Kindheit teilweise schwer zu erkennen und einzuordnen. Mit der Frühförderung muss vor allem deshalb sobald wie möglich begonnen werden, weil bei kleinen Kindern der Zeitfaktor eine noch größere Rolle

162 Für die ergänzenden Leistungen nach § 64 SGB IX sind die Träger der Jugendhilfe und der Eingliederungshilfe nicht zuständig.

spielt als bei älteren; was jetzt versäumt wird, ist unter Umständen nur noch schwer nachzuholen. Da bei den frühen Störungen häufig körperliche, geistige und seelische Beeinträchtigungen miteinander verbunden sind, müssen auch die verschiedenen Hilfeansätze eng verzahnt werden. Das Kind braucht eine ganzheitliche Förderung, bei der die medizinischen Leistungen mit nichtärztlichen sozialpädiatrischen, psychologischen, heilpädagogischen und psychosozialen Leistungen sowie der Beratung, Unterstützung und Begleitung der Erziehungsberechtigten, auch in fachübergreifend zusammengesetzten Diensten und Einrichtungen, zu verknüpfen sind. Werden die nichtärztlichen Anteile unter ärztlicher Verantwortung ausgeführt und sind erforderlich, um eine drohende oder bereits eingetretene Behinderung zum frühestmöglichen Zeitpunkt zu erkennen und einen individuellen Behandlungsplan aufzustellen, zählen sie zu den medizinischen Leistungen, für die *vorrangig die Träger der gesetzlichen Krankenversicherung zuständig* sind (§42 Abs. 2 Nr. 2 SGB IX i.V.m. §46 Abs. 1 SGB IX). Der *Jugendhilfeträger* ist (für nicht krankenversicherte Kinder und Jugendliche) nur *nachrangig* verantwortlich, falls die Leistung nicht durch Landesrecht anderen Trägern zugeordnet ist (§10 Abs. 4 Satz 3 SGB VIII).[163] In den Gemeinsamen Empfehlungen nach §26 SGB IX sollen alle Fragen der Koordinierung und Finanzierung geklärt werden[164].

Die Maßnahmen der Früherkennung und Frühförderung werden in Verbindung mit *heilpädagogischen* Leistungen (§79 SGB IX) als *Komplexleistungen* erbracht (§46 Abs. 3 SGB IX), d.h. sie werden von mehreren Trägern gemeinsam verantwortet und finanziert. Da die interdisziplinäre Zusammenarbeit dabei besonders wichtig ist, umfassen diese Leistungen auch Arbeiten zu ihrer Absicherung, also zur internen und externen Koordination, zur Vor- und Nachbereitung, zur Fortbildung und Supervision und zur Dokumentation („Korridorleistungen", RegBegr. BTHG, 251; vgl. auch die Frühförderverordnung – FrühV 2016[165]).

Grundlage der Komplexleistung ist ein individuelles Förderkonzept (Förder- und Behandlungsplan, §7 FrühV), das gemeinsam von Fachkräften verschiedener Professionen und Eltern konzipiert und ständig weiterentwickelt wird und die Beiträge der verschiedenen Fachkräfte bündelt. Die Erbringung von medizinisch-therapeutischen Leistungen im Rahmen der Komplexleistung Frühförderung richtet sich grundsätzlich nicht nach den Vorgaben der Heilmittel-Richtlinie des Gemeinsamen Bundesausschusses, sondern nach

163 In den meisten Bundesländern ist dann der örtliche oder überörtliche Träger der Eingliederungshilfe zuständig, wobei die Träger der Krankenversicherung wesentliche Anteile der Kosten tragen.

164 Zu Gemeinsamen Empfehlungen zur Zuständigkeitsklärung und zu den Vorgaben zum Reha-Prozess vgl. Bundesarbeitsgemeinschaft für Rehabilitation e.V. – BAR – Februar 2019, bar-frankfurt.de, abger. 20.7.2019.

165 Bundesministerium der Justiz und für Verbraucherschutz, Bundesamt für Justiz 2016.

Maßgabe und auf der Basis des Förder- und Behandlungsplans (§ 5 Abs. 1 Satz 2 i. V. m. § 7 FrühV)

Zur Standardisierung der Eingangs- und Verlaufsdiagnostik, der Interventionsplanung, der Evaluation von Maßnahmen in der Frühförderstätte und zur besseren Verständigung zwischen allen beteiligten Gruppen wurde eine modifizierte Checkliste der ICF-CY (s. Kap. I/4.5.2) erstellt, mit der die Beeinträchtigungen und Ressourcen von Kindern und ihren Familien mehrdimensional dokumentiert werden können (Kraus de Camargo 2005).

Die Diagnostik, Behandlung und Beratung müssen bei Familien mit Migrationshintergrund kultursensibel und nötigenfalls unter Zuhilfenahme mehrsprachiger Behandler und/oder Dolmetscher durchgeführt werden (vgl. RegBegr. BTHG, 251).

Die Früherkennung und Frühförderung wird vor allem in den *interdisziplinär arbeitenden Diensten und Einrichtungen wie Frühförderstellen, sozialpädiatrischen Zentren, teilstationären oder stationären heilpädagogischen Sondereinrichtungen oder nach Landesrecht zugelassenen vergleichbaren Stellen* geleistet, die die spezifischen interdisziplinären Kompetenzen bereitstellen können (§ 46 Abs. 2 SGB IX). Sie sollen familien- und wohnortnah liegen und in ambulanter einschließlich mobiler Form arbeiten (§§ 4, 5 FrühV). Die konkrete Ausgestaltung der Leistungen in den fachübergreifenden Diensten und Einrichtungen obliegt weitestgehend den Ländern, um einheitliche Mindeststandards zu garantieren[166].

4.2 Leistungen zur Teilhabe am Arbeitsleben

Die Ausbildung für einen Beruf, der Erwerb eines Arbeitsplatzes und das Durchhalten bei einer Tätigkeit stellt für viele Jugendliche mit seelischen Behinderungen (z. B. Jugendliche mit Suchtproblemen, manisch-depressiven Erkrankungen oder autistischen Störungen) eine erhebliche Herausforderung dar. Auf der anderen Seite ist es für ihre psychische Gesundheit, ihr Selbstwertgefühl und ihre Persönlichkeitsentwicklung wichtig, eine Aufgabe erfüllen zu können, über einen geregelten Tagesablauf zu verfügen und sich einer Gemeinschaft zugehörig zu fühlen. Mit den Teilhabe-Leistungen soll ihnen ermöglicht werden, die Erwerbsfähigkeit zu erlangen und eine Arbeitsstelle zu finden und zu behalten, die ihrer Eignung und Neigung entspricht. Durch arbeitsbegleitende Maßnahmen (auch psychosoziale Hilfen) soll ihre Leistungsfähigkeit bewahrt und verbessert und ihre Persönlichkeitsentwicklung gefördert werden

166 Landesrahmenvereinbarungen, ersatzweise Rechtsverordnungen durch Landesregierungen, § 46 Abs. 4 und 6 SGB IX; vgl. auch RegBegr. BTHG, 251.

und sie sollen dabei unterstützt werden, nach Möglichkeit einen Platz auf dem allgemeinen Arbeitsmarkt zu finden und auszufüllen.

Für diese in Teil 1 Kap. 10 SGB IX als „Leistungen zur Teilhabe am Arbeitsleben" überschriebenen Leistungen ist der Träger der öffentlichen Jugendhilfe lediglich für *Leistungen im Arbeitsbereich einer anerkannten Werkstatt für behinderte Menschen* (§ 58 SGB IX), *bei einem anderen Leistungsanbieter* (§ 60 SGB IX) und für das *Budget für Arbeit* (§ 61 SGB IX) zuständig (§ 63 Abs. 2 Satz 1 Nr. 3 und Abs. 3 Satz 2 SGB IX).

Als *Leistungen zur Beschäftigung* (Teil 2, Kap. 4 SGB IX „Teilhabe am Arbeitsleben") führt § 111 Abs. 1 SGB IX abschließend auf:

1. Leistungen im Arbeitsbereich anerkannter Werkstätten für behinderte Menschen nach den §§ 58 und 62 SGB IX
2. Leistungen bei anderen Anbietern nach den §§ 60 und 62 SGB IX
3. Leistungen bei privaten und öffentlichen Arbeitgebern nach § 61 SGB IX.

Eingeschlossen sind auch Hilfsmittel, die wegen der gesundheitlichen Beeinträchtigung zur Aufnahme oder Fortsetzung der Beschäftigung erforderlich sind, sowie das Arbeitsförderungsgeld nach § 59 SGB IX für die Nummern 1 und 2 (§ 111 Abs. 2 und 3 SGB IX).

Auf *Leistungen im Arbeitsbereich einer anerkannten Werkstatt für behinderte Menschen* haben diejenigen Anspruch, die wegen der Art oder Schwere ihrer Behinderung nicht in der Lage sind, auf dem allgemeinen Arbeitsmarkt oder in Inklusionsbetrieben zu arbeiten oder die angebotenen Möglichkeiten der beruflichen Qualifikation wahrzunehmen, wenn sie ein Mindestmaß an wirtschaftlich verwertbarer Arbeitsleistung erbringen können. Für diese Leistungen erhalten die Werkstätten vom zuständigen Rehabilitationsträger angemessene Vergütungen.

Das Gleiche gilt für diese Leistungen zur Beschäftigung *auch bei einem anderen Leistungsanbieter* (§ 60 SGB IX).

Finden Leistungsberechtigte ein Arbeitsverhältnis bei einem öffentlichen oder privaten Arbeitgeber mit einer tarifvertraglichen oder ortsüblichen Bezahlung, erhalten sie als Leistungen zur Teilhabe am Arbeitsleben *das Budget für Arbeit* (§ 61 SGB IX). Es umfasst einen Lohnkostenzuschuss an den Arbeitgeber zum Ausgleich der Leistungsminderung und für die Aufwendungen für die behinderungsbedingt erforderliche Anleitung und Begleitung am Arbeitsplatz.

Leistungen im Eingangsverfahren und im Berufsbildungsbereich einer anerkannten Werkstatt (§ 57 SGB IX) werden von anderen Trägern, vornehmlich der Bundesagentur für Arbeit, erbracht.

Die Hilfe zur Ausbildung für eine sonstige angemessene Tätigkeit, die zuvor in § 54 Abs. 1 Satz 1 Nr. 3 SGB XII verankert war, zählt nach dem neuem

Recht der Eingliederungshilfe nicht mehr zu den Leistungen zur Beschäftigung und fällt unter die Zuständigkeit der Bundesagentur für Arbeit (vgl. RegBegr. BTHG, 283).

Für behinderte Menschen, deren Aussichten am allgemeinen Arbeitsmarkt wesentlich gemindert sind, kommen auch Hilfen nach dem SGB III in Frage, die von der Bundesagentur für Arbeit zu leisten sind (§ 19, §§ 112 ff. SGB III); außerdem können die Träger der Grundsicherung für Arbeitssuchende für Eingliederungshilfeleistungen zuständig sein (§ 16 Abs. 1 Satz 2 SGB II). Generell gilt, dass die Leistungen zur Teilhabe am Arbeitsleben vorrangig durch die Bundesagentur für Arbeit finanziert werden (§ 10 SGB VIII). Da es leicht zu Kollisionen zwischen Aufgaben nach dem SGB VIII und dem SGB III kommen kann, ist die Verpflichtung zur Zusammenarbeit der Sozialleistungsträger (§§ 86 ff. SGB X) von besonderer Bedeutung. Um den Hilfebedarf eines seelisch behinderten jungen Menschen umfassend abzudecken, müssen häufig die Leistungsmöglichkeiten beider Träger miteinander koordiniert werden.

4.3 Leistungen zur Teilhabe an Bildung

4.3.1 Allgemeines

Dass Schüler und Studierende mit und ohne Behinderung gemeinsam lernen können, fördert die gegenseitige Vertrautheit und ist ein guter Schutz vor Diskriminierung und Chancenungleichheit. Deshalb nimmt die Inklusion im Bildungsbereich in der UN-BRK (Art. 24) einen wichtigen Platz ein. Um das Recht auf Bildung auch für Menschen mit Behinderung zu sichern, verpflichten sich die Vertragsstaaten auf ein integratives Bildungssystem auf allen Ebenen und auf die Möglichkeit zu lebenslangem Lernen. Diesem Grundsatz trägt das BTHG mit der neu geschaffenen Leistungsgruppe (§ 75 i. V. m. § 112 SGB IX) verstärkt Rechnung. Die zuvor in § 54 Abs. 1 Nr. 1 und 2 SGB XII geregelten Leistungen wurden „maßvoll erweitert" (RegBegr. BTHG, 196), d. h. es werden unterstützende Leistungen, die bis dahin lediglich den Leistungsgruppen zur Teilhabe am Arbeitsleben und am Leben in der Gemeinschaft zugedacht waren, nun auch zum Schulbesuch bis zum Abitur bewilligt. Dies sind insbesondere Leistungen, die das Aufsuchen des Lernortes oder die Teilnahme an der Vermittlung von Bildungsinhalten ermöglichen oder erleichtern, einschließlich heilpädagogischer und sonstiger Maßnahmen, ferner Gegenstände und kommunikative, technische und andere Hilfsmittel, die wegen der gesundheitlichen Beeinträchtigung zur Teilhabe an Bildung erforderlich sind (§ 112 Abs. 1 SGB IX). Hinzu kommen Leistungen zur Unterstützung schulischer Ganztagsangebote in der offenen Form, sofern sie an den stundenplanmäßigen Unterricht anschließen. Weggefallen ist die in § 54 SGB XII formulierte Einschränkung „angemessen". Eine Ausweitung der Leistungen oder eine Finanzierung von Bildungsangeboten erfolgt damit jedoch nicht.

Leistungen zur Teilhabe an Bildung umfassen

1. die Hilfen zu einer Schulbildung
2. die Hilfen zur schulischen oder hochschulischen Ausbildung oder Weiterbildung für einen Beruf.

4.3.2 Hilfen zu einer Schulbildung

In den „Empfehlungen zum Förderschwerpunkt emotionale und soziale Entwicklung" der KMK vom 10.3.2000 werden die Situation und das Verhalten von Kindern mit – externalisierenden oder internalisierenden – psychischen Problemen in der Schule sehr anschaulich beschrieben. Deshalb hier ein Auszug:

„Schwierige" Schüler aus der Sicht von Lehrern

„Schülerinnen und Schüler mit Sonderpädagogischem Förderbedarf im Bereich des emotionalen Erlebens und sozialen Handelns sind häufig für schulisches Lernen und Handeln wenig motiviert und nicht in der Lage, eine durchschnittliche altersgemäße Aufmerksamkeit zu zeigen. Hohe Ablenkbarkeit und kurze Konzentrationsspannen hindern sie an der Entfaltung ihrer geistigen Leistungsfähigkeit. Die Schülerinnen und Schüler zeigen zeitweise Übereifer und spontane Arbeitsbereitschaft, resignieren dann jedoch oft ebenso schnell, sind mutlos und enttäuscht, erscheinen antriebsarm und gleichgültig und wehren pädagogische Interventionen ab; Motivation, Ausdauer, Lerntempo und Belastbarkeit unterliegen extremen Schwankungen. Sie unternehmen bisweilen hohe Anstrengungen, um im Mittelpunkt zu stehen, und fordern von ihren Bezugspersonen ein kaum erfüllbares Maß an ständiger Zuwendung.
Die schulische Leistungsfähigkeit der Schülerinnen und Schüler ist oft durch die Vielzahl nicht unterrichtsbezogener und zugleich kräftezehrender Interaktionsprozesse erheblich eingeschränkt. Förderbedarf in anderen Schwerpunkten ist die Regel, insbesondere im Bereich des Lernens und der Sprache.
Die Wahrnehmungen der wechselseitigen Interaktionsprozesse innerhalb der schulischen Ebene durch die Schülerinnen und Schüler einerseits, die Lehrkräfte und die anderen beteiligten Personen andererseits sind sehr verschieden. So reagieren Schülerinnen und Schüler mit Sonderpädagogischem Förderbedarf im Bereich des emotionalen Erlebens und sozialen Handelns stark affektiv auf unklare Regeln, persönliche Entwertungen, Über- und Unterforderungen im Leistungsbereich, Strafen ohne Beziehung zur Tat oder auf unbegründete Beschuldigungen und finden ohne Hilfe meist keinen Ausweg aus der belastenden Situation. Ohne angemessene Intervention durch die Lehrkräfte oder die anderen beteiligten Personen kann das emotionale und soziale Handeln der

Schülerin oder des Schülers in solchen Konfliktsituationen negativ verstärkt werden. Dabei besteht die Gefahr, dass sich die Lehrkräfte in der subjektiven Wahrnehmung ihres eigenen emotionalen Erlebens und sozialen Handelns bestätigt oder gerechtfertigt fühlen. Auf diese Weise eskalieren Konflikte häufig.
Die als Auffälligkeiten wahrgenommenen Handlungsweisen können sein: Verstöße gegen die Regeln im Umgang mit Mitschülerinnen und Mitschülern oder Lehrerinnen und Lehrern, gegen Arbeitsanforderungen, gegen Normen der Klasse und der Schule, gegen die Pflicht zum Schulbesuch. Durch die Ablehnung jeder schulischen Autorität, isolierte Machtkämpfe, Verstöße gegen Normen mit der Folge negativer Einflüsse auf die Gemeinschaft geraten sie in ihrer Lerngruppe oder im gesamten schulischen Umfeld in soziale Randständigkeit. Stigmatisierende Rollenzuschreibungen sind häufig die Folge. Wenn die Schülerinnen und Schüler gegen die öffentliche Ordnung verstoßen, z. B. bei Zerstörungen und Diebstählen im Umfeld der Schule oder bei Konflikten in Einrichtungen des Personenverkehrs, kann die Akzeptanz der Schule in der Nachbarschaft erschwert werden.
Innere Spannungszustände der Schülerinnen und Schüler haben oft Auswirkungen auf den psychosomatischen und psychomotorischen Bereich und können sich durch erhöhte Anfälligkeiten für Krankheiten, erhöhte Bereitschaft zum Drogenkonsum, organische Beeinträchtigungen sowie andauernde motorische Aktivitäten und permanente innere Unruhe zeigen.
Schülerinnen und Schüler können sich aber auch ängstlich zurückziehen, sich abkapseln, in Passivität verharren oder allgemein gehemmt sein. Sie fühlen sich hilflos, haben kein Zutrauen zu sich und scheitern fast immer an Angeboten des selbstständigen Lernens. Vielen fällt es schwer, Angebote zur Zusammenarbeit mit anderen Schülerinnen und Schülern anzunehmen. Bei diesen Schülerinnen und Schülern zeigen sich Auswirkungen wie selbstverletzendes Verhalten, Vereinzelung, Rückzug auf frühere Entwicklungsphasen und Verhaltensmuster, Entmutigung und Resignation bis hin zur Suizidgefährdung. Äußere Signale und Symptome werden oft falsch gedeutet oder als nicht unmittelbar störend wahrgenommen.
Kinder und Jugendliche mit Sonderpädagogischem Förderbedarf im Bereich des emotionalen Erlebens und sozialen Handelns sind in besonderem Maße durch Drogenkonsum gefährdet. Dies trifft für immer jüngere Schülerinnen und Schüler zu. Die Einnahme von Drogen ermöglicht die rasche Flucht in eine Traumwelt, einen höheren Status in der Freundschaftsgruppe und die Bewältigung des Gruppendrucks. Drogenkonsum kann zur Missachtung von Regeln ermutigen. Um die Drogensucht zu finanzieren, spielt die Beschaffungskriminalität eine große Rolle und führt zu besonderen Belastungen in der Schule." (kmk.org[167])

Es ist die Pflicht der Schule, allen Kindern, ob mit oder ohne Behinderung, die Schulbildung zu gewährleisten, die ihren Fähigkeiten und Neigungen gerecht

167 abger. 10.4.2020.

wird. Sie muss jedem Kind oder Jugendlichen den Besuch der allgemeinbildenden Schule ermöglichen, einschließlich der Vorbereitung hierzu und der erforderlichen Beratung und Unterstützung.

Eltern haben das Recht zu entscheiden, ob ihr Kind eine allgemeine Schule besuchen soll oder eine sonderpädagogische Einrichtung. Die Schulgesetze aller Bundesländer enthalten Vorschriften zur inklusiven Beschulung[168]. In den meisten Bundesländern kann die Schulaufsichtsbehörde nur in besonders gelagerten Einzelfällen von der von den Eltern getroffenen Wahl abweichen und das Kind auf eine Sondereinrichtung verweisen[169]. Nach wie vor werden die meisten Schüler mit sonderpädagogischem Förderungsbedarf (alle Arten) an Förderschulen unterrichtet (knapp 60 %), ihr Anteil an allgemeinen Schulen steigt aber erkennbar an, wenn auch nicht in allen Bundesländern und allen Schularten gleich schnell – im Norden und Osten schneller als im Süden und Westen, an Gesamt- und Hauptschulen schneller als an den anderen, am langsamsten an Gymnasien. Obwohl sich in den vergangenen zehn Jahren der Anteil von Kindern mit sonderpädagogischem Förderbedarf um 0,8 % erhöht hat, ist ein leichter Rückgang an Direkteinschulungen in die Förderschule zu beobachten; im Jahr 2020 betrug die Quote 3 % der Schulanfänger, wobei Jungen doppelt so häufig aufgenommen wurden wie Mädchen[170].

Die KMK-Empfehlung enthält eine Anzahl von Hinweisen, wie dem besonderen Förderbedarf der Schüler durch eine spezifische Gestaltung der Erziehungs- und Unterrichtsangebote in der Klasse entsprochen werden kann. Als besonders bedeutsam erachtet sie den Aufbau einer tragfähigen Lehrer-Schüler-Beziehung, die Schaffung eines verlässlichen und belastbaren Rahmens, das Setzen von Grenzen, das Vereinbaren von Normen und Regeln, unterrichtliche und erzieherische Hilfen zur Orientierung im sozialen Umfeld und zur Selbststeuerung sowie die Förderung der realitätsangemessenen

168 z. B. SchulG Berlin, § 4 Abs. 2: „Die Schule ist inklusiv zu gestalten, so dass die gemeinsame Unterrichtung und Erziehung sowie das gemeinsame Lernen der Schülerinnen und Schüler verwirklicht, Benachteiligungen ausgeglichen und Chancengleichheit hergestellt werden." SchG Baden-Württemberg, § 3 Abs. 3: „In den Schulen wird allen Schülern ein barrierefreier und gleichberechtigter Zugang zu Bildung und Erziehung ermöglicht. Schüler mit und ohne Behinderung werden gemeinsam erzogen und unterrichtet (inklusive Bildung)." BayEUG, Art. 2 (2): „Inklusiver Unterricht ist Aufgabe aller Schulen." Zusammenstellung der Schulgesetze: kmk.org, abger. 10.4.2020.

169 Während es in Hamburg und Bremen einen unbedingten Rechtsanspruch auf Zugang zu einer allgemeinen Schule gibt, räumen auf der anderen Seite Baden-Württemberg, Bayern, Sachsen und Sachsen-Anhalt dem inklusiven Unterricht in ihren Schulgesetzen keinen Vorrang ein. Die übrigen Bundesländer favorisieren integrative Schulen, sehen aber fallweise Einschränkungen vor; vgl. Autorengruppe Bildungsberichterstattung, Bildung in Deutschland 2018, www.bildungsbericht.de, abger. 10.8.2020.

170 Autorengruppe Bildungsberichterstattung, Bildung in Deutschland 2020, www.bildungsbericht.de, abger. 17.1.2021.

Wahrnehmung. Äußere und innere Differenzierung, Individualisierung und an den Bedarf jedes einzelnen Schülers angepasste Flexibilität sollten sowohl in allgemeinen Schulen als auch in speziellen Förderzentren gewährleistet sein. Alle pädagogischen Maßnahmen fallen grundsätzlich in den sogenannten „Kernbereich" der Schule; ergänzende Leistungen durch die Jugendhilfe sind nur dann möglich, wenn sie nicht diesen Bereich betreffen (SG Karlsruhe 2011[171]).

Voraussetzung für die inklusive Erziehung in der allgemeinen Schule ist, dass diese über genügend Personal verfügt, das für diese Aufgaben gut ausgebildet ist. Deshalb müssen inklusionsspezifische Themen in die Curricula der lehrerbildenden Studiengänge integriert sein (KMK und HRK 2015). Den Schulen sollen genügend Sonderpädagogen, Schulpsychologen und Sozialpädagogen zur Verfügung stehen, die die Lehrer, aber auch die Schüler und die Eltern beraten und unterstützen können. Da der Anteil der Schüler mit dem Förderbedarf „emotionale und soziale Entwicklung" in den vergangenen Jahren erheblich anstieg[172], ist der Bedarf an gut ausgebildetem Lehrpersonal noch nicht gedeckt. „Nicht lehrendes Personal" (z. B. Personen mit therapeutischer und pflegerischer Ausbildung, Assistenzpersonal) soll in der Zwischenzeit den Mangel ausgleichen[173].

Eingliederungshilfeleistungen der Jugendhilfe (§ 75 Abs. 2 Nr. 1 i. V. m. § 112 Abs. 1 Satz 1 Nr. 1 SGB IX) kommen in Frage, wenn Leistungen der Schule nicht oder nur ungenügend zur Verfügung stehen, der junge Mensch eine Privateinrichtung besuchen muss oder von der Schulpflicht befreit ist. Ist das gegeben, müssen sie auch dann bewilligt werden, wenn die Schule oder ein anderer Leistungsträger vorrangig zur Bedarfsdeckung verpflichtet ist, dieser Verpflichtung aber nicht nachkommt (Nachranggrundsatz des § 10 Abs. 1 SGB VIII). Kein Kind darf schließlich vom Schulbesuch ausgeschlossen werden, nur weil die Schule nicht die notwendigen Voraussetzungen schafft. Der Träger der Jugendhilfe fungiert dann als „Ausfallbürge" (BVerwG 2012; Hessischer VGH 2018)[174]. Bei Empfängern von Grundsicherung gehen Leistungen nach § 35a SGB VIII den Leistungen für Bildung und Teilhabe nach § 28 Abs. 5 SGB II vor (SG Itzehoe 2013)[175].

---

171 Urt. v. 22.7.2011 – S 1 SO 4882/09; dto Urt. v. 22.3.2012 – B 8 SO 30/10 R.

172 Er hat sich zwischen 2000/2001 und 2016/2017 mehr als verdoppelt auf 87.000, Autorengruppe Bildungsberichterstattung, Bildungsbericht 2018, www.bildungsbericht.de

173 vgl. Beschl. der KMK v. 20.10.2011, www.kmk.org

174 BVerwG v. 18.10.2012 – 5 C 21.11; Hessischer VGH v. 19.11.2018 – 7 K 1468/18 GI. Umstritten ist, ob das Jugendamt die Erstattung seiner Kosten vom Schulträger verlangen kann; bejahend dazu z. B. VG Würzburg v. 30.5.2016 – W 3 E 16.459, Rn. 62; weitere Rechtsprechungsnachweise: Harnach 2020a, § 35a SGB VIII, Rn. 91; Kepert/Dexheimer 2018, § 35a SGB VIII, Rn. 56; Dahm, 2018.

175 SG Itzehoe v. 22.8.2013 – S 10 AS 156/13 ER, ZFSH/SGB 2014, 126.

Die Hilfen zu einer Schulbildung beinhalten alle Leistungen, die gebraucht werden, um ein Kind mit Behinderung auf den Schulbesuch vorzubereiten und diesen bis zum Abschluss sicherzustellen, u. U. auch nach der Schulpflichtzeit. Darin ist auch der Besuch einer weiterführenden Schule eingeschlossen. Zu den Hilfen gehören, wie dargestellt, ebenso die erforderlichen und geeigneten heilpädagogischen Leistungen sowie alle Hilfen, die es dem Kind ermöglichen, voll am Unterricht teilzunehmen, wie z. B. Assistenzleistungen durch einen Schulbegleiter (zur Wahrnehmung einer schulischen Nachmittagsbetreuung allerdings nur dann, wenn ohne diese eine angemessene Schulbildung nicht erreicht werden kann, VG Gießen 2017; VG Aachen 2004[176]). Auch Nachhilfeunterricht, Hausunterricht für Kinder, die wegen der Schwere ihrer Erkrankung nicht am Unterricht in der Klasse teilnehmen können, Beschulung im Internet (für von der Schulpflicht befreite oder dauerhaft krankgeschriebene Schüler) sowie die notwendigen Gegenstände und Hilfsmittel mit allen Vorkehrungen für deren Gebrauch werden über die Eingliederungshilfe finanziert. Solche Hilfsmittel können z. B. bei Anwendung der „Unterstützten Kommunikation" nichtelektronische Materialien wie Bildkarten, Miniaturobjekte, Kommunikationstafeln, Gegenstände mit unterschiedlicher Oberflächenbeschaffenheit sein oder elektronische Hilfsmittel wie symbolorientierte (Talker) oder schriftorientierte Geräte (Computer) (DGKJP 2014).

Ebenso sind Hilfen für besondere Schulveranstaltungen (z. B. Klassenfahrten einer Schule) oder für die Ableistung von Praktika möglich, wenn sie den Zielen der Eingliederungshilfe dienen.

Die Kosten für den Besuch einer *Privatschule* sind nach ständiger verwaltungsgerichtlicher Rechtsprechung[177] im Rahmen von § 35a SGB VIII ausschließlich dann zu tragen, wenn der Besuch der öffentlichen Schule aus objektiven oder aus schwerwiegenden subjektiven Gründen unmöglich bzw. unzumutbar ist und diese Privatbeschulung erforderlich und geeignet ist, dem jungen Menschen den Schulbesuch im Rahmen der allgemeinen Schulpflicht zu ermöglichen oder zu erleichtern. Eine Altersgrenze besteht dafür nicht. Dem Wunsch der Eltern nach einer bestimmten Schule ist bei unvertretbaren Mehrkosten allenfalls dann nachzukommen, wenn keine zumutbare Alternative gegeben ist[178].

Der Besuch einer Privatschule wurde z. B. von einem Kind mit Aufmerksamkeitsdefizitsyndrom (ADS) und daraus folgender psychischer Störung

176 VG Gießen v. 14.8.2017 – 7 K 5588/15 GI; VG Aachen v. 3.6.2004 – 2 K 2045/12.

177 Übersicht: BVerwG v. 17.2.2015 – 5 B 61.14, bverwg.de, abger. 1.10.2015.

178 Vgl. z. B. VGH Hessen v. 15.10.2013 – 10 B 1254/13; VG Stuttgart v. 26.7.2011 – 7 K 4112/09; BayVGH 12. Senat v. 18.10.2016, 12 CE 16.2064, juris.

gerichtlich durchgesetzt[179] und von einem Kind, das wegen einer Traumatisierung keine öffentliche Schule besuchen kann[180].

Eine zunehmende Bedeutung erfährt der *Schulbegleiter* (Inklusionshelfer, Teilhabeassistenz)[181]. Seine Aufgabe ist es, das Kind und den Lehrer im Unterricht zu unterstützen, u. A.

- bei der Umsetzung von Unterrichtsanforderungen
  - z. B. Unterrichtsmaterial ordnen und anpassen, Einzelarbeit strukturieren, Gruppenarbeit ermöglichen, das Kind zur Teilhabe am Unterricht aktivieren, Hilfe beim Rechnen, Schreiben und Lesen geben
- bei der Emotionsregulation
  - z. B. sein Selbstwertgefühl steigern, das Stressniveau reduzieren, helfen, Konflikte zu klären, Auszeiten ermöglichen
- bei Mobilitätseinschränkungen und pflegerischen Tätigkeiten
  - z. B. Unterstützung bei Raumwechsel, Toilettengang, Medikamentengabe, Überwachung medizinischer Geräte/Werte
- im außerunterrichtlichen Bereich
  - z. B. Gespräche mit den Eltern und mit Lehrern/Schule führen, sich am Hilfeplangespräch beteiligen, zwischen Schule – Schüler – Eltern vermitteln, an Klassenkonferenzen teilnehmen, Hausaufgaben betreuen, das Kind auf Schulausflügen und Klassenfahrten begleiten (Henn et al. 2014).

Der Schulbegleiter nimmt keine Lehrtätigkeit wahr und ersetzt nicht die (Förder-)Lehrkraft. Er muss sich mit der schulischen Lehrkraft abstimmen und unterliegt deren Weisungen. Im Konfliktfall, d. h. wenn die Lehrkraft die Arbeit der Schulbegleitung im Unterricht nicht als den Schüler unterstützend erachtet, entscheidet der Schulleiter kraft seiner Leitungsbefugnis nach pflichtgemäßem Ermessen über deren Zulassung[182].

Die Art der Leistungen, die im Einzelfall von ihm erwartet werden, sollte im Gespräch zur Hilfevorbereitung genau bestimmt werden. Im Hilfeplan (oder Gesamtplan) erfolgt außerdem die Festlegung der Stundenzahl und die Mindestqualifikation. Welche Ausbildung oder Vorerfahrung erforderlich ist, hängt von der Art des Hilfebedarfs ab. In § 78 Abs. 2 SGB IX heißt es: „Die Leistungen (…) werden von Fachkräften als qualifizierte Assistenz erbracht". Die Begriffe „Fachkraft" und „qualifiziert" werden nicht definiert. Klar ist aber, dass der Begleiter in der Lage sein muss, die benötigte Unterstützungsleistung

179 OVG NRW v. 19.9.2011 – 12 B 1040/11.

180 VG Aachen v. 18.11.14, ZFSH/SGB 2015, 285.

181 So erhielten schon 2014 an allgemeinbildenden Schulen in Baden-Württemberg 975 Schüler eine Schulbegleitung, vgl. Henn et al. 2014.

182 OVG Münster v. 9.5.2016 – 19 B 94/16, NJW 2016, 2519.

in der geeigneten und erforderlichen Weise zu erbringen. Da er mit Schülern arbeitet, für die die Schule eine besondere Herausforderung darstellt und die oftmals selbst auch herausfordernd sind, wird er in der Regel Kenntnisse benötigen über

- psychische Störungen von Kindern und Jugendlichen
- Formen der Konfliktvermeidung und -lösung
- Gesprächsführung.

Eine Verpflichtung, Schulbegleitung nur psychologisch oder pädagogisch ausgebildeten Fachkräften zu übertragen, besteht nicht. Die Vorschriften zur Qualifikation der Fachkräfte in Jugendämtern und Landesjugendämtern (§ 72 SGB VIII) gelten hier nicht. So wurde z. B. der Mutter eines Kindes mit Asperger-Autismus die Begleitung ihres Sohnes zu einem mehrwöchigen Schüleraustausch im Ausland als Assistenzleistung vergütet. Neben Erziehern und Heilerziehungspflegern finden wir auch z. B. Teilnehmer des Bundesfreiwilligendienstes oder des freiwilligen sozialen Jahres unter den Schulbegleitern. Nach Möglichkeit sollten sie neben einer speziellen Fortbildung, die vielfach in Kursen angeboten wird, eine laufende fachliche Begleitung, eventuell auch Supervision genießen. Da die Eingliederungshilfe „lediglich eine Hilfe zu einer angemessenen Schulbildung vorsieht", also „nicht auf eine optimale Beschulung gerichtet" ist, erfordert sie auch „nicht eine optimale Besetzung der Stelle des schulischen Integrationshelfers" (so OVG NRW, 2008, 8[183])

Die Träger der Jugendhilfe sollen aber durch die Vereinbarungen mit den Leistungsanbietern, die die Schulbegleiter anstellen, sicherstellen, dass diese keine Personen beschäftigen, die wegen einer Straftat rechtskräftig verurteilt sind (§ 72a Abs. 1 SGB VIII[184]). Da die Eltern aber den Leistungsanbieter selbst wählen und mit diesem einen Vertrag über die Assistenzleistung abschließen können (Wunsch- und Wahlrecht, § 5 i. V. m. § 37c SGB VIII)[185], könnten Schwierigkeiten auftreten, wenn mit diesem Anbieter keine entsprechende Vereinbarung abgeschlossen worden ist.

Das Recht auf einen Schulbegleiter wurde regelmäßig anerkannt bei Vorliegen autistischer Störungen[186] und bei hyperkinetischer Störung des Sozialverhaltens[187]; ferner in Einzelfällen bei Suizidgefährdung während des Schul-

183 v. 26.3.2008 – 12 B 319/08 m. w. N.

184 Zum Beispiel sexueller Missbrauch von Kindern oder Jugendlichen, sexuelle Nötigung und Vergewaltigung, exhibitionistische Handlungen, Verbreitung von Pornographie, Zuhälterei, Kindesmisshandlung, Kinderhandel, Menschenraub, Verletzung der Fürsorge- und Erziehungspflicht, vgl. Lasso (2020), § 72a SGB VIII, Rn. 12.

185 VG Hannover v. 3.7.2014 – 3 B 9975/14.

186 z. B. Niedersächsisches OVG v. 23.2.2006 – 12 ME 474/05.

187 OVG NRW v. 26.3.2008 – 12 B 319/08 m. w. N.

unterrichts[188] und zu Klassenfahrten[189]. Assistenzleistungen dürfen nicht mit dem Hinweis auf die familiäre Beistandspflicht nach § 1618a BGB verweigert werden, „wo die fragliche Hilfe für das behinderte Kind über das Übliche und Typische in der Erziehung eines nichtbehinderten Kindes hinausgeht“[190].

Leidet ein Kind unter Ängsten, kommt es auf die Art der Störung an. Bei einer „bloßen Schulangst“ besteht kein Anspruch auf eine Eingliederungshilfeleistung, wohl aber bei ausgeprägten Angststörungen mit Krankheitswert wie schwerer Trennungsangst, Schulphobie, Angst vor dem Schulweg (Agoraphobie) oder vor dem Aufenthalt im Klassenzimmer (Klaustrophobie). Außerdem können schwere Formen der Zwangsstörung, einer manischen und/oder depressiven Störung oder schizophrene Erkrankungen Eingliederungshilfe erforderlich machen, um die Teilnahme am Unterricht zu ermöglichen.

Je besser die Schule die Inklusion aller Schüler leisten kann, desto eher können Leistungen durch die Jugendhilfe entfallen. Soweit ist es allerdings noch nicht, im Gegenteil: Die Praxis stöhnt darüber, dass immer mehr entsprechende Leistungsanträge gestellt werden, weil Schulen Kinder und Jugendliche mit Behinderungen integrieren möchten, aber die dafür erforderliche Ausstattung nicht erhalten.

Hilfen zu einer angemessenen Schulbildung umfassen auch die *Schülerbeförderung*, wenn das Kind wegen seiner Behinderung z. B. den Schulbus nicht benutzen kann. Dann müssen auch die Kosten für die Fahrt mit einem PKW oder Taxi vom Eingliederungshilfeträger übernommen werden[191].

4.3.3 Hilfen zur schulischen oder hochschulischen Ausbildung oder Weiterbildung für einen Beruf

Mit den Leistungen nach § 75 Abs. 2 Nr. 2 i. V. m. § 112 Abs. 1 Satz 1 Nr. 2 SGB IX soll behinderten jungen Menschen auch der gleichberechtigte Zugang zu allen Formen der Aus- und Weiterbildung gesichert werden. Behinderungsbedingte Nachteile sollen durch sie beseitigt werden und so der Besuch einer berufsbildenden Schule (Berufsfachschule, Berufsaufbauschule, Fachschule oder Höheren Fachschule), der Erwerb der entsprechenden Voraussetzungen

188 OVG NRW v. 28.10.2011 – 12 B 1182/11 m. w. N.

189 OVG Berlin, NDV 1984,122.

190 Hier Begleitung eines Kindes mit Asperger-Autismus, Depression und Zwangsstörung auf einer mehrtägigen Klassenfahrt: VG Halle v. 5.9.2018 – 7A 149/16, ZKJ 2018, 475–477.

191 Bundessozialgericht, 22.3.2012 – B 8 SO 30/10 R 1 u. a., vgl. gemeinsamlebenhessen.de, abger. 3.4.2017.

für Studium oder Schule (z. B. Praktikum, Vorbereitungsmaßnahmen) und das Studium an einer Hochschule ermöglicht werden[192].

Die Leistungen dienen allerdings nicht der Absicherung des Lebensunterhalts während des Studiums und der üblichen Studienkosten. Diese muss der Studierende auf anderem Wege – z. B. über BAföG-Leistungen – gewinnen[193].

Nicht mehr verlangt wird seit dem 1.1.2020, dass der Ausbildungsweg erforderlich ist und dass zu erwarten ist, dass der Lernende sein gestecktes Ziel erreichen wird. So hatte die inzwischen außer Kraft getretene Eingliederungshilfe-VO die einschränkende Bedingung „angemessen" in § 54 SGB XII interpretiert.

Als Voraussetzung für die schulische oder hochschulische *Weiterbildung* gilt, dass sie 1. in einem zeitlichen Zusammenhang an eine duale, schulische oder hochschulische Berufsausbildung anschließt, 2. in dieselbe fachliche Richtung weiterführt und 3. es dem Leistungsberechtigten ermöglicht, das von ihm angestrebte Berufsziel zu erreichen (§ 112 Abs. 2 SGB IX). Allerdings ist diese Regelung zu eng und geht manchmal an der Wirklichkeit vorbei. So kann ein Betroffener die Bedingung nach Nr. 1 z. B. dann nicht erfüllen, wenn eine Verschlimmerung seiner Krankheit ihn daran hindert, die Weiterbildung kurz nach dem Abschluss seiner Berufsausbildung zu beginnen[194]. Deshalb wurde die Ausnahmeregelung eingeführt, dass von dieser Einschränkung abgewichen werden kann, wenn behinderungsbedingte oder andere, nicht vom Leistungsempfänger beeinflussbare gewichtige Gründe vorliegen. Die Begrenzung von Nr. 2 gilt für ein Masterstudium nicht, wenn es auf ein zuvor abgeschlossenes Bachelorstudium aufbaut und dieses interdisziplinär ergänzt. Hilfen für eine Promotion können in begründeten Einzelfällen bewilligt werden, wenn diese zum Erreichen des angestrebten Berufsziels erforderlich ist (vgl. RegBegr. BTHG, 284).

Da es nicht selten vorkommt, dass aufgrund der Erkrankung der Ausbildungs- oder Studienverlauf unterbrochen werden muss, oder dass sich dadurch eine berufliche Umorientierung ergibt, sieht das Gesetz auch vor, dass eine Leistung erneut bewilligt werden kann (§ 112 Abs. 1 Satz 4 SGB IX).

Die Leistungen schließen Hilfen zur Teilnahme am Fernunterricht, zur Ableistung eines erforderlichen Praktikums und zur Teilnahme an Vorbereitungsmaßnahmen ein (§ 112 Abs. 3 SGB IX).

Mit § 112 Abs. 4 SGB IX wird die sogen. *Pool-Lösung* eingeführt. Das bedeutet, dass die Anleitung und Begleitung für mehrere Leistungsberechtigte

---

192 Bejahend für die Schulbegleitung eines jungen Volljährigen mit Asperger-Autismus zum Besuch einer berufsbildenden Schule VGH München v. 18.2.2013 – 12 CE12.2104, www.gesetze-bayern.de

193 vgl. OVG Münster, FEVS Bd. 42, 341.

194 vgl. z. B. die Erklärung der Behindertenbeauftragten Bentele, www.behindertenbeauftragter.de, abger. 14.4.2017.

gleichzeitig erfolgen kann[195]. Das Poolen darf eingesetzt werden, wenn es den Leistungsnehmern zugemutet werden kann und mit den Leistungserbringern entsprechende Vereinbarungen bestehen. Für den Fall, dass der Leistungsberechtigte dieses Arrangement wünscht, muss es durchgeführt werden. Ob diese Regelung zumutbar ist und sich bewährt, muss noch durch empirische Untersuchungen geklärt werden. Zunächst bestehen noch Bedenken, dass die persönliche Assistenz aus Kostengründen zu stark eingeschränkt werden könnte (Behindertenbeauftragte Bentele 2016). Es werden aber auch Chancen gesehen (Eikötter 2017).

4.4 Leistungen zur Sozialen Teilhabe

Das Bedürfnis nach Zugehörigkeit zu einer Gemeinschaft ist von Beginn des Lebens an gegeben. Der Mensch braucht die Sicherheit und den sozialen Austausch, zunächst innerhalb der kleinen Gruppe der Familie, dann zunehmend erweitert auf Freunde, Kindergartengruppe, Schulklasse, Verein, nachbarschaftliches Umfeld, Interessengruppe usw. Demgegenüber steht das Bedürfnis nach Autonomie, der Möglichkeit, sein Leben nach eigenen Vorstellungen gestalten zu können. Für ein Kind oder einen Jugendlichen mit einer seelischen Behinderung können sowohl der Zugang oder der Verbleib in einer Gemeinschaft als auch die altersgemäße Eigenständigkeit erschwert sein. Beides – Selbstbestimmung und Gemeinschaftserfahrung – sollen durch die Leistungen zur Teilhabe ermöglicht oder erleichtert werden. Dies kann z. B. im frühen Kindesalter die Förderung der Selbstständigkeitsentwicklung, etwa durch heilpädagogische Maßnahmen, sein, oder im Jugendalter die Hilfe zu einem eigenverantwortlichen Leben im eigenen Wohnraum, z. B. in einer betreuten Wohngemeinschaft. Beratung, Unterstützung und Bereitstellung von Hilfsmitteln, die dem Leistungsberechtigten ermöglichen, an Aktivitäten in seinem Sozialraum teilzunehmen und die kulturellen Angebote zu nutzen, gehören ebenso dazu.

Die Leistungen zur Sozialen Teilhabe nach §§ 76–84 i. V. m. § 113 SGB IX umfassen insbesondere

- Leistungen für Wohnraum
- Assistenzleistungen
- heilpädagogische Leistungen
- Leistungen zur Betreuung in der Pflegefamilie
- Leistungen zum Erwerb und Erhalt praktischer Kenntnisse und Fähigkeiten

195 zur Zulässigkeit der gleichzeitigen Hilfe eines Schulbegleiters für mehrere Personen OVG NRW v. 1.3.2012, 12 B 118/12; vgl. auch § 27 Abs. 3 SGB VIII n. F.

- Leistungen zur Förderung der Verständigung
- Leistungen zur Mobilität
- Hilfsmittel
- Besuchsbeihilfen.

1. *Leistungen für Wohnraum* (§ 77 SGB IX) – als Fachleistung, d. h. nicht als Bedarf im Rahmen der Hilfe zum Lebensunterhalt – können z. B. dazu beitragen, dass der Betreffende statt im Heim auch dann in einer eigenen Wohnung leben kann, wenn er auf Assistenzleistungen angewiesen ist und deshalb mehr Raum benötigt. Diese Leistungen werden eher für ältere Jugendliche und junge Erwachsene in Frage kommen. Die Leistungen für den Umbau einer Wohnung können dem besonderen Bedarf von Menschen mit Bewegungseinschränkungen begegnen.
2. Für die *Assistenzleistungen* (§ 78 SGB IX) hat sich ein breites Wirkungsfeld aufgetan. Bereits beschrieben wurden die zahlreichen Aufgaben im schulischen Bereich. Unter die Leistungen zur Sozialen Teilhabe werden die Assistenztätigkeiten subsumiert, wenn sie allgemein der Verständigung mit der Umwelt und der Förderung der sozialen Beziehungen dienen, die Alltagsbewältigung (z. B. die Haushaltsführung) ermöglichen, eine den Wünschen des Leistungsberechtigten entsprechende Freizeitgestaltung (ausdrücklich auch im Ehrenamt) erleichtern und die persönliche Lebensplanung unterstützen. Auch auf die Sicherstellung der Wirksamkeit der ärztlichen Leistungen und Verordnungen soll der Assistent ein Auge haben. Mütter und Väter mit Behinderungen haben Anspruch auf Hilfestellungen bei der Versorgung und Betreuung ihrer Kinder. Dabei wird zwischen *„Elternassistenz“* (einfache Unterstützungsaufgaben für Eltern mit körperlichen oder Sinnesbehinderungen) und *„begleiteter Elternschaft“* (qualifizierte pädagogische Arbeit) unterschieden.
   Der Helfer leitet an, übt mit dem Leistungsempfänger, begleitet ihn, übernimmt aber auch selbst Tätigkeiten wie die Zubereitung von Mahlzeiten. Manchmal beruhigt einen Menschen mit seelischer Behinderung auch allein das Wissen um die ständige Erreichbarkeit des Helfers, ohne dass dieser anwesend sein muss. Diese sogenannten *Hintergrundleistungen* werden ebenfalls bewilligt.
   Über die konkrete Gestaltung entscheidet der Leistungsberechtigte (bzw. seine gesetzlichen Vertreter) auf der Grundlage des Hilfe- oder Teilhabeplans. Ihm kann die Hilfe auch in Form des *Persönlichen Budgets* bewilligt werden, sodass er selbst einen Vertrag mit einem Assistenten abzuschließen vermag oder Unterstützung vergüten kann, die er durch Verwandte oder Bekannte erhalten hat.
   Die „Befähigung des Leistungsberechtigten zu einer eigenständigen Alltagsbewältigung“ ist als *„qualifizierte Assistenz“*, die von Fachkräften

erbracht wird, beschrieben (§ 78 Abs. 2 Sätze 2 und 3 SGB IX), d. h. als eine pädagogische und psychosoziale Fachleistung. Nimmt der Assistenzleistende Hinweise auf eine *Kindeswohlgefährdung* wahr, steht ihm die Beratung durch den Jugendhilfeträger zu (§ 38 SGB IX, Regbegr. BTHG, 263).

3. Die *heilpädagogischen Leistungen* (§ 79 SGB IX) werden an Kinder mit (drohender) Behinderung vor dem Schuleintritt erbracht, um eine Behinderung abzuwenden, ihr Fortschreiten zu verlangsamen oder ihre Folgen zu beseitigen oder zu mildern. An schwerstbehinderte oder schwerstmehrfachbehinderte noch nicht eingeschulte Kinder werden sie immer erbracht. Die Heilpädagogik ist eine besondere Form der Pädagogik für Kinder und Jugendliche mit Beeinträchtigungen und speziellem Unterstützungsbedarf, die auch diagnostische und therapeutische Methoden einschließt. In der neueren Literatur wird der Begriff häufig ersetzt durch die Bezeichnungen „Sonderpädagogik", „Rehabilitationspädagogik", „Integrationspädagogik", „Inklusionspädagogik" oder „Behindertenpädagogik", damit nicht fälschlich „Heilung" suggeriert wird, die nicht möglich ist (Bleidick 1999).
   Zu den heilpädagogischen Leistungen zählen alle Hilfen, mit denen die Entwicklung des Kindes und die Entfaltung seiner Persönlichkeit gefördert werden können. Dazu gehören auch die jeweils erforderlichen nichtärztlichen therapeutischen, psychologischen, sonderpädagogischen und psychosozialen Leistungen einschließlich der Beratung der Erziehungsberechtigten. Dies können z. B. Spiel-, Mal- und Musiktherapien, Bewegungsförderung, Sprach- und Kommunikationsübungen sein. Auch das heilpädagogische Reiten, die Konduktive Förderung nach Petö und die Montessori-Therapie wurden in der Rechtsprechung teilweise als einschlägige Leistungen anerkannt[196].
   Die Hilfen können einzeln oder als Komplexleistung erbracht werden. Sollen sie in einer Tageseinrichtung für Kinder vor dem Schulalter stattfinden, so soll – wann immer der individuelle Hilfebedarf dort erfüllt werden kann – eine inklusive Einrichtung gewählt werden (§ 35a Abs. 4 SGB VIII). Die Leistungen werden in Verbindung mit Leistungen zur Früherkennung und Frühförderung nach § 46 SGB IX auch in sozialpädiatrischen Zentren und interdisziplinären Förderstellen durchgeführt (vgl. Kap. IV/4.1.2). Wird die Heilpädagogik mit schulvorbereitenden Maßnahmen der Schulträger verbunden, sind dies ebenfalls Komplexleistungen (§ 79 Abs. 3 SGB IX).
   Heilpädagogische Maßnahmen sollen so früh wie möglich eingeleitet werden. Ob sie – entgegen dem Wortlaut von § 79 SGB IX – nicht nur Kindern vor dem Schuleintritt zustehen oder auch darüber hinaus verlängert werden können, wird in der Rechtsprechung kontrovers ausgelegt. So hält z. B. das OVG Rheinland-Pfalz (2010) mit schlüssiger Begründung aus der

196 VGH BW v. 24.5.2005 – 7 S 189/05; BSG v. 22.3.2012 – B 8 SO 30/10 R.

historischen Entwicklung die ins Schulalter verlängerte Reittherapie eines Kindes für eine zu bewilligende heilpädagogische Leistung zur sozialen Teilhabe, das VG Dresden (2010) jedoch nicht. Ein abrupter Abbruch einer solchen Therapie mit dem Schulbeginn erscheint fachlich schwer nachvollziehbar[197]. Wir finden heilpädagogische Maßnahmen auch im Katalog der Hilfen zu einer Schulbildung (§ 112 Abs. 1 SGB IX).

4. *Leistungen zur Betreuung in einer Pflegefamilie* (§ 80 SGB IX) ermöglichen die Entlastung der Herkunftsfamilie durch eine geeignete Pflegeperson. Sie können sowohl von minderjährigen als auch von volljährigen Menschen mit Behinderungen beansprucht werden. Bei Kindern und Jugendlichen ist eine Pflegeerlaubnis nach § 44 SGB VIII erforderlich; bei erwachsenen Leistungsempfängern gilt dies analog, um die Qualifikation der Pflegeperson sicherzustellen (RegBegr. BTHG, 264).
5. *Leistungen zum Erwerb und Erhalt praktischer Kenntnisse und Fähigkeiten* (§ 81 SGB IX) unterstützen Menschen, die (noch) nicht in Werkstätten arbeiten können, darin, Fertigkeiten (einschließlich der Bewältigung hauswirtschaftlicher Tätigkeiten) zu entwickeln, ihre Sprache und Kommunikationsfähigkeiten zu verbessern, sich selbstständig und sicher außerhalb des Hauses zu bewegen oder eine blindentechnische Grundausbildung zu erlangen. Sie werden z. B. in Tagesförderstätten erbracht.
6. *Leistungen zur Förderung der Verständigung* (§ 82 SGB IX) dienen dazu, Leistungsberechtigten mit Hör- und Sprachbeeinträchtigungen die Verständigung mit der Umwelt aus besonderem Anlass zu ermöglichen oder zu erleichtern. Dazu zählen insbesondere Hilfen durch Gebärdendolmetscher oder Kommunikationsassistenten und andere geeignete Kommunikationshilfen wie unterstützte Kommunikation bei Menschen mit autistischen Störungen, akustisch-technische Hilfen oder grafische Symbolsysteme. (Für die Bestimmung vgl. auch die Kommunikationshilfen-VO, KHV, BMJV 2016b.) § 17 Abs. 2 SGB I bleibt unberührt.
7. *Leistungen zur Mobilität* (§ 83 SGB IX) dienen der Bewegungsfähigkeit, ohne die die Realisierung des Rechts auf soziale Teilhabe nicht möglich ist. Wenn die Nutzung öffentlicher Verkehrsmittel nicht zumutbar ist, können Beförderungsdienste und Hilfen zum Führen eigener Kraftfahrzeuge beansprucht werden.
8. *Hilfsmittel (§ 84 SGB IX)*, z. B. barrierefreie Computer, gehören zu dieser Leistungsgruppe, wenn sie zur Teilnahme am Leben in der Gemeinschaft erforderlich sind, nicht jedoch, wenn sie der medizinischen Rehabilitation oder der Teilhabe am Arbeitsleben dienen.

197 OVG RP v. 4.11.2010 – 7 A 10796/10 und v. 15.6.2011 – 7 A 10420/11; VG Dresden v. 13.1.2010 – 1 K 881/07; weitere Gerichtsurteile in Stähr 2019, § 35a SGB VIII, Rn. 51 und Kepert/Dexheimer 2018, § 35a SGB VIII, Rn. 54.

9. *Besuchsbeihilfen (§ 115 SGB IX)*: Lebt ein junger Mensch außerhalb seiner Familie, z. B. in einem Heim oder Internat, so kann ihm oder seinen Angehörigen eine Beihilfe zu den Reise- und Unterbringungskosten geleistet werden, soweit dies erforderlich ist. Dieses ist eine wichtige Hilfe, denn Kinder und Jugendliche sind sehr darauf angewiesen, auch im direkten räumlichen Kontakt mit ihren Eltern und Geschwistern bleiben zu können. Die Gelegenheit zu physischer Nähe kann ihre seelische Gesundheit fördern und ihnen die Gewissheit geben, dass sie weiterhin Teil ihrer sozialen Gemeinschaft bleiben.

Der Katalog ist *nicht abschließend*, d. h. es können weitere Hilfen hinzukommen. Allerdings gehen die anderen Rehabilitationsleistungen den Leistungen zur Sozialen Teilhabe vor. (Vgl. auch § 29 SGB I; Harnach 2018.)

Schwierig ist die *Abgrenzung zur medizinischen Rehabilitation*, die von den Trägern der Kranken- und Rentenversicherung zu leisten ist, denn sie verfolgt teilweise dieselben Ziele. So sieht z. B. der Heilmittelkatalog bei Entwicklungsstörungen wie frühkindlichem Autismus und bei Verhaltens- und emotionalen Störungen mit Beginn in Kindheit und Jugend (s. Kap. II/2.95 und 2.10) Ergotherapie als Leistung der gesetzlichen Krankenkasse vor. Als deren Ziel ist vorgegeben: Verbesserung des situationsgerechten Verhaltens, der Beziehungsfähigkeit, Selbstständigkeit in der altersentsprechenden Selbstversorgung, Verbesserung der Belastungsfähigkeit und Ausdauer. Ein weiteres Beispiel ist die Sprechtherapie bei kindlichem Stottern (s. Kap. II/10.4). Wenn diese Leistungen also von Ergotherapeuten und Logopäden erbracht werden, ist die Jugendhilfe nicht vorrangig zuständig, wohl aber, wenn reine Jugendhilfemaßnahmen eingesetzt werden (vgl. Gemeinsamer Bundesausschuss, Heilmittelrichtlinie, g-ba.de).

4.5 Persönliches Budget

Mit Abs. 3 SGB VIII wird dem Leistungsberechtigten die Möglichkeit eröffnet, auf Antrag eine Teilhabeleistung auch in Form eines Persönlichen Budgets nach § 29 SGB IX zu erhalten. So wird er zum Arbeitgeber und kann den Leistungserbringer in eigener Verantwortung auswählen und vergüten. Anders als bei der Hilfe zur Erziehung besitzt er seit 2008 hierauf einen Rechtsanspruch[198]. Es handelt sich um einen „gebundenen“ Rechtsanspruch, d. h. das Jugendamt hat keinen Beurteilungsspielraum hinsichtlich der Frage, *ob* die von ihm für erforderlich und geeignet gehaltene Leistung in Form einer Sachleistung oder

198 Vgl. zum Rechtsanspruch – hier Persönliches Budget für Schulbegleitung und Schülerbeförderung – VG Frankfurt/Oder v. 7.12.2011, 6 K 1432/08, JAmt 2012, 543–544.

des persönlichen Budgets ausgeführt wird, wenn der Leistungsberechtigte das Budget beantragt (OVG Bremen 2020[199]). Damit soll dem Recht eines behinderten Menschen auf eine selbstbestimmte und eigenverantwortliche Gestaltung seiner Lebensumstände auf verbesserte Weise Rechnung getragen werden. Sein Wunsch- und Wahlrecht nach §§ 5 und 37c SGB VIII erlaubt ihm zwar ohnehin, zwischen Einrichtungen und Diensten verschiedener Träger zu wählen und Wünsche hinsichtlich der Gestaltung einer Hilfe zu äußern. Dieses Recht erfährt aber nun eine weitere Verstärkung; an den materiellen Voraussetzungen des Anspruchs ändert sich damit nichts. Leistungen mehrerer Träger werden in einem Persönlichen Gesamtbudget zusammengefasst, also als Komplexleistung erbracht (§ 29 Abs. 1 Satz 3 SGB IX).

Was den Bereich der Kinder- und Jugendhilfe angeht, ist dabei wohl eher an ältere Jugendliche gedacht, denen das Persönliche Budget einen Impuls zur Verselbstständigung zu geben vermag. Da aber die Gesetzesformulierung keine Altersbegrenzung enthält, ist es auch Eltern jüngerer Kinder nicht verwehrt, die Geldleistung zu beantragen. Dieses sorgte in der Jugendhilfe zunächst für eine kontroverse Diskussion. Gegen den Einsatz des persönlichen Budgets spricht, dass das Jugendamt eine Steuerungsverantwortung innehat, die, so Wiesner (2015, Vor § 35a SGB VIII, Rn. 27), „ein Wesensmerkmal der Kinder- und Jugendhilfe und gleichzeitig wichtiges Element des Verbraucherschutzes" ist. Es versteht sich eben nicht nur als Zahlmeister, sondern es wählt die Hilfe nach fachlichen Erfordernissen aus und überprüft ihre Wirksamkeit, denn es trägt die Gesamtverantwortung für die sachgerechte Erbringung der Hilfe (Prüfpflicht §§ 36, 36a SGB VIII, Verantwortung nach § 89 SGB X, Maas 1996, 292). Diese Steuerungsmöglichkeit wird hier beschnitten[200]. Auch die Mitwirkung des Leistungserbringers an der Erarbeitung des Hilfeplans ist nicht unbedingt gewährleistet[201]. Dass dennoch auch jungen Kindern das Recht auf das Persönliche Budget nicht abgesprochen werden kann, begründet das OVG Bremen (2020[202]) u. a. mit der Annahme, dass Eltern als „Helfer der Eigenverantwortung und Selbstbestimmung" in der Regel den Willen und die Wünsche

199 v. 25.5.2020 – 2 B 66/20, JAmt 2021, 53–56.

200 „Der Selbstbestimmungsgedanke (…) wird durch Erziehungsbedürfnisse von Kindern und Jugendlichen und die diesbezüglich bestehende Mitverantwortung des Staates begrenzt." (VG Minden, ZKJ 2019, 119–122, Leitsatz der Redaktion dazu)

201 So OVG Münster (ZKJ 2019, 119–122) zur beeinträchtigten Steuerungsverantwortung des Jugendhilfeträgers; VG Minden (6 K 6310/16): die über § 7 Abs. 1 Satz 1 SGB IX zu berücksichtigenden Strukturprinzipien des SGB VIII stehen einem unbedingten (gebundenen) Anspruch auf ein Persönliches Budget entgegen; Hessischer VGH: Ermessensentscheidung des Jugendhilfeträgers, VG Schleswig: Gestaltungsermessen (ref. nach OVG Münster, a. a. O.).

202 v. 25.5.2020 – 2 B 66/20, JAmt 2021, 53–56.

des Kindes erkunden und es in ihre Entscheidungen über die Gestaltung des Alltags einbeziehen.

Mit dem Persönlichen Budget wird ein zweiseitiges Rechtsverhältnis zwischen Leistungsberechtigtem und Leistungserbringer begründet, im Unterschied zum jugendhilferechtlichen Leistungsdreieck, zu dem zusätzlich der Träger der Leistung gehört. Damit sind eine Reihe von Risiken verbunden, wie z. B. Überforderung des Leistungsberechtigten mit der Auswahl, Organisation und Überprüfung der Leistung, arbeitsrechtliche Fragen, zweckwidrige Verwendung der Mittel, mangelnde Qualität der Leistung (Stähr 2019, § 35a, Rn. 54a). Um diesen entgegenzuwirken, sieht § 29 Abs. 4 SGB IX anstelle der mit Wirkung zum 1.1.2018 aufgehobenen BudgetVO die *Zielvereinbarung* vor, die integraler Bestandteil des Bewilligungsbescheids ist, aber nicht den Hilfe- oder Gesamtplan ersetzt.

Mindestinhalt der Zielvereinbarung: Regelungen über

1. die Ausrichtung der individuellen Förder- und Leistungsziele
2. die Erforderlichkeit eines Nachweises zur Deckung des festgestellten individuellen Bedarfs
3. die Qualitätssicherung
4. die Höhe des Teil- und des Gesamtbudgets.

Um die Hilfeerbringung adäquat steuern zu können, empfiehlt es sich, in die Zielvereinbarung konkrete Angaben über die Form der Hilfeerbringung, für die das Budget verwendet werden soll, aufzunehmen, ebenso über die Notwendigkeit der Durchführung durch eine Fachkraft und gegebenenfalls über deren Qualifikationsanforderungen sowie die Zeitabstände der Überprüfung (Schindler 2011, 503)[203]. Unabdingbar für die Leistungsgewährung ist, dass der Antragsteller seine Mitwirkungspflicht erfüllt[204]. Hat der Empfänger in der Vergangenheit gegen die Zielvereinbarung verstoßen, kann die erneute Bewilligung eines Persönlichen Budgets verweigert werden (OVG Saarlouis 2019[205]).

Im Rahmen seines Auftrags, für die notwendige *Beratung und Unterstützung* zu sorgen (§ 29 Abs. 2 SGB IX), hat das Jugendamt dem Leistungsberechtigten und seinen gesetzlichen Vertretern, falls erforderlich, Hilfestellungen zum zweckentsprechenden Einsatz der finanziellen Mittel zu geben. Die Kosten einer Budgetassistenz können zum gesondert zu erfassenden Bedarf gehören. Der Gesetzgeber vertraute mit der Schaffung dieser Bestimmung offensichtlich darauf, dass Eltern in der Regel auf das Wohl ihrer Kinder bedacht

203 Welti 2002, Anhang zu § 17 SGB IX a. F., Rn. 10, ordnen die Zielvereinbarung verwaltungsrechtlich als Nebenbestimmung zum Verwaltungsakt ein.

204 Zur Mitwirkungspflicht einer jungen Volljährigen vgl. Thüringer OVG, 3. Senat, v. 22.5.2018 – 3 EO 192/18 juris.

205 v. 30.7.2019 – 2 B 152/19, JAmt 2020, 112.

sind und verantwortungsvoll mit dem Budget ihres Kindes umgehen bzw. ihm entsprechend seinen wachsenden Fähigkeiten den Umgang damit vermitteln (Voelzke 2014, § 57 SGB XII, Rn. 12; Schneider 2006, § 57 SGB XII Rn. 15).

Eine weitere Frage ist, wie die leistungserbringenden *Fachkräfte ihren Schutzauftrag* gegenüber dem Kind wahrnehmen können (§ 8a Abs. 4 SGB VIII). Sie haben dann, wenn ihnen gewichtige Anhaltspunkte für die Gefährdung eines von ihnen betreuten Kindes bekannt werden, unter Einbeziehung einer insoweit erfahrenen Fachkraft, des Kindes und seiner Eltern eine Gefährdungseinschätzung vorzunehmen (Harnach 2016). Wenn aber die Hilfe durch eine Einzelperson geleistet wird, die nicht bei einem Träger angestellt ist, mit dem eine Leistungsvereinbarung getroffen wurde, kann die betreffende Person nicht auf den Schutzauftrag verpflichtet werden. Das Gleiche gilt für das Beschäftigungsverbot für einschlägig vorbestrafte Personen nach § 72a SGB VIII (Lasso 2020). Hier kommt der Aufnahme von Qualitätskriterien in die Zielvereinbarung eine besondere Bedeutung zu.

Die Bedenken gegen das persönliche Budget werden allerdings nicht von allen geteilt. Dessen emanzipatorisches Potenzial ist durchaus auch anzuerkennen (Künzel/Lohest 2012; VG Frankfurt/Oder 2011[206]; v. Boetticher/Meysen 2018, § 35a SGB VIII, Rn. 77; als mit §§ 36/36a SGB VIII vereinbar: Schindler 2011, 502). Mittlerweile wird es in der Praxis häufiger eingesetzt, nicht zuletzt auch, um den Verwaltungsaufwand z. B. bei Einzelabrechnungen zu verringern und eine größere Flexibilität zu ermöglichen.

Das Persönliche Budget eignet sich für Leistungen, die der Deckung alltäglicher und regelmäßig wiederkehrender Bedarfe (z. B. persönliche Assistenz, Fahrtkosten) dienen, nicht für einmalige Hilfen. Budgetfähig sind alle Leistungen zur Teilhabe (und weitere, wie z. B. Pflegeleistungen). Sie sollten sich auf regiefähige, also plan- und steuerbare Leistung beziehen (Jabben 2020b, § 29 SGB IX, Rn. 6–8). In begründeten Ausnahmefällen kann es statt als Geldleistung in Form von Gutscheinen vergeben werden.

Durch die Feststellung des individuellen Bedarfs und die Zielausrichtung an diesem unterliegt das Budget einer *Zweckbindung* (Löschau 2018, § 29 SGB IX, Rn. 45).

Die *Höhe* des Budgets ist auf der Grundlage einer individuellen Bedarfsfeststellung so zu bemessen, dass neben der Befriedigung des Bedarfs auch die erforderliche Beratung und Unterstützung finanziert werden kann. Die Kosten sollen diejenige einer in anderer Form durchführbaren (gleichwertigen) Leistung nicht übersteigen (§ 29 Abs. 2 SGB IX). Das Persönliche Budget kann von einem einzelnen Träger bewilligt werden; sind mehrere Leistungsträger

206 v. 7.12.2011 – 6 K 1432/08.

beteiligt, wird es trägerübergreifend als Komplexleistung erbracht (§ 29 Abs. 1 SGB IX). Der nach § 14 SGB IX zuständige Rehabilitationsträger erlässt den Verwaltungsakt und führt das weitere Verfahren durch (§ 29 Abs. 3 SGB IX). Da es um die Stärkung der Eigenverantwortlichkeit des Leistungsberechtigten geht, kommt das Budget im Wesentlichen für ambulante, eventuell auch teilstationäre Leistungen in Frage; bei stationär erbrachten Hilfen ist der Spielraum dafür geringer, aber gegeben.

V Weitere Vorschriften

Zusätzliche Aspekte des komplexen Planungsprozesses sind der durchgehende Datenschutz und die fortlaufende Qualitätsentwicklung, über die in diesem Abschnitt berichtet wird. Außerdem geht es um die Möglichkeiten der Koordination von Eingliederungs- und Erziehungshilfen und um verschiedene Kostenfragen.

1 Kostenerstattung für selbstbeschaffte Leistungen

Es ist ein wesentliches Kennzeichen der Jugendhilfe, dass ihrem Träger die Gesamtverantwortung für den Hilfevorbereitungs- und Entscheidungsprozess zukommt. Er soll ihn so steuern, dass der Leistungsempfänger die individuell bestmöglich angepasste Hilfe erhält. Damit ist es im Prinzip nicht vereinbar, dass das Jugendamt eine Leistung lediglich bezahlt, ohne ihre Eignung und Erforderlichkeit sorgfältig geprüft zu haben.

> „Es ist nicht Aufgabe des öffentlichen Jugendhilfeträgers, nur Kostenträger und nicht zugleich Leistungsträger zu sein." (BVerwG, ZFJ 2001, 310 ff.)

Um dieses klarzustellen, wurde mit dem KICK von 2005 § 36a SGB VIII eingefügt.

Auf der anderen Seite ist es das Bestreben des Gesetzgebers, Menschen mit Behinderung einen langen Kampf mit u. U. verschiedenen Leistungsträgern um eine benötigte Leistung zu ersparen – eine Erfahrung, die in der Vergangenheit viele Menschen machen mussten. Deshalb eröffnet § 18 SGB IX Leistungsberechtigten unter bestimmten Bedingungen die Möglichkeit, eine selbstgewählte Leistung ohne vorherige Bewilligung durch den Leistungsträger in Anspruch zu nehmen und sich die Kosten dafür erstatten zu lassen. Der Leistungsberechtigte soll auch in diesem Fall so gestellt werden, wie er bei rechtzeitiger oder rechtmäßiger Gewährung gestanden hätte. In der RegBegr. zu § 18 SGB IX heißt es dazu:

> „Die Weiterentwicklung des Rechts auf Selbstbeschaffung stärkt die Leistungsberechtigten. Sie sollen aufgrund der Vielfalt von Zuständigkeiten im gegliederten System der Leistungen zur Teilhabe zur Verwirklichung ihrer Ansprüche nicht allein auf das Instrument der Untätigkeitsklage verwiesen werden." (BT-Drucks. 18/9522, 236)

Der Erstattungsanspruch kann die Höhe des Sachleistungsanspruchs nicht überschreiten (LSG Bayern 2013[207]).

Allerdings gilt die großzügigere Kostenerstattungsregelung von § 18 Abs. 1–5 SGB IX („privilegierter Maßstab für den Erstattungsumfang", „begründete Mitteilung" bei Fristüberschreitung mit der Folge „Genehmigungsfiktion"

---

207 v. 25.6.2013, zitiert nach Jabben 2020, § 18 SGB IX, Rn. 15.

nach Abs. 3[208]) gemäß § 18 Abs. 7 SGB IX nicht für die Beantragung der Leistung beim Jugendhilfeträger (ferner auch nicht beim Träger der Eingliederungshilfe und der Kriegsopferfürsorge).

In der Jugendhilfe ist die Kostenerstattung für eine selbstbeschaffte Leistung gemäß § 18 Abs. 6 SGB IX nur möglich, wenn der Träger

- eine unaufschiebbare Leistung nicht rechtzeitig erbringen konnte oder
- eine Leistung zu Unrecht abgelehnt hat und
- dadurch dem Leistungsberechtigten für die Leistung Kosten entstanden sind
- unter der Voraussetzung, dass die Leistung insoweit notwendig war.

Ganz ähnlich regelt § 36a SGB VIII die Steuerungsverantwortung des Jugendamts und die Selbstbeschaffung (wobei § 18 SGB IX Vorrang hat): Kostenerstattung für auf eigene Faust beschaffte Hilfe nur, wenn

1. der Leistungsberechtigte den Träger der öffentlichen Jugendhilfe über den Hilfebedarf in Kenntnis gesetzt hat
2. die Voraussetzungen für die Gewährung der Hilfe vorlagen, die Leistung also erforderlich und geeignet war, und
3. der Hilfebeginn so dringlich war, dass die Entscheidung über die Gewährung nicht abgewartet werden konnte. Dass Gleiche gilt für den Fall, dass eine Leistung zu Unrecht abgelehnt wurde, die Entscheidung über ein Rechtsmittel (Widerspruch, Klage beim Verwaltungsgericht) aber nicht abgewartet werden konnte („Systemversagen“).

Der Empfänger kann eine Rehabilitationsleistung nur erhalten, wenn er sie zuvor beantragt hat. Er muss darüber hinaus den Antrag so rechtzeitig stellen, dass der Jugendhilfeträger die Anspruchsvoraussetzungen und die möglichen Hilfen mit der gebotenen Sorgfalt (auch innerhalb der vorgeschriebenen Fristen, (s. Kap. III/1.2) überprüfen kann (BVerwG 2005[209]). War es ihm objektiv unmöglich, das Jugendamt über den Hilfebedarf rechtzeitig in Kenntnis zu setzen, (z. B. am Wochenende), muss er dies unverzüglich nachholen und auf die Dringlichkeit der Hilfe hinweisen (Werner 2009b, § 36a SGB VIII, Rn. 34–37).

Das Jugendamt ist also grundsätzlich nicht zur Kostenübernahme verpflichtet, wenn Leistungen erbracht werden, ohne dass seine Entscheidung über die

208 Leistungsberechtigte können nach Setzung einer angemessenen Frist die erforderliche Leistung selbst beschaffen, wenn über den Antrag nicht innerhalb von zwei Monaten entschieden werden kann und dies nicht rechtzeitig unter Darlegung zureichender Gründe mitgeteilt wird.

209 v. 11.8.2005, 5 C 18.4; vgl. auch OVG Berlin-Brandenburg v. 21.8.2019, 6 B 4.19, ZKJ 2019, 473–474.

Gewährung abgewartet wurde. Das BVerwG (2013[210]) gestand in früheren Urteilen dem Betroffenen für den Fall des „Systemversagens“ einen eigenen, nur begrenzt gerichtlich überprüfbaren, Einschätzungsspielraum zu. Dieser Spielraum wird möglicherweise durch die Bestimmung „soweit die Leistung notwendig war“ in § 18 Abs. 6 SGB IX eingeschränkt (so v. Boetticher/Meisen 2019, § 35a SGB VIII, Rn. 88, die von einer deutlichen Verschlechterung der Rechtsposition der Betroffenen in der Kinder- und Jugendhilfe sprechen).

Unaufschiebbar sind Leistungen dann, wenn sich aus der Verzögerung ihres Beginns für den Betroffenen ein erheblicher Schaden ergibt, der nicht reparabel ist. Abgewartet werden kann z. B. nicht, wenn jemand sich selbst oder andere gefährdet (z. B. ohne sofortige Hilfe suizidgefährdet ist). Häufiger trifft es zu, dass eine Leistung nicht zu einem beliebigen Zeitpunkt einsetzen kann, sondern sich an vorgegebene Daten halten muss, wie z. B die Aufnahme in eine Privatschule, die möglichst zum Schuljahresanfang geschehen sollte. Allerdings hat nach einem Urteil des BVerwG (2011[211]) ein Schulwechsel nur dann als unaufschiebbar zu gelten, wenn auch ein vorübergehender Verbleib in der bisherigen Schule unzumutbar erscheint. Insgesamt ist die Rechtsprechung uneinheitlich. Teilweise folgt sie der strengeren Interpretation des BVerwG[212]. Andere Gerichte erkannten die Unaufschiebbarkeit bei geringeren Beeinträchtigungen als gegeben an[213].

Das Jugendamt kann ausnahmsweise die Kosten auch dann nachträglich übernehmen, wenn die schon erbrachte Hilfe nicht unaufschiebbar war. Dies ist dann zulässig, wenn die gesetzlichen Voraussetzungen für den Anspruch vor Beginn der Leistung vorlagen (Maas 1999, 102–107; BVerwG 2000[214]).

Eine weitere Ausnahmemöglichkeit sieht § 36a Abs. 2 SGB VIII vor, um den niedrigschwelligen Zugang zu ambulanten Hilfen, insbesondere der Erziehungsberatung, zu erhalten: Der öffentliche Träger kann die unmittelbare Inanspruchnahme zulassen, wenn er dies mit den leistungserbringenden Stellen vereinbart hat. Die entsprechenden Verträge müssen eine Regelung der Voraussetzungen und der Ausgestaltung der Leistungserbringung sowie die Kostenübernahme enthalten.

210 v. 18.10.2012, 5 C 21.11.

211 v. 17.2.2011, 5 B 43.10.

212 z. B. VG Freiburg v. 23.2.2012, 4 K 1481/11, JAmt 2012, 546–548; VG Braunschweig v. 22.12.2011, 3 A 85/11, JAmt 2013, 104–106.

213 z. B. OVG NRW v. 25.4.2012 – 12 A 659/11; OVG Münster v. 22.8.2014 – 12 A 3019/11; weitere Entscheidungen in Harnach 2020a, § 35a SGB VIII, Rn. 100.

214 v. 28.9.2000 – 5 C 29/99.

2 Kombination von Eingliederungshilfe mit Hilfe zur Erziehung

Wenn ein Kind psychisch erkrankt, verändert sich häufig in seiner Familie viel. Eltern müssen lernen zu verstehen, warum die früher so „pflegeleichte“ Tochter mit panischer Angst auf die Anforderung reagiert, in die Schule zu gehen, oder warum der halbwüchsige Sohn drogenabhängig geworden ist. Der Vater eines Jugendlichen, der an einer bipolaren Störung litt, drückte es so aus: „Wir hatten einen Star in der Familie, und jetzt haben wir ein schwerkrankes Kind. Wie sollen wir damit zurechtkommen?“ Vielleicht nehmen die Geschwister wahr, dass sich nun alles um das kranke Kind dreht, sehen die Hilflosigkeit ihrer Eltern und reagieren mit Rückzug oder Aggression. Die Sorge um das Wohlergehen und die Entwicklungsmöglichkeiten des Kindes und sein oft stark erhöhter Betreuungsbedarf fordern die psychischen und physischen Kräfte aller Familienmitglieder heraus, nicht selten über die Grenzen hinaus.

Obwohl die Eingliederungshilfe immer auch die Beratung und Unterstützung der Eltern einschließt, können zusätzliche Hilfen zu Erziehung erforderlich werden, um die Eltern zu entlasten (z. B. Inklusionshelfer in der Schule plus sozialpädagogische Familienhilfe am Nachmittag), oder um problematisches Erziehungsverhalten als Mitursache oder Folge der psychischen Störung zu bearbeiten. Umgekehrt kann eine Hilfe zur Erziehung sowohl sozialpädagogische als auch therapeutische Leistungen sowie Hilfen zur schulischen und beruflichen Ausbildung beinhalten (§ 27 i. V. m. § 13 SGB VIII) und damit eine Eingliederungshilfe erübrigen. Und schließlich kann das Kind die Rehabilitationsleistung erhalten, ohne dass die Eltern Hilfe zur Erziehung beanspruchen und damit – subjektiv – ihre Erziehungsfähigkeit in Frage gestellt sehen. Hilfen nach § 27 und nach § 35a SGB VIII sind also voneinander unabhängig, auch wenn es häufig schwierig ist, zwischen einem erzieherischen und einem behinderungsbedingten Bedarf zu unterscheiden. Beide Hilfen verfolgen dasselbe Ziel – die verbesserte Entwicklung des Kindes. Gleichgültig, ob sich die Hilfe stärker an die Erziehungsberechtigten oder an das Kind richtet – es wird sich immer eine Wechselwirkung ergeben. Ein passenderes Erziehungsverhalten wird die Verhaltensauffälligkeiten des Kindes mildern, ebenso wie eine Minderung der psychischen Problematik des Kindes sich positiv im elterlichen Erziehungsstil niederschlagen wird.

Werden die beiden Hilfen nebeneinander erbracht, soll dieses nach Möglichkeit durch die *gleiche Stelle* geschehen; diese muss also in der Lage sein, die beiden Bedarfsarten kombiniert zu erfüllen (§ 35a Abs. 4 Satz 1 SGB

VIII) – eine sinnvolle Vorschrift, die ein Ineinandergreifen der Hilfen erleichtert und unnötiges Pendeln zwischen unterschiedlich strukturierten Einrichtungen sowie widersprüchliche Maßnahmen zu vermeiden hilft. Sie fördert auch die integrative Erziehung und kann der Stigmatisierung als „behindert" entgegenwirken.

3 Ergänzenden Leistungen

3.1 Leistungen zum Unterhalt des Kindes oder Jugendlichen

Erhält ein Kind, ein Jugendlicher oder ein junger Volljähriger Eingliederungshilfe nach § 35a Abs. 2 Nr. 2–4 SGB VIII außerhalb des Elternhauses, muss das Jugendamt den notwendigen Lebensunterhalt sicherstellen. Diese Annexleistung umfasst die Kosten für den *Sachaufwand* und für die *Pflege und Erziehung* des Minderjährigen (§ 39 Abs. 1 SGB VIII). Die laufende Leistung soll den gesamten regelmäßig wiederkehrenden Bedarf decken. Außerdem erhält der Minderjährige, der in einer Pflegestelle, in einem Heim oder einer sonstigen Wohnform lebt, ein angemessenes Taschengeld, nicht jedoch der Besucher einer teilstationären Einrichtung. Hinzu kommen *einmalige Beihilfen* und *Zuschüsse* (§ 39 Abs. 2 und 3 SGB VIII). Der Unterhaltsanspruch gilt nicht bei ambulant erbrachten Leistungen nach § 35a Abs. 2 Nr. 1 SGB VIII.

Der *regelmäßige Bedarf* wird in § 39 SGB VIII nicht genauer bestimmt. Anhaltspunkte ergeben sich aus der Regelung zum notwendigen Lebensunterhalt in § 27a Abs. 1 SGB XII. Danach umfasst dieser insbesondere Ernährung, Unterkunft, Kleidung, Körperpflege, Hausrat, Heizung, persönliche Bedürfnisse des täglichen Lebens einschließlich der Teilnahme am sozialen und kulturellen Leben der Gemeinschaft, Hilfen für den Schulbesuch, bei Kindern auch den besonderen entwicklungsbedingten Bedarf. Darüber hinaus ist zu beachten, dass die Jugendhilfe die „Förderung der Entwicklung" (§ 1 SGB VIII) und den „Ausgleich besonderer Belastungen" (§ 1 SGB I) zu gewährleisten hat, die Leistungen also einen weitergehenden Bedarf abzudecken haben (Degener 2016, § 39 SGB VIII, Rn. 4).

Die Leistungsfestsetzung variiert in Abhängigkeit von der jeweiligen Hilfeart. Erhält das Kind/der Jugendliche eine *teilstationäre* Hilfe (§ 35a Abs. 2 Nr. 2 SGB VIII), ist die Leistung auf den Zeitraum der außerhäuslichen Betreuung begrenzt.

Bei *Vollzeitpflege* (§ 35a Abs. 2 Nr. 3 SGB VIII) wird ein *Pflegegeld* bezahlt, das die tatsächlichen Kosten abdeckt, soweit sie in einem angemessenen Rahmen bleiben. Sie sollen dem Lebensstandard der Pflegefamilie entsprechen (sofern er nicht luxuriös ist), damit das Pflegekind nicht gegenüber den eigenen Kindern der Familie benachteiligt ist. Eingeschlossen sind die Aufwendungen für Kleidung, Unterkunft und Erziehung sowie für die Unfallversicherung und (hälftig) für die angemessene Altersversicherung der Pflegeperson. Bei Pflege durch eine in gerader Linie verwandte Person sind Kürzungen möglich. Neben dem regelmäßig wiederkehrenden Bedarf, der pauschal abgegolten wird, können einmalige Beihilfen oder Zuschüsse bewilligt werden, insbesondere zur Erstausstattung der Pflegefamilie, bei wichtigen persönlichen Anlässen sowie für Urlaubs- und Ferienreisen (§ 39 Abs. 3 SGB VIII). Ein Sonderbedarf ist auch gegeben bei Ausgaben für den Kindergartenbeitrag, Nachhilfeunterricht, Besuch einer Privatschule, Musikinstrumente, Musik- oder Sportunterricht (Übersicht über die Rechtsprechung dazu: Degener 2016, § 39 SGB VIII, Rn. 24).

Die monatlichen Pauschalbeträge werden von der nach Landesrecht zuständigen Behörde festgesetzt, soweit nicht nach der Besonderheit des Einzelfalles abweichende Leistungen geboten sind (§ 39 Abs. 4 SGB VIII). Dieser bei der Bestimmung des monatlichen Betrags zu berücksichtigende besondere Bedarf kann z. B. bestehen, wenn ein Kind oder Jugendlicher mit Diabetes eine spezielle Ernährung benötigt, oder weil wegen einer Verhaltensauffälligkeit ein erhöhter Betreuungsaufwand erforderlich ist.

Leistungen Dritter (wie BaFöG, Waisengeld) werden in voller Höhe auf das Pflegegeld angerechnet. Das Pflegegeld bzw. Teile davon werden gegebenenfalls bei Bezug von Leistungen nach dem SGB II und bei der Einkommensteuer berücksichtigt. Erhält die Pflegeperson für das Pflegekind Kindergeld, erfolgt eine teilweise Anrechnung auf das Pflegegeld (§ 39 Abs. 6 SGB VIII).

Erfolgt die Hilfe in einem *Heim* oder einer *sonstigen betreuten Wohnform* (§ 35 Abs. 2 Nr. 4 SGB VIII), wird die Höhe mit dem *Pflegesatz* festgelegt. Dieser wird durch Entgeltvereinbarungen zwischen dem örtlichen Jugendhilfeträger und der Einrichtung ausgemacht und enthält die Aufwendungen für die Grundleistungen (Personalkosten, Sachkosten, investive Kosten) und für individuelle Zusatzleistungen (Fachleistungen wie z. B. schulische und berufliche Maßnahmen). Zusätzlich zum Pflegesatz finanziert das Jugendamt Kleidung, Beihilfen aus besonderen und persönlichen Anlässen (wie z. B. Schulanfang, Konfirmation, Berufskleidung zu Beginn einer Ausbildung), den Barbetrag zur persönlichen Verwendung, Fahrtkosten u. a. (Degener 2016, § 39 SGB VIII, Rn. 28).

Bei *intensiver sozialpädagogischer Einzelbetreuung* in einer eigenen Wohnung (§ 35 SGB VIII) können sich die Kosten für den Sachaufwand an der Hilfe zum Lebensunterhalt nach dem SGB XII orientieren. Zusätzlich wird eine Beihilfe zur Erstausstattung mit Bekleidung und für die Wohnung sowie für mehrtägige Klassenfahrten gewährt, eventuell auch für einen Teil des Taschengeldes (Differenzausgleich zum Regelsatz) (Degener 2016, § 39 SGB VIII, Rn. 29).

Bringt eine Minderjährige während ihres Aufenthalts in einer Einrichtung oder einer Pflegefamilie ein Kind zur Welt, so muss das Jugendamt auch den notwendigen Unterhalt dieses Kindes sicherstellen.

Nach dem „*Grundsatz der erweiterten Hilfe*" hat das Jugendamt den notwendigen Unterhalt auch dann sicherzustellen, wenn der Leistungsberechtigte oder seine Eltern selbst dafür aufkommen können. Damit wird der

Leistungserbringer „aus einer Hand“ vergütet und abgesichert. Der Leistungsträger kann jedoch in einem weiteren Verfahren durch Erhebung eines Kostenbeitrags nach §§ 91–94 SGB VIII (s. Kap. V/9) die Eltern an den Kosten beteiligen.

Klärungsbedarf besteht noch hinsichtlich der Frage, ob der Jugendhilfeträger für diese Annexleistung auch dann aufkommen muss, wenn für die Hauptleistung ein anderer Träger vorrangig zuständig ist, der aber nicht zur Zahlung der Unterhaltsleistung verpflichtet ist (so Kepert/Dexheimer 2018, § 35a SGB VIII, Rn. 77).

3.2 Krankenhilfe

Bei Ausführung der Rehabilitationsmaßnahme außerhalb der Familie nach § 35a Abs. 2 Nr. 3 und 4 SGB VIII leistet der Jugendhilfeträger Krankenhilfe nach § 40 SGB VIII. Dies gilt allerdings nur, wenn der junge Mensch nicht krankenversichert ist, denn sonst ist der Träger der Krankenversicherung vorrangig zuständig (Schimke 2015, § 10 SGB VIII, Rn. 36).

§ 40 SGB VIII verweist für den Umfang der Hilfe auf die §§ 47–52 SGB XII. Danach sind bei Bedarf zu bewilligen:

- Vorbeugende Gesundheitshilfe
- Hilfe bei Krankheit
- Hilfe zur Familienplanung
- Hilfe bei Schwangerschaft und Mutterschaft
- Hilfe bei Sterilisation.

Die Krankenhilfe hat den im Einzelfall notwendigen Bedarf in voller Höhe zu befriedigen und Zuzahlungen und Eigenbeteiligungen (bei bestehenden Versicherungsverhältnissen) zu übernehmen (§ 40 Sätze 2 und 3 SGB VIII). Auch die Übernahme von Krankenversicherungsbeiträgen ist möglich (Kannvorschrift), damit der junge Mensch krankenversichert ist. Dies kann bei einem Kind oder Jugendlichen mit seelischer Behinderung auf längere Sicht kostengünstiger sein als die Übernahme der Krankheitskosten (Degener 2020, § 40 SGB VIII).

4 Kostenbeteiligung der Leistungsberechtigten

Wird die Eingliederungshilfe teil- oder vollstationär erbracht (§ 35a Abs. 2 Nrn. 2, 3 und 4 SGB VIII), tritt das Jugendamt für die Kosten in Vorleistung (Grundsatz der erweiterten Hilfe), kann sich aber einen Teil der Ausgaben von dem leistungsberechtigten Kind, Jugendlichen oder jungen Volljährigen oder – nachrangig – von dessen Eltern[215] erstatten lassen. Die beitragspflichtige Person wird aus ihrem Einkommen herangezogen, ein junger Volljähriger auch aus seinem Vermögen (§§ 91, 92 SGB VIII). Dies entspricht dem Nachranggrundsatz von § 10 Abs. 2 Satz 1 SGB VIII.

Ausnahmen sind möglich, wenn mit der Zahlungsverpflichtung Ziel und Zweck der Leistung gefährdet würden, im Härtefall oder bei unverhältnismäßigem Verwaltungsaufwand. Unterhaltsansprüche vorrangig oder gleichrangig Berechtigter (jüngerer Geschwister) sind zu beachten (§ 92 Abs. 4 und 5 SGB VIII; Degener 2017b, § 92 SGB VIII). Ambulant erbrachte Hilfen sind dagegen kostenfrei.

Zu den Kosten gehören die Aufwendungen für die pädagogischen und therapeutischen Leistungen, die Leistungen zum Unterhalt und die Krankenhilfe. Bei teil- oder vollstationärer Heimbetreuung berechnen sie sich nach dem Pflegesatz (Entgelt) einschließlich der einmaligen Leistungen und Nebenleistungen und den Kosten der Krankenhilfe. Wird das Kind in einer Pflegefamilie erzogen, so werden die Beträge für Pflegegeld, einmalige Leistungen, sonstige Nebenleistungen und Krankengeld zugrunde gelegt. Die Kostenbeiträge dürfen die tatsächlichen Aufwendungen nicht überschreiten. Verwaltungskosten dürfen nicht in Rechnung gestellt werden (Degener 2017a, § 91 SGB VIII, Rn. 5/6). Der Kostenbeitrag wird durch den Leistungsbescheid festgesetzt und geltend gemacht. Der Kostenpflichtige muss vor Inanspruchnahme der Leistung über diese Heranziehung aufgeklärt werden.

Die Heranziehung zu den Kosten ist „in angemessenem Umfang" vorzunehmen. Die Pauschalbeiträge werden nach Einkommensgruppen gestaffelt durch Rechtsverordnung des zuständigen Ministeriums festgelegt (§ 94 Abs. 5 SGB VIII). Sie sind der Kostenbeitragsverordnung zu entnehmen (ausführlich Degener 2019, § 94 SGB VIII). Zur Überleitung von Ansprüchen und zu ergänzenden Vorschriften vgl. §§ 95–97c SGB VIII.

215 bei teilstationären Leistungen nur von dem mit dem Kind zusammenlebenden Elternteil, der andere muss weiterhin Unterhalt zahlen; auch der Ehegatte oder Lebenspartner des jungen Menschen ist kostenbeitragspflichtig, mit Vorrang vor den Eltern.

5 Datenschutz

Während des gesamten Hilfeprozesses haben die öffentlichen Träger von Sozialleistungen die einschlägigen Datenschutzvorschriften zu beachten (Wahrung des Sozialgeheimnisses). Für sie gilt generell die Datenschutzgrundverordnung (DSGVO) der EU von 2018, außerdem § 35 SGB I (Grundnorm) und die §§ 67–85a SGB X (Auffangregelung), wobei die spezialgesetzlichen Vorschriften der einzelnen Leistungsgesetze Vorrang vor dem letztgenannten haben. Dies sind für die Träger der Jugendhilfe die §§ 61–68 SGB VIII[216], für die Träger der Eingliederungshilfe § 96 SGB IX. Wenn Einrichtungen und Dienste der freien Jugendhilfe Aufgaben nach dem SGB VIII wahrnehmen, muss durch entsprechende Verträge sichergestellt werden, dass sie den Schutz personenbezogener Daten bei der Verarbeitung in entsprechender Weise gewährleisten (§ 61 SGB VIII).[217] Der Schutz der personenbezogenen Daten betrifft die gesamte Datenverarbeitung. Der „Verantwortliche“[218] ist für die Einhaltung der Datenschutzbestimmungen zuständig und muss deren Befolgung nachweisen können („Rechenschaftspflicht“, Art. 5 Abs. 2 DSGVO).

Da bereits die *Erhebung von Daten* in das *Grundrecht auf informationelle Selbstbestimmung* eingreift, ist die Beachtung der datenschutzrechtlichen Vorschriften hierbei von besonderer Bedeutung. Gemäß § 62 Abs. 1 SGB VIII dürfen Daten nur erhoben werden, soweit ihre Kenntnis zur Erfüllung der jeweiligen Aufgabe erforderlich ist (*Grundsatz der Erforderlichkeit*). Verpflichtend ist

1) die *Zweckbindung* der Erhebung: Es muss zuvor bestimmt werden, zu welchem Zweck (z. B. zur Planung der passenden Hilfe) Informationen eingeholt oder ausgewählt werden sollen. Nicht gestattet ist, Daten für einen eventuellen späteren Gebrauch „gleich mit“ zu erheben.
2) gilt der *Grundsatz der Einzelfallorientierung*, der besagt, dass *nur* die für eine individuelle Entscheidung erforderlichen Daten erhoben werden dürfen, hier also z. B. zur Beantwortung der Frage nach dem individuellen

216 Dies betrifft auch die kreisangehörigen Gemeinden und Gemeindeverbände, die nicht örtliche Träger sind, soweit sie Aufgaben nach SGB VIII wahrnehmen (§ 61 Abs. 1 Satz 3 SGB VIII).

217 Auch ohne vertragliche Regelung hat der freie Träger die allgemeine schuldrechtliche Vertragspflicht, das Recht des Vertragspartners, d. h. des Klienten, auf informationelle Selbstbestimmung zu achten (Schimke 2020, Vorbemerkungen zu §§ 61–68 SGB VIII).

218 D. h. die natürliche oder juristische Person, Behörde, Einrichtung oder andere Stelle, die allein oder gemeinsam mit anderen über die Zwecke und Mittel der Verarbeitung von personenbezogenen Daten entscheidet; vgl. Art. 4 DSGVO.

Hilfebedarf des Kindes Paul. (Vgl. auch „*Grundsatz der Datenminimierung*", Art. 5, 1c DSGVO). Fallen auch „nebenbei" nicht erforderliche Daten an, was wohl eher die Regel ist, so dürfen sie nicht in die Akte aufgenommen bzw. müssen entfernt werden.

3) Die für eine Entscheidung verwendeten Daten müssen den gegenwärtigen Sachverhalt erkennen lassen – *Grundsatz der Aktualität der Datenerhebung*. Dies ist gerade für die Arbeit mit Kindern und ihren Familien unmittelbar einleuchtend, denn hier herrscht eine hohe Entwicklungsdynamik, die ältere Befunde schnell unbrauchbar machen kann.

Der Grundsatz der Erforderlichkeit ist auch dann zu respektieren, wenn der Betroffene keine Einwände gegen die Erhebung nicht erforderlicher Daten hat (objektiv-rechtliche Seite des Datenschutzrechts). Welche Daten erforderlich sind, ergibt sich aus den Tatbestandsmerkmalen des jeweils zu konkretisierenden Rechtssatzes, hier also des § 35a SGB VIII (ausführlich: Maas 1996, 99–152; Maas/Törnig 2006a, § 62 SGB VIII, Rn. 1–27).

Sozialdaten sind *bei der betroffenen Person zu erheben*, d. h. sie dürfen nicht ohne deren Mitwirkung „hinter ihrem Rücken" ermittelt werden. Zuvor ist die Person über die Rechtsgrundlage der Datengewinnung sowie die Zweckbindung der Verarbeitung aufzuklären (*Transparenzgebot*, § 62 Abs. 2 SGB VIII). Der Datenbedarf muss ihr gegenüber legitimiert werden. Sie hat das Recht zu verstehen, warum sie welche Informationen preisgeben soll – ein nicht nur rechtliches, sondern auch berufsethisches Gebot der Sozialen Arbeit, die ihren Klienten als aufgeklärten Subjekten, nicht als Objekten zu begegnen hat. Die Aufklärung ist die Grundlage dafür, dass sie ihre „informierte Einwilligung" geben kann.

„Betroffene Personen" sind bei der Beantragung von Leistungen nach § 35a SGB VIII der Minderjährige und in der Regel seine Eltern und Personensorgeberechtigten. Darüber hinaus können je nach Fragestellung Informationen über weitere relevante Personen wie Geschwister, Erzieher, Therapeuten usw. für die Gewährung der Leistung erforderlich sein. Sie dürfen bei den Leistungsberechtigten oder an der Leistung Beteiligten eingeholt werden. Der Betroffene sollte davon in Kenntnis gesetzt werden (§ 62 Abs. 4 SGB VIII).

Ab welchem Alter der Minderjährige seine Einwilligung erteilen oder verweigern kann, hängt von der Entwicklung seiner Einsichts- und Urteilsfähigkeit ab. Seine sozialrechtliche Handlungsfähigkeit besitzt er mit Vollendung des 15. Lebensjahres (§ 36 SGB I); damit kann er sich auch auf das Sozialgeheimnis berufen. Ansonsten bestimmen seine Personensorgeberechtigten über die Einwilligung.

Willigt ein Antragsteller für eine Individualleistung der Jugendhilfe nicht in die Erhebung der erforderlichen Daten ein, erfüllt er seine Mitwirkungspflicht nach §§ 60 ff. SGB I nicht und hätte die Folgen nach § 66 SGB I in Kauf zu nehmen, d. h. u. U. die Verweigerung der beantragten Leistung.

Daten können *auch bei Dritten* erhoben werden, wenn der Betroffene gemäß § 60 Abs. 1 Nr. 1 SGB I seine Einwilligung dazu erteilt, also z. B. zustimmt, dass der nach § 35a Absatz 1a SGB VIII beauftragte Kinder- und Jugendpsychiater die Ergebnisse seiner Untersuchung dem Jugendamt mitteilt.

Ohne Einwilligung der betroffenen Person können Daten nur in eng begrenzten Ausnahmefällen, die im Einzelnen besonders begründet werden müssen, erhoben werden. § 62 Abs. 3 SGB VIII nennt dafür spezielle gesetzliche Vorschriften oder Gestattungsmöglichkeiten, wie die Unmöglichkeit der erforderlichen Erhebung beim Betroffenen bzw. die Notwendigkeit der Informationsgewinnung bei anderen, insbesondere zum Zweck des Schutzes eines Kindes vor Gefährdungen nach § 8a SGB VIII, wenn die Erhebung beim Betroffenen den Zugang zur Hilfe ernsthaft gefährden würde (Harnach 2016, § 8a SGB VIII, Rn. 31/31a) oder wenn der Aufwand unverhältnismäßig wäre. Für die Inanspruchnahme von Jugendhilfeleistungen kommt dies nicht in Frage.

Die Speicherung von Sozialdaten ist erlaubt, soweit dies für die Erfüllung der jeweiligen Aufgabe notwendig ist (§ 63 Abs. 1 SGB VIII), außerdem in anonymisierter Form für die Aufnahme in die Jugendhilfeplanung nach § 64 Abs. 3 SGB VIII. Von den genannten Ausnahmen abgesehen, sollte auch hierzu das Einverständnis der betroffenen Person vorliegen.

Das *Zusammenführen von Daten*, die zur Erfüllung unterschiedlicher Aufgaben der öffentlichen Jugendhilfe erhoben wurden, ist nur gestattet, wenn und solange dies wegen eines unmittelbaren Sachzusammenhangs erforderlich ist (§ 63 Abs. 2 SGB VIII). Auch hierfür wird die Einwilligung des Betroffenen benötigt. Ein solcher Sachzusammenhang kann beispielsweise bestehen, wenn für ein Kind Eingliederungshilfe, für sein Geschwisterkind zur gleichen Zeit Hilfe zur Erziehung bewilligt und geleistet wird. Der Fall einer Verknüpfung einer „Leistung" nach § 2 Abs. 2 SGB VIII mit einer „anderen Aufgabe" nach § 2 Abs. 3 SGB VIII wäre z. B. gegeben, wenn das Jugendamt für einen drogenabhängigen Jugendlichen eine Eingliederungshilfe planen und außerdem in einem Verfahren vor dem Jugendgericht mitwirken muss. Einzelfallakten für den Leistungsbereich und solche für den Bereich der anderen Aufgaben dürfen jedoch nicht von vornherein miteinander verbunden werden, sondern nur unter den genannten Bedingungen (ausführlich: Maas/Törnig 2006b, § 63 SGB VIII).

Die *Übermittlung gespeicherter Daten* (also die Weitergabe an einen Dritten oder die Erlaubnis zur Einsicht oder zum Abruf) und deren *Nutzung* unterliegen ebenfalls gesetzlichen Beschränkungen (§ 64 SGB VIII). Sozialdaten dürfen nur zu dem Zweck übermittelt und genutzt werden, zu dem sie befugt erhoben wurden, hier also für alle Arbeitsprozesse, die zur Bewilligung und

Durchführung der benötigten Rehabilitationsleistungen gebraucht werden. Erlaubt ist damit auch die Informationsweitergabe im Rahmen der Hilfeplankonferenz nach § 36 SGB VIII.

Für die *trägerübergreifende Bedarfsfeststellung* nach § 15 SGB IX, die Erstellung des *Teilhabeplans* und die Durchführung der *Teilhabeplankonferenz* gilt § 23 SGB IX. Der für die Durchführung des Teilhabeplanverfahrens verantwortliche Rehabilitationsträger hat dafür zu sorgen, dass die Datenschutzregeln von SGB I und SGB X beachtet werden, insbesondere der Grundsatz der Erforderlichkeit der Datenerhebung und -übermittlung und das Recht der betroffenen Person auf Einholung ihrer informierten Einwilligung, wozu auch das Recht gehört, der Erhebung, Verarbeitung oder Nutzung zu widersprechen.

Darüber hinaus darf die *hilfeerbringende Stelle* (mit Einwilligung des Betroffenen) Daten erhalten, die sie für die Durchführung der Rehabilitationsleistung benötigt. Sie darf ihrerseits dem Jugendamt die von ihr erhobene Daten übermitteln, die für die Entscheidung über die Fortführung, Änderung oder Beendigung der bewilligten Hilfe gebraucht werden, auch dies wiederum nur mit Zustimmung der betroffenen Person.

Sollen Sozialdaten für die Erfüllung einer gesetzlichen Aufgabe zu einem anderen als dem ursprünglichen Erhebungszweck an andere Leistungsträger oder an Gerichte (z. B. das Jugendgericht) übermittelt werden (§ 69 SGB X, *Zweckänderung*), ist § 64 Abs. 2 SGB VIII zu beachten. Danach darf die Übermittlung den Erfolg der Leistung nicht in Frage stellen. Ob dies geschehen könnte, ist im Einzelfall möglichst genau zu überprüfen bzw. einzuschätzen.

Das in § 64 Abs. 2a SGB VIII aufgestellte *Gebot der Anonymisierung bzw. Pseudonymisierung* von Daten bei der Zusammenarbeit mit Fachkräften anderer Träger muss immer dann befolgt werden, wenn die Aufgabenerledigung dadurch nicht behindert wird. Diese Formen der Unkenntlichmachung bieten sich besonders für die gemeinsame fachliche Beratung und Beurteilung in schwierigen Problemkonstellationen an, denn diese werden dann nicht durch den Datenschutz beschränkt (Maas/Törnig 2006c, § 64 SGB VIII).

Sozialdaten, die dem Mitarbeiter eines Trägers der öffentlichen Jugendhilfe zum Zweck persönlicher und erzieherischer Hilfen *anvertraut* worden sind, genießen einen besonderen *Vertrauensschutz*. Ihre Weitergabe ist nur mit der Einwilligung dessen, der die Informationen anvertraut hat, zulässig. Ohne dessen Zustimmung dürfen sie nur zur Abwendung einer Gefährdung des Kindeswohls weitergegeben werden, und zwar an das Familiengericht, einen anderen fallzuständigen Mitarbeiter bei Mitarbeiterwechsel, an die zur Gefährdungsabschätzung hinzugezogenen Fachkräfte sowie die u. U. zur Gefährdungsabwendung einzuschaltenden anderen Leistungsträger, Einrichtungen der Gesundheitshilfe oder der Polizei (§ 8a SGB VIII, Harnach 2016).

Außerdem bliebe dies straffrei unter den Voraussetzungen, unter denen eine der in § 203 StGB genannten Personen dazu befugt wäre, d.h. wenn dadurch eine erhebliche Straftat abgewendet werden könnte (§ 138 StGB), oder gem. § 34 StGB bei rechtfertigendem Notstand (§ 65 SGB VIII; Maas/Törnig 2018).

Die DSGVO ist außerdem relevant für die mediale Kommunikation zwischen einem Kind/Jugendlichen und einem Mitarbeiter der Jugendhilfe, z.B. bei einer Internet-Beratung wegen eines psychischen Problems.

6 Qualitätsentwicklung und -sicherung

Wer eine Sozialleistung erhält, hat einen Anspruch darauf, dass diese mit höchster Sorgfalt geplant und ausgeführt wird, sodass daraus der größtmögliche Erfolg resultiert. Die Entwicklung, Anwendung, Überprüfung und Sicherung der Leistungsqualität ist für die öffentlichen Träger der Jugendhilfe in § 79a SGB VIII kodifiziert. Er verpflichtet sie, im Rahmen ihrer Gesamtverantwortung ein fortlaufendes Qualitätsmanagement einzurichten, das sich auf die Erfüllung aller Aufgaben erstreckt. Für Leistungen der Eingliederungshilfe in „anderen" teilstationären Einrichtungen (also nicht in Tageseinrichtung für Kinder) und in Einrichtungen über Tag und Nacht sowie sonstigen Wohnformen (§ 35a Abs. 2 Nr. 2 und 4 SGB VIII) gelten §§ 78a–78g SGB VIII. Gemäß § 78b SGB VIII ist eine der Voraussetzungen für die Vergütung von Rehabilitationsleistungen der Abschluss von Vereinbarungen zwischen Träger und Einrichtung (oder Verband), die Inhalt, Umfang und Qualität der Leistung festlegen (*Leistungsvereinbarung*), außerdem Grundsätze und Maßstäbe für die Bewertung und für Maßnahmen zu ihrer Gewährleistung (*Qualitätsentwicklungsvereinbarung*).

Für die Rehabilitationsträger und -erbringer nach § 6 Abs. 2 Nr. 1–5 SGB IX ist entsprechend § 37 i. V. m. § 26 Abs. 4 SGB IX zu befolgen. Sie sind verpflichtet, *gemeinsame Empfehlungen* zur Sicherung und Weiterentwicklung der Qualität der Leistungen, insbesondere zur barrierefreien Leistungserbringung, zu vereinbaren, außerdem für die Durchführung vergleichender Qualitätsanalysen als Grundlage für ein effektives Qualitätsmanagement der Leistungserbringer.[219]

Für die Träger der Eingliederungshilfe wird die Aufgabe nach §§ 123–134 SGB IX bestimmt.

„Qualität" wird nach ISO-Norm definiert als

> „Gesamtheit von Eigenschaften eines Produktes oder einer Dienstleistung, die sich auf deren Eignung zur Erfüllung festgesetzter oder vorausgesetzter Erfordernisse bezieht" (KGSt 1995).

Wie man sieht, handelt es sich um einen mehrdimensionalen Begriff, der je nach Handlungsfeld unterschiedlich zu bestimmen ist und dessen Dimensionen zunächst operationalisiert werden müssen. Indikatoren können zum einen den – allerdings sehr vage gehaltenen – Gesetzesformulierungen entnommen

219 Die Jugendhilfeträger können diesen Empfehlungen beitreten.

werden, zum anderen den Überlegungen und Erfahrungen einer „guten“ fachlichen, insbesondere sozialarbeiterischen Praxis.

In den „Gemeinsamen Empfehlungen der BAR zur Qualitätssicherung nach § 37 Abs. 1 SGB IX“ (2018, 8) ist die folgende Definition zu finden:

> „Qualität von Leistungen zur Teilhabe kennzeichnet eine wirksame und bedarfsgerechte, am bio-psycho-sozialen Modell der WHO (ICF) orientierte, fachlich qualifizierte, auf die Erreichung der Teilhabeziele im Sinne des SGB IX ausgerichtete und wirtschaftliche Leistungserbringung.“
>
> Und zur Aufgabenstellung heißt es dort: „Qualitätssicherung bei Leistungen zur Teilhabe hat zum Ziel, eine am Bedarf der Leistungsberechtigten orientierte, unter den jeweiligen gesetzlichen Rahmenbedingungen bestmögliche Qualität zu Erreichung der individuellen Teilhabeziele zu gewährleisten. Dazu dienen die systematische und kontinuierliche Prüfung, Bewertung, Förderung und Verbesserung der Qualität.“

Das SGB VIII verwendet nicht den im industriellen Bereich entwickelten Begriff „Qualitätssicherung“, sondern den der „*Qualitätsentwicklung*“. Begründet wird dies bei der Einfügung der §§ 78 ff. in das SGB VIII im Jahr 1998 (BT-Drucks. 13/10330) damit, dass

- in sozialpädagogischen Handlungsfeldern ein komplexeres Bedingungsgefüge besteht
- nicht leicht zu erfassende subjektive Faktoren eine Rolle spielen
- in der Jugendhilfe kein anerkanntes Verständnis von „Qualität“ besteht, das „gesichert“ werden könnte
- mit „Qualitäts*entwicklung*“ verdeutlicht werden kann, dass es in der Sozialen Arbeit um einen Prozess der ständigen (Weiter-)Entwicklung geht.

Als wesentliche Instrumente der Entwicklung und Gewährleistung fachlicher Qualität sind danach Beratung und Anleitung, die regelmäßige Supervision und Fortbildung sowie eine systematische Dokumentation der Entwicklung des Kindes bzw. des Jugendlichen anzusehen. Betont wird die hohe fachpolitische Bedeutung der Implementierung qualitativer Standards im Bereich der Jugendhilfe, und zwar sowohl im Hinblick auf die Gewährung einer möglichst am Bedarf orientierten und damit wirksamen Leistung als auch im Hinblick auf den gezielten Einsatz öffentlicher Mittel. Selbstverständlich kann die Qualitätsentwicklung nur in der Zusammenarbeit aller Beteiligten, d. h. der öffentlichen und privaten Träger, der Leistungserbringer, der Leistungsadressaten und deren Vertreter, erfolgversprechend verlaufen.

Es hat sich eingebürgert, gemäß dem Vorschlag von Donabedian (1980) zwischen Ergebnis-, Prozess- und Strukturqualität zu unterscheiden. „Ergebnisqualität“ markiert die Effektivität der erbrachten Leistung (Erfolg) einschließlich ihrer Effizienz (Relation von Erfolg zu Ressourcenverbrauch) und der Zufriedenheit des Leistungsempfängers. Mit „Prozessqualität“ werden die Merkmale der fachlichen Tätigkeiten auf dem Weg dorthin beschrieben, mit „Strukturqualität“ die Güte der Rahmenbedingungen; beide stehen im Dienst der Ergebnisqualität.

Die Ergebnisqualität lässt sich festmachen an den Wirkungen der Maßnahmen beim Kind oder Jugendlichen, bei seinen Eltern bzw. seiner Familie, aber auch an positiven gesellschaftlichen Effekten. Dabei sind auch kleinere Verbesserungen zu würdigen, denn nicht jedem Kind oder Jugendlichen wird es möglich sein, das Optimum zu erreichen.

Merkmale der Ergebnisqualität:

auf Seiten des Kindes/Jugendlichen

- Entwicklungsfortschritte in Richtung auf Eigenverantwortlichkeit und Gemeinschaftsfähigkeit
- Gewinnung altersentsprechender Autonomie
- Abnahme von psychischen Störungen und Verhaltensauffälligkeiten
- Partizipation in allen relevanten Lebensbereichen, in denen diese gewünscht wird
- gesteigerte Unabhängigkeit von Hilfeleistungen
- Erhaltung des Familienbezugs und der bevorzugten Lebensumstände
- Bewahrung vor Gefährdung
- Zufriedenheit mit dem Erreichten
- angemessenes Verhältnis von psychischem und materiellem Aufwand zum Effekt der Leistung

auf Seiten der Eltern bzw. der Familie

- Kompetenz, mit den Schwächen des Kindes/Jugendlichen angemessen umzugehen und zu ihrer Milderung oder Behebung beizutragen
- Entlastung, Verringerung von Überforderung
- Abnahme von innerfamiliären Konflikten
- möglichst weitgehende Unabhängigkeit von externer Unterstützung
- Zusammenhalt und Wohlbefinden aller Familienmitglieder
- positive Bewertung der erzielten Veränderungen

auf Seiten der Gesellschaft

- entwicklungsfördernde Lebensbedingungen für Kinder und Familien, insbesondere bei Bestehen von Behinderungen

- gute Betreuungs-, Schul- und Ausbildungsbedingungen auch für Kinder und Jugendliche mit Behinderungen
- ausreichende und differenzierte Hilfsangebote (verbesserte Angebotssteuerung)
- Informiertheit aller Interessierten über Unterstützungsmöglichkeiten (verbesserte Öffentlichkeitsarbeit)

Die individuelle Gewichtung der verschiedenen Komponenten muss im Einzelfall von allen Beteiligten gemeinsam erarbeitet werden (z. B. im Hilfeplan- oder Gesamtplan-Gespräch).

Merkmale der Prozessqualität

- Beteiligung der betroffenen Personen an der Planung und Durchführung der Maßnahme (Nutzung der Problemlösungskompetenzen der Kinder und Erwachsenen, Berücksichtigung ihres Wunsch- und Wahlrechts)
- Transparenz der Zielsetzungen und Handlungsvollzüge
- standardisierte Verfahrensabläufe
- hohe fachliche Qualität der Bedarfsermittlung, gestützt auf valide und reliable diagnostische Instrumente
- hohe fachliche Qualität der Leistungsausführung
- Nutzung wissenschaftlicher Erkenntnisse und erprobten praktischen Expertenwissens
- interdisziplinäre Zusammenarbeit innerhalb der Einrichtung und einrichtungsübergreifend
- Kooperation mit den vor- und nachbehandelnden Einrichtungen, Diensten und Selbsthilfe-Organisationen, Schulen, Ausbildungsstellen etc.
- gewissenhafte und verständliche Dokumentation und Bewertung des Rehabilitationsverlaufs
- Achtung des Rechts der Adressaten auf informationelle Selbstbestimmung
- Beachtung des Prinzips des kleinstmöglichen (ausreichenden) Eingriffs
- sorgfältige Vorbereitung der Beendigung der Hilfe („Fallausgangssteuerung“)

Merkmale der Strukturqualität

- ausreichendes, gut erreichbares regionales und kommunales Hilfsangebot
- Bestehen eines angemessenen Leitbilds, dem sich alle Mitarbeiter verpflichtet fühlen
- problemangemessene Rehabilitationskonzepte (indikations- und zielgruppenspezifisch)
- Konzepte der altersentsprechenden Beteiligungs- und Beschwerdemöglichkeiten von Kindern, Jugendlichen und Personensorgeberechtigten

- gute Personalausstattung
- hohe fachliche Qualifikation der Mitarbeiter, Aus- und Fortbildungsmöglichkeiten
- gute, barrierefreie räumliche und sächliche Ausstattung
- barrierefreie Kommunikation
- Vernetzung mit weiteren Akteuren

(vgl. BAR 2018; Harnach-Beck 1997; 2021).

Die *Entwicklung* von Qualitätsstandards kann organisationsintern und -übergreifend erfolgen, auf jeden Fall in einem kommunikativen Prozess, in den alle Beteiligten (Leistungsplaner, -erbringer, -empfänger und ihre Vertretungen, Jugendhilfeausschuss etc.) eingebunden werden. Beratung hierzu soll durch den überörtlichen Leistungsträger bereitgestellt werden (§ 85 Abs. 2 SGB VIII).

Die Qualitäts*prüfung* ermittelt, ob die Leistungsdurchführung und das Leistungsergebnis den Vorgaben entsprechen. Grundlegend für die Überprüfung und Bewertung der Einhaltung der Standards in der Praxis ist eine differenzierte Dokumentation der Handlungsabläufe und der Effekte und deren Kommunikation an alle Berechtigten (unter Einhaltung der Datenschutzbestimmungen), also die Befolgung des *Transparenzgebots.* Einrichtungsintern und/oder -extern sind Verfahren zur systematischen und einheitlichen Qualitäts*bewertung* zu entwickeln, auch dies in einem diskursiven fachlichen Prozess (für den auch die entsprechenden Ressourcen bereitgestellt werden müssen). Sie können zur Selbstevaluation und/oder zur externen Evaluation (vergleichende Qualitätsanalyse) verwendet werden. Dazu gehören z. B. Soll-Ist-Vergleiche, Einschätzungen durch Fachkräfte (z. B. Peer-Review-Verfahren), Bewertungen durch Leistungsberechtigte, Beurteilungen von Leistungsdauer, Komplikationen und Abbrüchen, Nachbefragung der Adressaten hinsichtlich ihrer Integration in Schule, Arbeit und Gesellschaft (BAR 2018; Feldhaus 2013; Kolodziej/Happe 2008).

Die Überprüfung individueller Verläufe sollte (zu festgesetzten Zeitpunkten) leistungsbegleitend (z. B. bei der Rückmeldung zur Fortschreibung des Hilfeplans) und nach dem Abschluss einer Maßnahme erfolgen. Die Ergebnisse der Evaluation werden an die Bewerteten rückgemeldet und müssen in die weitere Praxis eingespeist werden. So trägt Qualitätsentwicklung dazu bei, den Adressaten immer wirksamere Leistungen anbieten zu können, wie es dem gesetzlichen Auftrag und dem Ethos aller im Sozialbereich Tätigen entspricht.

Literatur

AGJ: Arbeitsgemeinschaft für Kinder- und Jugendhilfe (2019): Mehr Inklusion / Wirksames Hilfesystem / Weniger Schnittstellen." Stellungnahme. www.mitreden-mitgestalten.de. Abfrage 19.9.2019

AGJÄ: Arbeitsgemeinschaft der Jugendämter der Länder Niedersachsen und Bremen (2001): Das neue SGB IX – Rehabilitation und Teilhabe behinderter Menschen – in der Kinder- und Jugendhilfe. Arbeitshilfe

Alisic, E./Zalta, A.K./van Wesel, F./Larsen, S./Hafstad, G.S.,/Hassanpour K. (2014): Posttraumatic stress disorder in trauma-exposed children and adolescents: Meta-analysis. In: British Journal of Psychiatry, 335–340

Antonovsky, A. (1997): Salutogenese. Tübingen: Dgvt

APA: American Psychiatric Association (2015): Diagnostisches und Statistisches Manual Psychischer Störungen, DSM-5, deutsche Ausgabe. Hrsg. Falkai, P./Wittchen, H.-U., Göttingen: Hogrefe

Aster, M. von (1996): Psychopathologische Risiken bei Kindern mit umschriebenen schulischen Störungen. In: Kindheit und Entwicklung 5, 53–59

BAGLJÄ Bundesarbeitsgemeinschaft der Landesjugendämter (2019): Anforderungen an die Jugendämter durch das Bundesteilhabegesetz, abrufbar über www.bar-frankfurt.de, Abfrage 20.3.2020

BAGLJÄ Bundesarbeitsgemeinschaft der Landesjugendämter (2000): Stellungnahme des Vorstandes zu Sozialgesetzbuch IX, Bundesrats-Drucksache 49/01

Balint, M. (1970): Therapeutische Aspekte der Regression. Stuttgart: Klett

BAR: Bundesarbeitsgemeinschaft für Rehabilitation (2015): ICF-Praxisleitfaden 1 – Zugang zur Rehabilitation, 2. Aufl. www.bar-frankfurt.de, Abfrage 6.11.2020

BAR: Bundesarbeitsgemeinschaft für Rehabilitation (2018): Qualitätssicherung nach § 37 Abs. 1 SGB IX. www.bar-frankfurt.de, Abfrage 15.2.2021

BAR: Bundesarbeitsgemeinschaft für Rehabilitation e.v. (2019): Reha-Prozess. Gemeinsame Empfehlung zur Zuständigkeitsklärung, zur Erkennung, Ermittlung und Feststellung des Rehabilitationsbedarfs. www.bar-frankfurt.de, Abfrage 12.3.2020

BAR: Bundesarbeitsgemeinschaft für Rehabilitation (1994): Rehabilitation Behinderter: Schädigung – Diagnostik – Therapie – Nachsorge. Köln: Deutscher Ärzte-Verlag

Barkmann, C., Schulte-Markwort, M. (2004): Prävalenz psychischer Auffälligkeit bei Kindern und Jugendlichen in Deutschland – ein systematischer Überblick. Psychiatrische Praxis, 278–287

Bayerisches Landesjugendamt (Hrsg.) (2013): Sozialpädagogische Diagnose-Tabelle und Hilfeplan. Arbeitshilfe. http://www.blja.bayern.de/, Abfrage 1.10.2020

BDP: Berufsverband deutscher Psychologinnen und Psychologen et al. (Hrsg.) (2011): Diagnostik von Sprachentwicklungsstörungen (SES) unter Berücksichtigung umschriebener Sprachentwicklungsstörungen (USES). S2k-Leitlinie. awmf.org

Beblo, T./Woermann, F. (2005): Traumatisierung und zerebrale Bildgebung. In: Egle, U.T. et al., Sexueller Missbrauch, Misshandlung, Vernachlässigung. Stuttgart: Thieme, 75–84

Bentele, V. (2016): Deutscher Bundestag verabschiedet Bundesteilhabegesetz. www.behindertenbeauftragter.de, Abfrage 14.4.2017

Berger, M. (Hrsg.) (1999): Psychiatrie und Psychotherapie. München: Urban und Schwarzenberg

Bleidick, U. (1999): Behinderung als pädagogische Aufgabe. Stuttgart: Kohlhammer

Bohus, M. (2019): Borderline-Störung. Göttingen: Hogrefe

Bowlby, J. (1951): Maternal Care and Mental Health. Genf: WHO

Brack, U./Volpers, F. (1993): Sprach- und Sprechstörungen. In: Steinhausen, H.-C./v. Aster, M. (Hrsg.): Handbuch Verhaltenstherapie und Verhaltensmedizin. Weinheim: Beltz, 99–129

Breuer, H./Weuffen, M. (1993): Lernschwierigkeiten am Schulanfang. Weinheim

Bundesministerium der Justiz und für Verbraucherschutz/Bundesamt für Justiz (2016a): Verordnung zur Früherkennung behinderter und von Behinderung bedrohter Kinder – Frühförderverordnung. www.gesetze-im-internet.de, Abfrage 30.3.2021

Bundesministerium der Justiz und für Verbraucherschutz/Bundesamt für Justiz (2016b): Verordnung zur Verwendung von Gebärdensprache und anderen Kommunikationshilfen im Verwaltungsverfahren nach dem Behindertengleichstellungsgesetz – KHV. www.gesetze-im-internet.de, Abfrage 6.4.2021

Bundesministerium für Arbeit und Soziales (2020): Entwurf eines Gesetzes zur Stärkung der Teilhabe von Menschen mit Behinderungen (Teilhabestärkungsgesetz). www.bmas.de, Abfrage 10.3.2021

Bundesministerium für Arbeit und Sozialordnung (1998): Vierter Bericht der Bundesregierung über die Lage der Behinderten und die Entwicklung der Rehabilitation 1998, Nachdruck 2002. Berlin

Bundesministerium für Arbeit und Sozialordnung (2009): Bericht für die 16. Legislaturperiode. www.bmas.de

Bundesministerium für Familie, Senioren, Frauen und Jugend (2019): Arbeitsgruppe: SGB VIII – Mitreden – Mitgestalten. Entwurf. www.mitreden-mitgestalten.de. Abfrage 19.9.2019

Bundesregierung (2017): Teilhabebericht über die Lebenslagen von Menschen mit Beeinträchtigungen. BT-Drucksache18/10940

Bundesregierung (2020): Entwurf eines Gesetzes zur Stärkung von Kindern und Jugendlichen (Kinder- und Jugendstärkungsgesetz) v. 2.12.2020, bmfsfj.de, abger. 3.12.2020

Bundesverband Katholischer Einrichtungen und Dienste der Erziehungshilfen e.V. (2001): „Grundlagenpapier“ zu § 35a/SGB VIII

Bundeszentrale für gesundheitliche Aufklärung (2012): Die Drogenaffinität Jugendlicher in der Bundesrepublik Deutschland 2011. Der Konsum von Alkohol, Tabak und illegalen Drogen: aktuelle Verbreitung und Trends. www.bzga.de, Abfrage 17.11.2020

Colich, N. et al. (2020): Biological Aging in Childhood and Adolescence Following Experiences of Threat and Deprivation: A Systematic Review and Metaanalysis. In: Psychological Bulletin, www.apa.org, 3.8.2020

Degener, K.E. (2007): Krankenhilfe. Kommentierung von § 40 SGB VIII. In: Jans, K.-W./Happe, G./Saurbier, H./Maas, U. (Hrsg.): Kinder- und Jugendhilferecht. Kommentar. 3. Aufl. Stuttgart: Kohlhammer; auch: beck-online

Degener, K.E. (2014): Umfang der Heranziehung. Kommentierung von § 94 SGB VIII. In: Jans, K.-W./Happe, G./Saurbier, H./Maas, U. (Hrsg.): Kinder- und Jugendhilferecht. Kommentar. 3. Aufl. Stuttgart: Kohlhammer; auch: beck-online

Degener, K.E. (2016): Leistungen zum Unterhalt des Kindes oder des Jugendlichen. Kommentierung von § 39 SGB VIII. In: Jans, K.-W./Happe, G./Saurbier, H./Maas, U. (Hrsg.): Kinder- und Jugendhilferecht. Kommentar. 3. Aufl. Stuttgart: Kohlhammer; auch: beck-online

Degener, K.E. (2017): Kommentierung von § 92 SGB VIII. In: Jans, K.-W./Happe, G./Saurbier, H./Maas, U. (Hrsg.): Kinder- und Jugendhilferecht. Kommentar. 3. Aufl. Stuttgart: Kohlhammer; auch: beck-online

DeGPT: Deutschsprachige Gesellschaft für Psychotraumatologie (Hrsg.) (2019): Posttraumatische Belastungsstörung. S3-Leitlinie, awmf.org, Abfrage 13.6.2020

Detering, D. (2002): Förderung von jungen Menschen mit seelischer Behinderung in der Leppermühle. In EREV (Hrsg.), Hilfen nach § 35a SGB VIII/KJHG. Hannover, 82–100

Deutsche Hauptstelle gegen die Suchtgefahren (1996): Alkohol – Konsum und Missbrauch, Alkoholismus – Therapie und Hilfe. Freiburg i. Br.

DG Sucht: Deutsche Gesellschaft für Suchtforschung und Suchttherapie e. V. (Hrsg.) (2016): Screening, Diagnose und Behandlung alkoholbezogener Störungen. S3-Leitlinie www.awmf.org

DGBS: Deutsche Gesellschaft für Bipolare Störungen und DGPPN (Hrsg.) (2019): Zur Diagnostik und Therapie Bipolarer Störungen. S3-Leitlinie. awmf.org., Abfrage 13.11.2020

DGKJP: Deutsche Gesellschaft für Kinder- und Jugendpsychiatrie, Psychosomatik und Psychotherapie e. V. et al. (Hrsg.) (2013): Behandlung von depressiven Störungen bei Kindern und Jugendlichen. S3-Leitlinie, awmf.org, Abfrage 7.5.2020

DGKJP: Deutsche Gesellschaft für Kinder- und Jugendpsychiatrie, Psychosomatik und Psychotherapie (Hrsg.) (2014): Intelligenzminderung. S2k-Leitlinie, awmf.org, Abfrage 17.11.2020

DGKJP: Deutsche Gesellschaft für Kinder- und Jugendpsychiatrie, Psychosomatik und Psychotherapie e. V. et al. (Hrsg.) (2015a): Diagnostik und Behandlung von Kindern und Jugendlichen mit Lese- und/oder Rechtschreibstörung. S3-Leitlinie, awmf.org, Abfrage 20.10.2020

DGKJP: Deutsche Gesellschaft für Kinder- und Jugendpsychiatrie, Psychosomatik und Psychotherapie e. V. et al. (Hrsg.) (2015b) Diagnostik und Therapie von psychischen Störungen im Säuglings-, Kindes- und Jugendalter, S2k-Leitlinie, awmf.org, Abfrage 22.11.2019

DGKJP: Deutsche Gesellschaft für Kinder- und Jugendpsychiatrie, Psychosomatik und Psychotherapie e. V. et al. (Hrsg.) (2015c): Enuresis und nichtorganische Harninkontinenz bei Kindern und Jugendlichen, S2k-Leitlinie, awmf.org, Abfrage 25.10.2020

DGKJP: Deutsche Gesellschaft für Kinder- und Jugendpsychiatrie, Psychosomatik und Psychotherapie e. V. et al. (Hrsg.) (2016): Autismus-Spektrum-Störungen im Kindes-, Jugend- und Erwachsenenalter, S3-Leitlinie, awmf.org, Abfrage 29.4.2019

DGKJP: Deutsche Gesellschaft für Kinder- und Jugendpsychiatrie, Psychosomatik und Psychotherapie e. V. et al. (Hrsg.) (2016a): Störungen des Sozialverhaltens: Empfehlungen zur Versorgung und Behandlung. S3-Leitlinie. awmf.org, Abfrage 26.7.2020

DGKJP: Deutsche Gesellschaft für Kinder- und Jugendpsychiatrie, Psychosomatik und Psychotherapie e. V. et al. (Hrsg.) (2017): Aufmerksamkeitsdefizit-/Hyperaktivitätsstörung (ADHS) im Kindes-, Jugend- und Erwachsenenalter, S3-Leitlinie, awmf.org, Abfrage 23.7.2020

DGPM: Deutsche Gesellschaft für Psychosomatische Medizin und Ärztliche Psychotherapie et al. (Hrsg.) (2018): S3-Leitlinie Diagnostik und Behandlung der Essstörungen. awmf.org, Abfrage 17.6.2020

DGPP: Deutsche Gesellschaft für Phoniatrie und Pädaudiologie et al. (Hrsg.) (2016): Pathogenese, Diagnostik und Behandlung von Redeflussstörungen, S3-Leitlinie, awmf.org, Abfrage 26.8.2020

DGPPN: Deutsche Gesellschaft für Psychiatrie und Psychotherapie, Psychosomatik und Nervenheilkunde e. V. (Hrsg.) (2013): S3-Leitlinie Zwangsstörungen. awmf.org, Abfrage 10.5.2020

DGPPN: Deutsche Gesellschaft für Psychiatrie und Psychotherapie, Psychosomatik und Nervenheilkunde e. V. (Hrsg.) (2019): Schizophrenie, S3-Leitlinie, awmf.org, Abfrage 5.5.2020

DIJuF: Deutsches Institut für Jugendhilfe und Familienrecht (2010): Rechtsgutachten, Umgang mit „vertraulichen" Arztberichten von kinder- und jugendpsychiatrischen Kliniken, JAmt 2010, 232–233

DIJuF: Deutsches Institut für Jugendhilfe und Familienrecht (2017): Zulässigkeit der Benennung von drei Fachärzten zur Einholung einer Stellungnahme nach § 35a Abs. 1a SGB VIII zur verpflichtenden Inanspruchnahme durch den Leistungsberechtigten? Rechtsgutachten JAmt, 70

Dilling, H./Mombour, W./Schmidt, M. H. (Hrsg.) (2015): Internationale Klassifikation psychischer Störungen: ICD-10, Kap. V (F) – Klinisch-diagnostische Leitlinien. 10. Aufl. Bern: Huber

DIMDI: Deutsches Institut für Medizinische Dokumentation und Information. www.dimdi.de

Donabedian, A. (1980): The definition of quality and approaches to its assessment: Explorations in quality assessment and monitoring. Ann Arbor: Health Administration Press

Döpfner, M. (1999): Zwangsstörungen. In: Steinhausen, H.-C./von Aster, M. (Hrsg.): Handbuch Verhaltenstherapie und Verhaltensmedizin bei Kindern und Jugendlichen. Weinheim: Beltz, 276–328

Döpfner, M. (2002): PEP – Ein Präventionsprogramm für 3- bis 6 jährige Kinder mit expansivem Problemverhalten. In: Kindheit und Entwicklung, 98–106

Döpfner, M. (2013): Klassifikation und Epidemiologie psychischer Störungen. In: Petermann, F. (Hrsg.): Lehrbuch der Klinischen Kinderpsychologie und -psychotherapie. 7. Aufl. Göttingen: Hogrefe, 31–56

Döpfner, M. (2015a): Zwangsstörungen. In: Esser, G. (Hrsg.): Klinische Psychologie und Verhaltenstherapie bei Kindern und Jugendlichen. Stuttgart: Thieme, 235–247

Döpfner, M. (2015b): Hyperkinetische Störungen. In: Esser, G. (Hrsg.): Klinische Psychologie und Verhaltenstherapie bei Kindern und Jugendlichen. Stuttgart: Thieme, 104–119

Döpfner, M./Goletz, M. (2013): Zwangsstörungen. In: Petermann, F. (Hrsg.): Lehrbuch der klinischen Kinderpsychologie. Göttingen: Hogrefe, 423–437

Döpfner, M./Lehmkuhl, G./Heubrock, D./Petermann, F. (2000): Diagnostik psychischer Störungen im Kindes- und Jugendalter. Göttingen: Hogrefe

Döpfner, M./Rothenberger, A. (2008): Tic-Störungen. In: Petermann, F. (Hrsg.): Lehrbuch der Klinischen Kinderpsychologie und -psychotherapie. 6. Aufl. 2008. Göttingen: Hogrefe, 311–326

Drogenbeauftragte der Bundesregierung (2020) (Hrsg.): Drogen und Suchtbericht 2019. www. drogenbeauftragte.de

DSM-5 Diagnostisches und Statistisches Manual Psychischer Störungen (2018): Deutsche Ausgabe herausgegeben von Falkai, P./Wittchen, U. et al. Göttingen: Hogrefe

DSM-IV-TR – Diagnostisches und Statistisches Manual Psychischer Störungen (2003): Deutsche Bearbeitung und Einführung von Saß, H. et al. Göttingen: Hogrefe

DV: Deutscher Verein für öffentliche und private Fürsorge (2000): Erste Stellungnahme zum Referentenentwurf eines Sozialgesetzbuches – 9. Buch (SGB IX) – Rehabilitation und Teilhabe behinderter Menschen, Stand: 26.10.2000. In: Nachrichtendienst des Deutschen Vereins für öffentliche und private Fürsorge, 405–406

DV: Deutscher Verein für öffentliche und private Fürsorge (2001): Stellungnahme zum Entwurf eines Sozialgesetzbuches, BT-Drucks. 14/5074. In: Nachrichtendienst des Deutschen Vereins für öffentliche und private Fürsorge, 65–66

DV: Deutscher Verein für öffentliche und private Fürsorge (2016): Stellungnahme zum Gesetzentwurf BTHG. In: Nachrichtendienst des Deutschen Vereins für öffentliche und private Fürsorge, 481–484 und 544–552

DV: Deutscher Verein für öffentliche und private Fürsorge (2019): Empfehlungen zur Gesamtplanung in der Eingliederungshilfe und ihr Verhältnis zur Teilhabeplanung. www. deutscher-verein.de, Abfrage 10.3.2021

Eikötter, M. (2017): Schulbegleitung und Pool-Lösung. Zeitschrift für Kindschaftsrecht und Jugendhilfe, 48–54

Eisert, H. G. (1993): Hyperkinetische Störungen. In: Steinhausen, H.-C./v. Aster, M. (Hrsg.): Handbuch Verhaltenstherapie und Verhaltensmedizin. Weinheim: Beltz, 131–159

Essau, C. A./Petermann, U. (2000): Depression. In: Petermann, F. (Hrsg.): Lehrbuch der Klinischen Kinderpsychologie und -psychotherapie. Göttingen: Hogrefe, 291–322

Esser, G., (Hrsg.) (2015): Klinische Psychologie und Verhaltenstherapie bei Kindern und Jugendlichen. Stuttgart: Thieme

Esser, G./Schmidt, M. H. (1986): Prognose und Verlauf kinderpsychiatrischer Störungen im Längsschnitt von 8 bis 13 Jahren. In: Schmidt, M. H./Drömann, S. (Hrsg.): Langzeitverlauf kinder- und jugendpsychiatrischer Störungen. Stuttgart: Enke, 79–90

Esser, G./Schmidt, M. H./Laucht, M./Ihle, W. (1994): Teilleistungsstörungen und Verhaltensauffälligkeiten – parallele Manifestation oder ursächlicher Zusammenhang? In: Martinius, J./Amorosa, H. (Hrsg.): Teilleistungsstörungen. Berlin: Quintessenz, 31–42

Esser, G./Wyschkon, A. (2015): Umschriebene Entwicklungsstörungen. In: Esser, G. (Hrsg.): Klinische Psychologie und Verhaltenstherapie bei Kindern und Jugendlichen, Stuttgart: Thieme, 290–302

Esser, G./Wyschkon, A./Schmidt, M. H. (2002): Was wird aus Achtjährigen mit einer Lese- und Rechtschreibstörung? In: Zeitschrift für Klinische Psychologie und Psychotherapie, 235–242

Europäische Union (2016/2018): Verordnung (EU) 2016/679 des Europäischen Parlaments und des Rates vom 27. April 2016 zum Schutz natürlicher Personen bei der Verarbeitung personenbezogener Daten, zum freien Datenverkehr und zur Aufhebung der Richtlinie 95/46/EG (Datenschutz-Grundverordnung)

Fegert, J. (1994): Was ist seelische Behinderung? Anspruchsgrundlage und kooperative Umsetzung von Hilfen nach § 35a KJHG. Münster: Votum

Fegert, J. (2000): Bessere Teilhabe durch Integration unter ein gemeinsames Dach. In: Zentralblatt für Jugendrecht, 441–446

Fegert, J. (2002): Jugendhilfe. Grundlagen für die Entscheidungsfindung in Hilfeplanung und Hilfeprozess, Weinheim und München: Juventa

Fegert, J. (2015): Der Katalog seelischer Störungen von Kindern und Jugendlichen. In: Wiesner, R. (Hrsg.): SGB VIII, Kinder- und Jugendhilfe, § 35a, Kap. IV. beck-online

Fegert, J./Rosen-Runge, G./Thoms, E./Kölch, M./Meysen, TH. (2008): Stellungnahme zur Eingliederungshilfe nach § 35a SGB VIII der Kommission Jugendhilfe der kinder- und jugendpsychiatrischen Fachgesellschaften. In: Das Jugendamt, 177–186

Fegert, J./Schepker, R. (2009): Alle oder keiner? Zur Bedarfslage und den Zuständigkeiten für jugendliche Suchtkranke im Sozialrecht. In: Das Jugendamt 2009, 60–67

Feldhaus, M. (2013): Qualitätsentwicklung in der Kinder- und Jugendhilfe. Kommentierung von § 79a SGB VIII. In: Jans, K.-W./Happe, G./Saurbier, H./Maas, U. (Hrsg.): Kinder- und Jugendhilferecht, Kommentar. 3. Aufl. Stuttgart: Kohlhammer. Auch beck-online

Fetzer, F. (2008): Behandlungserfolg der Jugenddrogenentzugsstation clean. kick unter den Aspekten Substanzkonsum und soziale Adaptation. Dissertation Universität Ulm. www.uniklinik-ulm.de. Abfrage 3.5.2020

Fichter, M. M. (2018): Epidemiologie der Ess- und Fütterstörungen. In: DGPM et al. (Hrsg.): S3-Leitlinie Diagnostik und Behandlung der Essstörungen, awmf.org, 1–15

Fichter, M. M./Quadflieg, N. (2016): Mortality in eating disorders – Results of a large prospective clinical longitudinal study. In: International Journal of Eating Disorders, 49, 391–401.

Fischer, L. (2017): Eingliederungshilfe für seelisch behinderte Kinder und Jugendliche. Kommentierung von § 35a SGB VIII. In: Schellhorn, W./Fischer, L./Mann, H./Kern, Ch. (Hrsg.): SGB VIII, Kinder- und Jugendhilfe. Kommentar. 5. Aufl. München: Luchterhand

Flatten, G./Gast, U. et al. (2011): Trauma und Gewalt. In: DeGPT et al. (Hrsg.): S3-Leitlinie Posttraumatische Belastungsstörung. awmf.org, Abfrage 29.11.2019

Frances, A. (2013): Normal. Gegen die Inflation psychiatrischer Diagnosen. Köln: DuMont

Freeston M./Rhéaume J./Ladouceur R. (1996): Correcting faulty appraisals of obsessional thoughts. In: Behavioral Research and Therapy, 433–446

Fuhrmann, P./Schreiner-Zink, S./v. Gontard, A. (2008): Störungen der Ausscheidung: Einnässen und Einkoten. In: Petermann, F. (Hrsg.): Lehrbuch der klinischen Kinderpsychologie. Göttingen: Hogrefe, 239–253

Gemeinsamer Bundesausschuss (2020): Richtlinie über die Durchführung der Psychotherapie (Therapierichtlinie). www.g-ba.de Abfrage 11.11.2020

Gemeinsamer Bundesausschuss (2017): Heilmittelrichtlinie, 2. Teil, Heilmittelkatalog nach § 92 Abs. 6 Satz 1 Nr. 2 SGB V. g-ba.de, Abfrage 26.5.2020

Grasmann, D. (2015): Störungen des Sozialverhaltens und Jugenddelinquenz. In: Esser, G. (Hrsg.): Klinische Psychologie und Verhaltenstherapie bei Kindern und Jugendlichen. Stuttgart: Thieme, 120–127

Groen, G./Petermann, F. (2013): Depressive Störungen, in: Petermann, F. (Hrsg.): Lehrbuch der klinischen Kinderpsychologie und -psychotherapie. Göttingen: Hogrefe, 439–458

Gromann, P./Kronenberger, G. (2011): Eingliederungshilfe und Wirkungsorientierung – Optionen der Integrierten Teilhabeplanung auf der Basis von Zeitbasierung. In: Nachrichtendienst des Deutschen Vereins für öffentliche und private Fürsorge, 216–222

Häfner, H. (2017): Das Rätsel Schizophrenie: Eine Krankheit wird entschlüsselt. München: Ch. Beck

Happe, G./Harnach, V. (2008): Intensive sozialpädagogische Einzelbetreuung. Kommentierung von § 35 KJHG. In: Jans, K.-W./Happe, G./Saurbier, H./Maas, U. (Hrsg.): Kinder- und Jugendhilferecht. Kommentar. 3. Aufl. Stuttgart: Kohlhammer; auch: beck-online

Happe, G./Harnach, V. (2010): Heimerziehung, sonstige betreute Wohnform. Kommentierung von § 34 KJHG. In: Jans, K.-W./Happe, G./Saurbier, H./Maas, U. (Hrsg.): Kinder- und Jugendhilferecht. Kommentar. 3. Aufl. Stuttgart: Kohlhammer; auch: beck-online

Happe, G./Saurbier, H. (2005): Vollzeitpflege. Kommentierung von § 33 SGB VIII. In: Jans, K.-W./Happe, G./Saurbier, H./Maas, U. (Hrsg.): Kinder- und Jugendhilferecht. Kommentar. 3. Aufl. Stuttgart: Kohlhammer; auch: beck-online

Happe, G./Saurbier, H. (2006a): Kommentierung von § 1 KJHG. In: Jans, K.-W./Happe, G./Saurbier, H./Maas, U. (Hrsg.): Kinder- und Jugendhilferecht. Kommentar. 3. Aufl. Stuttgart: Kohlhammer; auch: beck-online

Happe, G./Saurbier, H. (2006b): Hilfe für junge Volljährige. Kommentierung von § 41 SGB VIII In: Jans, K.-W./Happe, G./Saurbier, H./Maas, U. (Hrsg.). Kinder- und Jugendhilferecht. Kommentar. 3. Aufl. Stuttgart: Kohlhammer; auch: beck-online

Harnach, V. (2004): Diagnostische Aufgaben des Jugendamtes bei der Planung von Eingliederungshilfen für seelisch behinderte Kinder und Jugendliche. In: Heiner, M. (Hrsg.): Diagnostik und Diagnosen in der Sozialen Arbeit – Ein Handbuch. Berlin: Deutscher Verein, 109–124

Harnach, V. (2011): Sexueller Missbrauch aus der Perspektive des Opfers. In: Baldus, M./Utz, R. (Hrsg.): Sexueller Missbrauch in pädagogischen Kontexten. Wiesbaden: VS Verlag für Sozialwissenschaften

Harnach, V. (2016): Schutzauftrag bei Kindeswohlgefährdung. Kommentierung von § 8a SGB VIII. In: Jans, K.-W./Happe, G./Saurbier, H./Maas, U. (Hrsg.): Kinder- und Jugendhilferecht. Kommentar. 3. Aufl. Stuttgart: Kohlhammer; auch: beck-online

Harnach, V. (2018): Erziehungsberatung. Kommentierung von § 28 SGB VIII. In: Jans, K.-W./Happe, G./Saurbier, H./Maas, U. (Hrsg.): Kinder- und Jugendhilferecht. Kommentar. 3. Aufl. Stuttgart: Kohlhammer; auch: beck-online

Harnach, V. (2020a): Eingliederungshilfe für seelisch behinderte Kinder und Jugendliche. Kommentierung von §35a SGB VIII. In: Jans, K.-W./Happe, G./Saurbier, H./Maas, U. (Hrsg.): Kinder- und Jugendhilferecht. Kommentar. 3. Aufl. Stuttgart: Kohlhammer; auch: beck-online

Harnach, V. (2020b): Leistungen zur Rehabilitation und Teilhabe behinderter Menschen. Kommentierung von §29 SGB I. In: Jans, K.-W./Happe, G./Saurbier, H./Maas, U. (Hrsg.): Kinder- und Jugendhilferecht. Kommentar. 3. Aufl. Stuttgart: Kohlhammer; auch: beck-online

Harnach, V. (2021): Psychosoziale Diagnostik in der Jugendhilfe. Grundlagen und Methoden für Hilfeplan, Bericht und Stellungnahme. 7. Aufl. Weinheim und Basel: Beltz Juventa

Harnach-Beck, V. (1996): Eingliederungshilfe für seelisch behinderte Kinder und Jugendliche – wofür ist das Jugendamt zuständig? In: Sozialmagazin 21, 20–33

Harnach-Beck, V. (1997): Informationsgewinnung durch Fachkräfte des Jugendamtes – Professionelle Datenermittlung als Aspekt des Qualitätsmanagements. In: Kindheit und Entwicklung, 31–39

Harnach-Beck, V. (1998a): Eingliederungshilfe gemäß §35a SGB VIII bei Lese-Rechtschreibstörungen? In: Nachrichtendienst des Deutschen Vereins für öffentliche und private Fürsorge (NDV), 230–236

Harnach-Beck, V. (1998b): Diagnostische Erfordernisse bei der Entscheidungsvorbereitung für Hilfe zur Erziehung nach §§27ff. SGB VIII. In: Beiträge zum Recht der sozialen Dienste und Einrichtungen, 39, 17–37

Hauck, K./Noftz, W. (Hrsg.) (2019): Sozialgesetzbuch, SGB VIII, Kinder- und Jugendhilfe. Berlin: Erich Schmidt

Havighurst, R.J. (1972): Developmental tasks and education. 3. Aufl. New York: McCay

Henn, K./Thurn, L./Besier, T./Fegert, J.M./Ziegenhain, U. (2014): Schulbegleitung als Unterstützung von Inklusion im Schulwesen. In: Zeitschrift für Kinder- und Jugendpsychiatrie und -psychotherapie, 397–403

Hingst, W. (1998): Begutachtung und Therapie bei seelischer Behinderung aufgrund von Legasthenie. In: Zentralblatt für Jugendrecht, 62–63

Hohagen F./Kordon, H. (2004): Zwangsstörungen. In: Berger, M. (Hrsg.): Psychische Erkrankungen. Urban & Fischer, München

ICD-10 – GM (2019): Internationale Statistische Klassifikation der Krankheiten und verwandter Gesundheitsprobleme, 10. Revision – German Modification, Version 2019, www.dimdi.de

Ihle, W. (2015): Substanzgebrauchsstörungen. In: Esser, G. (Hrsg.): Klinische Psychologie und Verhaltenstherapie bei Kindern und Jugendlichen. Stuttgart: Thieme, 205–225

Ihle, W./Esser, G. (2002): Epidemiologie psychischer Störungen im Kindes- und Jugendalter: Prävalenz, Verlauf, Komorbidität und Geschlechtsunterschiede. In: Psychologische Rundschau, 159–169

Jabben, J. (2020a): Leistungen zur medizinischen Rehabilitation. Kommentierung von §42 SGB IX. In: Neumann, D./Pahlen, R./Greiner, S./Winkler, J./Jabben, J. (Hrsg.): Sozialgesetzbuch IX, Rehabilitation und Teilhabe behinderter Menschen. 14. Aufl. München: Ch. Beck; auch: beck-online

Jabben, J. (2020b): Persönliches Budget. Kommentierung von §29 SGB IX. In: Neumann, D./Pahlen, R./Greiner, S./Winkler, J./Jabben, J. (Hrsg.): Sozialgesetzbuch IX, Rehabilitation und Teilhabe behinderter Menschen. 14. Aufl. München: Ch. Beck; auch: beck-online

Jacobs, C./Petermann, F./Tischler, L. (2013): Rechenstörung. In: Petermann, F. (Hrsg.): Lehrbuch der Klinischen Kinderpsychologie und -psychotherapie, 7. Aufl. Göttingen: Hogrefe, 181 –205

Jans, K.-W./Happe, G./Saurbier, H./Maas, U. (Hrsg.) (2020): Kinder- und Jugendhilferecht mit Sozialgesetzbuch Allg. Teil (SGB I) sowie Sozialverwaltungsverfahren und Sozialdatenschutz (SGB X). Kommentar. 3. Aufl. Stuttgart: Kohlhammer; auch: beck-online

Kepert, J. (2014): Wer trägt die Kosten der schulischen Inklusion bei seelisch behinderten Schülern? In: ZKJ Zeitschrift für Kindschaftsrecht und Jugendhilfe, 320–323

Kepert, J./Dexheimer, A. (2018): Eingliederungshilfe für seelisch behinderte Kinder und Jugendliche. Kommentierung von § 35a SGB VIII. In: Kunkel, P.-Ch./Kepert, J./Pattar, A. (Hrsg.): Sozialgesetzbuch VIII, Kinder- und Jugendhilfe. Lehr- und Praxiskommentar. 7. Aufl. Baden-Baden: Nomos; auch: beck-online

KMK: Kultusministerkonferenz (2011): Inklusive Bildung von Kindern und Jugendlichen mit Behinderungen in Schulen. kmk.org, Abfrage 10.4.2020

KMK: Kultusministerkonferenz (2015): Empfehlungen zum Förderschwerpunkt emotionale und soziale Entwicklung. kmk.org. Abfrage 10.4.2020

KMK: Kultusministerkonferenz (2020): Schulgesetze der Länder. kmk.org. Abfrage 7.6.2020

KMK: Kultusministerkonferenz und HRK – Hochschulrektorenkonferenz (2015): Lehrerbildung für eine Schule der Vielfalt. kmk.org. Abfrage 10.4.2020

Kohn, J./Wyschkon, A./Ballasch, K. et al. (2013): Verlauf von Umschriebenen Entwicklungsstörungen: Eine 30-Monats-Follow-up Studie. In: Lernen und Lernstörungen, 77–89

Kolodziej, V./Happe, G. (2008): Voraussetzungen für die Übernahme des Leistungsentgelts. Kommentierung von § 78b SGB VIII. In: Jans, K.-W./Happe, G./Saurbier, H./Maas, U. (Hrsg.): Kinder- und Jugendhilferecht. Kommentar. 3. Aufl. Stuttgart: Kohlhammer; auch: beck-online

Kraus de Carmago, O. (2005): Die ICF-CY als Checkliste und Dokumentationsraster in der Praxis der Frühförderung. researchgate.net, Abfrage 15.1.2021

Kromeyer-Hauschild, K./Wabitsch, M./Kunze, D. et al. (2001): Perzentile für den Body-mass-Index für das Kindes- und Jugendalter unter Heranziehung verschiedener deutscher Stichproben. In: Monatsschrift für Kinderheilkunde 149, 807–818

Kunkel, P.-Ch. (2007): Das Verfahren zur Gewährung einer Hilfe nach § 35a SGB VIII. In: Jugendamt, 17–22

Kunkel, P.-Ch./Kepert, J./Pattar, A. (Hrsg.) Sozialgesetzbuch VIII. Kinder- und Jugendhilfe. Lehr- und Praxiskommentar. 7. Aufl. Baden-Baden: Nomos; auch beck-online

Lachwitz, K./Schellhorn, W./Welti, F. (Hrsg.) (2001): SGB IX – Rehabilitation. Neuwied: Luchterhand

Lachwitz, K./Schellhorn, W./Welti, F. (Hrsg.) (2002): Handkommentar zum Sozialgesetzbuch IX – Rehabilitation und Teilhabe behinderter Menschen – HK-SGB IX. Neuwied: Luchterhand

Landolt M./Schnyder, U./Maier, T./Schoenbucher, V./Mohler-Kuo, M. (2013): Traumaexposure and posttraumatic stress disorder in adolescents: A national survey in Switzerland. Journal of Trauma and Stress, 209–16

Lasso, M. (2020): Tätigkeitsausschluss einschlägig vorbestrafter Personen. Kommentierung von § 72a SGB VIII. In: Jans, K.-W./Happe, G./Saurbier, H./Maas, U. (Hrsg.): Kinder- und Jugendhilferecht. Kommentar. 3. Aufl. Stuttgart: Kohlhammer; auch: beck-online

Laucht, M. et al. (1996): Viereinhalb Jahre danach: Mannheimer Risikokinder im Vorschulalter. In: Zeitschrift für Kinder- und Jugendpsychiatrie, 67–81

Lehmkuhl, U. (1995): Angst und Depression als Muster häufig übersehener Störungen. In: Schmidt, M. H./Holländer, A./Hölzl, H. (Hrsg.): Psychisch gestörte Jungen und Mädchen in der Jugendhilfe: Freiburg: Lambertus

Lempp, R. (1994/2006): Seelische Behinderung als Aufgabe der Jugendhilfe. § 35a/SGB VIII. 5. Aufl. Stuttgart: Borberg

Löschau, M. (2018): Persönliches Budget. Kommentierung von § 29 SGB IX. In: Grossmann, R./Schimanski, W./Spiolek, U.(Hrsg.): Gemeinschaftskommentar zum Sozialgesetzbuch, GK-SGB IX. München: Luchterhand

Maas, U. (1996): Soziale Arbeit als Verwaltungshandeln, Systematische Grundlegung für Studium und Praxis. 2. Aufl. Weinheim und München: Juventa

Maas, U. (1998): Hilfe zur Erziehung zwischen unbestimmten Rechtsbegriff und Ermessen, In: Recht der sozialen Dienste und Einrichtungen 39, 1–16

Maas, U. (1999): Untersuchungsgrundsatz. Kommentierung von § 20 SGB X. In: Jans, K.-W./ Happe, G./Saurbier, H./Maas, U. (Hrsg.): Kinder- und Jugendhilferecht. Kommentar. 3. Aufl. Stuttgart: Kohlhammer; auch: beck-online

Maas, U. (2003a): Heilung von Verfahrens- und Formfehlern. Kommentierung von § 41 SGB X. In: Jans, K.-W./Happe, G./Saurbier, H./Maas, U. (Hrsg.): Kinder- und Jugendhilferecht. Kommentar. 3. Aufl. Stuttgart: Kohlhammer; auch: beck-online

Maas, U. (2003b): Nichtigkeit des Verwaltungsaktes. Kommentierung von § 40 SGB X. In: Jans, K.-W./Happe, G./Saurbier, H./Maas, U. (Hrsg.): Kinder- und Jugendhilferecht. Kommentar. 3. Aufl. Stuttgart: Kohlhammer; auch: beck-online

Maas, U./Törnig, U. (2006a): Datenerhebung. Kommentierung von § 62 SGB VIII. In: Jans, K.-W./Happe, G./Saurbier, H./Maas, U. (Hrsg.): Kinder- und Jugendhilferecht. Kommentar. 3. Aufl. Stuttgart: Kohlhammer; auch: beck-online

Maas, U./Törnig, U. (2006b): Datenspeicherung. Kommentierung von § 63 SGB VIII. In: Jans, K.-W./Happe, G./Saurbier, H./Maas, U. (Hrsg.): Kinder- und Jugendhilferecht. Kommentar. 3. Aufl. Stuttgart: Kohlhammer; auch: beck-online

Maas, U./Törnig, U. (2006c): Datenübermittlung und -nutzung. Kommentierung von § 64 SGB VIII. In: Jans, K.-W./Happe, G./Saurbier, H./Maas, U. (Hrsg.): Kinder- und Jugendhilferecht. Kommentar. 3. Aufl. Stuttgart: Kohlhammer; auch: beck-online

Maas, U./Törnig, U. (2018): Besonderer Vertrauensschutz in der persönlichen und erzieherischen Hilfe. Kommentierung von § 65 SGB VIII. In: Jans, K.-W./Happe, G./ Saurbier, H./Maas, U. (Hrsg.): Kinder- und Jugendhilferecht. Kommentar. 3. Aufl. Stuttgart: Kohlhammer; auch: beck-online

Marcus, A. (2015): Störungen der Intelligenzentwicklung. In: Esser, G. (Hrsg.): Klinische Psychologie und Verhaltenstherapie bei Kindern und Jugendlichen. Stuttgart: Thieme, 303–314

Martinius, J./Amorosa, H. (1994): Teilleistungsstörungen. Berlin: Quintessenz

Masten, A. S./Powell, J. L. (2003): A Resilience Framework for Research, Policy, and Practice. In: Lothar, S. S. (Ed.), Resilience and Vulnerability. New York: Cambridge University Press

Mrozynski, P. (2004): SGB VIII – Kinder- und Jugendhilfe. Kommentar. 4. Aufl. München: Beck

Mühling, S. (2013): Substanzmissbrauch und -abhängigkeit bei illegalen Drogen. In: Petermann, F. (Hrsg.): Lehrbuch der klinischen Kinderpsychologie. 7. Aufl. Göttingen, Hogrefe, 589–606

National Center for Infants, Toddlers, and Families (Hrsg.) (1999): Diagnostische Klassifikation: 0–3. Seelische Gesundheit und entwicklungsbedingte Störungen bei Säuglingen und Kleinkindern. Wien: Springer

Neuhäuser G./Steinhausen/H. C (2013) Epidemiologie, Risikofaktoren und Prävention. In: Neuhäuser G. et al. (Hrsg.): Intelligenzminderung. Stuttgart: Kohlhammer, 15–29

Neumann, K. et al. (2016): Pathogenese, Diagnostik und Behandlung von Redeflussstörungen. In: Deutsche Gesellschaft für Phoniatrie und Pädaudiologie (Hrsg.): www.awmf.org, Abfrage 26.8.2020

Noeker, M./Petermann, F. (2013): Chronische körperliche Erkrankungen. In: Petermann, F. (Hrsg.): Lehrbuch der klinischen Kinderpsychologie. 7. Aufl. Göttingen: Hogrefe, 536–552

Nordmann, E./Keller, F./Schepker, R. (2013): Gastfamilien für psychisch auffällige Jugendliche – eine Alternative zur Heimunterbringung? Ergebnisse einer katamnestischen Jugendhilfe-Evaluationsstudie. Jugendamt, 16–22

Olbrich, H. M./Leucht, S./Fritze, J./Laucik, M. H./Vaut, R. (1999): Schizophrenien und andere psychotische Störungen, in: Berger, M. (Hrsg.): Psychiatrie und Psychotherapie. München: Urban und Schwarzenberg, 405–481

Pauschardt, J./Eimecke, S./Mattejat, F. (2015) Ängste, Phobien und Kontaktstörungen. In: Esser, G. (Hrsg.) Klinische Psychologie und Verhaltenstherapie bei Kindern und Jugendlichen. Stuttgart: Thieme, 129–148

Perkonnigg, A./Kessler, R. C./Storz, S./Wittchen, H-U. (2000): Traumatic events and post-traumatic stress disorder in the community: Prevalence, risk factors and comorbidity. Acta Psychiatr. Scand., 46–59

Petermann, F. (Hrsg.) (2013): Lehrbuch der Klinischen Kinderpsychologie und -psychotherapie. 7. Aufl. Göttingen: Hogrefe

Petermann, F./Döpfner, M./Lehmkuhl, G./Scheithauer, H. (2000): Klassifikation und Epidemiologie psychischer Störungen. In: Petermann, F. (Hrsg.) Lehrbuch der Klinischen Kinderpsychologie und -psychotherapie. Göttingen: Hogrefe, 29–56

Petermann, F./Resch, F. (2013): Entwicklungspsychopathologie. In: Petermann, F. (Hrsg.): Lehrbuch der Klinischen Kinderpsychologie und -psychotherapie, 7. Aufl. Göttingen: Hogrefe, 57–76

Petermann, U./ Essau, C. A. (2013): Spezifische Phobien. In: Petermann, F. (Hrsg.): Lehrbuch der Klinischen Kinderpsychologie und -psychotherapie 7. Aufl. Göttingen: Hogrefe, 337–352

Petermann, U./Essau, C. A./Petermann, F. (2000): Angststörungen. In: Petermann, F. (Hrsg.) Lehrbuch der Klinischen Kinderpsychologie und -psychotherapie. 5. Aufl. Göttingen: Hogrefe, 227–270

Ravens-Sieberer, U./Wille, N./Bettge, S./Erhart, M. (2007): Psychische Gesundheit von Kindern und Jugendlichen in Deutschland – Ergebnisse aus der BELLA-Studie im Kinder- und Jugendgesundheitssurvey (KiGGS). www.bella-study.org, Abfrage 29.11.2019

RegBegr. BTHG: Bundesregierung (2016): Begründung zum Gesetzentwurf der Bundesregierung: Entwurf eines Gesetzes zur Stärkung der Teilhabe und Selbstbestimmung von Menschen mit Behinderungen (Bundesteilhabegesetz – BTHG) (BT-Drucks. 18/9522)

RegBegr. SGB IX: Bundesregierung (2001): Entwurf eines Sozialgesetzbuchs – Neuntes Buch – (SGB IX), Rehabilitation und Teilhabe behinderter Menschen (BT-Drucks. 14/5074)

Rehm, L. Pl. (1977): A self-control model of depression. Behavior Therapy, 787–804, ref. nach Rossmann, a. a. O.

Reinecker, H. (2003): Lehrbuch der klinischen Psychologie und Psychotherapie. Göttingen: Hogrefe

Remschmidt, H. (1992): Psychiatrie der Adoleszenz. Stuttgart: Thieme

Remschmidt, H./Schmidt, M. H./Poustka, F. (2017): Multiaxiales Klassifikationsschema für psychische Störungen des Kindes- und Jugendalters nach ICD-10 der WHO. 7. Aufl. Bern: Huber

Remschmidt, H./Kamp-Becker, I. (2015): Mutismus. In: Esser, G. (Hrsg.) Klinische Psychologie und Verhaltenstherapie bei Kindern und Jugendlichen, Stuttgart: Thieme, 149–154

Roessner, V./Banaschewski, T./Rothenberger, A. (2015): Tic-Störungen. In: Esser, G. (Hrsg.), Klinische Psychologie und Verhaltenstherapie bei Kindern und Jugendlichen. Stuttgart: Thieme, 155–163

Rohde-Dachser, C. (1986): Borderlinestörungen. In: Kisker, H. et al. (Hrsg.): Psychiatrie der Gegenwart 1, 125–150

Rosner, R. et al. (2019): Behandlung der PTBS bei Kindern und Jugendlichen. In: DeGPT et al. (Hrsg.): S3-Leitlinie Posttraumatische Belastungsstörung. awmf.org, Abfrage 13.6.2020

Rosner, R./Unterhitzenberger, J. (2019): Posttraumatische Belastungsstörung. In: Schneider, S., Margraf J., (Hrsg.): Lehrbuch der Verhaltenstherapie, Band 3, Berlin: Springer, 623–640

Rossmann, P. (2015): Depressive Störungen. In Esser, G. (Hrsg.): Klinische Psychologie und Verhaltenstherapie bei Kindern und Jugendlichen. Stuttgart: Thieme

Rutter, M. (2008): Implications of Attachment Theory and Research for Child Care Policies. In: Handbook of Attachment. New York, London, 965

Salkovskis P. M./Clark D. M./Gelder M. G. (1996): Cognition-behaviour links in the persistence of panic. In: Behavior Research and Therapy 34, 453–458

Sarimski, K. (2013): Frühförderung. In: Petermann, F. (Hrsg.): Lehrbuch der Klinischen Kinderpsychologie und -psychotherapie. 7. Aufl. Göttingen: Hogrefe

Saurbier, H. (1995): Plädoyer für eindeutige Zuständigkeiten. In: Verein für Kommunalwissenschaften: Die Eingliederung seelisch behinderter Kinder und Jugendlicher – eine neue Aufgabe der Jugendämter. Berlin, 191–203

Schäfer, I./Gast, U. et al. (2019): S3-Leitlinie Posttraumatische Belastungsstörung. Berlin: Springer

Schellhorn, W./Schellhorn, H./Hohm, K. H. (Hrsg.) (2006): SGB XII – Sozialhilfe. Kommentar. München: Luchterhand

Schellhorn, W./Fischer, L./Mann, H./Kern, Ch. (Hrsg.) (2017): SGB VIII, Kinder- und Jugendhilfe. Kommentar. 5. Aufl. München: Luchterhand

Schimke, H.-J. (2013): Bundeskinderschutzgesetz. Kommentierung. In: Jans, K.-W./Happe, G./Saurbier, H./Maas, U. (Hrsg.): Kinder- und Jugendhilferecht. Kommentar. 3. Aufl. Stuttgart: Kohlhammer; auch: beck-online

Schimke, H.-J. (2014): Fachliche Beratung und Begleitung zum Schutz von Kindern und Jugendlichen. Kommentierung von § 8b SGB VIII. In: Jans, K.-W./Happe, G./Saurbier, H./Maas, U. (Hrsg.): Kinder- und Jugendhilferecht. Kommentar. 3. Aufl. Stuttgart: Kohlhammer; auch: beck-online

Schimke, H.-J. (2015): Verhältnis zu anderen Leistungen und Verpflichtungen. Kommentierung von § 10 SGB VIII. In: Jans, K.-W./Happe, G./Saurbier, H./Maas, U. (Hrsg.): Kinder- und Jugendhilferecht. Kommentar. 3. Aufl. Stuttgart: Kohlhammer; auch: beck-online

Schindler, G. (2011): Persönliches Budget als Leistung der Kinder- und Jugendhilfe – oder: Nur Mut zum Unbekannten! In: Jugendamt, 502

Schmidt, M. H./Esser, G./Moll, H. (1991): Der Verlauf hyperkinetischer Syndrome in klinischen und Feldstichproben. Zeitschrift für Kinder- und Jugendpsychiatrie, 240–253

Schmidt, M. H. (2001): Indikation und Bedarf besonderer Unterstützungsleistungen und Erziehungshilfen aus psychiatrischer Sicht bei Hilfen zur Erziehung nach § 35a SGB VIII. In: Bundesverband katholischer Einrichtungen und Dienste der Erziehungshilfen e. V. (BVkE): § 35a SGB VIII – ein wirkungsloses Instrument der Kinder- und Jugendhilfe? Freiburg: Lambertus

Schneider, P. (2006): Kommentierung von § 57 SGB XII. In: Schellhorn, W. et al. (Hrsg.): SGB XII – Sozialhilfe. München: Luchterhand

Schneider, S./In-Albou, T. (2010): Angststörungen und Phobien im Kindes- und Jugendalter. Evidenzbasierte Diagnostik und Behandlung. www.kli.psy.ruhr-uni-bochum.de, Abfrage 21.11.2019

Schubert, M./Schian, M./Viehmeier, S. (2016): Das BTHG. Neue Anforderungen an die Bedarfsermittlung und -feststellung mit besonderem Fokus auf medizinischen Rehabilitationsleistungen. In: Bundesgesundheitsblatt, 1053–1059, https://link.springer.com

Schütte, W. (2012/2013): Abschied von der Eingliederungshilfe. In: Nachrichtendienst des Deutschen Vereins für öffentliche und private Fürsorge 2012, 575–585 und 2013, 78–83

Schweiger, U./Hagenah, U. (2018): Diagnostik der körperlichen Symptomatik der Anorexia Nervosa. In: DGPM et al. (Hrsg.) S3-Leitlinie Diagnostik und Behandlung der Essstörungen. awmf.org, 36–48

Seligmann, M. E. (2010): Erlernte Hilflosigkeit. Weinheim und Basel: Beltz

Senatsverwaltung für Bildung, Jugend und Familie Berlin (Hrsg.) (2020): Schwierigkeiten im Lesen, Rechtschreiben und Rechnen. Leitfaden zur Diagnostik mit Hinweisen zum Nachteilsausgleich und Notenschutz. www.berlin.de. Abfrage 3.4.2021

Sinzig, J./Schmidt, M. H. (2013): Tiefgreifende Entwicklungsstörungen, in: F. Petermann (Hrsg.): Lehrbuch der Klinischen Kinderpsychologie, Göttingen: Hogrefe, 138–164

Specht, F. (1995): Beeinträchtigung der Eingliederungsmöglichkeiten durch psychische Störungen. Begrifflichkeiten und Klärungserfordernisse bei der Umsetzung von § 35a des Kinder- und Jugendhilfegesetzes. In: Praxis der Kinderpsychologie und Kinderpsychiatrie, 343–349

Spitz, R. (1945): Hospitalism. An inquiry into the genesis of psychiatric conditions in early childhood. In: Psychoanalytic Study of the Child, 53 ff.

Stähr, K. (2019): Kommentierung von § 35a SGB VIII. In: Hauck, K./Noftz, W. (Hrsg.): Sozialgesetzbuch, SGB VIII, Kinder- und Jugendhilfe. Berlin: Erich Schmidt

Steinhausen, H.-C. (2002/2016): Psychische Störungen bei Kindern und Jugendlichen. Lehrbuch der Kinder- und Jugendpsychiatrie und -psychotherapie. 8. Aufl. München: Urban und Fischer

Steinhausen, H.-C./Wachter, M./Laimböck, K. et al. (2006): A longterm outcome study of selective mutism in childhood. Journal of Child Psychology and Psychiatry, 47, 751–756

Svaldi, J. et al. (2018): Bulimia Nervosa. In: DGPM et al. (Hrsg.): S3-Leitlinie Diagnostik und Behandlung der Essstörungen, awmf.org, 193–242, Abfrage 3.5.2020

Swanson, S. A./Crow, S. J./Le Grange, D./Swendsen, J./Merikangas, K. R. (2011): Prevalence and correlates of eating disorders in adolescents. Results from the national comorbidity survey replication, adolescent supplement. In: Archives of General Psychiatry, 68, 714–723, ref. nach Svaldi, J., a. a. O.

Testzentrale (2020): Testkatalog. Göttingen: Hogrefe

Törnig, U. (2008): Beweismittel. Kommentierung von § 21 SGB X. In: Jans, K.-W./Happe, G./Saurbier, H./Maas, U. (Hrsg.): Kinder- und Jugendhilferecht. Kommentar. 3. Aufl. Stuttgart: Kohlhammer; auch: beck-online

Universitätsklinik Ulm/Deutsches Jugendinstitut (2019): Teilhabebeeinträchtigungen bei Kindern und Jugendlichen mit (drohender) seelischer Behinderung erkennen. www.uniklinik-ulm.de. Abfrage 2.5.2020

Vereinte Nationen (2006): Übereinkommen über die Rechte von Menschen mit Behinderungen, UN-Behindertenrechtskonvention. New York

Vocks, S. et al. (2018): Diagnostik der psychischen Symptomatik der Anorexia Nervosa. In: DGPM et al. (Hrsg.): S3-Leitlinie Diagnostik und Behandlung der Essstörungen, awmf.org, 16–35

Voelzke, T. (2014): Kommentierung von § 57 SGB XII. In Schlegel, R./Voelzke, T. (Hrsg.): Juris Praxiskommentar Sozialgesetzbuch, SGB XII, Sozialhilfe

Vogeley, K./Sinzig, J./Freitag, Ch. M. (2016): Erscheinungsbilder, Symptomatik und Klassifikation ICD-10/DSM-IV-TR/DSM-5. In: Deutsche Gesellschaft für Kinder- und Jugendpsychiatrie et al. (Hrsg.): S3-Leitlinie Autismus-Spektrum-Störungen im Kindes-, Jugend- und Erwachsenenalter. awmf.org. Abfrage 29.4.2019

von Boetticher, A./Meysen, T. (2019): Eingliederungshilfe für seelisch behinderte Kinder und Jugendliche. Kommentierung von § 35a SGB VIII. In: Münder, J./Meysen, T./Trenczek, T. (Hrsg.) Frankfurter Kommentar SGB VIII. 8. Aufl. Baden-Baden: Nomos

von Gontard, A. (2010): Leitfaden Enkopresis. Göttingen: Hogrefe von Gontard, A. (2015): Enkopresis. In: Esser, G. (Hrsg.): Klinische Psychologie und Verhaltenstherapie bei Kindern und Jugendlichen. Stuttgart: Thieme, 178–183

von Suchodoletz, W. (2013): Sprech- und Sprachentwicklungsstörungen, in: Petermann, F. (Hrsg.): Lehrbuch der Klinischen Kinderpsychologie, Göttingen: Hogrefe, 229–244

Warnke, A./Baier, E. (2013): Umschriebene Lese-Rechtschreibstörung. In: Petermann, F. (Hrsg.): Lehrbuch der Klinischen Kinderpsychologie und -psychotherapie, Göttingen: Hogrefe 138–164

Weltgesundheitsorganisation (WHO) (2005): Internationale Klassifikation der Funktionsfähigkeit, Behinderung und Gesundheit – ICF. In: Deutsches Institut für Medizinische Dokumentation und Information, www.dimdi.de, Abfrage 4.5.2020

Welti, F. (2002): Persönliches Budget. Kommentierung von § 17 SGB IX a. F. In: Lachwitz, K./ Schellhorn, W./Welti, F. (Hrsg.) (2002): Handkommentar zum Sozialgesetzbuch IX – Rehabilitation und Teilhabe behinderter Menschen – HK-SGB IX. Neuwied: Luchterhand

Werner, H. H. (2009a): Mitwirkung, Hilfeplan. Kommentierung von § 36 SGB VIII. In: Jans, K.-W./Happe, G./Saurbier, H./Maas, U. (Hrsg.): Kinder- und Jugendhilferecht. Kommentar. 3. Aufl. Stuttgart: Kohlhammer; auch: beck-online

Werner, H. H. (2009b): Steuerungsverantwortung, Selbstbeschaffung. Kommentierung von § 36a SGB VIII. In: Jans, K.-W./Happe, G./Saurbier, H./Maas, U. (Hrsg.): Kinder- und Jugendhilferecht. Kommentar. 3. Aufl. Stuttgart: Kohlhammer; auch: beck-online

WHO (2001): Strengthening mental health promotion, Fact sheet No 220. In: Key terms and definitions in mental health. www.euro.who.int. Abfrage 19.3.2021

WHO: World Health Organization (2005): ICF: Internationale Klassifikation der Funktionsfähigkeit, Behinderung und Gesundheit. www.dimdi.de. Abfrage 2.3.2020

WHO: World Health Organization (2017): ICF-CY – Internationale Klassifikation der Funktionsfähigkeit, Behinderung und Gesundheit bei Kindern und Jugendlichen. 2. Aufl. Göttingen: Hogrefe

Wiesner, R. (1995): Eingliederungshilfe für seelisch behinderte Kinder und Jugendliche – Gründe, Anforderungen, Konsequenzen. In: Verein für Kommunalwissenschaften e. V. (Hrsg.): Die Eingliederung seelisch behinderter Kinder und Jugendlicher – eine neue Aufgabe für die Jugendämter. Berlin, 19–39

Wiesner, R. (2001): Die Bedeutung des Neunten Buches Sozialgesetzbuch – Rehabilitation und Teilhabe behinderter Menschen – für die Kinder- und Jugendhilfe. In: Zentralblatt für Jugendrecht, 281–316

Wiesner, R. (2002): Das SGB IX aus der Sicht der Kinder- und Jugendhilfehilfe nach § 35a SGB VIII/KJHG. In: EREV Schriftenreihe, 8–23

Wiesner, R. (Hrsg.) (2015): SGB VIII, Kinder- und Jugendhilfe. 5. Aufl. beck-online

Wiesse, J. (1992): Aggression und Borderline-Störungen in der Adoleszenz, In: Freisleder, F. J./Linder, M. (Hrsg.): Aktuelle Entwicklungen in der Kinder- und Jugendpsychiatrie. München: MMV Medizin Verlag,110–115

Wyschkon, A./Esser, G. (2015a): Umschriebene Entwicklungsstörungen. In: Esser, G. (Hrsg.): Klinische Psychologie und Verhaltenstherapie bei Kindern und Jugendlichen. Stuttgart: Thieme, 290–302

Wyschkon, A./Esser, G. (2015b): Enuresis. In: Esser, G. (Hrsg.): Klinische Psychologie und Verhaltenstherapie bei Kindern und Jugendlichen. Stuttgart: Thieme, 164–178

Zeeck, A. et al. (2018): Anorexia Nervosa. In: DGPM et al. (Hrsg.): S3-Leitlinie Diagnostik und Behandlung der Essstörungen. awmf.org. Abfrage 17.6.2020

Abkürzungsverzeichnis

abger.	abgerufen
ADHS	Aufmerksamkeitsdefizit-/Hyperaktivitätsstörung
a. F.	alte Fassung
AGJ	Arbeitsgemeinschaft für Kinder- und Jugendhilfe
AO-SF	Ausbildungsordnung sonderpädagogische Förderung
APA	American Psychiatric Association
Aufl.	Auflage
AWMF	Arbeitsgemeinschaft der wissenschaftlichen Fachgesellschaften
BAG	Bundesarbeitsgemeinschaft der leitenden Klinikärzte für Kinder- und Jugendpsychiatrie, Psychosomatik und Psychotherapie e. V.
BAGLJÄ	Bundesarbeitsgemeinschaft der Landesjugendämter
BAR	Bundesarbeitsgemeinschaft für Rehabilitation
BDP	Berufsverband deutscher Psychologinnen und Psychologen
Behinderten-beauftragte	Beauftragte(r) der Bundesregierung für die Belange von Menschen mit Behinderungen
BGB	Bürgerliches Gesetzbuch
BGBl	Bundesgesetzblatt
BGG	Gesetz zur Gleichstellung behinderter Menschen – Behindertengleichstellungsgesetz
BKiSch	Bundeskinderschutzgesetz
BMAS	Bundesministerium für Arbeit und Soziales
BMFSFJ	Bundesministerium für Familie, Senioren, Frauen und Jugend
BMJV	Bundesministerium der Justiz und für Verbraucherschutz
BSHG	Bundessozialhilfegesetz
BT-Drucks.	Bundestags-Drucksache
BTHG	Bundesteilhabegesetz – Gesetz zur Stärkung der Teilhabe und Selbstbestimmung von Menschen mit Behinderungen
BVerfG	Bundesverfassungsgericht
BVerwG	Bundesverwaltungsgericht

DeGPT	Deutschsprachige Gesellschaft für Psychotraumatologie
DG-Sucht	Deutsche Gesellschaft für Suchtforschung und Suchttherapie
DGBS	Deutsche Gesellschaft für Bipolare Störungen
DGKJP	Deutsche Gesellschaft für Kinder- und Jugendpsychiatrie, Psychosomatik und Psychotherapie e. V.
DGPM	Deutsche Gesellschaft für Psychosomatische Medizin und Ärztliche Psychotherapie
DGPPN	Deutsche Gesellschaft für Psychiatrie und Psychotherapie, Psychosomatik und Nervenheilkunde e. V.
DIJuF	Deutsches Institut für Jugendhilfe und Familienrecht
DIMDI:	Deutsches Institut für Medizinische Dokumentation und Information
DJI	Deutsches Jugendinstitut
DSGVO	Datengrundschutzverordnung
DSM-5	Diagnostisches und Statistisches Manual Psychischer Störungen, 5. Revision
DSM-IV	Diagnostisches und Statistisches Manual Psychischer Störungen, 4. Revision
DV	Deutscher Verein für öffentliche und private Fürsorge
Eingliederungs-hilfe-VO	Eingliederungshilfe-Verordnung
FEVS	Fürsorgerechtliche Entscheidungen der Verwaltungs- und Sozialgerichte
f., ff.	folgende Seite(n), Paragraphen
FrühV	Frühförderverordnung, Verordnung zur Früherkennung behinderter und von Behinderung bedrohter Kinder
GG	Grundgesetz
ggf.	gegebenenfalls
Halbs.	Halbsatz
HRK	Hochschulrektorenkonferenz
i. V. m.	in Verbindung mit
ICD-10	Internationale statistische Klassifikation der Krankheiten und verwandter Gesundheitsprobleme, 10. Revision

ICF	Internationale Klassifikation der Funktionsfähigkeit, Behinderung und Gesundheit
ICF-CY	Internationale Klassifikation der Funktionsfähigkeit, Behinderung und Gesundheit bei Kindern und Jugendlichen
IQ	Intelligenzquotient
JAmt	Das Jugendamt – Zeitschrift für Jugendhilfe und Familienrecht
KGSt	Kommunale Gemeinschaftsstelle für Verwaltungsvereinfachung
KHV	Verordnung zur Verwendung von Gebärdensprache und anderen Kommunikationshilfen im Verwaltungsverfahren nach dem Behindertengleichstellungsgesetz – Kommunikationshilfen-VO
KICK	Gesetz zur Weiterentwicklung der Kinder- und Jugendhilfe: Kinder- und Jugendhilfeweiterentwicklungsgesetz
KJHG	Kinder- und Jugendhilfegesetz
KJSG	Kinder- und Jugendstärkungsgesetz
KMK	Kultusministerkonferenz
LRS	Lese- und Rechtschreibschwäche
LSG	Landessozialgericht
LWV	Landeswohlfahrtsverband
m. w. N.	mit weiteren Nachweisen
MAS	Multiaxiales Klassifikationsschema für psychische Störungen des Kindes- und Jugendalters nach ICD-10 der WHO
n. F.	neue Fassung
NDV	Nachrichtendienst des Deutschen Vereins für öffentliche und private Fürsorge
NJW	Neue Juristische Wochenschrift
OVG	Oberverwaltungsgericht
PsychThG	Gesetz über den Beruf der Psychotherapeutin und des Psychotherapeuten (Psychotherapeutengesetz)
PTBS	Posttraumatische Belastungsstörung
RegBegr.	Begründung zum Regierungsentwurf eines Gesetzes
Rn.	Randnummer
RsDE	Recht der sozialen Dienste und Einrichtungen
SGB	Sozialgesetzbuch (I = 1. Buch, V = 5. Buch usw.)

SGB I	allgemeiner Teil des SGB
SGB II	Grundsicherung für Arbeitssuchende
SGB III	Arbeitsförderung
SGB V	Gesetzliche Krankenversicherung
SGB VIII	KJHG, Kinder- und Jugendhilfegesetz
SGB IX	Rehabilitation und Teilhabe behinderter Menschen
SGB X	Sozialverwaltungsverfahren und Sozialdatenschutz
SGB XII	Sozialhilfe
TAG	Tagesbetreuungsausbaugesetz
UN	Vereinte Nationen, United Nations
Urt.	Urteil
VG	Verwaltungsgericht
VGH	Verwaltungsgerichtshof
WHA	Weltgesundheitsversammlung
WHO	Weltgesundheitsorganisation, World Health Organization
ZfJ	Zentralblatt für Jugendrecht
ZFSH/SGB	Zeitschrift für Sozialhilfe und Sozialgesetzbuch
ZKJ	Zeitschrift für Kindschaftsrecht und Jugendhilfe
ZNS	Zentrales Nervensystem
ZPO	Zivilprozessordnung

Sachverzeichnis